本书受到2013年教育部人文社会科学一般项目《当代西方教育史学流派研究》（项目号：13YJA880112）的资助，是该项目的最终研究成果。谨此致谢！

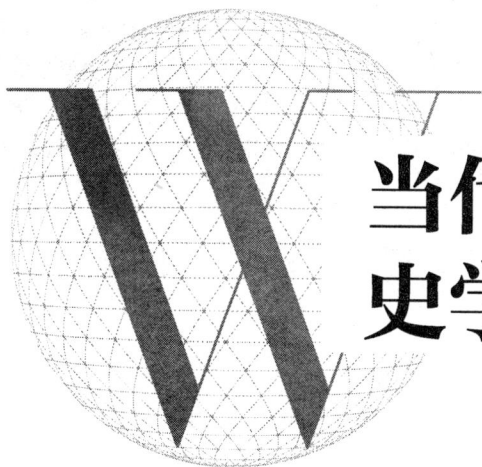

当代西方教育史学流派研究

周采 等/著

上海交通大学出版社
SHANGHAI JIAO TONG UNIVERSITY PRESS

内容提要

本书是教育部人文社会科学一般项目《当代西方教育史学流派研究》（项目号：13YJA880112）的最终研究成果。本书以马克思主义史学理论为指导，研究了当代西方教育史学主要流派的历史发展、现状及其主要特征。主要内容包括：马克思主义史学理论对于教育史研究的重要意义；民族主义与西方教育史学的关联；新文化史对于西方教育史研究的影响；从多元文化主义视角探讨了其与教育史研究的关联；美国城市教育史学的发展历程；美国女性教育史学研究的历史与现状；美国课程史学研究的新领域；教育史编纂的主要模式；当代史学发展趋势及其对教育史研究的意义。该书为我国学者提供了西方教育史学的基础性研究，是我国西方教育史学研究领域的学术前沿著作。

图书在版编目(CIP)数据

当代西方教育史学流派研究 / 周采等著. —上海：
上海交通大学出版社，2018
ISBN 978-7-313-19368-1

Ⅰ.①当… Ⅱ.①周… Ⅲ.①教育史－史学流派－研究－西方国家－现代 Ⅳ.①G519

中国版本图书馆 CIP 数据核字(2018)第 098887 号

当代西方教育史学流派研究

著　　者：周　采等
出版发行：上海交通大学出版社　　　　　　地　　址：上海市番禺路 951 号
邮政编码：200030　　　　　　　　　　　　电　　话：021 - 64071208
出 版 人：谈　毅
印　　制：上海天地海设计印刷有限公司　　经　　销：全国新华书店
开　　本：710 mm×1000 mm　1/16　　　　印　　张：19.25
字　　数：329 千字
版　　次：2018 年 5 月第 1 版　　　　　　印　　次：2018 年 5 月第 1 次印刷
书　　号：ISBN 978-7-313-19368-1/G
定　　价：68.00 元

目 录 *Contents*

导　　论

西方教育史学史是外国教育史学科中的一个重要分支,是对西方教育史著述的一种反思,其价值在于为我们认识当代西方教育史学的发展历程提供一个认识基础和参照标准,有助于我国的西方教育史学研究在新时代所面临的各种挑战中获得新的发展。西方教育史学史发生过几次重要转向:先是从传统史学(the old history)转向新史学(the new history);后来是叙述史学的复兴或叙事转向(narrative turn);近年来,又兴起了全球史(the global history)热潮。在国际史学潮流和教育变革的影响下,第二次世界大战(简称二战)后西方教育史学的发展也经历了一些重要转变:20世纪50年代中期,从传统教育史学转向社会科学化的新教育史学;20世纪70年代末以后,在后现代叙事史学影响下又转向新文化教育史学;20世纪末,尤其是进入21世纪以来,由于受到全球取向历史学(a more globally oriented history)的影响,从而形成当代西方教育史学多元化发展的格局和趋势。

一、研究西方教育史学的意义

西方教育史学史是外国教育史学科中的一个重要分支。与以研究教育史发展的客观进程不同,教育史学史以教育史学本身为自己的反思对象,其主要价值在于为我们认识当代西方教育史学的发展提供认识的基础和参照标准。研究西方教育史学史有助于拓宽我国的外国教育史研究领域,我们不仅要研究西方教育历史发展的客观进程,还应从教育史学自身的发展这一视角去观察和认识。如果说教育史学是指作为认识主体对客观的教育史发展过程进行重建的主体化历史,教育史学史则以教育史学本身的历史作为自己的研究对象,是对于教育历史认识的再认识,反思的再反思。它探讨作为人类自我认识形式之一的教育史学科的起源、发展脉络、演化原因、一般趋势等问题。人们对于教育发展历史的主观认识是否准确和科学,很大程度上有赖于教育史学史对它的反思。例如,传统教育史学著作和新教育史学著作在教育史观、研究对象和研究模式上有各自的特点和利弊；如果我们不对其进行反思，就会在史料的选择和历史评论上表现出一定的局限性，甚至出现错误。

从事西方教育史研究的学者无疑需要具备一些西方教育史学史方面的知识。如果只从西方教育历史发展的客观进程的视角去探究西方教育的历史传统，而忽略从西方教育史学自身这一视角去观察和认识有关问题，可能会在研究对象、研究方法以及文献的选择和理解上存在局限。例如，传统教育史学注重"述"，因而在史料的考证和选择上非常认真和严谨，而新教育史学家长于文本的分析、解构和批判，但在史料的考证上有时就缺乏严肃性。如果我们缺乏这些教育史学史的常识，就会出现扬其短而避其长的尴尬局面。因此，我们必须了解西方教育史学自身发展和变化的情况，在引进中避免出现盲目性和片面性。

研究西方教育史学史有助于优化西方教育史研究。史学史是具有通论性质的知识。有人把它形象地比喻为史学"博物馆"的说明书或解说词，即是说它对读者认识历史著作及其中蕴含的思想，起着一种引导的作用，可以带领读者在博物馆内进行一次浮光掠影的旅行。例如，西方教育史研究的一个首要任务是史料的选择问题。而一个不争的事实是，目前我国的西方教育史研究在史料的选择上存在着很大的随机性和盲目性。西方教育史学史的研究不仅能为研习者提供一个参考书目，还可以帮助其有针对性地选取相关史料，有效地提高研究的学术水平。

西方教育史学史是一门交叉学科，要求研究者兼具教育学、历史学和历史哲学的功底。教育史编纂是教育史学成果的集中体现，也是传播教育史学知识的重要途径。所谓教育史编撰学主要讲教育史学著作的编写方法，是教育史学工作者如何向外输出自己研究成果的问题，是整个教育史学工作中不可缺少的一环。教育史编撰学是教育史学著作编写的总结，它把那些行之有效的方法从具体上升到一般理论原则，用以指导教育史学著作的编写工作。当代教育史学发展的趋势，一方面要求对教育史的各个方面进行分门别类地深入研究，另一方面又要求对教育及各个方面的内容进行高度的综合叙述。因此，教育史学史的一项重要工作便是在辩证唯物主义和历史唯物主义的指导下，批判地继承历史上各种教育史学著作形式，帮助教育史学工作者更好地运用适合时代需要、具有民族特色的教育史学著作形式。

教育史学具有历史学和教育学的跨学科性质。在西方教育史学发展初期，以职业取向，即师资培训为学科发展的主要目标。19世纪下半期，西方教育史学传统模式逐渐形成：信奉直线进步史观，从自上而下的视角研究、以编年的方式描述由近代民族国家主导的学校教育制度尤其是公立学校制度的历史发展。20世纪中叶前后国际史学发生新的转向,其总的趋势是从传统史学转向新史学,即社会科学史学,其主要特征是借鉴社会科学的理论和方法进行跨学科研究;反对传统史学崇拜单纯幼稚的客观主义而将史学研究的客体与主体相分离的观念和态度,公开承认史学家主体的作用;扩大了历史资料的范围,建立起一种多元的史料体系。这种趋势深刻影响了二战后西方教育史学的发展。

二、西方史学嬗变与史学流派

教育史学具有跨学科的性质,既是历史学的一个分支,又是教育科学的一个分支。在其发展初期更多地受到学校教育学的影响,主要目标是职业取向,即师资培训,通过教育史教学使未来教师建立起对本职业的信念和信心。在当代一些国家中,教育史作为一门课程已逐渐退出教师教育,但作为重要学术研究领域的教育史研究却方兴未艾。历史学是教育史的母学科,西方史学源远流长。希罗多德(Herodotos,约公元前484—约公元前425)所著的《历史》的问世,被视为史学在西方开始成为一门初立学问的标志。"我们可以自信地说,历史约略在公元前450年到公元前430年间诞生于希腊。所谓历史是以调查研究为根据,针对公共事件而做的一种详尽的、世俗的、散文的叙事,而且以上这些条件每一项都必须具备。"①在中世纪,基督教开创了线性史观,历史被视为一维的、分阶段的和不断向天国靠拢的历程。欧洲文艺复兴时期,人文主义者开创了近代考证史料的传统,导致对档案的历史研究。18世纪,又确立了史学家的研究应不偏不倚和以真实性为准绳的基本原则。19世纪,兰克(Leopold von Ranke,1795—1886)拓展了历史考据法(critical method),其结果是史家首要关切的是基于档案分析的政治史。直到20世纪上半叶,历史学家在方法论和理论假说方面仍然依赖19世纪历史学家的学说,即在历史学与科学之间进行严格限制,强调直觉是历史学家处理历史的最终手段。

美国史学家伊格尔斯(G. G. Iggers)在《20世纪的历史学》一书中将20世纪历史学的发展分为三个阶段:一是早期阶段,历史学作为一种专业规范的诞生;二是中期阶段,历史学面临社会科学的挑战;三是历史学与后现代主义的挑战。②鲁滨逊(J. H. Robison,1863—1936)是美国"新史学派"的代表人物。他

---

① [英]约翰·布罗:《历史的历史:从远古到20世纪的历史书写》,黄煜文译,广西师范大学出版社2012年版,第11页。

② [美]伊格尔斯:《20世纪的历史学》,何兆武译,山东大学出版社2006年版,第1页。

在《新史学》(1912)中对传统史学进行了批判,呼吁历史学应与社会科学学科携手共进,以拓展和深化历史研究。英国史学家巴勒克拉夫(G. Barraclough,1908—1984)认为"推动 1955 年前后开始出现的'新历史学'的动力主要来自社会科学",①并研究了社会学、人类学、心理学、经济学和人口学对历史学的影响。20 世纪 70—80 年代,西方史学中出现了各种社会科学取向的历史学,主要有定量的社会学和经济学研究方法,还有类似于法国年鉴学派(the Annales school)的结构主义方法和马克思主义的阶级分析方法。20 世纪 70 年代后期,新叙事史的复兴趋势较为明显。在社会科学和后现代主义的影响下,西方史学中先后出现了各种流派,如新社会史、计量史学、西方马克思主义史学、比较史学、心理史学、西方经济社会史、医学社会史、环境史和后现代主义史学。与当代西方教育史学流派关系较为密切的有以下三个史学流派:

一是新社会史(The history of society)。社会史是历史学中一个很难界定的学科领域,被用来表示各种不同活动的历史。新社会史是相对于传统社会史(social history)而言的。"18 世纪是伏尔泰的世纪。"②传统的社会史和文化史都可追溯到 18 世纪法国启蒙学者伏尔泰(F. Voltaire,1694—1778),他将政治、科学、文艺、风俗习惯、农业、商业、饮食起居和人口状况等囊括在历史研究之中。现代意义上的社会史是由 20 世纪的法国年鉴学派开创的,推崇整体历史观,关注民众日常生活研究的风格和方法。新社会史家关注生活和闲暇的历史,强调社会整体的历史,重视普通人日常生活的历史。新社会史家将其所研究的问题与整个社会历史密切联系起来,主张"自下而上的历史"(history from below),广泛关注社会集团和社会活动,注重普通人集团的历史。新社会史家将种族、性别和年龄作为衡量和划分社会集团的标准,于是出现了各种群体史,如黑人史、移民群体史、妇女史、儿童史、青年史和老年史等。民众日常生活史是西方社会史中最稳定和最基本的组成部分,新开辟的领域还包括社会教育史、健康社会史、死亡史和感情关系史等。历史研究的"情感转向"(emotional turn)反映出社会史与文化史之间的关系日趋密切,揭示了社会变迁的文化和感情的原因。

二是西方马克思主义史学。当代西方马克思主义是西方各国马克思主义史学学派的总称。如果我们以 20 世纪之始为分界线,可以把马克思主义迄今为止的演进历程划分为两大阶段,即 19 世纪的马克思主义和 20 世纪的马克思主义。

---

① [英]杰弗里·巴勒克拉夫:《当代史学主要趋势》,杨豫译,北京大学出版社 2006 年版,第 56 页。
② 张广智、张广勇:《史学:文化中的文化》,上海社会科学院出版社 2013 年版,第 238 页。

19 世纪的马克思主义以马克思和恩格斯的思想为基本内涵,20 世纪的马克思主义则呈现出各种导源于马克思和恩格斯学说的马克思主义理论并存的格局。从历史上看,1848 年以后的一段历史时期,欧洲大陆普遍存在着唯物史观与传统史学之间的严重分歧。19 世纪末和 20 世纪初,西方学术界的有识之士开始觉察到唯物史观和马克思主义史学的重要影响。20 世纪 20 年代,开始了马克思主义史学的职业化历程,用传统方法训练出来的马克思主义历史学家进入大学。与此同时,苏联、东欧及西欧部分国家的共产党对马克思主义的简单化和教条主义的做法,导致马克思主义史学出现危机,引起思想理论战线上的反思潮流,这一阶段主要以卢卡奇(C. Lukacs,1885—1971)的《历史与阶级意识》(1923)和葛兰西(A. Gramsci,1891—1937)的《狱中札记》(1923—1937)为主要代表。20 世纪 40—60 年代,有重要影响的是德国的法兰克福学派(Frankfurt school)以及法国的阿尔都塞(L. Althusser,1918—1990)等。在新史学的促进下,西方马克思主义史学,尤其是法国和英国的马克思主义史学日益成为西方史坛的劲旅,在继续运用传统方法研究政治史和经济史的同时,也将研究拓展到精神状态史、社会经济史、日常生活史、大众文化史、农民史和反抗史等领域。

三是后现代主义史学(postmodernism)。20 世纪 60—70 年代,在哲学的语言学转向(the linguistic turn)和人文科学的历史转向(historic turn)的夹击下,社会科学化的历史学出现了危机。大约从 20 世纪 70 年代以后,后现代主义(postmodernist)在西方兴起,并在欧美国家广为流传。后现当代主义史学包括两个部分:后现代主义历史哲学和后现代主义史学流派。从诠释学(hermeneutics)视角看,历史是文本(text);从文学批评(literary criticism)的视角看,历史是话语(discourse)和历史是叙事(narratives);从人类学视角看,历史是文化。在"后现代主义转向"(postmodernism turn)影响下出现了诸多史学流派:(1) 新叙事史(the new history of narrative),主要包括微观史(microhistory)和日常生活史(the history of everyday life)。(2) 新文化史(new cultural history)或社会文化史(socia-culture history)。新文化史的概念最早见于美国历史学家林·亨特(Lynn Hunt)主编的文集《新文化史》(*The New Cultural History*,1989),社会文化史则是法国年鉴学派的一个术语,其第四代领军人物夏尔蒂埃(R. Chartier,1945—　　)希望通过人们形成的表象(representation)来重构社会,即通过文化史的新途径重新回到社会史。新文化史有很多分支领域:一是政治文化史,主要研究法国大革命史,这在美国和法国的史学界发展得较好;二是实践和表象史,年鉴派第四代史学家夏尔蒂埃致力于教育史、书籍史、阅读史和文化制度的研究。与他齐名的科尔宾（A. Corbin）则以研究感官史（history of sense）而享誉史坛。

三、西方教育史学的演进与教育史学流派

西方的教育史研究始于18世纪的欧洲。19世纪末至20世纪初，西方教育史学的传统模式形成，其基本特点是：直线进步史观、自上而下的视角、思想和制度两分法、学校教育史和叙述取向。20世纪50年代中期，美国历史学家开始挑战传统教育史学，出现了以贝林（B. Bailyn）和克雷明（L. A. Cremin）为代表的"修正主义学派"（revisionist school），并对西方一些国家产生影响。20世纪70年代末以后，在马克思主义、女权主义、后现代主义、新社会史、新文化史和全球史的影响下，西方教育史学朝着多元化方向发展。劳工阶级教育史、少数族裔教育史、多元文化主义教育史、新城市教育史、妇女与性别教育史、婚姻与家庭教育史、儿童史、青年史和地方教育史等领域的研究成果不断涌现。在当代教育史学科的职业取向渐趋淡化，甚至退出教师培训课程的背景下，学术取向的教育史研究却呈现方兴未艾和繁荣昌盛的局面。

（一）传统教育史学的形成

西方教育史研究可以追溯到古代史或文艺复兴时期，尚处于综合性的通史范围。一般认为西方教育史研究始于18世纪的德国，曼格尔斯多夫（C. A. Mangelsdorf）的著作《教育制度的历史研究》（1779）是教育史框架的开端。美国教育史家布里克曼（W. W. Brickman，1913—1986）指出："教育史学的作者们倾向于认为，直到18世纪末，人们才真正开始研究教育史。"[1]继曼格尔斯多夫之后还有鲁科夫（F. E. Rohkopf）的《德国学校教育史》（1794）和尼迈尔（A. H. Niemeyer）的《教育与教学原理》（1796）。19世纪是历史学的世纪，也是西方教育史走向专业化的时代。德国史家劳默尔（K. Raumer，1783—1865）的《文艺复兴至今的教育史》（1847）被视为西方教育史学科体系初步形成的标志。施密特（K. Schmidt）的《在与世界历史发展和人民的文化生活有机联系中的教育史：1860—1862》则将教育置于广泛的文化和国际视野下进行研究。施密德（K. A. Schmid）及其合作者共同完成的《从古至今的教育史》是最具有综合性的教育史研究。

---

① ［美］威廉·W.布里克曼：《教育史学：传统、理论和方法》，许建美译，山东教育出版社2013年版，第332页。

根据布里克曼的记载,1839 年"第一次明确提出教育史作为一门课程的,很明显是斯托(C. E. Stowe)在《师范学校与教师学院》(*Normal Schools and Teacher's Seminaries*)中的建议"。[①] 被誉为美国教育史学开山祖的巴纳德(H. Barnard,1811—1900)在其主办的《美国教育杂志》(*American Journal of Education*)上连载的教育史料大部分是劳默尔著作的译文。第一本美国教育史专著是布恩(R. G. Boone)的《美国教育》(*Education in the United States*,1889)。戴维森(T. Davison)的《教育史》(*A History of Education*,1900)突破了以往为教育家树碑立传的窠臼,认为历史是人类进化的记录,教育则是人类自觉的进化。作为这种进化的记录,教育史应当是人类文明史的一个分支。

(二) 从传统教育史学到新教育史学

国际史学在 20 世纪中叶前后发生了一次转向,总的趋势是从传统史学转向新史学,社会科学各门学科和不同流派的理论,如社会学、经济学、人类学和心理学等,以及马克思主义、女性主义和多元文化主义等为西方教育史研究提供了多种理论视角。教育史学家采用跨学科的研究方法,借鉴社会科学和人文学科的理论、方法和概念从事教育史研究,在教育史观、研究对象和研究方法等方面都发生了较大转变。

20 世纪 50 年代末在美国出现的修正派教育史学挑战了传统思想史的统治地位。1989 年,坎宁安(P. Cunningham)概括了英国新教育史学的三个特征:对教育史学的"辉格"(Whigs)传统进行了激进的批判;从关注教育思想转向教育发展的社会环境;运用了社会科学的技术和定量方法。[②] 澳大利亚研究者关注下层社会群体的体验,研究家庭、社会团体及儿童概念的演变,运用社会学理论研究教育史上阶级和性别关系等重要领域。[③] 1999 年,罗德韦尔(G. Rodwell)撰文《澳大利亚的节制、优生学和教育:1900—1930》,从优生学的视角研究了 20 世纪前 30 年澳大利亚的教育。20 世纪 60 年代,教育社会学和社会史的发展引起了法国学者的兴趣,促使年鉴学派开始关注教育史,并促使教育史学者注重从整体和宏观的视角研究教育史,从研究精英人物转向以往不被重视的社会下层民众的教育。1978 年,黑兹利特(J. S. Hazlett)从新史学视角重新审

①　[美]威廉·W.布里克曼:《教育史学:传统、理论和方法》,许建美译,山东教育出版社 2013 年版,第 343 页。

②　Peter Cunningam, Educational History and Educational Change: The Past Decade of English Historiography, *History of Education Quarterly*, 1989(2), p.78.

③　Vick, Malcolm, Individuals and Social Structure: Recent Writings in the History of Education in Australia, *History of Education Quarterly*, 1987(1), pp.63 - 74.

视了法国学校教育。1983 年,雷翁(A. Léon)出版了《法国民众教育史》。1992
年,吉米(S. Gemie)在《什么是学校? 规定和控制 19 世纪早期的法国初等学校》
中研究了法国民众教育。①

(三) 新文化教育史学的兴起

20 世纪下半叶,西方历史哲学发生了语言学转向(the linguistic turn),认识
论式微,对现代史学理论具有极大的颠覆性。"大写历史"(History,指历史哲
学)和"小写历史"(histories,指历史编纂学理论)遭到批判和否定。此外,西方
人文学科和社会科学,如法学、经济学、社会学、哲学、文学批评(literary
criticism)和人类学等也反抗年鉴学派的结构主义研究方法,以纠正第二次世界
大战后社会科学的反历史(anti-historical)倾向,重视对历史、过程与情境的考
察,并在此过程中对历史学科的理论进行重新建构。对具体的每个人的经验的
重新强调导致重新回到叙述史学(narrative history)。20 世纪 80 年代以来,西
方历史学的一个重要变化是"新文化史"的兴起。新文化史又被称为新新史学
(the new new history)或"新的老史学"(the new old history)。新史学偏重经济
史和社会史,新新史学则偏重心态(mentalities)文化史,主要运用人类学方法进
行微观研究,放弃了新史学所倚重的计量方法和分析或问题取向而回归叙述,主
要依靠直观的分析判断来处理资料和形成解释。

在新文化史的影响下,西方教育史研究领域也出现了"语言学转向",教育史
家开始关注语言对于教育史研究的重要意义。美国当代著名教育史家科恩(Sol
Cohen)是较早运用新文化史研究方法对教育史进行研究的学者。在他看来,
"语言学转向使得一些历史学家认为语言本身即为历史研究的对象,不再仅将语
言视为一种方法论工具"。② 新文化教育史重视对小人物的微观研究,口述史
料、私人档案、小说、日记、信件、家谱和庭审档案等变得极其重要。玛丽莲·托
拜厄斯(Marilyn Tobias)在《达特茅斯学院的试验:19 世纪美国高等教育的变革》
(*Old Dartmouth on Trial: The Transformation of the Academic Community in
Nineteenth-Century America*,1982)一书中细致描述了达特茅斯学院史上学生、
校友和教师联合起来迫使故步自封的管理者进行改革的经过。查德·加菲尔德
(Chad Gaffield)的《语言、学校教育与文化冲突:安大略法语争议的起源》
(*Language,Schooling and Cultural Conflict: the Origins of the French-*

---

① [法]安多旺·莱昂:《当代教育史》,樊惠英、张斌贤译,光明教育出版社 1989 年版,第 89—96 页。
② Sol Cohen, *Challenging Orthodoxies: Toward a New Cultural History of Education*,New
York: Peter Lang, 1999, p.ix.

Language Controversy in Ontario, 1987)一书被视为运用微观史学研究教育史的优秀作品。

（四）当代西方教育史学的多元化发展

美国著名历史学家伊格尔斯（G. G. Iggers）通过对"冷战"后全球范围内历史写作的总体考察,总结出全世界历史写作的五种趋势：第一,向文化史和语言学的转向,其重要结果就是"新文化史"的产生;第二,女权主义和性别的历史;第三,对历史学和社会科学联合的重新定义;第四,对民族主义历史的新挑战;第五,世界历史、全球历史以及全球化的历史。[①] 近年来,西方教育史学从学校教育领域逐步扩展到种族、性别、儿童和少年文化、家庭史等领域,从宏大叙事（grand narratives）转向地方性知识（local knowledge）,从中心视角转向多元理解。上述变化是新社会史学、新文化史学和人类学等共同促成的。尽管大多数历史学家都不会赞同海登·怀特（Hayden White）关于"历史叙事的本质是虚构"的观点,但他的研究的确引发了人们对历史叙述本质的关注和讨论。

在后现代主义反对宏大叙事思潮的影响下,当代西方教育史学朝着多元化方向发展。一些研究者一如既往地关注学校教育（schooling）,另一些学者则研究其他非正规教育设施。[②] 一方面,对学校教育感兴趣的人们继续从事制度化教育发展的历史研究,而这一派中既有保守传统流派,也有激进的各种派别。另一方面,研究"大教育"（education）史学的流派、多元文化主义教育史学流派、少数民族教育（尤其是研究黑人教育）史学流派、女性主义教育史学流派和多元主义教育史学流派等,都站在各自不同的立场、选取不同的史料,并运用不同的研究方法对美国教育史学提出自己的解读或阐释。

四、当代西方教育史学流派的发展

有学必有派。所谓学派（school）是指在学术研究与交流过程中逐渐形成的、在学术价值观念、研究领域和研究方法等方面有共识的群体,有一批代表性人物和被同行认可的学术创新成果。在不同的意识形态和理论视野的影响下,西方主要国家先后出现了各种教育史学流派,如修正派教育史学、西方马克思主义教育史学、女性主义教育史学和多元文化主义教育史学等。各流派都有自己

---

① 贺五一：《冷战后世界历史写作的新趋势——格奥尔格·伊格尔斯在南京大学讲学》,《史学理论研究》2008 年第 1 期,第 140—143 页。

② Robert L. Church、Michael Katz、Harold Silver & Lawrence A. Cremin, Forum：The Metropolitan in American Education, *History of Education Quarterly*, 1989(3), pp.419 - 446.

的代表人物和代表作,同时,不同流派之间又存在交叉和相互影响,甚至边界模糊的复杂状况,并在劳工教育史、少数族裔教育史、城市教育史、妇女与性别教育史、婚姻与家庭史、儿童史、青年史和地方教育史等领域表现出来。下面介绍当代西方教育史学的几个主要流派。

（一）修正派教育史学

第二次世界大战后西方新教育史学发端于美国,继而影响欧美其他国家。1960 年,美国历史学家贝林在已成为当代名篇的《美国社会形成中的教育》(*Education in the Forming of American Society*, 1960)中抨击了以卡伯莱(E. P. Cubberley, 1868—1941)及其著作《美国公立教育》(*Public Education in the United States*, 1919)为代表的美国传统教育史学模式,并被视为美国"新"教育史学的宣言书。继贝林之后,对美国传统教育史学的修正沿着两条路线发展,一是以贝林和克雷明为代表的温和路线;二是以凯茨(M. Katz)和斯普林(J. Spring)等为代表的激进路线。[①]

温和派教育史学是当时美国社会主流文化的一种反映。"冷战"时期的到来使美国政治趋向保守,先前颇为流行的以强调冲突为特征的"冲突学派"(Conflict school)被抛弃,转而强调以美利坚民族和谐的"一致论"(Consensus)为史学研究的基础。温和派的主张也反映了那个时代开始兴起的关于"正规教育"(formal education)、"非正规教育"(informal education)、"非正式教育"(nonformal education)及"终身教育"(life long education)等理念的影响,认为非正规教育在人们的观念、情感和信念等发展中占有更为重要的地位。温和修正派在使美国教育史学科回归历史学主流,以及使教育史研究向社会史和心智史发展的历史性转变中发挥了重要作用。温和修正派特别关注教育在形成所谓"美国特性"中的作用,试图从对"教育"的重新定义入手,拓展教育史的研究领域,改进研究方法。[②] 克雷明三卷本的《美国教育》(*American Education*, 1970, 1980, 1988)被视为温和修正派教育史学的重要代表作。

20 世纪 70 年代,美国修正派教育史学中的激进修正主义者(radical revisionists)较为活跃。在西方马克思主义影响下,激进派力图从根本上颠覆传统教育史学的价值观,把美国公立学校视为统治者和资本家维护自己利益的工具。1968 年,凯茨在《早期学校改革的嘲弄》(*The Irony of Early School*

---

① 周采:《美国教育史学:嬗变与超越》,人民教育出版社 2006 年版,第 78 页。
② 周采:《美国教育史学中的温和修正派》,《教育研究与实验》2005 年第 2 期,第 49—52 页。

Reform，1968)一书中批判统治者和资本家为了自己的利益而发展公立学校教育，并将其价值观强加给工人阶级和穷人。美国激进派的其他作品还有拉泽逊(M. Lazerson)的《都市学校的起源：马萨诸塞的公立教育》(*Origins of the Urban School: Public Education in Massachusetts，1870—1915*，1971)，斯普林的《教育和公司国家的兴起》(*Education and the Rise of the Corporate State*，1972)，鲍尔斯(S. Bowles)与金蒂斯(H.Gintis)合著的《资本主义美国的学校教育：教育改革和经济生活的矛盾》(*Schooling in Capitalist America: Educational Reform and the Contradictions of Economic Life*，1976)。

　　加拿大最早受到美国修正派教育史学的影响。20世纪60年代中期，加拿大学者在贝林的影响下，摒弃了用历史直线发展模式描述教育历史发展的传统。20世纪70—80年代，凯茨移居加拿大，对安大略等英语地区教育史学的发展产生深刻影响。1975年，凯茨和麦汀利(P. H. Mattingly)主编的论文集《教育和社会变迁》认定加拿大公立教育就是一种"免费的、官僚主义的、种族主义的以及具有阶级偏见的"机构。[①] 加拿大教育史学家对先前被忽视的领域进行了广泛研究，如土著居民的后代在实行种族隔离寄宿制学校里的经历；工人阶级家庭子女为使公立教育符合自己的利益所做的抗争；来自各国的移民为避免子女被公立教育同化所做的努力和所遭遇的挫折，以及妇女为在男性占主导的教育体系中占有一席之地所付出的艰辛等。

　　修正派教育史学对战后欧洲大陆的教育史学也产生了影响。德国学者认为，有三个特征最终成了新教育史学的代名词：第一，明确批判了风格华丽的辉格传统，自觉从广阔的社会背景来研究教育机构和教育过程。第二，将研究重点从教育理论的发展转向教育和社会的关系。第三，为了贴近人民大众，许多新著作都使用了社会科学的概念。[②] 但美国修正派教育史学对欧洲大陆的影响是有限的。一方面，欧洲大陆主要国家都有自己深厚的历史文化传统，因而一般来说，新教育史学在这些国家有自己特定的表现形态。例如，法国新教育史学主要受到法国年鉴学派的深刻影响，倡导从整体、宏观、群体和问题等视角去研究教育史的演变与发展轨迹。又如德国历史主义学派与新兴的社会史学派几经博弈，在理论上捍卫并发展了兰克的历史主义理论。另一方面，经过半个世纪的努

---

① M. B. Katz & I. E. Davey, School Attendance and Early Industrialization in a Canadian City: A Multivariate Analysis, *History of Education Quarterly*, 1978(3), pp.271-294.

② K.H. Jarausch, The Old "New History of Education": A German Reconsideration, *History of Education Quarterly*, 1986(2), pp.225-242.

力,德国历史主义学派从危机走向了复兴,依然深刻影响着第二次世界大战后德国的教育史编纂。20世纪80年代以来,欧洲学者对美国式的新教育史学进行了深刻反思,强调保持教育史学的独立性。[①]

（二）西方马克思主义教育史学

西方马克思主义史学流派在当代西方诸多新史学流派中独树一帜。英国马克思主义史学创立了"自下而上的历史学"(history from below)的理论和方法,运用社会文化学方法对阶级进行综合考察,并吸收了其他社会科学的新观念和新方法,在总体社会史观的指导下进行了具有创意的包容社会各方面的理论模式。20世纪60—80年代初,马克思主义与社会史的有益结合催生了许多有创新意义的史学作品,并对社会史取向的教育史研究产生了深刻的影响。

汤普森(E. P. Thompson,1924—1993)在《英国工人阶级的形成》(*The Formation of the British Working Class*,1963)一书中研究了英国历史文化传统在工人阶级意识形成过程中的作用,被视为广义的英国工人阶级教育史。"汤普森成功引入兼有主观性与客观性的'经验'概念,从过程中理解阶级与阶级斗争,从文化纬度理解平民的自我决定和自我发展,将历史唯物主义用于社会学、文化人类学等学科,为历史唯物主义注入了新的生机和活力。"[②]

1960—1991年,西蒙(B. Simon,1915—2002)陆续出版了四卷本的英国教育史,[③]其中第一卷《两个国家与教育结构:1780—1870》(*The Two Nations and the Educational Structure 1780—1870*,1964)和第二卷《教育与劳工运动:1870—1920》(*Education and the Labor Movement*,1870—1920,1965)集中探讨了工人阶级的教育问题。在他看来,19世纪末所形成的英国教育结构充分反映出阶级色彩:为上层子弟而设的教育和为劳工子弟而设的教育俨然置身于两个国家之中。西蒙从阶级冲突和自下而上的视角分析了英国教育体制形成的原因,研究了英国工人阶级和普通劳动群众为积极争取教育权利进行不懈斗争的历程,突破了英国传统教育史研究的辉格派史学传统,朝着社会史研究方向发

[①] M. Heinemann, The New History of Education in Europe, *History of Education Quarterly*, 1987(1), pp.55-62.

[②] 张文涛:《E.P.汤普森视野下的马克思主义》,《史学理论研究》2006年第2期,第82—89页。

[③] 西蒙的四卷本教育史分别是:第一卷是《教育史研究,1780—1870》(*The Study of History of Education*,1780—1870,1960),后易名为《两个民族和教育结构:1780—1870》(*The Nations and the Educational Structure*,1780—1870,1974);第二卷是《劳工运动和教育,1870—1920》(*Education and the Labour Movement*,1870—1920,1965);第三卷是《教育改革的政治,1920—1940》(*Politics of Educational Reform*,1920—1940,1974);第四卷是《教育与社会秩序,1940—1990》(*Education and the Social Order*,1940—1990,1991)。

展。20 世纪 90 年代,作为一个学派的马克思主义史学式微了。与此同时,马克思主义史学作为一般的科学研究方法被普遍加以运用。

（三）社会性别和女性主义教育史学

社会性别和女性主义教育史学是第二次世界大战后西方教育史学流派发展中的另一支劲旅。20 世纪 70 年代,妇女史在西方兴起并逐渐成为历史学科中的专门领域,构成新史学运动的重要组成部分,与社会科学,如社会学、人口学、经济学、人类学和心理学等关系密切。妇女史是在批判社会史只重视社会群体中的男性而忽视女性的前提下诞生的,包括女权运动史和妇女社会史,把研究重点转向普通劳动妇女在劳动场所和家庭的经历,中心议题仍是妇女解放问题,而这又和性史联系起来。30 年来,妇女史已从单纯地关注妇女的历史转变为从社会性别视角看妇女、看性别,即妇女——社会性别史（women & gender's history）。社会性别概念成为当代西方女性主义理论的核心概念。结构功能主义者认为,性别不仅是生理上的差别,更是社会角色的差别。20 世纪 90 年代以来,文化史取向的妇女——社会性别史研究建立在文学批评理论和后结构主义（post-structuralism）人类学的基础上。西方妇女史家注意到不同妇女群体之间历史经验的差别和妇女主体身份的多元性,主张根据阶级、种族、性别和宗教等多元主体身份来研究女性,并用发展眼光来动态地研究妇女的历史,进而将文化研究和心理分析的方法合流互补,努力打破生理性别（sex）和社会性别（gender）二元对立的思维模式,运用于妇女——社会性别史的研究。①

社会性别和女性主义史学研究深刻影响了 20 世纪 80 年代以来的西方妇女教育史研究,相关作品在西方各国不断问世。1992 年,珀维斯（J. Purvis）发表《英国教育史学:一种女性主义批判》一文,批评英国教育史学界面对女性主义的挑战表现得行动迟缓,认为英国教育史学界是一个由男性主导的学术世界,其研究重点是男人或男孩的教育,女人和女孩的经验往往被弱化,应该改变这种状况。1993 年,她又研究了 1860—1993 年黑人女权主义者思想的发展在教育中的作用。② 赫德（C. Heward）从社会性别角度研究了英国公学。1992 年,阿尔伯丁尼（P. Albertini）编写的《19—20 世纪法国的学校:女子大学》研究了近现代法国女子大学的发展情况。1982 年,德国学者艾伦（A. T. Allen）的《心灵的母

① 杜芳琴:《妇女/社会性别史对史学的挑战与贡献》,《史学理论研究》2004 年第 3 期,第 4—8 页。

② J. Purvis, The Historiography of British Education: A Feminist Critique, in A. Rattansi & D. Reeder, *Rethinking Radical Education: Essays in Honour of Brian Simon*, London: Lawrence and Wishart, 1992, pp.249-266.

亲：德国女权主义者和幼儿园运动：1848—1911》从女性主义视角重新研究了德国的幼儿园运动。[1]

2000年，英国学者古德曼(J. Goodman)和马丁(J. Martin)在《打破分界线：社会性别、政治学和教育经验》一文中指出："近几年来，历史学家受到妇女、女性主义和社会性别史的挑战。自20世纪70年代早期以来，考察教育史中的社会性别状况和男女两性教育经验的历史研究急剧增加，这种状况是由教育理论和女性主义研究中将社会性别和权力联系起来引起的。最近，历史学家，如女历史学家和女性主义历史学家更受到后建构主义、后殖民主义以及男性与性别特征的社会建构历史视角的冲击。其结果是在拓宽教育史的研究领域的同时也引起论战。"[2]1999年，在温彻斯特举行的教育史年会上，来自不同国家的历史学家达成了一些共识，即社会性别问题不只是与性别问题相联系，还应与不同种族和阶层的不同状况相联系，应打破社会性别、政治学和教育经验的分界线。学者们还探讨了教育史研究应如何阐明社会性别、政治与教育经验之间多元联系的不同途径。

（四）多元文化主义教育史学

多元文化主义(Multiculturalism)是20世纪90年代在美国社会出现的一种引人注目又充满争议的现象。作为一种意识形态，多元文化主义对传统的美国思想和价值体系提出了严肃的挑战，促使美国人重新思考美国的历史和未来。当代美国多元文化主义者的共识可以概括为以下几个方面：（1）美国是一个由多元民族和族裔构成的国家，美国文化是一种多元的文化。（2）不同民族、族裔、性别和文化传统的美国人的美国经历是不同的，美国的传统不能以某一个民族或群体的历史经验为准绳。（3）群体认同和群体权利是多元文化主义的重要内容，也是美国社会必须面临的现实。[3] 在上述社会氛围中多元文化主义教育史学也发展起来。

在美国大部分历史中，"熔炉"的概念是一个重要的主题，在美国传统教育史学的代表人物卡伯莱编写的教科书《美国公立教育》中得到突出反映。他站在美国PAAC文化(Protestant Anglo-American Culture)，即美国主流文化的立场主

---

① A. T. Allen, Spiritual Motherhood: German Feminists and Kindergarten Movement, 1848—1911, *History of Education Quarterly*, 1982(3), pp.251-269.

② J. Goodman & J. Martin, Breaking Boundaries: Gender, Politics, and Experience of Education, *History of Education*, 2000(5), pp.383-388.

③ 王希：《多元文化主义的起源、实践与局限性》，《美国研究》2000年第2期，第44—80页。

张"熔炉论",将少数种族视为应该被同化的对象。第二次世界大战后,温和修正派代表人物克雷明修正了卡伯莱的上述观点,力图写出一部"民族融合"的美国教育史。在他看来,早在殖民地时期,移民到北美的人们就与那里的土著印第安人进行了民族之间的文化交流。克雷明从当时在美国占主流地位的"一致论"史学观点出发,更多强调文化的交流和融合,而非文化战争。

激进派教育史家斯普林在《美国学校》一书中从多元文化主义的视野并以"文化控制"为关键词,讲述了一个与卡伯莱差异很大的美国学校的故事:从一开始,英国殖民者就认为他们的文化相对美国土著文化具有优越性,并试图将自己的文化强加在美国土著人身上。与此相反,美国土著人则将英国文化视为本质上是剥削性的和压迫性的,并对殖民者想要改变他们的文化的企图进行了抵抗。建国后,新的美国政府领导人希望创造一种以"新教——盎格鲁—美国的价值观"(Protestant Anglo-American values)为核心的民族文化。在斯普林看来,每个历史时期都有一部分少数种族被排斥在公立学校大门之外。19 世纪公立学校在美国发展的一个重要原因,就是为了维护盎格鲁——美国价值观的统治地位。①

1991 年,美国《教育史季刊》组织了题为《理解 20 世纪的美国教育》的论坛,主要围绕法斯(P. Fass)的新作《少数民族和美国教育的转变》进行了专题讨论。参加该论坛的学者有富兰克林(V. Franklin)、戈登(L. Gordon)、塞勒(M. S. Seller)和法斯本人。富兰克林认为,法斯的失败在于她没有全面理解美国文化。当克雷明等人强调用共和主义、资本主义和新教等美国信念来解释美国公立学校的起源时,法斯却强调自由主义在"进步"教育改革中的作用,而这是不足以解释 19 世纪末 20 世纪初的美国教育史的。戈登探讨了美国高等妇女教育中的多元文化问题。塞勒论述了移民问题和天主教问题与美国多元文化之间的关系。最后,法斯探讨了美国学校在调节多元文化问题上的多种途径。②

综上所述,传统西方教育史学以民族国家主导的学校教育制度和大教育家的思想为主线。当代新的教育史学打破了这些框框,兴起了各种流派和分支领域。受不同意识形态和理论视野的影响,不同的流派有着不同的价值取向,但各流派之间存在着交叉和相互影响的复杂情况。社会科学各门学科、马克思主义、女性主义、多元文化主义以及后现代主义等史学流派对教育史学流派有着不同

---

① 周采:《评斯普林的"美国学校"》,《教育史研究》2004 年第 2 期,第 87—90 页。

② V. P. Franklin, L. Gordon, M.S. Seller & P.S. Fass, Understanding American Education in the Twentieth Century, *History of Education Quarterly*, 1991(1), pp.47 - 66.

程度的影响,并在劳工教育史、少数族裔教育史、城市教育史、妇女与性别教育史、婚姻与家庭史、儿童史、青年史和地方教育史等领域表现出来,使当代西方教育史学朝着多样化和多元化方向发展。与此同时,也带来了历史相对主义(historical relativism)盛行和"碎片化"(fragmentation)的危机。在打破了老教育史学的局限之后出现了过度专业化和分散化的弊端,所研究的课题也越来越细小分散,彼此之间缺乏联系,乃至教育史学呈现出无形和无序的状态。导致"碎片化"的原因,首先由于新教育史学在借鉴社会科学的理论和方法时更多采用了分析性的问题史,缺乏时间的轴线。其次,教育史家在教育和历史的观念上存在着混乱。传统的教育史学以民族国家为范围,以学校教育制度和大教育家的思想为主线,撰写社会上层精英分子的教育活动。当代西方教育史学打破了这些框框,但缺乏对国家、民族和教育史演变的综合性研究。后现代主义思潮对教育史学的渗透更助长了历史相对主义。由于过分强调语言的独立性,否定了评价教育史学著作的最终客观标准。

20 世纪末,特别是进入 21 世纪以来,在反思文化研究的同时出现了全球史研究的热潮。20 世纪 90 年代全球化理论的兴起为处于困顿的西方史学写作注入了新鲜血液。史学家力图弥合现代与后现代史学理论,强调客观性与主观性、科学性与哲学性相结合,认为史学的未来出路在于进行跨学科研究,应将社会学研究方法与文化研究方法结合起来。正如林·亨特所言:"尽管我们十分欣赏文化研究在使用文本和语言模型方面所取得的不寻常进展,但是我们依然相信,无论是文化分析方式还是社会学的分析方式,都不能彼此孤立地继续进行下去。我们的任务是找到富于想象的新方法将它们结合起来。"[①]当代史学发展的主要趋势对于教育史学研究有诸多启发。教育史研究者应关注世界史学发展前沿,也应考虑到教育史学的独立性,在此基础上,思考诸如教育史学观念的更新、教育史研究领域的拓展以及教育史编纂方法的多元化等重要理论问题和实践问题。

---

① [美]理查德·比尔纳:《超越文化转向》,方杰译,南京大学出版社 2008 年版,第 1 页。

第一章　民族主义与西方教育史学

民族主义(nationalism)是一个释义多元的概念。无论学者们的定义如何不同,民族主义及其与西方教育的发展以及与西方教育史学研究之间的关系,都具有重要的理论意义和现实价值。本章试图借助民族主义的视角,从相关概念的简要综述入手,关注当代西方民族国家史学的转型,以及民族主义对西方教育历史发展的深刻影响,进而反思近代以来西方教育史学历史发展的若干问题。英国学者尼克·史蒂文森(Nick Stevenson)在《全球化、民族文化与文化公民身份》一文中认为:"全球化进程日益促成世界主义的文化。"但他同时也认为,在全球化的背景下,民族主义和民族认同并没有终结。"真正世界主义的文化只可能借由民族文化的革新而产生,这些民族文化依然是比许多人似乎意识到的更强势的璀璨群星。"[①]

第一节　民族主义及其对西方教育史学的影响

民族主义与西方教育发展的关联问题始终是教育史研究中的一个重要课题,西方教育史学史也是教育史研究中的一个重要领域。因此,教育史研究者不仅要研究过去的教育,也要对自己的过去,即对教育史学这一学科的过去给予足够的关注。基于上述考虑,下面试图从与民族主义相关的研究综述入手,关注近代西方民族国家史学的兴起及其当代转型,以及民族主义对西方教育历史发展的深刻影响,进而反思近代以来西方教育史学的历史发展的若干问题。

一、民族主义释义的多元性

"民族主义"及其引申概念"民族"被证明是出了名的难于界定的概念。中西

---

① 翟学伟、甘会斌、楮建芳:《全球化与民族认同》,南京大学出版社 2009 年版,第 49 页。

方学者研究成果汗牛充栋,但令人莫衷一是。民族主义释义的多元性早已为中外学者所公认。下面通过对中西方学者的相关主要研究做一些简要介绍,以作为进一步相关讨论的理论支点。

西方学者关于民族主义的研究成果十分丰富。以赛亚·伯林(Isaiah Berlin)认为,有一个控制了19世纪欧洲的思想和社会运动,这个运动就是民族主义。英国著名左派史学家埃里克·霍布斯鲍姆(E. J. Hobsbawm)在《民族与民族主义》(1989,1992)一书中将19世纪的历史诠释为"民族创建的世纪"。他认为:"最能掌握民族与民族运动及其在历史发展上所扮演角色的著作,当推自1968年至1988年这二十年间所发表的相关文献,这二十年的表现较之前的任何四十年都来得辉煌。"[①]他认为,"民族"是通过民族主义想象得来的产物。他和许多学者一样,不认为"民族"是天生的一成不变的社会实体,而认为民族是特定时空下的产物,是一项相当晚近的人类发明。"民族"的建立与当代基于特定领土而创生的主权国家(modern territorial state)息息相关。因此,若不将领土主权国家跟"民族"或"民族性"放在一起讨论,所谓"民族国家"(nation-state)将会变得毫无意义。他和欧内斯特·盖尔纳(Ernest Gellner)都特别强调在民族建立的过程人为因素的重要性,如激发民族情操的各类宣传与制度设计等。后者著有《民族和民族主义》(1983)一书。霍布斯鲍姆和盖尔纳的同名书在中西方学界有着广泛而深刻的影响。总之,民族主义早于民族的建立。不是民族创造了国家和民族主义,而是国家和民族主义创造了民族。

英国牛津大学社会和政治理论教授戴维·米勒(David Miller)在《论民族性》一书中捍卫了民族性原则,主张民族认同是个人认同的合法源泉。他承认同胞之间的特殊义务是正当的,但是承认民族性的主张并不意味着压制个人认同的其他源泉。基于20世纪晚期民族认同正在消解的政治主张,他及时而富有挑战性地对民族性命运提供了一种最有说服力的辩护。米勒指出:"在20世纪最后十年中,民族性诉求逐渐在政治中获得支配地位。……国家信奉自由市场还是计划经济或者某种介于两者之间的东西,似乎不再那么重要。更重要的是将国家的边界划在何处,谁被包括在内,谁被排除在外,使用什么语言,认可什么宗教,提倡什么。"[②]他强调民族性的开放性,即民族认同可以为不同政治纲领服务,民族性观念是一群人有意识的创造。

---

① 〔英〕埃里克·霍布斯鲍姆:《民族与民族主义》,李金梅译,上海人民出版社2000年版,第3页。
② 〔英〕戴维·米勒:《论民族性》,刘曙辉译,译林出版社2010年版,第1页。

列宁在《论民族自决权》中表述的观点为许多中西方学者所认同。他认为,民族国家是近代以来开始形成的"典型的正常国家形式"。新兴资产阶级要求扫除封建割据,建立统一的民族市场,打败异族竞争,确保资本主义生产方式的顺利发展。以建立资产阶级民族国家为目标和内容的民族运动,不仅出现在最早由封建社会跨入资本主义社会的西欧,而且在随后几个世纪先后确立资本主义生产方式的其他欧美地区及亚洲的日本等也具有普遍性。列宁指出,在全世界,资本主义战胜封建主义的时代是同民族运动联系在一起的;建立最能满足现代资本主义这些要求的民族国家是一切民族运动的趋势。霍布斯鲍姆在《民族与民族主义》中认为,列宁关于民族主义的论述曾主导了19世纪末以迄今日的相关论辩。

中国学者在民族主义研究方面也有丰富的著述。李宏图在《西欧近代民族主义思潮研究》中系统介绍了从启蒙运动到拿破仑时代西欧民族主义思潮的历史发展,研究了近代国家观念的出现、法国启蒙运动时期的民族主义、18世纪法国的世界主义思潮、法国大革命中的民族主义、19世纪初德意志的民族主义。他认为,中世纪西欧社会的主导观念是地方主义和普适主义,而这两种观念极大地压抑和阻碍着民族情感和民族意识的产生。[①] 到16—17世纪,在西欧建立了以王权为中心的君主国家,但这种君主国家还不是民族国家,只是"王朝国家"。而王权在那时体现着历史的进步,代表着民族与分裂做斗争,从而促进着民族国家的形成。但启蒙思想家一致认为,专制之下无祖国,并进一步探讨了近代民族国家的目的和基础。在批判王朝国家过程之中所产生的近代民族主义带有强烈的政治色彩,表现在以人民主权取代王权,并使人民主权成为构建新型民族国家的中心和基石,用民族利益取代王朝利益。总的趋势是从"王朝国家"向"民族国家"转型。

余建华在《民族主义:历史遗产与时代风云的交汇》中对百年民族主义基本问题进行了探讨,研究了民族的释义与民族的形成;民族主义的内涵与要素;近代民族主义的渊源、形成与要素,以及20世纪三次民族主义浪潮。"民族主义就其完整含义而言,它是近代社会才开始出现的一种历史现象。近代民族主义首先孕育于最早由封建制度向资本主义制度过渡的西欧诸国,而后经过18世纪北美独立战争和法国大革命的巨大推进,才在欧美地区正式形成。"[②]

---

① 李宏图:《西欧近代民族主义思潮研究》,上海社会科学院出版社1997年版,第250页。
② 余建华:《民族主义:历史遗产与时代风云的交汇》,学林出版社1999年版,第3页。

徐迅在《民族主义》一书中的观点是富有启发意义的。他在该书的"引言"中指出,民族主义也许是当今世界最为引人注目的政治和文化现象了,民族主义是社会科学和人文科学的前沿课题。他注意到,近现代的社会科学和人文科学的巨匠,如马克思、韦伯和杜尔凯姆等无不注意到民族主义现象的存在,无不注意到民族和民族主义与历史的社会运动的密切关系,并留下了经典性的论述。徐迅认为,民族主义是多义的和复杂的概念,并不存在一个统一的关于民族主义的理论,更没有以学术传统为依据的民族主义学流派。要理解"民族主义现象"就要回到历史,而不能把它处理成价值和道德问题。他重点研究国家问题,给予民族主义以历史的参照,特别强调民族主义的历史起源,指出民族主义现象是在世界历史的特定阶段出现的,与现代民族国家相应而生,并力图在提供历史起源的背景和条件下,勾勒出民族主义与国家问题的主要线索,描述它的主要的社会功能和发展趋势。其主要观点是:第一,民族主义以及相关的思潮和运动有其历史的起因,它们不是从人性或文化神秘地发生的,而是世界历史发展的独特阶段。把"民族"神话和把"民族主义"当作不证自明的真理,都有其政治上的动机和文化的功能。第二,民族主义是现代现象,反映了现代政治、经济和文化在世界范围的格局,即民族主义是其他共同体进行文化、政治和经济关系交换的有效方式。这特别反映在国家关系领域。第三,民族主义问题紧密地和国家问题联系在一起,特别是和国家政治制度和国家权力合法性交织在一起。在这个意义上说,民族主义是一种意识形态,直接为国家权力服务,或是国家权力的重大功能之一。[①]

二、民族主义对近代西方教育的影响

民族国家教育在早期履行着重要的意识形态功能。霍布斯鲍姆认为,现代性(modernity)是现代民族国家的基本特征。多半人认为民族认同是天生自然的情感,根深蒂固,比人类历史还要久远。但现代意义及政治意义上的民族是相当晚近才出现的。"民族"最重要的含义是其在政治上所彰显的意义,这是大多数文献所着力探讨的问题。在近代许多西方国家,"民族"往往是国民的总称,国家成为民族政治的精神的展现。无论民族的组成是什么,公民权、大众的普遍参与或选择,都是民族不可或缺的要素。穆勒(J. S. Mill)在他那本有关代议政府或民主制度的论著《功利主义、自由与代议制政府》(*Utilitarianism，Liberty and*

---

① 徐迅:《民族主义》,中国社会科学出版社 2005 年版,第 6 页。

Representative Government，1919）中探讨了民族认同问题，他不仅从民族情感来界定民族定义，还特别强调隶属于同一民族的认同感。使大众能参与选举一直是教育史学者解释普及教育发展的主要观点之一。霍布斯鲍姆注意到，"自19世纪80年代以降，'民族问题'便受到愈来愈严肃而热烈的讨论，尤其是在社会主义阵营里面，因为民族主义口号往往能打动一般大众，特别可以借此动员广大选民，并把他们吸纳为政党的支持者，这种趋势已成为当时的政治实况"。① 这个问题就与教育有密切关联。霍布斯鲍姆强调指出，只要有可能，国家和政权都应把握每一个机会，利用公民对"想象的共同体"的情感与象征，通过教育来加强爱国主义。

民族主义在建设近代民族国家历程中的意识形态的意义显然值得关注，教育在培养人们的民族认同方面具有重要的价值。英国学者安迪·格林（Andy Green）在《教育、全球化与民族国家》一书中从后现代主义和比较教育的视角，探讨了西方主要国家的教育和早期民族国家的形成以及教育和战后民族主义等问题。他指出："历史上，教育既是发展中的民族国家的本源，又是其产儿。民族性国家教育体系是一种普及的、公共的制度，它首先产生于欧洲革命后期，它是国家形成的一种工具，它提供了建造和统一新民族国家的强有力的手段，并成为其重要的制度支撑之一。从此以后，很少有国家在没有依赖于其意识形态的潜在力量时就开始国家独立的进程。"②格林认为，民族性国家体系最早是作为建立现代民族国家的国家形成过程的组成部分而创建的。学校不仅为新兴的科层制、崛起的工业和民用计划方案培养管理者和工程师，在小学水平上，学校也培养可靠的军队招募新兵和忠诚的庶民。正是在法国大革命以后的民族国家形成时期，民族性国家学校教育规划开始付诸实施，因为正是在这个时期，人民和民族被明确地引入了主权独立和领土完整的国家综合体系中。在他看来，国家通过多种方式创造公民和民族。最重要的是，国家教育公民。通过民族性国家教育体系，国家培养了遵守纪律的工人和忠诚的士兵，创造和颂扬民族语言文学，普及了国家历史和起源神话，传播国家法律、习俗和社会公民道德，并对管理人民的方式和人民对国家义务做了一般解释。

民族语言教育在近代民族国家建立的过程中也有着异乎寻常的意义。安迪·格林看到一种新型的民族主义于19世纪后期出现在欧洲，它强调语言、传

---

① ［英］埃里克·霍布斯鲍姆：《民族与民族主义》，李金梅译，上海人民出版社2000年版，第45页。
② ［英］安迪·格林：《教育、全球化与民族国家》，朱旭东等译，教育科学出版社2004年版，第1页。

统文化,并且在极端的形式下强调种族。"其意识形态的根源在于费希特和赫尔德的浪漫主义,两者都是日耳曼文化的产物,这种文化长期倾向于强调语言和种族性的确定原则,它反映了日耳曼民族因领地纷争而造成的四分五裂的历史。"①霍布斯鲍姆注意到,有关族群差异、共同语言、宗教、领土以及共同的历史记忆等,都是当时民族主义者宣扬建国运动时喜欢谈论的观点。在近代,语言间接影响到一般人对民族性的认定,因此,语言对民族的重要性遂成为大家耳熟能详的事情。尤其是文化民族主义强调民族性和语言是民族认同的基础。在费希特对德意志人的讲演中以及在乌申斯基关于教育的民族性原则的论述中都能看到这个特点。霍布斯鲍姆认为,强调语言与文化群体正是 19 世纪的发明。他把拥有悠久的精英文化传统并拥有其独特的民族文学与官方语言视为构成民族的要件之一。根据语言民族主义的古典模式,通常都是有一种族群方言被发展成全方位的标准化民族书写语言,然后这种民族语言又顺势变成官定语言。"这正是意大利与德国宣称他们是民族国家的依据,虽然他们的民族并无一个固定的国家可资认同。对意大利与德国来说,他们主要便是借共通语文来凝聚其民族认同,虽然他们所宣称的民族语言,其实并非绝大多数平民百姓在日常生活中的语言。"②于是,方言会逐渐被淘汰,甚至就此消失。最容易受到官方书写语言影响的是社会地位普通但受过教育的中产阶级,受过教育显然是这个阶级的主要特色。"国语"问题很少只被当作实用问题看待,它通常会引发强烈情绪。很多人至今仍无法接受国语乃是人为建构出来的事实,是人们借着附会历史或发明传统所创造出来的。霍布斯鲍姆指出,国家会运用日益强势的政府机器来灌输国民应有的国家意识,特别是会通过小学教育来传播民族的意象与传统,要求人民认同国家、国旗,并将一切奉献给国家、国旗,更经常靠着"发明传统"乃至发明"民族",以便达到国家整合的目的。

三、反思现代西方教育史学

美国新泽西州罗文大学历史系王晴佳教授认为,新文化史的兴起代表了当代史学的一个新趋势,挑战了自近代以来民族国家史学主持史坛的局面。"有关民族主义的研究,在当今学界仍然有点热火朝天,但似乎以批判的眼光为主。以

---

① [英]安迪·格林:《教育、全球化与民族国家》,朱旭东等译,教育科学出版社 2004 年版,第149 页。

② [英]埃里克·霍布斯鲍姆:《民族与民族主义》,李金梅译,上海人民出版社 2000 年版,第 34 页。

此为结果,民族主义史学目前正在经受一场挑战,正在慢慢转型。"①他从全球比较史学的角度考察了民族主义史学的兴起与缺失:"民族主义史学是近现代史学的主要潮流。自 17 世纪从西方兴起以后,随着西方殖民主义的扩张而走向全球,至今不衰。对于非西方地区的史家而言,民族主义史学为他们抵御西方军事和文化的侵略,从事民族国家的建设,起了重要的作用。尽管如此,民族主义本身是西方历史与文化的产物,并不完全适用于解释中国和印度等地区的历史。因此,需要从比较史学的角度,以西方、东业、伊斯兰和印度等地民族主义史学的发展特点为例,分析民族主义史学的共性,及其在近年所面临的挑战,以展望全球史学在未来的发展走向。"②

霍布斯鲍姆认为,"民族"创建可以说是 19 世纪西方国家的历史核心,也是当时人们心中的伟大事业,致力于创造出一种结合"民族国家"与"国民经济"的新"民族"。民族原则曾纵横于 1830 年后的欧洲政坛,促成一连串新兴国家的建立。这种始自 19 世纪欧洲的民族意识,原来被安置在由人民—国家—民族—政府(people-state-nation-government)所构成的四角地带之内,但民意调查已证明,这种理所当然的组合对今天那些拥有悠久历史的大型民族国家来说已不再是天经地义。不少老牌民族国家的民族意识开始出现动摇危机。但在他看来,"民族"概念脱离了"民族国家"这个实体,就会像软体动物被从其硬壳中扯出来一样,立刻变得歪歪斜斜、软软绵绵。对集体认同的渴望使民族认同一直十分重要。虽然"民族国家"在今天显然失去了其旧有的一项重要功能,亦即组成一个以其领土为范围的"国民经济"。尤其是自 20 世纪 60 年代以来,"国民经济"的角色已逐渐隐身,甚至因国际分工这项重大转变而显得令人质疑。"以上所言并不表示民族主义在今日世界政坛上已不再受人关注,或其受关注的程度已稍减。我想强调的毋宁是,虽然民族主义耀眼如昔,但它在 20 世纪早期的风采,再度化身为全球各地的政治纲领。它至多只能扮演一个使问题复杂化的角色,或充任其他发展的触媒。"③决定今天世界大势的政治冲突其实与民族国家关系不大。因为近半个世纪以来,19 世纪那种欧洲模式的国家体系早已不复存在。

在王晴佳看来,西方近代史学的主要特征是民族主义史学。在被称为"历史

---

① 王晴佳:《新史学讲演录》,中国人民大学出版社 2010 年版,第 67 页。

② 王晴佳:《论民族主义史学的兴起与缺失——从全球比较史学的角度考察》(上),《河北学刊》2004 年第 4 期,第 128—133 页。

③ C. Heward, Public School Masculinities: an Essay in Gender and Power. In G. R. Walford, *Private Schools: Tradition, Change and Diversity*, London: Chapman, 1991, pp.123–136.

学的世纪"的 19 世纪,西方史学家写作了大量国别史。被誉为"科学史学鼻祖"的德国史家兰克的学术生涯也以民族史和国别史的写作为主。于是,民族主义史学成为近代史学的主干。而民族史的写作,往往追随某个民族的最初的历史,具有"发明"的成分。但从史学史的角度来说,民族国家史学并不是想象出来的东西,其发生和发达,在西方有其一定的背景。兰克史学的成功就在于确立了了民族国家史学的范式。学界反省了民族国家史学的许多明显弊端:第一,民族国家在欧洲形成,因而只是欧洲历史的产物。其他地区的民族国家的建立都有牵强的地方,其形成是由于抵抗欧洲列强侵略的需要,而不是内在的发展所致。第二,民族国家史学所提倡的历史观念,其根本就是一种目的论,即用现在的目光考察过去,并进而塑造过去,使之成为一种理所当然。第三,民族国家史学归根结底就是西方中心论在历史著述上的集中反映,即是强势文化的优势或文化的霸权。而当代新文化史的兴起是对民族国家史学的一种扬弃,妇女史和性别史的研究,则往往直接挑战了其思维模式。民族革命兴起之时,妇女的形象常常被利用来激励民族精神,而在民族国家建立之后的妇女地位并没有显著改变。① 王晴佳强调,在注意民族国家史学的暂时性和局限性的同时,也应注意到其历史功用和地位。

20 世纪 80 年代后期以来,西方教育史学界和比较教育史学界的许多学者,如帕夫拉·米勒(Pavla Miller)、布鲁斯安·柯蒂斯(Bruce Curtis)、J.梅尔顿(J. Van Horn Melton)、J.博利(J. Boli)、I.戴维(I. Davey)等人对教育与民族国家的关系进行了深入探讨。② 安迪·格林在《教育和国家形成的重新思考》一文中探讨了研究教育与民族国家形成问题的各种视角和方法论问题。他批评了相关研究的旧有的范式,如辉格(Whigs)理论、工业化理论、新马克思主义的无产阶级和都市化理论,运用葛兰西的霸权概念解释不同国家与学校教育之间的不同关系。③ 朱旭东在安迪·格林《教育、全球化与民族国家》一书的译者序言中,

①　王晴佳:《新史学讲演录》,中国人民大学出版社 2010 年版,第 80—83 页。
②　参见 Pavla Miller. *Long Division: state Schooling in South Australian Society*. Adelaide: Wakefield Press, 1986; Bruce Curtis. *Building the Educational State, Canada West, 1836—1871*. London: The Althouse Press, 1988; J. Boli. *New Citizens for a New Society: The Institutional Origins of Mass Schooling in Sweden*. Oxford: Pergamon Press, 1989; I. Davey and P. Miller. Family Formation, Schooling and the Patriarchal State, in *Family, School and State in Australian History*, ed. M. Theobald and R. J. W. Selleck. London: Allen and Unwin, 1990.
③　Andy Green, Education and State Formation Revisited, in Roy Lowe, ed., *History of Education: Major Themes*. Volume Ⅱ, Education in its Social Context. London: Routledge Falmer, 2002, pp.303 - 321.

从西方教育史学史的视角对西方学者在相关领域的研究进行了深入的理论分析。他注意到:"民族性国家教育体系的发生学(origins)"一直是西方教育史学主要关注的领域之一。西方学者还运用另一种表述,即"大众学校教育(mass schooling 或 education)的发生学"。从教育史学流派上看,"国家形成"范式是在历史修正主义(historical revisionism)学派的第二次浪潮中出现的,它继承了美国 20 世纪六七十年代产生的修正主义史学思想,尤其是米歇尔·凯茨(Michael Katz)的思想。而一直困扰西方教育史学界的另一个重要史学问题是民族性国家教育体系发展的不平衡的历史发展。[①]

上述学者的研究对近代西方民族国家史学的深刻反思,无疑对我们研究西方教育史学史富有启发意义。首先,我们应从民族主义视角关注近代以来西方各国教育史家的教育史著述中的有关论述,研究民族主义思潮或思想如何影响了近代以来西方教育史学的发展。其次,我们还应从比较教育史学的视角研究西方各国民族主义对教育史研究的民族风格。再次,我们还应关注民族国家史学的转型对于西方教育史学的影响。

第二节　民族国家与美国早期教育史学

民族国家的兴起是持进步史观的史学家用来衡量一个文明是否进步的标志之一。19 世纪西方历史编纂学的著述重点是西方民族国家的形成及其在历史学上的意义。纵观近代西方各国教育学与教育史学的历史,民族国家以及教育的民族性问题一直是一个重要的话题。美国的民族国家意识不同于欧洲以及其他地区的民族国家,因为美国并未因为一场战争建立一个民族国家,它是一个由移民组成的"大杂烩","每个时代都有它特殊的环境,都具有一种个别的情况,使它举动行事,不得不全由自己来考虑、自己决定"。历史学家所要做的就是尊重这种个体性,注重从"民族精神"层面上去把握历史的个体性,从经验上去归纳,从历史上去证明"民族精神"的要素。[②] 对于教育史学的研究亦是如此,民族国家与美国早期教育史学的发展有着怎样的关系? 我们从早期教育史学发展的历史环境、教育史家以及写作范式这几个方面去归纳与总结"民族国家"的要素,呈

---

① ［英］安迪·格林:《教育、全球化与民族国家》,朱旭东等译,教育科学出版社 2004 年版,第 1—13 页。

② ［德］黑格尔:《历史哲学》,王造时译,上海书店出版社 1999 年版,第 66—67 页。

现美国早期教育史学发展的特点。

一、"民族国家"是美国早期教育史学发展的语境

美国作为民族国家的建国史不同于其他国家,从殖民地到一个独立的国家经历了"从无到有"的过程,并在很短的时间内完成了"几级跳":北美最初根本不存在现代意义上的政治国家,17世纪初出现了欧洲人的定居点,到1776年13个英属殖民地变成了13个独立的邦国(state),这13个邦国在几年里组成了一个邦联,到1788年邦联又转变成联邦。① 美利坚民族的形成是在经历了与母国政治经济上的矛盾,情感上的不断疏离之后才形成的。在短短的两三百年的时间里,美国人不依靠血缘结合,也不靠武力征伐,而是靠身份的认同结合在一起。美国经过南北战争后一直到20世纪上半叶,资本主义生产方式迅猛发展,美国一跃成为世界经济大国,但随后又出现了经济大萧条、社会道德的滑坡等问题,成为美国转型时期复杂的社会环境。进步主义是这一时期的一个重要思潮。进步主义者认为,现代社会要求人们对政治权威的功能进行一次根本性的新思考,无论改革的目的是为了反击巨型公司掌握的权力,还是使市场变得更加文明和人性化,抑或是为产业自由提供保障。进步主义者从镀金时代的改革得失及欧洲立法实践中汲取经验,寻求建立一种能动主义式的、具有社会良知的政府。从联邦政府到地方政府,都在修正一种观念,不再将政府看成是对个人自由的危险,而是将其视为"解决国家弊病的工具"。② 这为教育国家化提供了合理的证据。今天无论何地的国家(nations)皆视其人民的教育(the education of their people)与他们的民族的(national)、社会的、经济的、工业的和健康的进步休戚相关,而且推动或促进他们的民族利益和繁荣与控制和指导公共教育的国家制度(state system of public instruction)被看作是不可或缺的国家功能(state functions)。③ 每种民族性国家教育制度都体现创造这种制度的国家特征。对于美国而言,民族性国家教育制度最显著的体现是其公共教育制度的建立。

从目前的资料来看,美国人关于教育史的写作开始于科顿·马瑟(Corton Mather),但直到19世纪中期之前,这个话题并没有引起太多人的注意。美国早期教育史著作的大量出现在19世纪末20世纪初,这一时期正是美国作为民族

---

① 李剑鸣:《美国早期的国家构建及其启示》,http://www.the paper.cn/news Detail_forward_1778301.访问日期:2017年12月22日。

② 张国庆:《进步时代》,中国人民大学出版社2013年版,第142页。

③ Kandel, I. L. Comparative Education, Houghton Mifflin Company, 1933, p.8.

国家迅速发展的关键时间。政治上的独立、经济上的飞速发展使得美国人文化独立意识不断增强,早在 1837 年,爱默生就发表了被誉为美国文化"独立宣言"的讲演。他指出:"我们依赖别人的日子,对于其他国土的学识悠长的学习时期将近结束了。""我们要用自己的脚走路;我们要用自己的手工作;我们要发表自己的意见。"①到了 19 世纪 90 年代,这种摆脱对西欧文化的模仿和依附、建立独特的美国文化的意识,进一步深入人心。教育史学也深受这种文化独立意识的影响。第一本美国教育史著作的作者布恩(Richard G. Boone)在写作目的中强调是为了给美国教师介绍美国教育发展的历史而进行的写作。可见,在 19 世纪后半期,教育史写作由之前学习欧洲转向研究美国,这种转向体现了美国民族国家对教育史学界的影响。

此外,从教育史学的研究内容而言,民族国家的教育制度成为了早期教育史学研究的焦点,探讨教育在美国国家形成中所发挥的作用一直是史学家们研究的重点。教育在美国国家的形成中发挥着极大的作用,同时也受到社会政治、经济文化等因素的影响,教育史学家在社会转型时期锐意改革,为美国民族意识的形成肩负起了重大的责任,早期服务于国家的美国教育史是如何书写的? 这种历史书写带有怎样的史观? 关于公共教育制度的历史书写是美国早期教育史学在民族国家语境下最突出的表现。

对于美国而言,探讨教育对国家产生作用的主题离不开公共教育制度。为什么要坚持公共教育,对于美国这样一个崇尚自由和个人主义的国家,用公共经费来支持"公共教育"是否美国教育史学中的一个"悖论"? 美国的公共教育正是在分权政治的状况下,"任何发展都源自该团体外在的或前进的力量,而不是在走下坡路的政府"。② 教育几乎在所有地区都是处在强有力的集权政治的领导之下,国家主义对其发挥了极大的作用,君主和政府也不断地干涉其中,但美国的公共教育却是在一个分权的制度中兴起。具有讽刺意味的是,发展了典范式的学校公共教育形式的国家也是国家机器干涉最少的国家。这个国家被一台"看不见的机器"操纵着,中央政府的管理非常含蓄。托克维尔(Alexis-Charles-Henri Clérel de Tocqueville)和随后许多思想家,把这种中央集权的空缺看成是民主思想的广泛传播、一个没有封建历史、拥有无限的土地和机会的国家的宝贵财富。托克维尔讲道:在美国,社会为其自身进行着自我管理……国民参与选

---

① ［美］范道伦编选:《爱默生文选》,张爱玲译,生活・读书・新知三联书店 1986 年版,第 26 页。

② Cubberley P. Ellwood. *Public Education in the United States: A Study and Interpretation of American Educational History*. New York: Houghton Mifflin Company, 1919, p.212.

择制定法律,也参与选择政府机构来执行这些法律;这几乎可以说是自治。由政府机构管理的环节很薄弱,也很有限。权威们不敢忽视他们的群众基础,因为他们的权力正来源于此。[1]

从美国教育史的记载来看,无论是中央还是各州都在一定程度上真正参与教育发展的事实,而且人们也普遍认识到教育在美利坚民族国家形成过程中的重要性。特别是对美国这样一个有着不同语言、不同文化背景移民组成的国家,这片土地从来没有建立过国家机构,因此,教育对于建立这个国家的民族感来说就更为重要了。美国在形成自己意识形态的过程中,教育扮演了一个重要的角色。尽管存在分歧,工人与民主党、辉格党和教育改革者建立广泛的公共教育成为美国民主不可或缺的制度。[2]

公共学校最强大的支持者主要是处于主流地位的、说英语的社会中上层的新教徒。他们把公共学校看成是对社会经济下层进行社会控制的机制,他们希望通过公共学校能实现移民儿童的美国化,实现广大民众的社会化,进而使他们遵循维持现有的社会秩序所必需的价值观念和信仰。古特克(Gerald L. Gutek)认为,在这种情境中,社会控制意味着:"通过制度化的教育,将主流群体的语言、信念和价值观强加于外来者,尤其是对那些不说英语的移民。公共学校就是要通过强化主流集团的语言和意识形态观点,来创造美国生活中的一致性。例如,通过培育一种基于新教教义的普遍价值观,公共学校造就了美国社会同行的道德规范。"[3]许多社会团体也把公共学校看成是钳制犯罪和社会动乱的工具。知识是放纵的解药:"正如我们要提升人的存在一样……这么做,是为了把他们从可耻的恶习和毁灭的罪行的诱惑中解救出来。"[4]由于公立学校体系的发展同东北部工业化的加速发展、移民和城市人口的激增以及北部城市的确越来越明显的种族和阶级对抗是同时发生的,因此,许多人下结论说这就是导致改革的社会力量。[5] 历史学家普遍同意这一时期公共学校运动改革获得了不同社会阶层的

---

① D. Tyack、T. James & A. Benavot, *Law and the Shaping of Public Education*, 1785—1954, Madison: The University of Wisconsin Press,1987, 83(1), pp.23 - 58.

② Rush Welter, *Popular Education and Democratic Thought in America*. New York: Columbia University Press, 1962, p.103.

③ G. L. Gutek, *Education in the United States: An Historical Perspective*. Upper Saddle River, NJ: Prentice Hall. 1986, pp.87 - 88.

④ Binder, F. M. *The Age of the Common school*, 1830—1865, New York: John Wiley & Sons, 1974, p.32.

⑤ [英]安迪·格林:《教育与国家形成:英、法、美教育体系起源之比较》,王春华等译,教育科学出版社 2004 年版,第 202 页。

支持这一论断。① 反对由州的税收支持建立公共学校的人组成了一个极其异质的联合阵线,这个阵线包括:希望保持自身的文化特征,并用他们的母语独立办学的路德派教徒和门诺派教徒;反对清教徒领导也反对爱尔兰人对公共教育问题的偏见的天主教徒;一些认为分流教育助长了种族主义、降低了公立学校教师对黑人学生的期望;还有一些遵循杰斐逊"最小化政府"传统的;反对任何集权的民主人士等。尽管他们最终没有阻止公共学校系统的建立,但他们也成功地保住了独立的天主教学校系统,也促使各公立学校保持了文化的多元性。而支持学校改革的则占大多数,他们有比较统一的目的,也有广泛的群众基础,其中包括辉格党、民主党和来自所有社会阶层的支持者。有大量的证据表明,19 世纪30 年代劳工组织支持扩展公共教育。② 总而言之,美国公共教育的形成、发展、影响等问题不仅仅受到 19 世纪末 20 世纪初教育史家们的研究重点,一直到今天仍然能引起学者的关注。

因此,可以说美国 19 世纪至 20 世纪初教育史学的兴起是在美国作为新兴民族国家兴起的历史背景下开展的,而这一时期,美国教育史上最伟大的成就——公共教育制度的建立成了早期教育史学者们写作民族国家教育史最主要的内容。

二、美国早期教育史家的民族国家情怀

布罗克特(Linus Brockett)在他的《教育的历史与进步》中说道:"一个民族的教育承受着一种恒定的重要的影响关系来自其造诣和卓越——物理、心理和道德。民族教育既是民族性格的事业,又是民族精神的产物,因此,教育史是人类历史和民族的唯一准备和完善的钥匙——根据人类进步的路线估算其前进或后退的可靠标准。"③在美国早期教育史学的发展过程中出现了一大批教育史学家,其中,亨利·巴纳德(Henry Barnard)、保罗·孟禄(Paul Monroe)以及卡伯莱(E. P. Cubberley)是早期最具有民族国家情怀的美国教育史学家。

---

① 卡伯莱第一次确认这个观点,后来逐步被教育史家,如克雷明、泰亚克和卡斯特所认可。关于这一观点在泰亚克为卡斯特的书所撰写的评论中有所提及,具体参见泰亚克的文章: The Common School and American Society: A Reappraisa, *History of Education Quarterly*, Vol.26, No.2, Summer, 1986, p.1.

② C. F. Kaestle, *Pillars of the republic: Common schools and American Society, 1780—1860*, New York: Hill and Wang, 1983, p.140.

③ Linus Brockett, *History and Progress of Education from the Earliest Times to the Present, Intended as a Manual for Teachers and Students*, New York: A.S. Barnes & Burr, 1860.

（一）巴纳德——把德国经验搬回美国

在早期美国的教育史家中,不得不提的伟大人物是亨利·巴纳德(Henry Barnard,1811—1900)。巴纳德1811年出生于美国康涅狄格州哈特福德市的一个清教徒家庭,具有生气勃勃而又虔诚的性格。巴纳德是一名辉格党成员,曾担任过州和联邦教育行政长官,他为公共教育事业奉献了自己的一生。美国内战后,民族向心力和国家政府的权力大大增加,美国政府开始正视教育复兴计划。1864年8月18日,埃克霍夫(A. J. Eickoff)在全国教师协会成员前发表演说,倡导联邦教育局获取交流信息,政府必须认识到公共教育产生的重要原因。公共教育不能仅仅靠直接的鼓励,而是应通过各种各样的影响,使人们能够把与它相关的事情看作是最高利益。教育部应当像农业部一样单独设立。正是在巴纳德的推动下,美国于1867年成立了中央教育行政管理机构,即美国联邦教育局。① 巴纳德担任了美国联邦教育局的第一任行政长官,他在任期间,为美国各州的公共教育事业做出了杰出的贡献。

而作为一名教育史学家,1855年5月,巴纳德担任了在他的推动下成立的"美国教育促进会"的主席,开始编辑出版《美国教育杂志》(*American Journal of Education*),并在全国范围内收集传播教育信息。在经费十分拮据的情况下,巴纳德投入了自己的全部财产,使该杂志先后出版了30多年,达32卷之多。

在重视教育资料收集和整理的基础上,巴纳德强调对比国外教育状况,着眼于本国教育实际情况进行改革。他认为,教育资料的收集和比较,可以帮助人们以及教育行政人员和学校教师开阔眼界,在比较中区分好坏优劣,有目的地学习和吸收先进的教育理论和教育实际经验,以便适应美国公共教育改革和发展的需要。② 在巴纳德看来,将欧洲的教育理论和实践介绍给美国可以开阔美国人的眼界,能促使美国人从国情出发,有目的地吸收欧洲先进教育思想和做法,从而促进美国教育发展;而且,将国内各州的教育情况汇总一处,便于人们比较鉴别,看到差距,起到统一思想,激励进步的作用,从而推动教育发展。

此外,巴纳德认为要在充分了解其他国家教育理论和实践的基础上,着眼于本国的教育实际,有选择性地学习。他在赞扬欧洲教育制度的同时,也肯定了美国教育的实用性特征。在历史条件和大的现实环境下,美国和欧洲的教育发展在某种程度上存在显著的差异。巴纳德曾说:"欧洲并没有像我们的公立学校那

---

① 单中惠:《西方教育思想史》,科学出版社2007年版,第304页。
② 单中惠:《西方教育思想史》,科学出版社2007年版,第306页。

样,产生了与我们的宗教、社会和政治制度相适应的实干的有能力的人物。"①美国注重务实的文化传统,因此,美国教育培养的是与美国生产和生活方式相适应的具有创造性和开拓性的实用人才,而欧洲,特别是英国教育则不同,他们侧重强调学术性。② 因此,在引进他国经验的时候要注意本国国情,不可生搬硬套。

1849 年美国教学协会的一份会议记录的注释很明显地表明,巴纳德一直怀有撰写一本原创性教育史著作的抱负:"据称,康涅狄格州的亨利·巴纳德计划编写'教育史',会议决议是我们对巴纳德编写教育史的能力充满信心,而且我们将会尽最大的努力提供任何的帮助。"③1859 年,他的一位朋友也曾说道:"完整的美国教育的历史至今还没有写出;让我们寄希望于这位长期以来致力于编写它的这位杰出学者(尊敬的亨利·巴纳德),他的生命和健康足以让他完成这项工作,而且我们相信他会不负他的盛名。"④尽管巴纳德最终没有完成写作工作,然而却为美国提供了从殖民地时期到大约 1880 年教育发展的、无与伦比的一手和二手资料集。⑤ 可以说,巴纳德是美国教育史的开山祖。美国教育史学界的著名杂志《教育史季刊》(*History of Education Quarterly*)设有"巴纳德奖",给予在教育史研究方面卓有成就的学者以奖励。

(二)孟禄——美国民主主义的捍卫者

保罗·孟禄(Paul Monroe)出生于印第安纳州麦迪逊北部一个基督教新教家庭,1890 年毕业于印第安纳州的富兰克林学院,1897 年,他在芝加哥大学获得博士学位。1899 年成为哥伦比亚大学教授,此外,他还在耶鲁和加利福尼亚大学进行过讲学。孟禄是一位坚定的民主主义捍卫者,他的言行反映了他对于美国教育民主的愿望。纵观孟禄一生的教育实践以及教育著作,他始终坚持着一种信念就是为实现美利坚民族民主与自由的理想而奋斗。他曾说过:"民主的本质是所有人,不管是聪明的还是落后的,都应该有充分发展的平等机会。"

孟禄的著作所表现的思想大概可以为两个时期,早期著作主要有《古希腊和

---

① Henry Barnard, *National Education in Europe*, New York: Charles B. Norton,1854, p.4.
② 高卿:《亨利·巴纳德比较教育思想研究》,河北大学硕士学位论文,2008 年。
③ 转引自[美]威廉·W.布里克曼:《教育史:传统、理论和方法》,许建美译,山东教育出版社 2013 年版,第 359 页。
④ Linus Brockett, *History and Progress of Education from the Earliest Times to the Present, Intended as a Manual for Teachers and Students*, New York: A. S. Barnes & Burr, 1860, p.6.
⑤ Richard Emmons Thursfield, *Henry Barnard's American Journal of Education*, Baltimore: Johns Hopkins Press, 1945, p.93.

罗马时期的教育史料》、①《托马斯·普莱特与16世纪的教育复兴》和《教育史教科书》，②在前两部著作中，孟禄受19世纪德国史学的影响，力求公正客观地呈现原始史料，介绍欧洲古代以及近代教育思想。孟禄的《教育史教科书》是美国教育史上影响深远的一部著作，在很长一段时间里，它是美国教育史教学的主要教材。在这部著作中，孟禄除了延续以往对客观史料的关注，以及传统的欧洲中心论思想，还试图以美国本土特有的实用主义理念来贯穿全文。而到了《教育大百科全书》的出版，孟禄改变了以往对教育史发展历程忠实记叙的表达方法，而试图为了解决美国社会教育实践中的各种实际问题进行写作，为此，他邀请了美国教育界的专家进行帮助，最大限度地保证全书内容的科学性和实用性。不仅如此，孟禄对于全书体例的编排以及将教育融入社会的系统化观点，真切地体现出进步运动和进步史学对其教育史学思想的潜移默化。1918年，孟禄还出版了一部社会学著作，题目是：《美国精神：世界民主的基石》(*The American Spirit, a Basis for World-Democracy*)。③这是一本美国历史上的杰出人物关于"如何树立建设性爱国主义理想"的演讲稿汇编。该书作者站在美国国家主义立场上，将美国资本主义的"民主、自由和平等"设想成为全世界和平发展的精神基石。表现出孟禄始终如一的民主主义情怀。

对美国这样一个年轻的资本主义国家来说，公共学校教育制度是其不同于欧洲各国的一个重要特色，也是美国教育界一直引以为傲的标志。因此，孟禄很自然地将公共学校教育作为其重塑美国民主化形象的一个绝佳载体。显然，孟禄也没有辜负其作为一个坚定的民主主义教育史学家的责任。他在象征着其一生教育史研究最高感悟的名著《美国公立学校制度的建立》一书中，对美国公立学校的起源、建立、发展和繁荣的整个过程进行了十分详细的研究。尤其是对美国公立学校如何战胜各种非公立教育机构，并最终占据美国教育的统治地位的历程，描述分析得可谓细致入微、鞭辟入里。④可以说，孟禄将美国教育史学中对公立学校的"颂歌"模式推向了一个最高峰。这部收山之制作再次表现出他对美国民主和自由信仰的深信不疑。虽然已届古稀之年的孟禄对教育史的教育功

---

① Paul Monroe, *Source Book in the History of Education for the Greek and Roman Period*, New York: Macmillan Company, 1915.

② Paul Monroe, *A Text-book in the History of Education*. New York: Macmillan & Co., LTD, 1909.

③ Paul Monroe and Irving E. Miller, *The American Spirit, A Basis for World-Democracy*, New York: World Book Co., 1918.

④ Paul Monroe, *Founding of the American Public School System*, New York: Macmillan, 1940.

能和社会功能不再那么笃信和乐观,但是他对于美国教育民主进程的标志——公共学校制度,仍旧保持着崇高的敬意和深深的依恋。

(三)卡伯莱——美国公共教育制度的宣传大使

卡伯莱(Ellwood Patterson Cubberley),1868 年 6 月 6 日出生于美国印第安纳州的安德鲁斯市的一个中产阶级家庭里,是家里的独子,又生活于内战后美国迅速崛起的时代。他在斯坦福大学受到乔丹(David Start Jordan)博士的很大影响,并在斯坦福担任教职,随后又到哥伦比亚师范学院学习,与孟禄、桑代克、罗素等人建立了较好的关系,共同分享着当时哥伦比亚大学教育研究最新思想的成果。在孟禄的指导下,1902 年他发表了《教育史课程提纲》,①比起之前的教育史作品,他更强调教育史与其他社会背景的联系。后来,卡伯莱还担任了孟禄《教育大百科全书》学校管理部分的撰写工作。1919 年又出版了《美国公共教育》一书。卡伯莱不仅是一个有名的教育史家,也是著名的教育管理研究专家。虽然贝林批判卡伯莱的传统教育史学模式,但他对卡伯莱本人却给予很好的评价。在对《斯坦福的卡伯莱及其对美国教育的贡献》所写的书评中,贝林说道:"事实上,卡伯莱是一个伟大的人,他有着多方面的成就,其学术成就源远超出其他所有人,并对他那个时代及后世产生重要影响。"②在他的《美国公共教育》一书中最能体现他对美国教育作用的理解。卡伯莱的著作中早已隐含了当时社会的主流思想——科学主义和社会进化,带着冲突—进步的教育史观,卡伯莱所撰写的是一部美国公共教育的史诗,向读者讲述了一个美国国家教育的故事。

卡伯莱对于教育在社会建设和进步中的作用给予了高度的肯定,视"教育是一种建设工具"。他指出:"在一百年以前,教育对于一个国家来说并非是最重要的东西。但在今天,它正日益成为检验政府政绩和国家进步的尺度。教育在塑造我们文明的过程中发挥了巨大作用。"③卡伯莱认为,美利坚民族的统一,美国国际地位的提高和巩固,都有赖于美国公共教育的发展。公共教育担负着同化各国移民的重要作用。卡伯莱当时对美国公共体制抱着极大的乐观态度,他认为美国并没有把公共教育放在排他性的位置上,私立学校和教会学校的竞争会促进公共学校的发展。美国公共教育的目的是服务于全体人民,学校是免费的

① E. P. Cubberley, *Syllabus of Lecture on the History of Education with Selected Bibliographies*, New York: The Macmillan Company, 1902.

② Bernard Bailyn, Review on Cubberley of Stanford: and His Contribution to American Education, *Harvard Educational Review*, Vol.xxvii, No.3 Summer, 1958, p.281.

③ Cubberley P. Ellwood. *Public Education in the United States: A Study and Interpretation of American Educational History*.New York: Houghton Mifflin Company,1919, p.496.

并对全体儿童开放,教育日益从一种慈善行为变为人们与生俱来的权利。因此,他得出结论说:美国人民深信一种自由的、没有宗派主义色彩的、对全体人民开放的公共教育体制是合理的。卡伯莱站在国家利益至上的立场上,谱写了一曲美国公共教育的颂歌。

三、教育史学中的"民族—国家"历史范式

要理解教育史学中的"民族—国家"历史范式,我们首先要了解"民族—国家"历史范式的由来。19世纪以来,西方国家的现代历史学科主要在民族—国家史的历史框架下进行的。在美国亦是如此。班克罗夫特(George Bancroft)是美国最有资格担当起民族历史学家的称号的人。[①]美国于1776年建国,形成了一个民族(nation)——美利坚民族。在启蒙思想的影响下,许多思想家为牛顿解释太阳系的才能而倾倒,渐渐相信人类的运动也可以凭科学法则来理解。这种思想的变化使得历史不仅仅是贮藏事实的库房,因为历史似乎包含着指引未来方向的线索。[②]于是历史学家开始担负起筛选事实的责任,要找出足以造成社会发展路线的潜在逻辑。有了民族主义(nationalism)作为政治、社会改革的推动力以后,人们便希望能用民族历史来照亮造就了现代民族的人类进步之路。班克罗夫特十卷本《美国史》的出版,表达了一个新生民族的思想,同时也表现这个乐观时代的一切自足思想与饱满情绪。[③]美国革命时期的领袖很早就意识到这个新的政体要活下去必须有民族情感。而美国与其他国家不具有共同的历史背景,所以,必须自己创造出一整套民族象征物。通过重构或者编造那些所谓数百年来影响民族归属性的传统,历史学家在定义民族同一性方面扮演了一个重要角色。[④]"曾目睹美国革命的老前辈们意识到,美国人虽然缺乏古老的传统,宗教的统一,共同的世系,却可以付诸文字的美国革命史来弥补缺憾。历史学家用民族主义者的热忱,建构出一个美国人的共同过去,将美国的民族特性投射到未来"。[⑤]由此可见,"民族—国家"范式的历史写作在美国由来已久,并在

---

① [英]乔治·皮博迪·古奇:《十九世纪历史学与历史学家》(下册),耿淡如译,商务印书馆2014版,第638页。

② [美]乔伊斯·阿普尔比、林恩·亨特、玛格丽特·雅各布:《历史的真相》,刘北成、薛绚译,上海人民出版社2011年版,第81页。

③ [英]乔治·皮博迪·古奇:《十九世纪历史学与历史学家》(下册),耿淡如译,商务印书馆2014年版,第639页。

④ 于尔根·科卡:《国际历史科学大会:回望与期待》,《史学理论研究》2015年第3期,第4页。

⑤ [美]乔伊斯·阿普尔比、林恩·亨特、玛格丽特·雅各布:《历史的真相》,刘北成、薛绚译,上海人民出版2011年版,第90页。

19世纪的美国受到极大关注。这种范式带有明显的辉格史学特征。1931年,英国历史学家巴特菲尔德(H. Butterfield)出版了《历史的辉格解释》[1]一书。巴特菲尔德开宗明义地指出,许多历史学家站在新教徒和辉格党人一边进行写作,赞扬使他们成功的革命,强调在过去的某些进步原则,并写出即使不是颂扬今日,也是对今日之认可的历史。19世纪的写史人不觉得追求真理的热忱和爱国心有什么冲突,为美国这个新国家的"想象的共同体"提供了一套既是爱国主义的又是科学的历史。[2] 这是美国"民族—国家"范式历史书写的出发点和归宿。

其次,教育史学中的"民族—国家"范式。当我们说"辉格解释"教育史的时候,我们应该明白没有形成对比的"民主党的解释",辉格党和民主党这两个团体主要支持改革运动催生了辉格修正主义。我们把它称为辉格党,只是因为随着时间的推移,辉格党比民主党更感兴趣学校内部的发展,是他们书写了历史。人们可以想象一个"民主"的教育史,它对失去地方控制感到遗憾,也不喜欢把资产阶级文化强加给城市工人和农村农民,但直到第二次世界大战结束后才出现这种情况。教育史上的"辉格"解释从未受到挑战,即使是民主党,它本身也是各方就这个问题达成共识的有力证据。当它涉及公立学校,大多数民主党也成了辉格党。结果正如拉什·威尔特(Rush Welter)所争论的,"尽管存在分歧,工人与民主党,辉格党和教育改革者建立广泛的公共教育作为美国民主不可或缺的制度。"[3]

从第一本真正的美国教育史——布恩的《美国教育》来看,尽管作者在写作目的中表明是为了给美国教师编写一本关于美国教育历史发展的教科书,但不可否认,布恩的作品中带有浓厚的美国情感。他认为,外国人写的美国教育史对美国教师而言是有缺陷的,因此,美国学者必须为美国教师编写教育史教科书。他的教育史作品将美国教育发展历史分为三部分,即殖民地时期、革命时期、重建时期,第四部分为当前的关注。他构建了一个较长时段的美国教育史,研究内容广泛,从幼儿园到大学,从专业教育到职业教育、特殊教育,从学校到校外辅导机构,详尽的书写了美国教育发展的历史。随后的几位教育史家也积极地撰写了关于美国的教育史著作,比如德克斯特(Edwin Grant Dexter)的《美国教育

---

① [英]赫伯特·巴特菲尔德:《历史的辉格解释》,张岳明、刘北成译,商务印书馆2012年版。
② [美]乔伊斯·阿普尔比、林恩·亨特、玛格丽特·雅各布:《历史的真相》,刘北成、薛绚译,上海人民出版社2011年版,第91页。
③ Rush Welter, *Popular Education and Democratic Thought in America*, New York: Columbia University Press, 1962, p.103.

史》也是出于教师培训的需要。还值得一提的是梅奥（Reverend Amory Dwight Mayo），他关注到公立学校和美国民主之间的独特关系，开启了综合性的美国教育史研究。巴纳德曾打算撰写一部综合性的著作，可惜没有完成。梅奥的目标是从"巨大的过量的材料"中精选出反映公立学校的伟大而令人惊奇的故事。教育史的主要内容就是伴随着共和的胜利而来的公立学校的胜利。美国传统教育史学的模子就这样浇铸成了。卡伯莱正是在梅奥的"模子"中开始了《美国公共教育》的写作，并将美国传统教育史学推上了顶峰。

卡伯莱将民族—国家的形成与教育史的进步联系在一起，并将此作为他历史研究的中心，他讲述了一个美国公共教育发展的动人故事。卡伯莱怀着自觉构建教育的民族特性，强调那些使美国社会有别于欧洲旧教育制度的美国式作风与价值观念。他们把民主视为美国特色的根源，视为促进社会进步的主要工具。蕾斯纳、孟禄更是坚定的民主主义捍卫者。孟禄在《美国公立学校制度的建立》一书中，毫无掩饰地表达了美国中心论的教育史学观。首先，这部名著的第一部分简要展示了美国公立学校的欧洲渊源；然后，他将绝大部分的笔墨都花在了论述美国教育的国家化和民主化进程的部分。由此可见，早期教育史家的著作中无不体现了民族—国家的历史范式。

最后，我们要分析对于这种民族—国家的历史范式在教育史学研究中的发展趋势。史学理论认为19世纪是历史学的世纪，历史学研究的主阵地在欧洲，而进入20世纪，随着美国的迅速崛起，很多学术研究中心开始转移到美国，美国的历史写作遵循着一条路线：从历史作为一种高度文学编纂形式，由业余文人书写，到逐渐专业化与投入客观性，有时称为"科学的"。从19世纪40年代普雷斯科特（William Hickling Prescott）的作品到90年代亨利·亚当斯（Henry Adams）的作品，标志着以这个方向前进的距离。19—20世纪的美国教育史学也在遵循着这种从业余到专业化的转变。然而，研究中国史的美国学者杜赞奇曾说过，历史研究的主题可以不断翻新，但心照不宣的研究空间是民族国家。民族国家正是以这样一种方式潜入了专业史学和通俗历史的观念之中，民族国家才是历史的支配性主题。

在现在的一般情形中，我们持有相互冲突和矛盾的关于"民族—国家"的宏大叙事概念，并且他们是否处于主导地位很大程度上取决于不同的历史情境。历史的宏大叙事在对待过去特定时间过程中的"民族—国家"历史叙事方式上，并不具有唯一性。但是民族国家的宏大叙事却是由不同种类和方式的历史书写模式构成，其中包括事例、传记和重要的民族任务，也包括对民族历史的各类编撰模式,以及对特定的民族国家的历史意识具有影响的历史书写形式等。① 教育史就是其中一种重要的形式。在美国教育史学的发展过程中,"民族—国家"教育史研究的一个重要内容,即民族性国家教育体系,在美国主要指公共教育体系的建立。在历史发展过程中,教育与国家的关系一直是教育家、教育史家以及比较教育家们所关注的焦点。玛格丽特·阿修(Margaret Archer)在其比较史学著作《教育体系的社会起源》②中明确指出,现行的教育变革理论在解释不同国家教育发展的不同时间和模式问题上的乏力和不足。把民族性国家教育体系产生与工业化和城市化联系起来的理论,无法解释民族性国家教育体系为何首先发生在像普鲁士、奥地利和法国这样的前工业化和以农业社会为主的国家,而不首先发生在像英国这样工业起飞早,城市化发展快的社会呢? 于是,阿修以制度变革过程为理论基础,把教育的利益集团的相互作用视为民族性国家教育体系产生的根源。安迪·格林(Andy Green)是目前为止研究教育与国家关系最为著名的学者之一,他认为,阿修的史学理论实际上为史学界以国家维度来构建教育史学理论奠定了基础。在西方教育史学史上就教育制度发生学曾经形成过以下三种流派:一是辉格或自由理论;二是结构功能主义理论;三是城市化和无产阶级化的新马克思主义理论。格林认为这些理论都在一定程度上解释了民族性国家教育体系的发生根源,但他们存在着很大的局限性,无法解释不同国家的教育体系的不同发展,而教育和国家的形成恰恰可以作为一种能够填补。③ 格林指出,解释教育体系发展的时间和模式的关键因素是国家的属性和国家形成的过程。由此可见,"民族—国家"范式的教育史研究从未消失,只是在新的历史时期以不同的外在形式而出现。

斯特凡·贝格尔(Stefan Berger)认为在全球化的语境和视角来看,民族国家的历史书写和历史思考依然是强而有力的。很多人认为我们生活在一个后民族国家时代,这是言之过早的论断。平心而论,民族国家历史的书写在今天全世界的许多地方依然是最强有力的历史书写模式。但是,民族国家历史的书写依然没有丢掉其过去作为民族主义者和种族主义者的历史书写最为危险的部分,负面经验在当代世界依然存在。所以,我们必须进入这样一个情境中,在其中,

---

① 尉佩云:《德国与欧洲的当代历史书写——斯特凡·贝格尔教授访谈》,《史学理论研究》2017年第2期,第128页。

② M. Archer, *Social Origins of Educational Systems*, London: Sage, 1984.

③ [英]安迪·格林:《教育、全球化与民族国家》,朱旭东、徐卫红译,教育科学出版社2004年版,第6页。

我们能够将民族国家历史书写的极端重要性进行相对化,同时能够避免纯粹民族主义方法论的缺点。

民族国家的历史书写对现代公民的民族认同和历史认同来讲是极其重要的,并且它也可以作为认同的重要文化资源而存在。我们需要民族国家历史的书写,但我们需要的是一个更加具有自我反思意识的民族国家史的书写——以此意识到民族主义自身作为其方法论的一面,以更轻松的方式而不是本质主义或实在论的方式对待民族主义和民族国家的历史,从而接受一个更加多元的视角。① 教育史的书写亦是如此,基于教育对于国家发展的特殊作用,民族国家教育史的书写也需要具有自我反思意识,以更加开放多元的视角进行研究。

第三节 德国教育史学的民族传统

19 世纪被称为"历史学的世纪",历史学成为大学的一门专业性学科,以兰克为代表的"科学的历史学"的学术研究方法得到全世界的极大尊重。但 19 世纪德国历史学家对现代德国历史命运负有的不可推卸的责任,及其对德国教育史学科的影响在我国尚未引起足够注意。本节将从 19 世纪德国经历的深刻思想变迁、近代德国历史学的民族特征、1945 年以来德国历史学界的反思,以及对德国教育史和德国教育史学史研究的启示几个方面进行论述,尤其重视德国教育史研究的政治语境,期盼引起教育史同行的关注和讨论。

现代历史研究首先是在德国被职业化的。19 世纪在德国大学中所实行的学术研究方法,在历史研究成为一门专业性学科的任何地方都得到极大尊重,成为对历史进行科学而客观的研究的一个范例。一般认为,19 世纪德国历史学家兰克(Leopold von Ranke,1795—1886)是"科学的历史学之父",其对于德国历史研究的主要贡献有两个方面:一是对史料的新的批判考察;二是把讲习班制度引入历史教育之中。但美国当代著名历史学家伊格尔斯(Geory G. Iggers,1929—)对此持怀疑态度。他坚持认为德国的历史学家们对现代德国的历史命运负有不可推卸的责任。他在 1938 年秋逃离德国,侥幸躲过了对犹太人的大屠杀。在成长为一名历史学家之后,伊格尔斯越来越意识到:"德国这一历史思

---

① 尉佩云:《德国与欧洲的当代历史书写——斯特凡·贝格尔教授访谈》,《史学理论研究》2017 年第 2 期,第 128 页。

想和历史研究的民族传统对于反民主思想难辞其咎。这并不是说它就是直接导向了纳粹主义,而是说,它在很重要的方面为 1933 年彻底抛弃民主制和确立权威主义恐怖扫清了道路。"①现代没有几个国家的职业历史学家曾像 19 世纪和 20 世纪的德国历史学家那样在自己的研究中有意识地受一种历史观的引导,他们的历史研究绝非所声称的那样科学和客观,而是高度意识形态化的;对史料的批判性分析的强调与一种特定的高度意识形态化的历史哲学结合在一起。

　　法国著名历史学家基扬(Antione Guilland,1844—1912)指出:"在法国,很早以来,我们都认为德国历史学家是最公正的。但是,我们错了,他们的学术欺骗了我们。"②研究德国统一历程的学者都对历史学家们在这一过程中扮演的重要角色印象深刻,他们是民族自由主义政策的推动者,以其学说来塑造德意志民族,并使上述政策成为可能;稍后,他们又成为德国公众舆论的指路人。没有历史学家们的合作,帝国绝不可能找到它的立足点。是德国的历史学家将历史和民族命运联系到一起,并使历史具有在法国之外所不具有的影响力;他们用历史营造了比法律还强大的舆论。19 世纪的德国历史主义在某种程度上已成为历史,但这种学说的某些核心意念仍以变形的方式隐藏在今天世界范围内的思想论争中。对于历史学者来说,德国历史主义还直接涉及史学研究的道德立场问题。因此,研究近代德国历史学思想的民族传统对于我们更加深入研究德国教育史和德国教育史学史显然有着非常重要的现实意义和理论价值。

一、19 世纪德国经历的深刻思想变迁

　　德国政治现代化进程与西方英、法、美等国家相比有其"独特"性。德国缺乏像法国、英国或荷兰那样能产生一定政治影响的从事商业或是金融的大资产阶级家族。在重商主义时代出现的工厂,其国有化比例远远高于西方。土地贵族所具有的起支配作用的社会与经济地位在各邦没有改变。19 世纪以来,德国现代化道路的最主要特征在于其政治与经济的不同步发展,政治长期滞后于经济。到第一次世界大战前夕,当德国在经济上已发展成为欧洲第一、世界第二的资本主义工业强国时,政治上却是传统容客阶级占主导地位,资产阶级只是通过没有实权的帝国会议在"参与"意义上加入统治阶级行列,这一时期的德国因此被称为经济巨人和政治侏儒。19 世纪末 20 世纪初,德国在经济上已成为强大工业

---

① 　[美]格奥尔格·G.伊格尔斯:《德国的历史观》,彭刚、顾杭译,译林出版社 2006 年版,第 1 页。
② 　[法]安托万·基扬:《近代德国及其历史学家》,黄艳红译,北京大学出版社 2010 年版,第 15 页。

国家时,政治上"却受着封建骑士的子孙和教士的统治"。① 在民主选举出来的法兰克福议会未能于 1848 年统一德国之后,德国中产阶级的主体部分转而指望普鲁士王朝以武力手段,用俾斯麦的话来说就是以"铁和血"来完成统一使命。西欧、北欧以及美国经济上的现代化伴随着议会民主制的发展,而在德国,尽管工业化取得长足进展,但是,民主化却被延宕下来。教养良好而拥有财产的中产阶级的主体部分转向霍亨索伦王朝,后者提供了他们在经济领域内所企盼的很多东西,还呼应了中产阶级对于成为世界强国的渴望,同时颁布了一部宪法,保留了土地贵族、军人和君主的诸多特权,并试图将方兴未艾的产业工人阶级排除在政治过程之外。

在上述政治背景下,19 世纪的德国经历了一场深刻的思想变迁。启蒙时代理想主义的、世界主义的和康德的德国变成了一个讲求实际,甚至为了实际目标而不择手段的德国,俾斯麦就是这个新德国最完美的化身。德国的知识分子,首先是历史学家们积极投身最为广阔和现实的政治生活。

德国浪漫派对德意志民族主义有重要影响。普鲁士走上"自上而下"道路与普鲁士启蒙运动的特点有关。赫尔德(Johann Gottfried Herder,1744—1803)是18 世纪德国浪漫主义和民族主义之父,开创了浪漫主义历史新观念,集中清算了启蒙思想家的理性主义历史观,强调每一种文化都具有不可取代的珍贵价值。在他看来,"历史并非统一固定的,而是由时空上相互交替的各个不同民族,依靠他们各自毫无关联的想象力和激情力量所诗性地创造出来的产物。因此,在人类历史的总体中,每一个时代和每一个民族的文化,各自都有其无可替代的存在和繁荣的理由"。② 赫尔德坚决打破了启蒙运动分析性思维和同一性原理的硬壳,驱逐了启蒙运动理性主义历史观赋予历史的同一性幻觉,体现了蕴含在德国浪漫主义哲学中的辩证法。拿破仑战争中法军的胜利以及拿破仑对德国的统治唤醒了德国人沉睡的民族意识,引发了德国的民族主义运动。一方面,施太因等人试图通过改革振兴德意志"祖国";另一方面,以费希特等人为代表的德国知识分子,尤其是历史学家则通过演说和充满激情的诗篇等形式掀起德意志民族主义运动的文化波涛。到 19 世纪中期,虽然民族统一问题一直没有得到解决,但民族主义作为一股强大思潮和运动已极大地震撼着德国,为德国统一奠定了思想基础。在政治观念中,法国人的爱国主义是普适的,而德国人的爱国主义是个

---

① 邢来顺:《论德国政治现代化初期的"防御性"特征》,《史学理论研究》2006 年第 1 期,第 84 页。
② 王利红:《试论赫尔德浪漫主义历史哲学思想》,《史学理论研究》2008 年第 4 期,第 24 页。

别化的,源自某种自卑情结,是在外来压迫下催生的,尤其在同法国的对抗中得到发展。曾十分贴近于法国人思想观念的莱布尼茨和康德的理想主义已被黑格尔主义取代,历史学家们在聚贝尔(Heinrich von Sybel,1817—1895)和特赖奇克(Heinrich von Treitschke,1834—1896)的带领下,为民族统一和反对法国而斗争。从思想根源上说,法国的理想和德国的理想是不可调和的。前者尊奉理性主义,倾向于否认各民族之间的特殊差异;后者属于浪漫主义,它植根于原始的、不可遏制的日耳曼特性之上。

晚年的兰克曾说过,拿破仑时代以后的复辟运动是德国现代历史学的奠基者。"历史研究正是在反对拿破仑的专断统治中发展起来的","个别形态的生活是普遍支配权的反命题"。[①] 德国的历史学是对法国大革命和拿破仑征服的回应。基扬认为,从政治上说,德意志历史学派是保守的,即使兰克本人的政治立场也绝非中立。在 19 世纪那样一个思想斗争激烈、民族思潮兴起以致泛滥的年代,那些认为兰克史学乃至德国史学家客观公正的看法未免太牵强。如果说,兰克罕见的平和冷静能掩盖自己的政治色彩的话,特赖奇克则很清楚自己工作的性质,那就是从历史中创造出一个德意志民族,在现实中要为普鲁士制度和"德意志使命"及其强权政策辩护。1843 年,德国民族主义历史学家创办《民族历史评论》,兰克是三位发起人之一。他们在发刊词中说:"历史尽管是个有限的学科,但它比任何学科都有助于全体德国人民的统一。我们希望以一种一致的原则来培育这一学科,那就是它要与政治紧密联系在一起。实际上,历史是政治的母亲和老师。也许它至少能向我们证明,在历史领域,德国人民没有深刻的分歧,来自东南西北的努力都不能造成不可调和的对立。"[②] 从那时起,所有历史学家都试图用自己的著作教育人们理解祖国和热爱祖国,并希望有助于当代政治问题的解决。

二、近代德国历史学的民族特征

首先,伊格尔斯认为,德国民族主义运动"在其早期阶段所宣扬的是自由主义的、在一定程度上甚而是民主的和世界主义的层面,而在 19 世纪的进程中,它却越来越被赋予了权威主义和侵略性的沙文主义形式。"[③] 他非常关注的是德国

---

① ［法］安托万·基扬:《近代德国及其历史学家》,黄艳红译,北京大学出版社 2010 年版,第 6 页。
② ［法］安托万·基扬:《近代德国及其历史学家》,黄艳红译,北京大学出版社 2010 年版,第 17—18 页。
③ ［美］格奥尔格·G. 伊格尔斯:《德国的历史观》,彭刚、顾杭译,译林出版社 2006 年版,第 2 页。

民族主义的反民主特征得以合法化的历史观,而不是德国在政治层面上未完成民主化。这种观念被称为"历史主义",其要旨在于拒斥启蒙运动的理性和人道主义观念。第一次世界大战德国战败以后,上述观点得以延续,并在很大程度上导致对于魏玛共和的拒斥。在纳粹时期,许多年轻历史学家将民族认同观念从以国家为取向转变为以种族为取向,为在东方对非日耳曼人(包括犹太人)的种族清算进行辩护。甚至到1945年以后,许多传统观点仍得以保留。德国历史研究中保留的贵族倾向在时间上也比西方国家长得多,绝大多数都是狭隘的政治意义上的历史,注重叙述政治家、将军和外交家的活动,几乎完全不考虑被迫做出这些决定时的制度和物质框架。

民族主义历史学家们的第一个要素是德意志爱国主义情绪,尤其在耶拿战役以后,他们立刻变成狂热的爱国者。曾被视为解放者的拿破仑一夜之间就成了"难以驯服的暴君"。对这个民族来说,耶拿战役之后,拿破仑给普鲁士套上了枷锁,比此前任何外来奴役都要沉重。普鲁士的命运似乎到了尽头,但它的历史可以成为力量的源泉。基扬详细研究了德意志历史学派中最为知名的两位先行者——尼布尔(George Niebuhr,1776—1831)和兰克,认为他们为后来者奠定了方法,开辟了道路;然后是两位伟大的自由主义历史学家——蒙森(Theodore Mommsen,1817—1903)和聚贝尔;最后是特赖奇克——"帝国主义的领军人物"。

其次,与德意志爱国主义情绪相联系的是"国家崇拜"。伊格尔斯在其名著《德国的历史观》中指出:"三组思想在本书所涉及的德国历史研究的民族传统的理论立场中占据了核心地位:国家概念、价值哲学和知识理论。虽然这三个概念中没有一个完全为德国历史研究所特有,但是它们都在德国历史思想中得到了最为极端的阐述。"[1]基扬也认为:"德国的思想家和历史学家们不喜欢契约论的国家学说,他们笔下的国家、首先是普鲁士国家,更像是道德主体,甚至是神物。"[2]黑格尔要求人们必须崇敬国家,把它看作地上的神物。这种国家观在一定程度上决定了德国历史学家们的研究取向。

又次,新教对近代德国的历史研究有重要影响。军国主义的普鲁士尊奉严格的新教原则。新教在近现代德国文化中有重要影响。在柏林大学,费希特和施莱尔马赫讲授的是新教理性主义。近代德国历史学派纯粹是亲普鲁士的,反

---

① [美]格奥尔格·G.伊格尔斯:《德国的历史观》,彭刚、顾杭译,译林出版社2006年版,第5页。
② [法]安托万·基扬:《近代德国及其历史学家》,黄艳红译,北京大学出版社2010年版,第vi页。

对天主教的大德意志,代表的是一个有限的德意志联盟。从性质上说,该学派是新教的和自由主义的,是普鲁士式的自由主义,将经济和思想自由与政治自由混为一谈,或者说,只要能享有前一种自由,就不在乎后一种自由。在伊格尔斯看来,包括兰克和绝大多数普鲁士历史学家在内的很多人都坚守了路德派宗教信仰。由于这一信仰所具有的乐观主义,导致对政治制度滥用权力的习性缺乏深刻认识。

再次,德国近代历史学具有社会达尔文主义特征。一些崭露头角的新学者开始援引达尔文理论支持他们的绝对主义学说,将德国历史描述为异常巨大的生存斗争,并赤裸裸认为:"普鲁士的历史角色开始于它逐个兼并那些已然死亡的德意志邦国之时。"①基扬认为,德国悲剧的原因之一是,德国从未发生革命,从未把民族概念和自由概念结合到一起。德意志的民族观念在很大程度上是外族入侵的结果,是19世纪德国的历史学家们创造出来的,它的基础在于语言和种族,而观念的实现靠的是历史学家们极力讴歌的王朝国家。相比之下,现代法国的民族观念最初首先是一种政治权利上的诉求。

最后,德国历史研究有加入哲学成分的悠久传统。德国当代著名历史学家约恩·吕森教授认为,不能说在历史研究中加入哲学成分是德国学术文化所特有的,在法国、意大利和东欧国家也是如此,可以说是欧洲大陆特有的。但正如卡尔·马克思所指出的那样:德国传统深受唯心主义影响也许是对政治落后的一种补偿。"唯心主义对德国整个学术传统,也就是对我们所谓的历史主义来说,是一个十分重要的因素。直到20世纪50年代,你都能看到这种传统的力量。"②

赋予德国历史学以民族特点的并不是与兰克的名字紧密相连的对史料的批判分析。伊格尔斯认为,批判方法和专注于事实的准确并非兰克或19世纪德国历史学家所特有,在一定程度上是由更早一代历史学家、语言学家、古典文学艺术研究者和《圣经》学者所形成的。后来,批判方法成为各地真正历史学者的共同财富。"确切地说,使得德国历史研究主要传统中的历史学家的著作与众不同的,正是它们有关历史性质和政治权力特点的基本理论信念。"③这一信念不仅

① 〔法〕安托万·基扬:《近代德国及其历史学家》,黄艳红译,北京大学出版社2010年版,第13页。
② 陈新:《对历史与历史研究的思考——约恩·吕森教授访谈录》,《史学理论研究》2004年第3期,第67页。
③ 〔美〕格奥尔格·G.伊格尔斯:《德国的历史观》,彭刚、顾杭译,译林出版社2006年版,第1—2页。

决定了历史实践活动,也决定了历史学家所提出的问题。总的说来,它是以大国间的冲突为中心的,这也决定了他们所采用的方法的特征:过分强调外交档案,而忽视社会史、经济史、社会学方法和统计资料。民族主义信念还赋予这些德国历史学家的研究以一种政治地位,即给予国家的中心地位和对国家有益影响的信心。

德国历史理论的保守特征与德国大学的教授制度有重要关联。从 18 世纪后期开始,德意志的历史职业就以大学为中心,而在欧洲和美国,这种情况迟至 19 世纪才出现。在德国,历史学家是国家的雇员,是一个"国家公务员"。具有决定意义的是其学术职业的招募形式。自 1810 年柏林大学建立以来,德国大学体系没有根本性改革。大学教师职业仍是一个封闭等级。"正教授"不仅对其下属的教学与研究活动有极大控制权,还通过与其他同事的合作,对进入这一职业加以限制。"获取大学任教资格"有效限制了观点或是背景与学院机构不一致的历史学家的进入,这在 1871 年后体现得尤为明显。很多历史学家,如梅尼克(Friedrich Meinecke)在自己的"正教授"解决之后才敢对主流历史观表示强烈怀疑。1906 年,德国教育史学家鲍尔生(Friedrich Paulsen)对德国政府控制的压力给予尖锐批评,认为政府扩大对学校的控制发端于 19 世纪。在 19 世纪以前,政府只对各地学校的设立和各地儿童入学等问题实行限制。进入 19 世纪,政府进一步对学校内部活动加以控制。这是由政府的性质造成的。因为政府基本上就是司法组织和军事组织。在各项社会生活部门中,严格而统一的法令必然占据至高无上的地位,而在其背后总显示有强制性,"而感到最沉重压力的还是那些最有生气和最善于独立思考的教师"。[①]

三、1945 年以来德国历史学界的反思

1945 年 5 月 8 日的无条件投降,不仅使"大德意志帝国"终结,传统的民族主义—爱国主义教育目的也成了问题。德国学者福尔(Christoph Fuer)指出:"民族主义—爱国主义为'维护德国的教育统一'的努力暂时走到了尽头。这种努力始于 18 世纪末关于自由的、世界公民前景下的德国民族注意的大讨论,在 19 世纪愈来愈屈于日益崛起的民族主义的影响,直到后来阿道夫·希特勒企望看到把德国青年教育成为'狂热的民族主义者'。"[②]

---

① 〔德〕弗·鲍尔生:《德国教育史》,滕大春、滕大生译,人民教育出版社 1986 年版,第 192 页。
② 〔德〕克里斯托弗·福尔:《1945 年以来的德国教育:概览与问题》,肖辉英、陈德兴、戴继强译,人民教育出版社 2002 年版,第 4 页。

有学者认为,德国对历史的反思经历了曲折历程。在 20 世纪 50 年代之前是沉默和回避,20 世纪 60 年代末至 80 年代初发生了转折和突破,自 80 年代以来,采取了全面深刻的忏悔措施。德国采取的态度是德法和解与欧洲一体化进程的催化剂。有学者分析了德国历史学的反思之路:"第一阶段是战后至 40 年代末,以梅尼克为代表的历史学家们反思很透彻;第二阶段是 50 年代,好了伤疤忘了痛;第三阶段是 50 年代末的费希尔之争,间接反思纳粹的暴行;第四阶段是 70 年代,以韦勒为代表的批判史学派深挖纳粹的老根,一直往前追溯腐朽的、反动的和保守的传统。德国历史学科就是通过在历史反思中扮演重要角色而完成了使命,得到国际史学界的重新认可;第五阶段是 80 年代伪造希特勒之争;第六阶段是围绕纳粹国防军的罪恶展览等问题的五个争论。"[①]

20 世纪 60 年代后期以来,在联邦德国的史学研究中出现了大量的重新思考。旧的传统的连续性依然存在,但众多历史学家已开始批判地思考本民族历史,在研究方法上重新定位,即从传统帝国历史研究中以人物为导向的片面研究方法转变为对政治史发生于其中的社会背景的关注。第二次世界大战后的德国历史学者评论说,19 世纪德国那些重要的历史著作积极评价近代绝对君主专制国家,完全从国家的角度来研究政治史,在史料上十分重视政府档案,但对国家行为缺少批判精神。

伊格尔斯欣慰地看到,19 世纪上半叶以来不仅主宰了历史学界也主宰了广大德国公众的那种德国历史观的支配地位终于在 1945 年,尤其是 20 世纪 60 年代以后结束了。对于那些在纳粹垮台之后成长起来的联邦德国新一代历史学家来说,关键问题是:纳粹主义的兴起及其种族屠杀的恐怖何以可能? 许多年轻的历史学家已摒弃了德国的历史观。那些依旧占据着历史学教席的老一代人置身于历史主义传统中,强调每一历史格局的特殊性,而新的历史学家们却在社会结构和过程中寻找因果解释。相对于德国之外的社会史家,他们更加注重历史研究的政治语境。

德国汉堡大学教授汉斯-维尔纳·格茨回顾了德国历史学的发展历程:在 20 世纪初,德国史学界就历史应该研究政治史还是非政治史展开论战,最后以政治史的研究胜出。20 世纪 30 年代,新宪政史学日益兴盛,强调制度史研究的重要性。20 世纪 60 年代,随着各种社会问题的出现,社会史学兴起,开始关注

---

① 张文涛:《"二战后德国与日本历史反思比较学术研讨会"报道》,《史学理论研究》2010 年第 1 期,第 151 页。

对社会群体的研究。到 20 世纪 80 年代,随着人类学的兴起,心态史学逐渐重要起来。德国的历史研究仍然建立在传统的基础上,只是有了新的视角和方法。格茨教授还指出了德国史学研究的优缺点,认为"它的优点是:注重对史料的批判;注重史料的广度,广泛收集史料,用各种方法进行考证,建立了各种史料库"。① 其主要缺点是拘泥于传统,倾向于建立大的结构,缺乏明确的指导原则。但他也指出,任何事情都有两面性,正因为没有明确的指导原则,反而有利于研究的多样性。德国史学应当坚持传统的优点,同时也要与国际学术潮流融合。

四、对德国教育史学史研究的启示

中国学者注意到马克思主义对德国民族特性的思考。马克思主义既批评了德国的狭隘民族主义、基督教以及作为社会基础的小资产阶级,又继承了德国民族的优良传统,如对哲学理论思维的爱好和对现代工业文明的批判等,它们为深入理解马克思主义基本原理、当代全球化趋势以及人类文明演变的模式等提供了历史基础。近年来,中国学者对影响德国历史发展的一些重要因素进行了深入研究,十分重视对德国历史的某些重大问题进行理论思考,尤其重视研究德国历史发展的一些重要因素,包括德意志民族主义及其正反两方面作用、德国历史不同阶段中政治和经济发展由不同步和不协调到相对同步和协调发展的问题、容克贵族的强大与资产阶级的软弱问题、第二次世界大战后德国的民主改造问题等。有学者认为,19 世纪与 20 世纪的德国史是德意志民族有关德意志独特道路、西方道路与东方道路的选择、斗争与实践的历史。德国走上独特道路的主要原因,在于其半先进与半落后的中欧国家性质以及强烈的民族意识。另有学者指出:"在德国历史上存在两种发展趋势,一种是狂热追逐军国主义和民族主义的保守的德意志,另一种是倡导人道主义和民主主义的自由的德意志,双方力量对比的消长决定着德国民主化的进程。"② 也有学者认为,普鲁士决非只有反动和军国主义的特征,而是具有两面性,应将其视为矛盾的复合体。

历史方法是表达民族观念的主要手段,政治史领域是其中最重要的一环,普鲁士的民族主义理想也最鲜明地体现在这个领域。它不仅应用于政治史,同样也牵涉学术的各个分支,包括对德国教育史和德国教育史学史的研究。因此,我们必须特别关注德国教育史和德国教育史学史研究的政治语境。19 世纪德国

① 李秉忠、贺慧霞:《汉斯-维尔纳·格茨教授在津讲学》,《史学理论研究》2005 年第 1 期,第 134 页。
② 黄正柏:《近年来国内德国史研究》,《史学理论研究》2006 年第 2 期,第 119 页。

对于历史的浓厚兴趣是与正在上升的民族主义联系在一起的。而这种民族主义是民族统一进程中的一个推动力量。兰克的保持绝对学术中立的理想已被证明是无法实现的。

基扬认为,历史是有用的,但历史的运用还须有某种道义原则,历史学家也应该有某种道德立场;每个民族在文化上都可以和应该拥有自尊和特性,但这并不必然意味着对其他民族和文化共性的排斥。伊格尔斯强调,每一种历史写作都反映了作者的道德和政治观点,但这并不等于排除了诚实的学术研究。历史学家对历史的解释有权采取不同的视角,但没有权利捏造或歪曲事实。好的历史学也不纯粹是文学幻想曲。

我们可能还需要关注民族主义及其需要制造对立面的心理根源。美国著名心理史学家兼精神分析专家 P. 洛温伯格(P. Loewenburg)探讨了与民族主义有关的心理问题,提出了两个主要观点:"其一,民族主义有着深刻的心理根源,甚至说它扎根于人自幼儿时期便具有的本能也不为过;其二,民族主义由划分'我们'与'他们'而来,是相对于'他们'而存在的,因此有树立对立面的心理需要。"①另一方面,他认为超越狭隘民族主义,实现民族间和睦相处也是可能的,这就需要运用高度的政治智慧,需要互相协商妥协和耐心等待。

---

① 〔美〕彼得·洛温伯格:《民族主义及其需要制造对立面的心理根源》,罗凤礼译,《史学理论研究》2006 年第 1 期,第 113 页。

第二章　西方教育修正派教育史学

第二次世界大战后西方教育史学经历了从一元到多元的演变历程。在研究范式方面,战后西方教育史学从传统教育史学到新教育史学再到新文化教育史学,三足鼎立几成定局;在两次转向之后,各种意识形态影响了战后西方教育史学流派的发展。20世纪50年代末至70年代末,美国出现了"修正"传统教育史学的两条路线:一是以著名历史学家贝林(B. Bailyn)和教育史家克雷明(L. Cremin)为代表的温和路线;二是以凯茨(M. Katz)和斯普林(J. Spring)等为代表的激进路线。温和派反对传统派将"教育"(education)等同于"学校教育"(schooling)的做法,要求对"教育"进行重新定义,进而拓展教育史研究领域,并相应改进研究方法。20世纪70年代是激进派活跃的时期,该学派在马克思主义影响下试图从根本上颠覆传统教育史学的价值观,认为公立学校不过是实现统治者和资本家利益的工具。通过凯茨,美国激进派史学对加拿大教育史学产生过很大影响,后来又影响到欧洲一些国家,在英国、法国、德国、意大利和澳大利亚等国,新教育史学都有不同形式的发展。

第一节　美国修正派教育史学

对于美国"老"教育史学的发难来自美国历史学家要完成新史学变革的使命感。早在1954年,美国一些著名历史学家就开始了重新阐释美国教育史的活动。[①] 一般认为,存在着两条修正美国传统教育史学的路线:一是以贝林(Bernard Beilyn)和克雷明(Lawrence A. Cremin)为代表的温和修正派;二是以凯茨(Michael B. Katz)和斯普林(Joel Spring)等为代表的激进修正派。

---

① Richard J. Storr, The role of Education in American History: A Memorandum for the Committee Advising the Found for the Advancement to This Subject, *Harvard Educational Review*, 1976, 46(3), pp.331 - 354.

一、美国修正派教育史学的兴起

在 20 世纪 50 年代中期前后,国际史学发生了一次新的转向,其总的趋势是从传统史学走向新史学。在战后国际形势的冲击下,历史学家工作的外在环境发生了急剧的转变,使其曾引以为自豪的历史学的客观公正性受到挑战。新一代历史学家不能不重新审视传统的历史观念。巴勒克拉夫认为:"坚定不移地推动历史学与社会科学或行为科学的结合是美国的显著特征。"①约在 20 世纪 70 年代中期以后,新史学在美国史坛取得了统治地位。上述国际史学及美国史学新潮流对美国教育史学的嬗变产生了深刻影响。

再从美国教育史学与历史学主流的关系来看,19 世纪后期,教育史学从历史学中独立出来成为一门相对独立的学科。与教育专业化历程相适应,美国教育史研究主要以制度化教育,尤其是学制、学校教材和教法的发展史为研究对象,从而日益脱离历史学主流。在历史学日益社会科学化的新时代,这种状况引起历史学家的不满,他们对于美国历史学家不研究美国教育史,而美国教育史研究脱离历史学主流,尤其是脱离社会史和心智史研究新潮流的状况提出了批评,认为教育史学应与历史学新潮流接轨,从公立学校教育颂歌的褊狭模式中解脱出来。正如时任美国历史学会主席的卡彭所指出的:"如果教育史领域不完成变革,新史学的变革也就不能完成。"②

就教育史的演进而言,20 世纪 60 年代发生的突变,与其说是由于增强了对历史的好奇心,不如说是由于发展了对现实问题的兴趣。国际竞争的一般形态(即经济、军事和意识形态)以第一颗人造卫星发射为契机而逐步升级。由于新的竞争对手的出现,美国在研讨当时教学的基础上,需要进一步制定国民教育政策。由于美国人需要给自己打气,历史学也自觉承担起颂扬美利坚民族精神的重任。这一方面促进了根据历史来推测当前问题的理论,另一方面也促进了历史方法的进一步完善,由此兴起了历史学家、教育史学家与社会科学家之间的协作运动。

20 世纪 50 年代新传统派对进步教育和公立学校的攻击是使促使美国教育史学转变的另一个重要推动因素。第二次世界大战后的美国社会要求进行学校改革,尤其是 1957 年苏联人造地球卫星发射成功的火上加油,使得美国教育界

---

① [英]杰弗里·巴勒克拉夫:《当代史学主要趋势》,杨豫译,上海译文出版社 1987 年版,第 45 页。

② Bernard Beilyn, *Education in the Forming of American Society*, The University of North Carolina Press-Chapel Hill, 1960, p.x.

的争论更趋激烈,谴责进步主义生活适应教育的文章和书籍不胜枚举。20 世纪 50 年代晚期爆发的对于进步教育、公立学校的攻击终于在 1963 年科南特 (J. Conant) 发表《美国教师的教育》时达到高峰。如何看待学校教育尤其是公立学校的功能遂成为一个严峻的现实问题。美国传统的公立学校史诗模式受到空前的质疑和挑战。

二、温和修正派教育史学

修正派教育史学肇始于美国,后来向西方其他国家发展。美国传统教育史学深受欧洲教育史学的影响,19 世纪 70 年代中期以后逐渐形成具有本土特色的美国公立学校史诗模式。20 世纪中叶以后这种传统模式受到挑战。1960 年,美国著名历史学家贝林发表《美国社会形成中的教育》一文,抨击传统教育史学模式,被视为美国"新"教育史学的宣言书。此后对美国传统教育史学的修正沿着两条路线进行:一是以贝林和克雷明为代表的温和路线,以拓宽美国教育史的研究领域为特色;二是以凯茨和斯普林等为代表的激进路线,试图从根本上否定美国公立学校教育制度,甚至美国政府的合理性。

(一) 温和修正派兴起的历史背景

1956 年,美国一些著名历史学家组成了"美国历史中教育的角色"委员会。1957 年,该委员会发布报告,关注的核心是"美国特性"及教育在形成这种特性中的角色。其研究思路是在探讨教育的定义的基础上进一步拓宽美国教育史的研究领域,关注社会对教育发展的影响,注重研究教育在美国社会发展中的作用。这种思路构成了战后美国教育"修正主义史学"中"温和派"的主要特色。

哈佛大学教授贝林是美国温和修正派的重要代表人物之一,其作品以质取胜,一生中获得过 4 项全国大奖。作为美国"共和修正派"史学的主要代表之一,他注重从社会思想分析入手论述美国革命过程,被视为美国新思想史学派的代表人物。1958 年,贝林在《哈佛教育评论》上发表的一篇书评中率先发起对美国传统教育史学代表人物卡伯莱(Ellwood P. Cubberley)的批判。1960 年,贝林的专题论文《美国社会形成中的教育》的问世,拉开了美国新教育史学的序幕,在职业的和非职业的教育史家中引起轩然大波,被公认为美国新教育史学的"宣言书"。贝林谴责世纪之交的"教育传教士"——尤其是卡伯莱和孟禄(P. Monroe),批评他们的研究局限于正规学校教育制度,失去了从整个美国历史发展进程来看待教育的能力。

贝林在《美国社会形成中的教育》中的有关思想对克雷明产生了重要影响。

克雷明是美国温和派教育史学的另一位著名代表。从1957年起直到逝世,他一直在美国哥伦比亚大学师范学院任教授,并任院长职务长达10年(1974—1984)之久。克雷明沿着贝林提出的思路,赋予"教育"概念以新的内涵,进一步拓展美国教育史研究领域,改进了教育史研究方法,成为美国"新"教育史学的领军人物。克雷明的成名作《学校的变革》(1961)是第一部从广阔的社会史和心智史的视角来研究进步主义时期教育史的重要文献,该书使克雷明于1962年荣获美国历史学班克罗夫奖。1965年,克雷明又出版了《奇妙的卡伯莱世界》(*The Wonderful World of Ellwood Patteson Cubberley,An Essay on the Historiography of American Education*),从美国教育史学史的视角对美国传统教育史学进行了清算,倡导新的美国教育史,即与社会史和文化史紧密结合的教育史。在去世前的25年里,克雷明把主要精力放在撰写三卷本美国教育史上,即《美国教育:殖民地时期的历程,1607—1783》(*American Education: The Colonial Experience,1607—1783*,1970)、《美国教育:建国时期的历程,1783—1876》(*American Education: The National Experience,1783—1876*,1980)和《美国教育:都市化时期的历程,1876—1980》(*American Education: The Metropolitan Experience,1876—1980*,1988)。这套综合性的美国教育史著作是美国温和派教育史学的力作。其中,第二卷获得普利策历史奖。当代美国许多教育史家都充分肯定了克雷明在使美国教育史融入现代学术主流及在重新阐释美国教育史方面所做的重要贡献。[①]

(二) 温和修正派的一般特征

从研究对象来看,温和修正派反对传统派将"教育"(education)等同于"学校教育"(schooling),要求对"教育"进行重新定义,进而拓展教育史研究领域。贝林将教育定义为"在代际之间传递文化的全过程",克雷明则将这种传递活动限定在"有意"的范围内。温和派认为,以往的美国教育史局限于学校教育制度史,尤其是公立学校教育发展史,应重视包括学校教育在内的所有与教育相关联的机构,尤其是非正规教育在美国特性形成中的作用。教育史的研究领域不仅应包括正规学校教育,还应包括家庭、教堂、图书馆、青年组织和成人联谊会和媒体业等。温和派试图"补充"传统教育史学,即扩展教育史的研究领域,并强调教育与社会的相互作用,因此,该派也被称为"补充和相互作用派"。

---

① Robert L. Church, Michae Katz, L. Harold & Lawrence A. Cremin, Forum: The Metropolitan in American Education, *History of Education Quarterly*,1989(3),pp.426-427.

从价值取向来看,温和派与传统派一样,也是美国三位一体的主流文化——新教的虔诚、民主的向往以及功利主义的奋斗精神的代言人。温和派是战后保守主义思潮的产物。随着第二次世界大战的结束,先前占据主流地位的进步主义史学的生命力逐渐枯竭,保守主义遂成为 20 世纪 50 年代的主导思潮,强调一致性和连续性乃是美国历史的本质特征,被称作"一致论学派"或"新保守主义史学"。另一方面,战争所激发的爱国热情并未随硝烟一道逝去,而是转化成一种对于民族精神和经验以及民族文化的重视,出现了国民性研究的热潮,"美利坚经验"(American experience)和"美利坚精神"(American mind)成为流行的符咒。克雷明的《美国教育》三部曲也是以探讨"美国经验"为其主题。

从研究的风格来说,温和派有时被称作"文化主义者"。文化史的发展是战后美国史学界最显著的特征之一,几乎渗透到美国史研究的各个角落,学者们在各自的领域关注和研究文化史。克雷明就是从教育史领域来研究文化史的一位重要代表人物,通过心智史和社会史来描述人类的教育活动,并试图揭示两者之间的联系。他聚焦于一个术语——*Paideia*,这是贯穿其《美国教育》三部曲的一个核心概念。这是他从沃纳·耶格(Werner Jaeger)的著作《热望:希腊文化思想》(*Paideia: The Ideals of Greek Culture*,1945)[①]中借用的一个希腊术语。希腊人广泛地使用这个词,包括 "教育""文化"和"社会的、政治的或民族的热望"等含义。克雷明曾明确表示其他主要在最后一层含义上使用这个术语,其目的在于说明教育在形成美国人的价值观方面的重要作用。

从教育思想的渊源来看,温和派继承了杜威及进步教育的遗产,认为教育在本质上是一种"学习"活动,而不是"教授"活动。也正因为如此,历史学家关注的核心问题应是学生的"反应"、学生的心态,而不是教师的活动。教育史家应研究所谓"美国观念"是如何变成了个人思想的过程,而有效的方法就是找一些有代表性的人物进行研究。为此,克雷明在《美国教育》中运用了微观史学的方法,花了许多篇幅利用人物传记来叙述美国历史上的许多人物,如本杰明·富兰克林(B. Franklin)等人的自我教育经验。克雷明在《美国教育》的每一卷都设有专章《生活》主要依据教育传记对历史人物进行个案考察,重视其研究成果在叙述形式上的生动性,并由特定人物的事例演绎到一般的结论。

---

① Werner Jaeger, *Paideia: The Ideals of Greek Culture*, New York: Oxford University Press, 1945, pp.1939 - 1944.

三、激进修正派教育史学

20 世纪 70 年代是美国激进派教育史学十分活跃的时期。1968 年,激进派最早的代表人物凯茨在《早期学校改革的嘲弄》一书中认为,统治者和资本家从自己利益出发来创造和扩展教育机会,把他们的价值观强加给工人阶级和穷人。美国激进派教育史学的作品还有拉泽逊(M. Lazerson)的《都市学校的起源:马萨诸塞的公立教育》(1971)、斯普林的《教育和公司国家的兴起》(1972)、鲍尔斯(S. Bowles)与金蒂斯(H. Gintis)合著的《资本主义美国的学校教育》(1976)。《资本主义美国的学校教育》出版后,在西方教育理论界产生了强烈的反响,被认为是西方"新马克思主义派"教育史学的代表作。

（一）激进派教育史学兴起的背景

激进修正派教育史学被视为 20 世纪 70 年代美国激进意识形态的一个组成部分。激进派教育史家及其观念等较温和派要复杂得多。从社会与政治方面说,它是 20 世纪 60 年代美国社会激烈动荡的产物。从思想渊源来说,激进修正派受弗赖登伯格(E. Friedenberg)、伊里奇(I. Illich)和古德曼(P. Goodman)等人的学校批判思潮、非学校思潮以及新马克思主义的影响。而从激进派学者的成分来看,他们大多出身社会下层,或是少数民族后裔,或是一直在历史学界没有地位的妇女学者等,其思想的激进与此有一定关联。激进派教育史学的主导观念之一是否定美国权力结构和政府的合理性,认为学校教育是上层和中层白人阶级统治工人阶级、穷人和少数民族的工具,19 世纪的工业化干预了学校组织的发展,教育变革是统治阶级为维护与再生资本主义社会制度和经济制度的手段。

美国教育史家马文·拉泽逊(Marvin Lazerson)认为,激进派教育史学受到来自激进史学和当代学校批判思潮两个方面的深刻影响。激进派历史学家对以往美国历史研究的批判,对美国历史的重新评价,为教育史学家以新的眼光来看待美国教育史提供了基础。在拉泽逊看来,当代学校批评(contemporary criticism of the schools)在培育修正教育史学方面扮演了重要角色。克雷明的作品与查尔斯·西尔伯曼(Charles E. Siberman)的教育批判相类似。而较激进的历史学家则从批评家,如埃德加·弗赖登伯格(Edgar Friedenberg)和伊万·伊里奇(Ivan Illich)那里得到暗示。[①] 在影响激进派的各种思潮中还有新马克思

---

① Marvin Lazerson, Revisionism and American Educational History, *Harvard Educational Review*, 1973, 43(2), p.270.

主义。1976年,一股更强烈的冲击来自新马克思主义者鲍尔斯(S. Bowles)与金蒂斯(H. Gintis)合著的《资本主义美国的学校教育》(*Schooling in Capitalist America: Educational Reform and the Contradictions of Economic Life*)。

（二）激进派教育史学的主要代表人物及其基本观点

1968年,凯茨发表《早期学校改革的嘲讽》(*The Irony of Early School Reform*),从另一种视角对"老"的教育史学进行"修正",试图从根本上否定美国公立教育。通过对19世纪中叶马萨诸塞州的个案研究,他驳斥了在扩展教育机会方面占优势地位的关于"进步"的观念,并试图阐明美国当代教育体制的建构问题。凯茨认为,社会领导者和工业企业家从自己的利益出发来创造和扩展教育机会,把他们的价值观强加给工人阶级和穷人。凯茨向美国教育史家发出挑战,要他们重新思考阶级角色在教育变迁中的作用、教育在专业化中的作用以及教育作为社会改革工具的作用,定下了激进修正主义教育史学的基调。1971年,凯茨又发表了《阶级、官僚机构和学校:美国教育变革的幻想》(*Class, Bureaucracy, and Schools: The Illusion of Educational Change in American*)一文。

除了凯茨和鲍尔斯、金蒂斯及其作品以外,激进派教育史学的主要人物及其代表作还有:马文·拉泽逊的《都市学校的起源:马萨诸塞的公立教育》(*Origins of the Urban School: Public Education in Massachusetts, 1870—1915*, 1971);斯普林的《教育和公司国家的兴起》(*Education and the Rise of the Corporate State*, 1972);克拉伦斯·J. 凯里尔(Clarence J. Karier)、保罗·维奥拉斯(Paul Violas)和J. 斯普林合著的《危机的根源:20世纪的美国教育》(*Roots of Crisis: American Education in the Twentieth Century*, 1973);C. 凯里尔的《美国教育情形的形成》(*The Shaping of the American Educational State*, 1975);沃尔特·弗赖登伯格(Walter Feinberg)的《理性和花言巧语:20世纪自由教育政策的心智基础》(*Reason and Rhetoric: The Intellectual Foundations of 20th Century Liberal Educational Policy*, 1975)。

激进派教育史学的主要特点表现在:现实政治关怀;批判性取向;新马克思主义的影响;激进派最受诟病的缺憾在于对史料的曲解和附会,以及思想过于偏激,其编写的美国教育史是高度政治化的历史。温和派和激进派都与传统派有着不同的联系。温和派只是试图对美国传统教育史学其给予"补充",其面临的困难是究竟应如何给"教育"定义,以及如何揭示教育与社会的互动关系。激进派与传统派一样,仍关注学校教育,尤其是公立学校教育,所不同的是他们站在与传统教育史学对立的政治立场来关注同一个对象。

第二节　加拿大教育史学中的修正派

20世纪60年代末,在美国新教育史学的影响下,加拿大教育史学中开始出现不同于传统教育史学的新教育史学的流派。下文将考察加拿大新教育史学出现的背景,分析其中温和派与激进派的流变,并对其进行反思和评价。20世纪50年代以后,受到国际史学发展趋势的影响,西方教育史学也发生了很大的变化。有资料表明,西方教育史学的这种嬗变始于美国,并对欧美其他国家发生了重要影响。本书将考察战后加拿大教育史学出现的背景,介绍加拿大"修正主义"教育史学中的温和修正派和激进修正派,并分析加拿大修正派教育史学背后深刻的社会及人文内涵。

一、加拿大新教育史学的兴起

加拿大传统的教育史学研究模式一直效仿欧美国家。自19世纪以来,其研究范围停留在学校教育制度、教学方法以及著名教育家的实践活动的狭窄领域内。20世纪五六十年代,国际历史学发生了一次转向,传统的政治史和制度史的主流地位受到以社会史和心智史为代表的新史学的挑战。20世纪60年代中期兴起的加拿大新社会史学,如妇女史、家庭史、劳工史和种族史等,都直接或者间接地涉及加拿大历史上的教育问题,并成为此后加拿大教育史学中"修正派"发展的基础。加拿大妇女史和家庭史学家艾莉森·L.普兰蒂斯(Alison L. Prentice)在其名著《学校的赞助者:19世纪中叶加拿大的教育和社会阶级》(*The School Promoters: Education and Social Class in Mid-Nineteenth-Century*)中论述了教育制度、公立中学和义务教育法等方面的问题。[①]

20世纪五六十年代美国教育史学发生的重要转向也对加拿大教育史学产生了影响。以美国历史学家贝林(B. Bailyn)和克雷明(L. Cremin)为代表的温和修正派,以及以凯茨(Michael B. Katz)为代表的激进修正派都对加拿大的修正派教育史学产生了一定的影响。尤其凯茨在移民加拿大之前后完成的一系列研究成果,对于加拿大教育史学中的激进修正派的发展产生了直接的影响。加

---

① 杨令侠:《加拿大新社会史学的崛起和成长》,《史学理论研究》2002年第2期,第138页。

拿大著名历史学家哈里甘(P. J. Harrigan)在 1985 年提交给加拿大历史协会的论文中评论道:"迈克尔·B. 凯茨作为一位来自美国的移民学者,对 20 世纪 70 年代的加拿大教育史有着重大影响。1975 年出版的他和麦汀利的论文集在研究了 60 年代美国学校教育系统的基础之后坚定地提出了一种新的史学范型,同时他还强调社会学方法在教育史研究中的重要性并抨击叙述性史学。凯茨的方法论对加拿大教育史学产生了立竿见影的效果,虽然其著作的最终影响被夸大了。"①

二、加拿大教育史学中的温和修正派和激进修正派

第二次世界大战后 20 多年间,加拿大历史学一直停留在以"国家"或"国家缔造"为中心的宏大叙事传统中,政治史和制度史始终是历史研究的焦点,"国史学派"和"宪法学派"占据着历史学的大半江山。加拿大教育史学在这种氛围中因袭欧美传统的颂歌模式,主要研究学校教育制度、教学方法以及教育家的教育实践。1960 年,美国著名历史学家贝林发表《美国社会形成中的教育》一文,不仅拉开了美国新教育史学的序幕,也影响了加拿大教育史学中修正主义的发展。20 世纪 60 年代末,随着对传统教育史学全面批判的展开,加拿大教育史学中出现了修正派,其内部也出现了与美国教育史学相类似的温和修正派和激进修正派。② 此外,传统派也没有销声匿迹。这三个流派之间对峙、碰撞以及相互借鉴和融合,成为战后加拿大教育史学发展的主要内容。

1969 年,威尔逊(J. D. Wilson)首先发表文章指责加拿大教育史学中的"辉格主义",即对公立学校一味赞颂的模式传统。两年以后,凯尔德(A. Caird)发表了对加拿大传统教育史学更加全面的批评。他们的观点被加拿大教育史学中的修正派奉为圭臬。③ 在修正主义教育史学产生的初期,尤其在凯茨对加拿大教育史学产生重大影响之前,加拿大教育史学的内部矛盾尚不明显,传统教育史学还有很大势力。修正派主要从方法论上质疑传统派,而从新领域和新视角研究教育史的实践活动还没有展开。1970 年,由威尔逊、斯代普(R. M. Stump)和奥德特(L. F. Odette)合编的论文集对贝林关于教育的广义概念做出了说明,这是加拿大历史学家提出一种新的教育史观所做的第一次尝试。

---

① Patrick J. Harrigan, A Comparative Perspective on Recent Trends in the History of Education in Canada, *History of Education Quarterly*, (Spring)1986, p.78.

② 周采:《战后美国教育史学流派的发展》,《比较教育研究》2005 年第 5 期,第 7—12 页。

③ J. Donald Wilson, Canadian Historiography, *History of Education Quarterly*, (Spring)1969, p.108.

随着加拿大修正派教育史研究的发展,尤其是美国激进修正派教育史学家凯茨出现在加拿大教育史学界并产生重要影响之后,加拿大修正派阵营内部的矛盾便充分暴露了。凯茨在 1968 年出版的《早期学校改革的嘲讽》一书使他成为美国教育史学中激进修正派的鼻祖。20 世纪 70 年代是美国教育史学中的激进修正派最为活跃的时期。1971 年,凯茨的《阶层、官僚体制和学校教育》一书出版,对加拿大教育史学中的修正派的发展产生了深刻影响。加拿大历史学家哈里甘认为,加拿大教育史学中的修正派先是求助于美国的历史学家——首先是贝林和他的《美国社会形成中的教育》,然后是西蒙(B. Semen)的《英语国家教育史》。到 70 年代,他们又求助于一批更加激进并具有马克思主义倾向的历史学家,而这些历史学家中很多人的观点都源自 20 世纪 60 年代美国民权运动和反战运动。在上述背景下,加拿大教育史学的修正派内部发生了分裂。以威尔逊、吉德尼等为代表的温和修正派和以凯茨及其部分学生为代表的激进修正派开始分道扬镳。

与传统历史学家以及温和修正派相比,激进修正派倾向于颠覆传统教育史学,其理论依据是西方马克思主义,其方法主要是利用现代社会学家的研究工具,如量化技术等。他们的研究关注社会阶级,认为学校教育是统治者进行社会控制的工具,在他们看来,统治者试图利用学校阻止或延缓社会变革,并掩盖阶级压迫等社会问题。激进派教育史学的突出特点是其浓厚的意识形态色彩。在20 世纪 70 年代的前期,无论是在理论方面还是在实践方面,以凯茨为代表的激进修正派在加拿大,尤其是安大略等英语地区比温和修正派有更大的影响,短时间内甚至取得了统治地位。

与激进修正派对于传统公立学校教育的彻底否定态度不同,温和修正派在一定程度上采取了扬弃旧教育史学的态度。他们也反对传统教育史学狭隘描述和赞美公立学校教育,但并不完全否认公立学校在加拿大历史上的积极作用;他们主张重新定义"教育"的概念,将广义的教育与狭义的学校教育区分开来;他们还试图建立一种系统的综合教育观,甚至倾向于用"文化"理论整合教育。萨苏利(N. Sassily)在其名著《教育和社会变迁》的导论中的论述,为如何建构一种以社会史和心智史的系统化综合研究指明了方向,也成为温和修正派进一步拓展教育史研究领域的方法论基础。[①] 这一派的主要代表作有 1972 年吉德尼(R.

---

① Paul H. Mattingly and Michael B. Katz, *Education and Social Change: Themes from Ontario's Past*, New York: New York University Press, 1975, p.89.

Kidney)在《加拿大研究》杂志上发表的题为《中央集权化和教育：一种安大略传统的渊源》论文；1973 年在《安大略历史》杂志上发表的题为《加拿大上流社会的初等教育：一次价值重估》论文；以及他与劳尔(D. Lauer)合编的《加拿大人的教育：公共教育的历史纪录》一书等。

在 20 世纪 70 年代，加拿大教育史学中的激进修正派的研究成果不断问世。随着 1972 年秋季的美国《教育史季刊》聚焦于加拿大教育史学，以凯茨为首的激进修正派在加拿大，乃至欧美教育史学界的影响达到了顶峰。1975 年，由凯茨和马德林(P. Madlyn)编著的论文集《教育和社会变迁》出版。该书的作者多数是年轻学者，他们受到凯茨的深刻影响，对 20 世纪 60 年代晚期的学校教育提出了尖锐的批评，已大大超越了对传统教育史学的简单拒斥，而是转向对学校教育的悲观失望甚至愤世嫉俗。在温和修正派看来，无论从主题还是从方法论方面来说，激进修正派的这些文章的核心思想都是革命性的。凯茨在对汉密尔顿地区人口普查的原始数据和学校注册人数的严格分析后得出结论：加拿大公立教育就是一种"免费的、官僚主义的、种族主义以及具有阶级偏见的"机构。休斯敦(A. Houston)在她提交的《政治学校和社会变革》一文中将学校比作中产阶级的工具，其作用就是对下层人民进行思想和行为控制，以防止社会变革的发生。罗斯(P. Ross)在有关多伦多免费学校辩论的文章中，利用数据分析方法试图说明财产问题对 1848 年 6 月决定关闭多伦多免费学校的影响。格拉夫(H. Graff)利用统计学方法对于"汉密尔顿的文盲没有妨碍有才能的幸运儿的增加"的结论的分析，大卫(E. David)利用"社会控制"的概念理论论述了新汉密尔顿中央学校能否作为一个社会控制系统的问题。

激进修正派的鼎盛时期很短，不久就衰落下去了。他们的教育史观和研究实践遭到温和修正派学者和传统派的批判，在某种程度上说，他们的诸多指责对于激进修正派来说是致命的。他们批评一些激进修正派学者在不理解含义和用法的情况下滥用社会科学的理论、技巧和概念，导致了很多低级错误。激进派对史料的不严谨的态度和做法也受到了批评。20 世纪 70 年代中后期，加拿大教育史学界内部更注重相互借鉴，走向融合的趋势日益明显，促使加拿大教育史研究进入到了一个新的繁荣时期。在这个时期，温和修正派和激进修正派的研究有了更加丰硕的成果，传统派在一定程度上也重获新生。以往被大家忽视的领域，如幼儿教育、女子教育、民族教育、工人阶级的教育，以及地区教育、私立大学和课程内容等都得到了更多的关注，一些传统的研究主题也焕发出新的活力。进入 20 世纪 80 年代以后，随着"叙述史"的复兴，加拿大教育史学发展的多元化趋势已初露端倪。

三、加拿大修正派教育史学的影响

加拿大民族主义和国家主义的冲突对加拿大教育史学有很大影响。在经历了第二次世界大战此起彼伏的政治运动之后，自 20 世纪 60 年代中期以来，民族主义开始在加拿大社会盛行。加拿大是一个具有 100 多个民族的典型移民国家，长期以来一直存在着多元文化冲突的问题。传统意义上的加拿大主流文化其实是"英法二元分立"的文化。随着战后各少数民族以及土著居民在政治文化上的觉醒，传统教育史学的"辉格主义"阐释路线受到民族主义思潮的强烈冲击。激进修正派的出现不仅在某种程度上是这种社会现实的反映，并且受到民族主义运动的一定影响。凯茨毫不讳言自己早期的经历对其研究风格的影响，他曾说："历史可以在一定程度上将自己从对理想往事的依恋中解放出来，从而促使改革的进行。"①可以说，激进修正派在 70 年代早期的辉煌部分是受到了民族主义的惠泽。

然而，与激进修正派几乎同时产生并持续到 80 年代之后的"加拿大化运动"却在客观上限制了激进修正派具有国家分离主义倾向的学术风格。这场运动是由加拿大学术界率先发起并影响到其社会各领域的。与民族主义截然相反，这场运动力图在加拿大社会培养一种"国家主义"（或称加拿大主义）的意识，以此来突破欧美在经济、政治和文化上的控制。学术界为解决由来已久的"分裂"问题，在加拿大百年国庆到来之际，由约克大学历史系教授库克（L. Kuck）提出了具有深远意义的"有限认同"概念，即提倡加拿大的不同民族、地区和文化应在"求同存异"的基础上为其共同利益而和平相处。因此，从激进修正派对加拿大教育史学的冲击到"叙述史"的复兴，再到各流派鼎立的多元化的发展趋势的出现，实际上都或明或暗地与上述"民族主义运动"和"加拿大化运动"相呼应，成为战后加拿大教育史学嬗变的社会文化和历史根源。

从二战后加拿大教育史学发展中的保守派、修正派以及修正派内部的政治立场来看，传统派和温和修正派为代表了保守主义，激进修正派则代表了一种政治上的激进主义。两者的冲突表面上看是学术观点和研究风格的差异，实则是其所代表的不同阶级、种族和政治观念之间的对立和冲突。传统派的保守自不待言，温和修正派其实质也是一种"新保守主义"的代言人。温和修正派对历史

---

① J. Donald Wilson & David Charles, The "New" History of Canadian Education, *History of Education Quarterly*, 1976, p.372.

的看法与传统派并没有本质上的区别,他们都对"辉格主义"的进步史观有着天然的好感。与之截然相反,激进修正派学者大都受到二战后诸多政治运动的深刻影响,他们试图完全颠覆资本主义以往的辉煌,其理论观点和研究视野均是站在遭受压迫或不平等对待的下层阶级和少数民族的立场。激进修正派学者往往都具有明确的政治诉求,即通过自己的研究来揭露当前社会制度的黑暗,并实现彻底的社会变革。

第三节　西方主要国家的修正派教育史学

二战后,西方新教育史学首先在美国发端进而影响欧美其他国家。美国修正派教育史学首先对加拿大教育史学产生深刻影响。自19世纪以来,传统的加拿大教育史学研究模式一直效仿欧美国家,研究范围停留在学校教育制度、教学方法以及著名教育家的实践活动的狭窄领域内。20世纪60年代中期,加拿大新社会史学崛起,成为影响二战后加拿大教育史学变革的重要因素。同时,在美国温和修正派历史学家贝林的影响下,加拿大学者摒弃了用历史直线发展的模式描述教育发展的传统,转而接受"社会学"的方法论。20世纪70—80年代,美国激进派教育史家凯茨对加拿大,尤其是安大略等英语地区教育史学的发展有深刻影响。1975年,凯茨和麦汀利(P. H. Mattingly)主编的论文集《教育和社会变迁》出版,认为加拿大公立教育就是一种"免费的、官僚主义的、种族主义以及具有阶级偏见的"机构。[①] 在这种理论的影响下,加拿大出现了具有各种主题的教育史论著,如土著居民的后代在实行种族隔离寄宿制学校的经历;工人阶级家庭子女为使公立教育符合自己的利益所做的抗争;来自各国的移民为避免子女被公立教育同化所做的努力和遭遇的挫折,以及妇女为在男性占主导的教育体系中占有一席之地所付出的艰辛等。总之,关于处境不利集团及其为摆脱外部强加给他们的种种束缚而不懈斗争的主题经久不衰。

修正派教育史学对战后欧洲大陆的教育史学也曾产生过影响。德国学者注意到这种影响,并认为尽管有时很难确定新教育史学的目标是什么,但有三个特征最终成了新教育史学的代名词:第一,明确批判了风格华丽的辉格传统,自觉

---

① M. B. Katz & I. E. Davey, School Attendance and Early Industrialization in a Canadian City: A Multivariate Analysis, *History of Education Quarterly*, 1978(3), p.68.

从广阔的社会背景来研究教育机构和教育过程。第二,将研究重点从教育理论的发展转向教育和社会的关系。第三,为了贴近人民大众,许多新著作都使用社会科学的概念。[1] 但是,美国修正派教育史学对欧洲大陆的影响是有限的。一方面,欧洲大陆主要国家都有着深厚的历史文化传统,一般来说,新教育史学在这些国家有自己特定的表现形态。例如,法国新教育史学主要受到法国年鉴学派的深刻影响,倡导从整体、宏观、群体和问题等角度去研究与探讨教育史的演变与发展轨迹视。又如德国历史主义学派与新兴的社会史学派几经博弈,在理论上捍卫并发展了兰克的历史主义理论,经过半个世纪的努力,德国历史主义学派从危机走向了复兴,并仍然深刻影响着战后德国教育史编纂。另一方面,20世纪 80 年代以来,欧洲学者对美国式的新教育史学进行了深刻反思,认为不应盲目地将美国模式移入欧洲土壤中。欧洲学者还强调保持教育史学的独立性,认为虽然教育史学应该根植于广阔的社会背景,但这并不意味着史学家们完全脱离"学校—教室中心"的教育学取向。[2] 欧洲学者还批评美国式新教育史学不仅没有解决一些传统遗留下来的问题,还带来了一些新问题,例如,在使用社会科学的一些术语如"社会化"和"社会控制"时,存在着模糊和不明确的问题。[3]

　　综上所述,传统西方教育史学以民族国家主导的学校教育制度和大教育家的思想为主线。战后新的教育史学,无论是社会科学教育史学还是以新文化史学教育史学,都打破了这些框框,兴起了多种多样的流派和分支。虽然各种流派由于受不同意识形态和理论视野的影响而有不同的价值取向,但各流派之间存在着交叉和相互影响的复杂情况。社会科学各门学科、马克思主义、女性主义和多元文化主义,以及后现代主义等对各教育史学流派有着不同程度的影响,并在劳工教育史、少数族裔教育史、城市教育史、妇女与性别教育史、婚姻与家庭史、儿童史、青年史和地方教育史等领域表现出来,使战后西方教育史学朝着多样化和多元化方向发展,但与此同时也带来了历史相对主义盛行和"碎片化"危机。新教育史学在借鉴社会科学的理论和方法时更多采用了分析性的问题史,缺乏时间的轴线。而新文化教育史学受后现代主义的影响,过分强调语言独立性,从而否定了评价教育史学著作的最终客观标准,造成了教育和历史观念上的混乱。

---

① K. H. Jarausch, The Old "New History of Education": A German Reconsideration, *History of Education Quarterly*, 1986(2), p.65.

② M. Heinemann, The New History of Education in Europe, *History of Education Quarterly*, 1987(1), p.54.

③ K. H. Jarausch, The Old "New History of Education": A German Reconsideration, *History of Education Quarterly*, 1986(2), p.45.

第三章　西方马克思主义教育史学派

马克思主义教育史学在二战后的西方，尤其是英国得到令人瞩目的发展。20世纪60—80年代初，马克思主义与社会史的有益结合催生了许多有创新意义的史学作品，并对社会史取向的教育史研究产生深刻影响，涌现了许多著名的教育史作品。如西蒙（B. Simon）的四卷本《英国教育史》[①]被认为是马克思主义教育史学的经典代表作；以鲍尔斯（S. Bowles）和金蒂斯（H. Gintis）为代表的美国激进马克思主义教育史学，他们合著的《资本主义美国的学校教育》（1976）出版后在西方教育理论界产生了强烈的反响，被认为是西方"新马克思主义派"教育史学的代表作；还有澳大利亚的杰弗里·帕廷顿（Geoffrey Partingtion）和西蒙·马金森（Simon Marginson）、法国的勃德罗（C. Baudelot）、埃斯达伯莱（R. Establet）和加拿大的艾莉森·普伦蒂斯（Alison Prentice）等学者在不同的研究领域运用马克思主义理论和方法研究教育史。

第一节　马克思主义史学理论与教育史研究

至20世纪末，我国史学有了很大发展，史学思潮的多元化逐步形成。2005年下半年第十二届全国史学理论研讨会重新强调坚持历史研究的马克思主义方向，认为在当代中国必须坚持和巩固唯物史观在历史研究领域的指导地位，要自觉坚持马克思主义的立场、观点和方法，要努力掌握马克思主义活的灵魂。一些学者指出：马克思对历史学的贡献不仅在唯物史观本身，在传承马克思的史学

[①]　西蒙的四卷本教育史分别是：第一卷是《教育史研究，1780—1870》（1960）（*The Study of History of Education，1780—1870*），后改名为《两个民族和教育结构：1780—1870》（1974）（*The Nations and the Educational Structure，1780—1870*）；第二卷是《劳工运动和教育，1870—1920》（1965）（*Education and the Labour Movement，1870—1920*）；第三卷是《教育改革的政治，1920—1940》（1974）（*Politics of Educational Reform，1920—1940*）；第四卷是《教育与社会秩序，1940—1990》（1991）（*Education and the Social Order，1940—1990*）。

遗产过程中,不仅要重视其历史理论即唯物史观,也要开展马克思史学理论研究,要注重挖掘作为历史学家的马克思、恩格斯和列宁等人在史学理论上的贡献。① 我国教育史学界老前辈们的马克思主义理论功底都较为深厚,这反映在他们为我们留下的许多珍贵作品之中。我们不仅要坚持这个理论方向,更需要研究在新时期如何更好地坚持和发展马克思主义史学理论对教育史研究的理论指导作用,并自觉地将其作为我们从事教育史研究的前提假设。

一、教育史研究的前提假设及其意义

教育史研究当然要搜集材料,但史料并不是史学,最后赋予史料以生命或者使史料成为教育史学的,是要靠教育史家的思想。任何一种教育史叙述或解说,不可避免地是根据某种哲学的前提假设出发的。本节将从教育史研究前提假设的视角,探讨马克思主义史学理论对于当代中国的教育史研究的重要意义。传统教育史学强调要在搜集史料上下功夫,似乎不穷尽史料就不能有发言权。而笔者认为,史料无论多么丰富,它本身却并不构成真正完备的教育史知识。史料并不是史学,单单史实本身不可能自发地或自动地形成教育史学,最后赋予史料以生命的或者使史料成为教育史学的,是要靠教育史家的思想。任何一种教育史叙述或解说,不可避免地是根据某种哲学的前提假设出发的。笔者曾在《教育史研究的前提假设及其意义》②一文中主要以美国教育史学为例来说明教育史研究的前提假设及其意义,下面则从马克思主义史学理论的视角来探讨教育史研究的前提假设问题。

历史学虽然是人类最古老的一门学问,但长期以来,历史学被看作只是记述之学。其实,这不过是一种误解。因为历史学家的叙述也有其自己的逻辑思维,历史学家也要按照一定的逻辑才能进行分析和思考。历史事实是客观存在,但对它的理解却不是自明的。对任何学科来说,理论和事实两者都不可或缺,而是相辅相成的。如果说以往的历史理论家大多不够重视史实,那么同样可以说,以往的实践历史学家就更加忽视自己的理论思维有不断进行自我反思与自我批判的必要。在笔者看来,教育史学不经过一番哲学的锤炼,就不配称教育史学。这一点对于专业的教育史家的实践具有特别的重要性,因为大多数专业教育史家几乎从来都不习惯于反思历史的性质是什么,以及教育史研究的性质是什么。

---

① 杨晓慧:《面向新世纪的史学理论研究》,《史学理论研究》2006 年第 1 期,第 150—156 页。
② 周采:《教育史研究的前提假设及其意义》,《河北大学学报》(哲学社会科学版)2008 年第 2 期,第 81—82 页。

由于不去思考自己工作的性质,就径直着手进行工作,难免有陷入盲目性的危险。

有两种历史。一种是人类过去生活的实在过程。如果你是一个哲学家,或许会称它为"历史的本体";另一种是历史学家根据过去的各种材料用文字写下来的历史,它体现了人类对自己过去生活的一种认识上的努力。用哲学的语言来说,是"历史的认识"。这样,"历史"的概念就具有了双重含义。关于"历史"有各种不同层次的内容。首先是那个一去不复返的过去本身;接着是根据史料对过去进行叙述和解释的历史学;再往上是对历史总体做出总结以探明历史意义的历史哲学;最后,是对历史学本身进行反省和思考的历史哲学。康德认为,在哲学上不首先去探讨认识的能力和性质,就径直着手去认识世界的本质,那就好像是飞鸟要超过自己的影子,是一桩完全不可能的事。在历史学中不首先认识历史认识的能力与性质就要去奢谈历史的本质或规律,也正像是飞鸟要超过自己的影子,是一桩完全不可能的事。于是,对历史性质的研究,就转化为对历史学家进行历史思维的性质的研究、对历史学家进行历史解说的性质的研究。无论如何,立足点从追求客观意义上的历史规律转移到探讨主观历史知识的性质上面来,这可以说是表现出历史思想与史学理论的一幕重点转移。

当代西方的历史哲学采取了分析的历史哲学方向。如果说,19 世纪西方史学思想的主流是朝兰克(Leopold von Ranke,1795—1886)式的"客观如实"的方向前进,那么,当代史学思想的主潮就是朝着反兰克方向前进的。历史思维与历史认识的性质,取代了历史事实与过程的性质,而成为历史哲学中的热门题材。旧的意义上的"史观"已日益让位给"史学观"。这一点乃是西方当代历史哲学中无可争论的事实,即史学理论的立足点从客观转移到主体上来。过去历史哲学着眼于历史的客体,现在则转到了主体如何认识历史客体的问题上来。

自然科学以其直接面对着的自然现象为研究对象。历史科学不可能直接面对已经成了过去的历史事实,它直接面对着的只能是历史文献。以往人们强调要在搜集资料上下功夫,似乎不穷尽史料就不能有发言权。"历史研究当然要搜集材料。然而史料无论多么丰富,它本身却并不构成真正完备的历史知识。最后赋予史料以生命的或者使史料成为史学的,是要靠历史学家的思想。"①历史学或历史著作绝不仅仅是一份日志或一篇流水账,它在朴素的史实之外,还要注入史学家的思想。因此,对于同样的史料或史实,不同的史学家就可以有而且必

---

① [英]沃尔什:《历史哲学导论》,何兆武、张文杰译,广西师范大学出版社 2001 年版,第 4 页。

然有不同的理解。在这种意义上说,史料并不是史学,单单史实本身不可能自发地或自动地形成史学。史实作为数据乃是给定的、不变的,但是对历史的理解,或说史学家对史实的构图却是根据每个人的不同思想而呈现为多种多样。任何一种历史叙述或解说,不可避免地是根据某种哲学的前提假设出发的。历史学家理解历史或者历史学家写史,总是在某种思想的指导下进行的;如果没有某种指导思想,那就只会剩下一堆干枯的、没有生命的支离破碎的凌乱史实,而没有史学可言。史实并不就是史学,它只是史学的原料。历史学必须有其先行的道德和形而上学的前提假设,历史学的客观性必须,而且必然要受到这些前提假设的制约。历史学家的价值观念在左右着历史学家的历史图像的形成,乃是历史研究的前提,而并非历史研究的结论,这也就是对同一件史实之所以有着许多不同解释的原因。

二、马克思主义史学理论的重要性

史学界目前大致已达成共识:狭义的史学理论是指对历史学本身和与其有关的各种问题的研究。在改革开放之前,我国对历史学理论的研究较为薄弱,比较多的是对历史过程理论问题的研究,而对于与历史学有关的理论问题包括历史认识论、史学方法论、史学新领域和新流派、跨学科和跨文化史学研究、历史写作理论等都研究得较少。这表明我国史学与国际史学发展的脱节和隔阂。[①] 早在 20 世纪初,西方史学出现了从传统实证史学向跨学科的新史学的转变,出现了研究历史认识论的潮流。西方历史哲学逐步从思辨的历史哲学转向了分析与批判的历史哲学。[②] 苏联从 20 世纪 60 年代开始,史学界也提出了研究史学方法论和历史认识论的问题,在采用计量史学和历史人类学方面取得不少成果。改革开放以来,中国史学理论研究坚持改革开放。1980 年,中国史学会获准第一次组团参加了在罗马尼亚布加勒斯特举行的国家历史学大会。近年来,史学理论界继续主张在史学理论研究中坚持改革开放的原则,但强调要坚持正确的指导思想,那就是马克思主义的指导,以防止、发现和克服来自极"左"的和极右的干扰。

如果以 19 世纪和 20 世纪为分界线,可以把马克思主义迄今为止的演进历程划分为两大阶段,即 19 世纪的马克思主义和 20 世纪的马克思主义。一般来

---

① 陈启能、刘德斌、吴英:《中国史学理论研究 30 年》,《史学理论研究》2008 年第 2 期,第 11—16 页。

② 参见严建强、王渊明:《从思辨的到分析与批判的西方历史哲学》,浙江人民出版社 1997 年版。

说,19世纪的马克思主义以马克思和恩格斯的思想为基本内涵,对它的界定不会产生歧义。而在20世纪历史条件下,则出现了各种导源于马克思和恩格斯学说的马克思主义理论并存的格局。一方面,它同当代哲学和社会学等领域的其他理论成果交汇形成了众多马克思主义流派;另一方面,它被运用于不同地区的实际革命进程,导致了不同的马克思主义实践模型,即社会主义模式。这样,20世纪的马克思主义便呈现出多样化的格局。从当代马克思主义流派方面来说,不仅有长期在社会主义国家之中占主导地位的"正统马克思主义",还包括西方人本主义马克思主义、西方科学主义马克思主义、东欧新马克思主义、欧洲共产主义等。但长期以来,各种马克思主义流派之间常存在着僵硬的意识形态对立,缺少自由平等的对话和交流。我们应以积极态度来对待20世纪马克思主义的分化和多样化格局这一事实。

英国著名史学家杰弗里·巴勒克拉夫(Geoffrey Barraclough)在《当代史学主要趋势》(*Main Trends in History*,1978)一书中指出,在导向反对唯心主义历史学的各种因素中,马克思主义思想起了特别重要的作用。在史学史的语境下,马克思主义的重要性首先在于,当历史主义(就其唯心主义和相对主义的词义上说)困于本身的内部问题而丧失早期的生命力时,马克思主义为取代历史主义而提供了有说服力的体系。他认为,马克思主义的影响之所以日益增长,原因就在于人们认为马克思主义提供了合理地排列人类历史复杂事件的真正使人满意的唯一基础。马克思主义作为哲学和总体观,从五个方面对历史学家的思想产生了影响。第一,它既反映又促进了历史学研究方向的转变,即从描述孤立的(主要是政治的)事件转向对社会和经济的复杂而长期的过程的研究。第二,马克思主义使历史学家认识到需要研究人们生活的物质条件,把工业关系当作整体的而不是孤立的现象,并在这个背景下研究技术和经济发展的历史。第三,马克思促进了对人民群众历史作用的研究,尤其是他们在社会和政治动荡时期的作用。第四,马克思的社会结构观念以及他对阶级斗争的研究不仅对历史研究产生了广泛影响,特别引起了对研究西方早期资产阶级社会中阶级形成过程的注意,也引起了对研究其他社会制度——尤其是奴隶社会、农奴制社会和封建社会中出现类似过程的注意。第五,马克思主义的重要性在于它重新唤起了对历史研究的理论前提的兴趣以及对整个历史学理论的兴趣。马克思和恩格斯一方面强调历史学家不仅应当按年代记载所发生的一系列事件,而且应当从理论上对这些事件进行解释,为此目的就应当使用一整套成熟的概念。另一方面,他们又明确地指出,这些抽象的概念绝不提供可以适用于各个历史时代的"药方"和公式。

总之,马克思从来不否认历史过程或历史认识的特殊性质。①

三、马克思主义史学理论与教育史研究

如前所述,马克思主义史学理论仍然是我国的主导意识形态,我国多数教育史学者仍在自觉或不自觉地运用这个前提假设从事教育史研究。因此,我们在运用唯物史观进行教育史研究时,应该关注我国研究马克思主义史学理论的最新动态和成果。

20世纪马克思主义有多种类型。过去几十年间在各社会主义国家中占正统地位的、以辩证唯物主义和历史唯物主义为根基的马克思主义按其基本精神和主要内涵而言,是苏联哲学界于20世纪上半叶按照列宁主义,特别是共产国际的马克思主义的基本精神发展起来的理论体系,即人们通常所说的"苏联教科书哲学体系"。他们均不了解马克思的早期著作,不了解青年马克思的异化理论和以实践为核心的人本主义哲学构想,而主要继承了马克思和恩格斯关于生产力和生产关系、经济基础和上层建筑的矛盾运动和经济必然性为主要内涵的"社会经济形态"理论,即经典唯物史观。在长期的历史过程中,上述正统马克思主义(列宁主义)经历了各种变化,但在20世纪80年代以前,其基本框架和主导精神并未发生根本性变化。由于这一传统教科书哲学体系没有全面、深刻地反映马克思学说的思想实质,它在发展过程中,也开始展现出一些局限性和历史失误,因此,这些特点也常常是新马克思主义流派和其他马克思主义流派对正统马克思主义提出非议的主要之点。

我国一些学者也曾探讨过新时期马克思主义史学理论在中国的发展问题。如著名学者蒋大椿撰文《当代中国史学思潮与马克思主义历史观的发展》,分析了唯物史观基本原理的理论缺陷,认为马克思主义历史观应当发展成为唯物辩证的以实践为基础的系统史观,并对马克思主义新历史观的基本内容做了分析的和综合的探索,勾画出大致的理论轮廓及其建设线索。② 陈启能、于沛和姜芃等合著的《马克思主义史学新探》一书也对若干理论问题进行了思考,如历史规律问题的新思考,历史的必然性、偶然性和选择性,社会形态理论新思考,历史认识的主体与客体,从直觉到科学、辩证的历史思维,并考察了几个

---

① ［英］杰弗里・巴勒克拉夫:《当代史学主要趋势》,杨豫译,北京大学出版社 2006 年版,第 20—22 页。

② 蒋大椿:《当代中国史学思潮与马克思主义历史观的发展》,《历史研究》2001 年第 4 期,第 78 页。

具体国家的情况。① 李杰探讨了唯物史观史学方法论的中国化问题,认为从方法论上讲,当运用唯物史观的基本思想去研究历史时,主要的史学方法论范畴应该包括:历史事件叙述中的客观性与主观性的统一;历史人物评价中的动机与效果的统一;历史规律解释中的必然性与偶然性的统一;历史进程分析中的可能性与现实性的统一。② 董欣洁在《世界历史进程中的马克思主义世界历史理论》一文中探讨了在经济全球化的日益发展对历史学提出了新的理论挑战的情况下,如何避免各种片面和局限,构建科学和系统的世界历史阐释体系。这一时代要求进一步凸显了马克思世界历史理论的科学性和重要性,并认为马克思世界历史理论深刻揭示了世界历史形成过程和演变的内在规律,为我们认识、理解和把握世界历史的整体发展指明了基本方向。③ 应该说,马克思的世界历史理论能为我们研究世界教育史或全球教育史提供具有方法论意义的科学指南。

近年来,我国教育史学的发展十分迅速,包括系列教育史教材的编写和学术取向的教育史作品已经或即将问世。是否应当关注教育史研究的前提假设问题,以及如何确定我们撰写教育史学作品的前提假设都是十分重要并需要我们深思的理论问题。了解和研究马克思主义史学理论还有助于我们研究二战后西方教育史学史,因为马克思主义曾对西方教育史学研究的发展产生过重要的影响,如英国马克思主义教育史学、美国激进派教育史学和加拿大新教育史学等。英国学者安迪·格林(Andy Griin)在《教育与国家形成:英、法、美教育体系起源之比较》中就运用了马克思主义的国家理论、葛兰西的意识形态和霸权理论,提出了国家形成对于解释现代教育制度起源的重要意义。④

第二节　西方马克思主义教育史学

西方教育史研究转向马克思主义,实际上是实现了从早期社会学范式下的教育史研究转向了真正意义上的新教育史学范型,同时也是世界性意义的教育

---

① 陈启能、于沛、姜芃、张雅琴、朱政惠、张耕华:《马克思主义史学新探》,社会科学文献出版社1999年版,第69页。

② 于沛、李杰等:《唯物史观与历史研究》,《史学理论研究》2006年第3期,第36页。

③ 董欣洁:《世界历史进程中的马克思主义世界历史理论》,《史学理论研究》2008年第3期,第26页。

④ [英]安迪·格林:《教育与国家形成:英、法、美教育体系起源之比较》,王春华译,教育科学出版社2004年版,第1页。

史学革新。二战后,在英国、美国、澳大利亚、法国、加拿大、德国等国,一批教育史学家接受了马克思主义思想。他们置身于变革的时代,热衷于传统教育史学的批判和新教育史学的构建,发起重新阐释教育史的呼声,不同程度上运用了马克思主义理论和方法进行教育史研究,各自写出一批引人注目的教育史著作,从而在西方教育史学领域中做出了突出贡献。

一、西方马克思主义教育史学的兴起

大体上来说,20 世纪早期,西方教育史学者还没有关注到马克思主义理论和方法。在罗伊·洛(R. Lowe)眼里的辉格史派的教育史史料主要是关于学校教育制度,一般割裂地看待教育发展过程,忽视了教育的整体发展。传统教育史学以公立教育为中心,教育制度史为形式,叙述和文献史料为手段,注重教育史研究的实用原则。传统教育史学家认为,教育史的功能主要表现在两个方面:一是为教师培训服务;二是为教育改革服务,从而为教育在社会进步中发挥作用提供借鉴和启发。传统教育史学只研究公共教育的发展和极少数精英和伟大教育思想家和教育作家传记材料的研究和评介,忽视了非正规教育和社会弱势群体以及经济、文化、政治和社会等重要因素。正如早期美国史系列丛书的主持人、历史学家 L. J. 卡彭(Lester J. Cappon)指出的那样:"以往的教育史研究范围过于狭窄,充满了课程与教学技巧方面的内容。教育史掌握在专家的手里,他们心里只有公立教育,只去寻求有利于他们的'事业'的历史根据。如果过去有什么故事值得去写,一定是从正规教育制度的狭隘观念去看问题。"[①]传统教育史学家正是站在国家利益至上的立场上,谱写了一曲民族国家教育制度的颂歌。由于传统教育史学扮演了资产阶级御用教育史学的角色,因此,它必然会忽视19 世纪中叶诞生的唯物史观。

马克思主义介入西方教育史学的时代背景,无疑是与 20 世纪的政治风云、社会主义运动和马克思主义的传播紧密相连的。十月革命以后,西方各国普遍成立了共产党,马克思主义在工人运动中广泛传播。20 世纪 30 年代,英国帝国主义的国际地位摇摇欲坠,使得维多利亚时期风行的自由主义日趋没落;席卷整个资本主义世界的经济危机,推动了提倡国家干预的保守主义逐渐强劲;德国法西斯势力在欧洲大陆日益嚣张,又令所有爱好自由与民主的人们感到惊恐与担

---

① 　B. Bailyn, *Education in the Forming of American Society*, Carolina：The University of North Carolina Press-Chapel Hill,1960, pp. xx - xi.

心,而苏维埃社会主义革命在落后的俄国取得的成就,则鼓舞了一大批向往共产主义理想的工人阶级和知识分子。西方教育学术界随之出现了研究马克思主义的热潮,教育史学家在不同的领域中开始运用马克思主义方法研究教育问题。

进入 20 世纪 40 年代,在英国教育史学术界中,一批学者开始接触和介绍马克思主义理论,并不同程度地受到唯物史观的影响。比如,1940 年,克拉克(F. Clarke)出版《教育与社会变迁——一个英国的阐释》(*Education and Social Change — An English Interpretation*)一书,首次"对英国现有教育体制进行批判,建议教育家应该有反思和批判精神,引用阶层分析法,来分析英国的传统教育。认为超阶层或者无阶层的社会并不存在,英国政府要通过教育来满足新社会的需求,教育从入口到产出不能以阶层的特权为标准而应以真正的才能和智力为标准。同时,指出教育史事件应从广阔的经济、文化、政治和社会背景中去分析和研究"。[①] 20 世纪 60—80 年代初,马克思主义对社会史取向的教育史研究产生深刻影响。例如,汤普森(E. P. Thompson)的《英国工人阶级的形成》(1963)和西蒙的四卷本英国教育史被学者们认为受到马克思主义史学的影响。1978 年,英国伦敦大学社会学系讲师麦丹·萨鲁普(M. Sarup)出版了《马克思主义与教育》一书,作者试图用马克思主义来重新评价传统教育学,批判了许多当代教育家对工人阶级儿童的藐视和歧视以及当代教育对贫民阶级的不平等现状。

20 世纪 70 年代,西蒙和汤普森的作品经由美国传入加拿大,加拿大教育史界开始关注马克思主义理论和方法,如保罗·马汀利(Paul H. Mattingly)和米歇尔·凯茨(Michael B. Katz)合著的《教育和社会变迁》(*Education and Social Change*);艾莉森·普伦蒂斯(Alison Prentice)的《学校的推动者:19 世纪中期加拿大的教育和社会阶层》(*The School Promoters: Education and Social Class in Mid-Nineteenth Century Upper Canada*);唐纳德·威尔逊(Donald Wilson)、罗伯特(Robert M. Stamp)和露易丝-菲利普·奥代特(Louis_Philippe Audet)合著的《加拿大教育:历史记录》(*Canadian Education: A History*)等。

美国教育史家凯茨(M. Kaze)的《早期学校改革的嘲讽》(*The Irony of Early School Reform*,1968)和《阶级、官僚机构和学校:美国教育变革的幻想》(*Class, Bureaucracy, and Schools: The Illusion of Edcuational Change in*

---

① F. Clarke, *Education and Social Change — An English Interpretation*, London：The Sheldon Press,1940, pp.2 - 5.

American,1971)运用马克思主义史学方法进行研究,认为社会领导者和工业企业家从自己的利益出发来创造和扩展教育机会,把他们的价值观强加给工人阶级和穷人,美国教育史家应重新思考阶级角色在教育变迁中的作用,教育在专业化中的作用,以及教育作为社会改革工具的作用。鲍尔斯与金蒂斯的《资本主义美国的学校教育》一书运用马克思主义分析美国教育史,在西方教育理论界产生强烈反响。法国学者布尔迪约(Pierre Bourdieu)和帕斯隆(Jean Claude Passeron)合著的《再生产:一种教育系统理论的要点》,受马克思主义影响,否认法国学校在传授人类的一般价值与文化,指出学校"以其无法替代的方式使阶级关系结构永存并使之合于法律",①不平等的学校教育再生产了不平等的社会结构。法国学者勃德罗(C. Baudelot)和埃斯达伯莱(R. Es-tablet)指出了法国学校的资本主义性质。

20世纪80年代,澳大利亚教育史学者开始接受英国马克思主义教育史学的观点,抨击美国激进教育史学不适合澳大利亚的实际情况。贝赞特(Bob Bessant)在《殖民地时期的教育和维多利亚国家》(*Schooling in the Colony and State of Victoria*)和《母亲和孩子们:1860年至1930年时期澳大利亚的孩子和青年》(*Mother state and her little ones: Children and youth in Australia 1860s—1930s*, *Melbourne: Centre for Youth & Community Studies*)两本书中,借鉴英国马克思主义教育史学的理论和方法分析了学校教育和国家之间的关系。1984年,帕廷顿在《教育史》(*History of Education*)期刊上发表《两个马克思主义和教育史》(*Two Marxisms and History of Education*)一文,阐述了经典马克思主义和新马克思主义关于知识和意识、国家和教育的观点,并论述了新马克思主义对教育史研究的影响,最后分析了澳大利亚新马克思主义教育史学家近年来所取得的成就。

二、西方主要国家的马克思主义教育史学

在美国,"20世纪50年代美国史学界对于马克思主义理论还基本上一概排斥,是60年代的激进史学浪潮冲破了禁锢,不少激进史学家开始自称为马克思主义者。不管他们存在哪些缺点或不足,他们坚持自下而上的史学,重视工人阶级及其他下层人民在历史中的作用,有时甚至能够应用阶级斗争观点说明某些历史现象,这些都说明他们确实接受了一些马克思主义的思想和理论。从70年

---

① P. Bourdieuet, & J. P. Passeron, *La reproduction*, Paris:Min-uit, 1970, p.25.

代后期开始,甚至有些不被认为是马克思主义者的史学家也对马克思的史学理论产生了兴趣。"①美国史学界的这一变化影响了美国教育史学的发展。美国历史协会主席、教育史学家巴纳德·贝林在1981年底向该协会所做的致辞中说:"我们认为,历史极大地受到基本经济结构或'物质'结构以及人们对此所做出的反应的制约,从这个意义上说,我们都是马克思主义者。"②20世纪60—70年代,"新马克思主义"在美国盛行,美国教育史学界也受到"新马克思主义"的影响。"'阶级''阶级压迫''意识形态'等成为新马克思主义教育史著作中常用的术语。他们还对官僚政治进行尖锐的批判,并指责资本主义美国的社会不平等所带来的教育不平等"。③

加拿大马克思主义教育史研究主要表现在四个方面:

其一,运用"社会控制"理论来重新解释教育史。凯茨移民加拿大后,积极将马克思主义关于社会控制、阶级分析的观点和方法传入加拿大。在《哈密尔顿的人民,19世纪中期加拿大西部城市:家庭和阶层》(*The People of Hamilton, Canada West: Family and Class in a Mid-Nineteenth-Century City*)中将研究的重点从教育家转向学生和他们的家庭,运用阶层分析的方法分析班级,发现19世纪中期统治阶级通过学校可以对普通人生活进行影响和干预。④ 在凯茨等主编的选集《教育和社会变迁》(*Education and Social Change*)⑤中,编者认为通过学校和其他教育机构中产阶级将他们的愿望强加给下层阶级。他们关注社会阶级和阶级压迫,将学校教育作为社会控制的工具,利用学校来制止和延迟社会改革。这部作品的基调充满了痛苦辛酸和悲观失望的味道,并且处处弥漫着对过去种种不平等现象的义愤填膺,其中最大的特点就是用深刻的意识形态色彩来进行教育史诠释。⑥ 1977年,艾莉森关注"权利结构"以及他们如何通过"权利结构"来塑造公共教育。在艾莉森那里,学校作为调和等级的手段,关注国家对教育的控制权力。因此,艾莉森被认为是"社会控制论"的倡导者。⑦ 而苏珊·

---

① 《史学理论研究》编辑部:《八十年代后的西方史学》,中国社会科学出版社1990版,第78页。

② 王加丰:《20世纪美国马克思主义史学的几个问题》,《史学理论研究》2007年第2期,第5页。

③ 周采:《美国教育史学的嬗变与超越》,人民教育出版2006年版,第248页。

④ Michael B. Katz, *The People of Hamilton, Canada West: Family and Class in a Mid-Nineteenth-Century City*, Cambridge, 1975.

⑤ Michael Katz and Paul Mattingly, *Education and Social Change*, New York, 1975.

⑥ J. Donald Wilson, David Charles Jones, The "New" History of Canadian Education, *History of Education Quarterly*, Fall, 1976, pp.367 - 369.

⑦ Alison Prentice, *The School Promoters: Education and Social Class in Mid-Nineteenth Century Upper Canada*, Toronto, 1977.

休斯顿(Susan E. Houston)将"社会控制论"和青少年犯罪和对新教育机构的需求联系起来,诸如学校和少管所,用以解释一些城市生活正在出现的教育问题。[①] 纳迪亚(Nadia Eid)认为研究教育史应运用社会阶层的分析范畴,他成功地运用了社会阶层的分析方法对19世纪的教育情况做了重新阐释。[②] 罗斯·罗伯森(Ian Ross Robertson)认为学校改革深受宗教和政治的影响和操控。[③] 而朱迪思(Judith Fingard)则认为对于给予贫民教育机会,只是出于某种政治目的。例如,在哈利法克斯教会机构和其他慈善家对贫困人的教育。[④] 事实上,在加拿大教育史学中运用马克思主义方法来阐释教育史,他们更加关注和批判的是学校是再造社会和阶级的不公平,以意识形态做基础支撑,以"社会控制"为理论,扩大了教育史研究的领域。[⑤]

其二,关注劳工阶级教育史和工人、少数民族和种族为争取教育机会开展的斗争史。在加拿大,马克思主义教育史学家关注劳工阶级教育史和工人为争取教育机会开展的斗争史。在《加拿大教育:历史记录》(*Canadian Education: A History*)一书中共21章,其中有9章关注了这一主题。[⑥] 从20世纪70年代开始,一些教育史家对工业教育和土著居民教育失败的原因进行分析,例如,布莱恩·蒂特利(E. Brian Titley)发表了《西部加拿大的印第安工业学校》(*Indian Industrial Schools in Western Canada*);[⑦] 杰·巴曼(Jean Barman)发表了《英国哥伦比亚土著孩子的教育:不平等的学校教育》(*Schooled for Inequality: The Education of British Columbia Aboriginal Children*);1988年,西莉亚(Celia Haig-Brown)出版了《反抗与复兴:印第安学校的生存》(*Resistance and Renewal: Surviving the Indian Residential School*);1992年,保罗·本尼特

---

① Susan E. Houston, Victorian Origins of Juvenile Delinquency: A Canadian Experience, in *Education and Social Change: Themes From Ontario's Past*, ed., Michael Kaze and Paul Mattingly, New York, 1975, pp.83 - 109.

② Nadia Eid, Éducation et classes sociales au milieu de 19c siècle, *Recue d'histoire de l'Amèrique francaise* 32, Sep., 1979, pp.159 - 179.

③ Ian Ross Robertson, The Bible Question in Prince Edward Island from 1856—1860, *Acadiensis* 5, Spring 1976, pp.3 - 25.

④ Judith Fingard, Attitudes toward the Education of the Poor in Colonial Halifax, *Acadiensis* 2, Spring 1973, pp.15 - 42.

⑤ Harvey J. Graff, Towards 2000: Poverty and Progress in the History of Education, *Historical Studies in Education* 3, Fall 1991, pp.191 - 210.

⑥ Donald Wilson, Robert M. Stamp, Louis_Philippe Audet: *Canadian Education: A History*, Scarborough, Ont., 1970.

⑦ E. Brian Titley, Indian Industrial Schools in Western Canada, in *Schools in the West*, ed. Sheehan, Jones, and Wilson, pp.133 - 154.

(Paul Bennet)撰写了《1850—1930 年安大略湖的印第安人工业学校：将印第安人赶出去》(*Knocking the Indian Out of them: Indian Industrial Schools in Ontario, 1850—1930*)。通过这些个案研究,历史学家认为统治阶级通过学校和教育来控制和同化少数民族、种族和劳工阶级进入主流文化,而这些群体,包括犹太人和斯堪的纳维亚人,他们为获取进入公立学校的权利不断和公共权威机构做斗争,尽管他们要面对各种各样的歧视。

其三,关注民族国家教育体系的形成,探讨国家与庶民或市民(公民)之间、社会阶级之间、男性与女性之间的获得的权力关系,及其对大众教育体系的形成所具有的意义。布鲁斯·柯蒂斯(Bruce Curtis)在《教育国家的形成：1836—1871 年加拿大西部》(*Building the Educational State: Canada West, 1836—1871*)(1988)和《真正是人们选择的政府吗？重新审视加拿大西部教育与国家的形成》(*True Government by Choice Men? Inspection, Education, and State Formation in Canada West*)(1992)两本书里,利用福柯的话语理论和国家形成理论和葛兰西的霸权概念,及其对国家在教育中的作用的论述来分析加拿大教育国家(educational state)的内部权力的分散。他认为统治阶层通过学校教育,能够调节社会中的不公平。通过教师培训和考察、教育实践以及课堂纪律,培养了学校和其他教育机构对于政府的忠诚,而在这一过程中,学生、教师和父母所发生的变化,并不是按照他们自己的兴趣所改变的,而是政府通过教育强加给他们的。[①]

其四,运用家长和家庭形成的理论来理解民族国家教育形成。加菲尔德(Chad Gaffield)在《19 世纪加拿大的劳动和学习：家庭再生产的不断变化过程中的儿童》(*Labouring and Learning in Nineteenth Century Canada: Children in the Changing Process of Family Reproduction*)中,尝试运用家长制和家庭形成的理论理解民族国家教育的形成。

澳大利亚马克思主义教育史学的兴起有两个主要的外在因素：一是来自北美修正主义教育史学的影响。20 世纪 70 年代中期,北美修正主义理论和方法开始影响澳大利亚教育史学界。[②] 首先是来自凯茨(M. Katz)的博士生戴维(Ian

---

① Paul Axelrod: Historical writing and Canadian Education from the 1970s to the 1990s(1996), in Roy Lowe(ed.) History of Education: Major Themes. London and New York: Routledge Fakmer, Volume 1, pp.324 - 325.

② McCulloch, G. & Richardson, W., Historical research in educational settings, Buckingham: Open University Press, 2000, p.38.

Davey)到澳大利亚阿德莱德大学(The University of Adelaide)访学,他将凯茨的修正主义教育史学的理论和方法传给澳大利亚教育学者,吸引了众多教育史研究者。在他的指导和帮助下,阿德莱德大学成立了修正主义教育史学项目,形成了阿德莱德群体(the Adelaide Group),也被称为阿德莱德学派(the Adelaide School)。1979年,该群体公开发表了第一篇文章:《19世纪南澳大利亚资本主义和工人阶级学校》(*Capitalism and working class schooling in late nineteenth century South Australia*)。在此文中戴维(Ian Davey)和库克(P. Cook)向澳大利亚教育史学者介绍了"社会控制"理论在教育史研究中的运用。[①] 米勒(Pavla Miller)受其影响,在《学校教育和资本主义:南澳大利亚教育和社会变迁,1836—1925》(*Schooling and Capitalism Edcuation and Social Change in South Australia, 1836—1925*)中首次尝试运用马克思主义的方法研究教育史。随后,米勒以此研究为基础,对南澳大利亚学校中的阶级冲突进行了相关研究。另一方面是来自英国马克思主义教育史学的影响,而对北美修正主义的观点进行了批判。如鲍勃·贝森特(Bob Bessant)证明了修正主义的理论由于过度强调统治阶级通过控制公立学校系统来实现对人民的管理和控制,这样的解释与澳大利亚教育历史发展不相符合。[②] 在进一步推动运用阶级分析方法方面起了重要作用的是杰弗里·帕廷顿的《两个马克思主义和教育史》一文。该文引起不同专业的背景的学者对教育史研究的广泛兴趣。帕廷顿认为,澳大利亚教育史家主要是利用马克思主义的理论和方法来分析19世纪后半期南澳大利亚教育变化的历史,其观点可以概况为以下几点:(1)义务教育是中产阶级控制工人阶级的工具;(2)义务教育的课程,无论是显性课程还是隐性课程,都是受中产阶级的意识形态所控制的;(3)通过劳工运动给予义务教育的支持只是阶级背叛的一种形式;(4)逃学和毁坏教室是工人阶级抵制中产阶级意识霸权的一种武器;(5)私立学校,教会学校主要招收工人阶级的孩子;(6)不平等的学业结果是教育不公平的明显标志。[③] 马金森(Simon Marginson)认为,布迪厄的"文化资本"可能在澳大利亚并不适合,因为与法国相比,在澳大利亚并没有稳定的阶级

---

① P. Cook, I. Davey & M. Vick, Capitalism and working class schooling in late nineteenth century South Australia, ANZHES journal, 1979,8(2), pp.36－48.

② B. Bessant, *Schooling in the Colony and State of Victoria*, Melbourne: La TrobeUniversity, 1983; *Mother state and her little ones: Children and youth in Australia 1860s—1930s*, Melbourne: Centre for Youth & Community Studies, Phillip Institute of Technology, 1987.

③ Geoffrey Partingtion, Two Marxisms and the History of Education, *History of Education*, 1984 (4), pp.251－270.

文化,世袭的文化更多的是从属于地位。①

20 世纪 70 年代,法国教育史学家开始关注社会学家的研究,认为社会学为教育史研究提供了新的研究方法和新视野。他们运用社会学的研究方法和模式重新阐释学校教育的发展。马克思在探讨经济制度的运作过程中指出每一种社会生产过程,同时也都是一种再生产的过程。法国许多研究者引用马克思的再生产理论(Reproduction)来批判学校教育的不合理,指责学校已经成为统治阶层(Dominant Class)的知识、经济、权力、意识形态的再生产工具,课程与教学则是再生产的社会劳动分工,其目的旨在现行的社会运作机制合法化,维系社会既存的统治关系,以保障优势阶层的利益。正如前面所说,当加拿大马克思主义教育史学家对"社会控制"理论着迷时,在欧洲,尤其是法国,"阶级"、"社会分层"和"社会流动"和教育的关系成为教育史家关注的重点。20 世纪 70 年代末,大量的书籍和论文运用马克思主义的方法来讨论欧洲的精英阶层、社会结构和高等教育之间的关系。

二战后的德国,教育史研究呈现明显的马克思主义取向。1956 年,由 27 位民主德国教育史学家联合撰写的《教育史》,至 1976 年已经再版 12 次,印刷超过 10 万本。该书是民主德国教师培训的标准教材及官方指定教材,其间可清晰地看出二战后民主德国教育史学的马克思主义特征。这本书有三个目标:(1) 为马克思主义的社会培养社会主义的教师,提供一个建立在预先设定的正确的意识形态的教育史;(2) 教育史学是展示马克思主义辩证发展过程的一个学术领域;(3) 在所有事实都得到正确检验的情况下,找到和使用被中产阶级教育史学家们忽视的资源、文件和作品。马克思主义史学在联邦德国的发展及所取得的成就对联邦德国 20 世纪 60—70 年代兴起的教育社会史产生了很大的影响。一批教育史学家从不同的侧面研究教育社会史,他们特别重视将教育和阶级、工人运动、19 世纪的工业化、家庭、工作和业余生活、社会地位的升降、社会不平等斗争和革命等社会历史现象联系起来进行研究。在研究方法上,他们综合了传统马克思主义的历史唯物主义方法、现代化方法、韦伯的理论、社会不平等理论以及其他方法。京特·莱维指出:这种新的批判教育学和教育史"从马克思主义及法兰克福学派那里受到很多启发,多从马克思主义和新左派的思想和方法

---

① [澳]西蒙·马金森:《现代澳大利亚教育史——1960 年以来的政府、经济与公民》,周心红、蒋欣译,浙江大学出版社 2007 年版,第 xv 页。

来研究 20 世纪 60—70 年代德国的教育"。[①]

综上所述,西方马克思主义教育史学家提出了有别于传统教育史学的理论和方法,主要表现在以"自下而上"的视角研究教育史,研究对象由传统教育史学的精英人物转到下层人民,尤其是工人阶级群众的教育史。他们通过在广泛的社会背景下重新分析学校教育,建立学校与家庭、国家、文化、经济和社会的变化之间的关系,努力在解释教育史的框架中慎重、自觉地关注假设、理论和方法,集中研究教育体制的形成与发展,推动教育史从战前缺乏活力的死水中回归到历史学的主流。

第三节　英国马克思主义教育史学

20 世纪 70 年代初期,英国学者运用社会总体性的观点反思教育史研究的目的和功能,运用阶级冲突观念批判英国传统教育史学的直线进步史观,推动英国教育史学转向马克思主义。这次转向并不是完全革命性和抛弃性的,而是在传承传统的基础上进行的创新。尽管教育史的概念和理论探讨的视域发生了改变,但是,英国学者在充分理解马克思主义的理论和方法的基础上重新挖掘新史料,开辟了教育史研究的新领域,从而使英国马克思主义教育史学作品继承了传统教育史学的经验主义和实证主义特征,涌现出众多思想性和可读性并重的教育史著作。

一、英国学者运用马克思主义批判传统教育史学

英国学者运用马克思主义主要从两个方面对英国传统教育史学进行批判:一是从社会总体性观点反思教育史研究的目的和功能;二是运用阶级冲突观念批判传统教育史学的直线进步史观。

（一）从社会总体性观点反思教育史研究的目的和功能

社会总体性是马克思社会理论的核心,主要包括两个方面的内容:一是社会是一个相互联系的整体统一系统。换句话说,社会不是由单个个体构成,而是由彼此相联系的个体之间的关系构成的总和;二是运用社会总体性方法研究社

---

① Guenter Lewy, The Persisting Heritage of the 1960s in West German Higher Education, *Minerva*, Volume 18, Number 1, 1980, pp.1-28.

会历史。即以生产关系为切入点,在生产关系和生产力之间的矛盾运动中阐释整个社会历史运动过程。西方马克思主义传统的开创者卢卡奇解释说:"社会总体性范畴,总体之于部分的完全至高无上的地位,这是马克思从黑格尔那里汲取的方法论的精华,并把它出色地改造成一门崭新科学的基础,这门学科就是历史学。"①因此,总体性不仅是马克思主义理论与方法论的本质,也是社会历史研究的总指导原则。对马克思主义史家来说,基于社会的总体性,在解释社会的历史发展时,无论他们考察的问题如何细微、多么具有独立性,社会史学家始终应该着眼于其研究课题与整体社会历史之间的关系问题,把它放在整体性的框架中进行解释。20世纪70年代初,马克思主义在英国逐渐形成了一个新的理论思潮。随着葛兰西(A. Gramsci)的《狱中札记》(*Prison Notebooks*)和阿尔都塞(L. Althusser)的《列宁与哲学及其论文》(*Lenin and Philosophy and Other Essays*)英文版出版,这些都对英国教育史学产生了重大的影响。教育史学者开始关注社会总体性、国家、意识形态等问题,他们从社会总体性的观点来批判传统教育史研究目的和功能。

首先,他们从古今关系的理解方面反思传统教育史学的目的和功能,批判传统教育史学的以今论古观。换句话说,传统教育史学家要求过去能够直接解决当前教育问题的历史,是一种将与教育有关的事件在历史脉络中扭曲的历史。这种以今论古观的方法,包含将个人的观点影射到过去,以找寻现代问题的种子,是为现在的目的而曲解过去的教育历史。马克思主义教育史学家认为教育史能够使教师更好地认清他们工作的性质,用批判和质疑的眼光看待当前的教育。如果教师们不对其角色和职责具有一种批判的意识,那么,教育系统就可能被实用主义所占据,因而,教育就会失去与社会的联系。而教育史却恰恰能给教师一种判断力和革新的动机。正如西蒙所论述的那样:"探索教育社会功能的发展,力图评价教育在不同社会发展阶段的作用,从而对教育在当今所发挥的作用达到更深刻的领悟,乃是教育史研究的主要工作之一。"②西蒙并不否认教育史研究的借鉴功能,批判的是传统教育史学家用历史制约现代人的观念,运用历史束缚现代人思想的"借鉴"。因此,只有教育史培养了教师的批判意识,这样才能确保教育职业能够为更多的人类社会目标做出重大贡献。

其次,马克思主义教育史学者认识到教育史学狭隘的目的和功能所导致

---

① 卢卡奇:《历史和阶级意识》,张西平译,重庆出版社1993年版,第31页。

② B.Simon, The History of Education(1966), in P.Gordon and R. Szreter, *History of Education: the Making of a Discipline*, London:The Woburn Press, 1989, pp.55-56.

的教育史研究的辉格取向,既限制了教育史研究的范围,又影响了教育史研究最基本的求真目的的实现。他们认为,在"以今论古"的思想指导下,教育史学家首先关注的能够维护现今政府所代表的社会中上层阶级利益的大事。因此,教育史就变成了"追思大教育家的丰功伟绩、叙述英国社会中上层阶级子弟就读的文法学校历史,或者将英国教育视作自由的资本主义政府不断战胜保守的宗教势力的争斗史。而对于英国社会下层人民的教育则被描写成宗教的慈善恩惠或者政府的福利关怀"。[①]这样的教育史研究,通过褒扬过去的教育经验,来激起后人对从事教育职业的激情和热情,以及对民族国家的爱国热忱。因此,教育史研究的政治色彩,辉格特征极其浓厚,所叙述的教育历史,其真实性遭到批判。马克思主义教育史学者认为,教育史研究对象应逐渐从狭隘的范围中走出来,应与现实社会和普通民众密切联系起来,应该让教育史研究的功能在更为广阔的范围内得到发挥。因此,"从整体上考虑教育发展是必需的和至关重要的"。[②]

　　由于教育史研究的社会功能是通过教育史研究对人的作用来体现的。所以,马克思主义教育史学者把能否为人、为普通的人服务作为教育史研究功能的作用能否充分发挥的重点,较多强调和思考教育史如何与普通人发生联系的问题。他们希望充分发挥教育史研究对人的教育功能,使人们较为准确地认识英国教育发展过程,以达到推动英国社会进步和文明进化的最终目的。正如西蒙在《教育史研究,1780—1870 年》中所说的:"我所进行的教育史研究不是呈现给教育学者和改革家们,而是呈现给最普通的读者。我尽力叙述与普通人生活密切相关的各种事件,也即是叙述教育改革者的思想是如何影响当代社会和政治冲突变化的。"[③]

　　(二)运用阶级冲突观念批判传统教育史学的直线进步史观

　　英国马克思主义教育史学家深受前人进步史观念的熏陶,认为人类社会教育的发展整体上是进步的,但是,在这一个过程中,并不是一个"不断进步的"历史画面。西蒙指出:"传统教育史学家将教育史描述为一种持续不断的进步史,与历史发展的事实不符。问题不是他们所说的细节是否准确,而是他们编织的

---

　　① 延建林:《布莱恩·西蒙和二战后英国教育史学》,博士学位论文,北京师范大学,2003 年。

　　② B. Simon, The History of Education(1966), in P. Gordon and R.Szreter, *History of Education: the Making of a Discipline*, London:The Woburn Press, 1989, pp.55 - 56.

　　③ B. Simon, *The Two Nations and the Educational Structure 1780—1870*, London:Lawrence & Wishart, 1964, p.367.

整个故事显然与事实不符,或者没有涵盖事实——因而往往会导致误导学校的教师以及政策的制定者。"①同时,西蒙注意到:"在资本主义社会制度下教育的发展不是以简单的线性方式实现的。在一个时期内所取得的进展并不是意味着接踵而来的一定是更大的进展;历史也并没有赞同用'辉格党'的看法来解释经济、社会和政治事件——每件事都是逐渐地、有规律地、始终如一和均匀地再改善的说法。恰恰相反,在向前发展的阶段之后,接踵而来的常常是反复,使已取得的进展化为乌有。"②西蒙所生活的时代是刚刚经历了两次世界大战,人们开始修正简单的直线进步史观。在西蒙眼里,英国教育史是一个复杂化、丰富化的发展历程。他认为教育史家的作用就是要努力再现英国教育发展的多样性和复杂性。西蒙引用狄更斯(C. Dickens)的话:"每个时代都有最佳的情况,也有最坏的情况",③借以说明教育历史的进程本身是复杂多变的,因而历史学家创作的"教育史不但要记载进步,而且还要记录倒退;不但要记载教育设置的提供,而且要记录教育设置的剥夺"。④

因此,在马克思主义教育史学家群体里,他们认为人类教育进步的观点:"进步"并非"直线式的前进",但是从人类教育历史演进的角度上看,世界范围内的教育前进步伐毕竟是历史不可遮掩的经验事实。教育史具有统一性和多样性,人类社会教育历史的发展是复杂而充满变数的。那么,推动教育发展与进步的动力在哪里?是传统教育史学家所说的伟大教育家和改革家吗?是那些重大的教育政策和法律吗?还是那些精英教育机构呢?马克思主义教育史学家认为这些都不是,推动人类社会教育发展的动力是工人阶级,只有工人阶级才是教育史的真正创造者。工人阶级通过争取自身的教育权利,在与统治阶级不断斗争的过程中推动了人类教育的发展,因此,阶级斗争是教育发展的重要推动力,这也是马克思主义教育史学家从阶级利益冲突观念分析教育史的过程中所信奉、坚持和发展的教育史观。

早在 1960 年,在《教育史研究,1780—1870 年》一书中,西蒙就指出阶级冲突理论能够较为清晰和全面地阐释英国教育体制的形成面貌,运用阶级冲突理

---

① B. Simon, Research in the History of Education, in William Taylor, *Research Perspectives in Education*, London: Routledge & Kegan Paul, 1973, p.123.

② [英] 布莱恩·西蒙:《教育史的重要性》,载[俄] 卡特林娅·萨里莫娃、[美] 欧文·V.约翰宁迈耶:《当代教育史研究与教学的主要趋势》,方晓东等译,教育科学出版社2001年版,第5页。

③ [英] 布莱恩·西蒙:《教育史的重要性》,载[俄] 卡特林娅·萨里莫娃、[美] 欧文·V.约翰宁迈耶:《当代教育史研究与教学的主要趋势》,方晓东等译,教育科学出版社2001年版,第6页。

④ B. Simon, The History of Education (1966), in Peter Gordon and R. Szreter, *History of Education: the Making of a Discipline*, London: The Woburn Press, 1989, p.69.

论,可以看到现代英国教育的历史可以追溯至 18 世纪末英国激进教育改革家提出的教育思想和教育实践活动。在西蒙看来,英国教育体制主要是在不同阶级之间利益冲突的推动下逐渐形成的。在 19 世纪,由于利益矛盾,资产阶级、工人阶级和土地贵族之间展开了争夺教育权利的一系列运动,最终形成了英国教育的分裂性体制。为了维护政治上的统治和经济上的利益,土地贵族和资产阶级都极力维护英国分裂性的教育体制。工人阶级为获得更多的教育权利,继续开展各种运动与土地贵族和资产阶级进行斗争,因此,工人阶级最后获得的初等教育权利并不是传统教育史学家所描述的宗教的慈善活动或者资产阶级的恩赐,而是工人阶级开展斗争所获得的。之后,在《劳工运动与教育,1870—1920》一书中,西蒙围绕 19 世纪以来工人阶级为争取教育权利所进行的各种斗争为主线,阐述了 1870 年至 1920 年之间英国教育发展状况,认为资产阶级政府和劳工阶级之间的冲突推动了英国教育的发展。该书更是将阶级利益冲突的观点表达得淋漓尽致。

继西蒙之后,理查德·约翰逊指出由于阶级结构和其他权力关系的转变,社会冲突不断变化导致学校教育进行周期性的改革。如在维多利亚早期,英格兰政府通过教育政策的颁布来实现对下层人民的控制,教育变革成为社会各种阶级力量的较量和整合的契机。在《小流氓还是反叛者? 工人阶级儿童和青年口述史,1889—1939》(Hooligans or Rebels? An Oral History of Working Class Children and Youth,1889—1939)一书中,斯迪芬·汉弗莱斯(S. Humphries)和菲尔·加德纳(P. Gardner)将阶级冲突的观点发挥到极致,他大胆修正早期儿童教育史学的观点,反对"大众文化"和"文化贫穷"的概念,因为这些降低了工人对大众文化和被剥夺文化的表达行为。他更偏重于 1909—1939 年儿童在抵制课堂政治、经济束缚方面对教育现状的反映。斯迪芬·汉弗莱斯和菲尔·嘉德纳试图寻求国家教育接受者的直接经历,并寻求它反映的实际的或象征性的含义。因此,"流氓主义"成为以阶级为依据的政治抵制的代名词,"胡闹"被看作是一种抵制权威的技巧,这些被看作颠覆学校教学大纲和挑战课堂压制的表现,如在"学校罢课:家长和学生的抗议"等章节中详细的凸显出这类抵制现象。

无论是西蒙、理查德·约翰逊还是斯迪芬·汉弗莱斯和菲尔·加纳德,他们都是在告诉我们必须阐释教育历史发展过程中不同阶级之间的关系和具体特点,以及分析每个阶级在教育发展中所处的地位,同时还要弄清楚哪一个阶级是这个时代教育的中心,决定着时代教育的主要内容、教育发展的主要方向和教育史的社会背景的主要特点。并且,在研究教育史上的各种思想、改革、理论等实质和作用问题时,也要注意阐释其中的阶级根源。

二、英国教育史学从早期社会学范式转向马克思主义

英国教育史学转向马克思主义有其内在的连续性,也可以说马克思主义教育史学形成于传统教育史学的学术研究中。二战后,英国一些教育史学家在学术研究上表现出来的社会学兴趣和意识形态的倾向性,都非常接近马克思主义理论的追求。

社会学取向的教育家在进行教育史研究中,往往把马克思主义作为自己的理论基础。比如,克拉克在《教育与社会变革》一书中,运用社会学的观点剖析英国教育历史的决定因素的同时,也借鉴了马克思主义历史学有关"阶级分层"的理论和概念。同时,他还提出了要关注教育改革背后的意识形态。克拉克认为严格说来,"'意识形态'是作者身上形成的维护国家、阶级或其他集团利益的社会预先假设,而这种假设一般是作者自己未意识到的,一般很少明确自己思想的社会预先假设。因此,克拉克认为英国学术研究要变革,变革的前提就是要对英国社会和历史进行充分的认识,考察英国学术研究背后的意识形态"。[①]身为宗教徒的克拉克,吸收马克思主义的阶级分层说和意识形态的概念,这些都对教育史学的马克思主义转向做出了重要贡献。正如西蒙所说:"我永远感激他,缅怀他,特别是他那部作为开路先锋的著作《教育与社会变革》,对我有极大的影响。"[②]

1941年,在《1860年至今的公学与英国的舆论》(*Public Schools and British Opinion Since 1860*)一书中,麦克(E. C. Mack)运用社会学的方法将公学的演变与社会背景联系起来进行考察。该书让英国教育史学家认可社会学方法在教育史研究中的运用,涌现了一批类似的作品,如班福德(T. W. Bamford)的《托马斯·阿诺德》(*Thomas Arnold*)(1960)和《公学的兴起,1967》(*The Rise of the Public Schools*),以及纽瑟姆(D. Newsome)的《虔诚与良好的教育》(*Godliness and Good Learning*)(1961)都运用了新的研究方法对传统教育史学的内容进行了重新的考察。1964年,威尔金森(R. Wilkinson)的《完美:英国的领袖人物和工学传统—统治人才形成的比较研究》(*The Perfects: British*

---

① F. Clarke, *Education and Social Change: An English Interpretation*, London: The Sheldon Press, 1940, p.6.
② 邹冬星:《西蒙》,载赵祥麟主编:《外国教育家评传》第4卷,上海教育出版社2002年版,第27页。

Leadership and the Public School Tradition，*a Comparative Study in the Making of Rulers*），更是将教育史研究中"社会学"取向浪潮推向了高峰。

社会学方法在教育史研究中的运用已经被英国学者视为意义深远的变化，但是，这种情况仍是局限于传统教育史学的精英主义研究对象，未能产生革命性的效果。相反，由于把各种教育事件都与现代工业化社会联系起来，教育史研究的范围仅仅局限于18世纪末以来国家教育制度的起源和发展上。从社会学角度来看，如果只是将现代工业社会视为固定不变的，而不是处于形成的过程中，那么，英国教育史学的状况就未能得到改善。因此，20世纪70年代，学者开始思考如何将传统教育史学的研究对象——教育政策、立法、制度和思想转移到教育背后的社会、经济和文化等因素上。而马克思主义宏观分析社会历史的角度、研究方法、研究模式和理论体系对英国教育史学家思维的转换起到至关重要的作用。首先，马克思主义让英国教育史学家注意到了人类教育历史的整体性和综合性。马克思主义认为生产关系的总和构成了社会关系，也就构成了人类社会。这种社会具有某个时段特征，是一个处于特定历史发展阶段上的社会。换句话说，马克思主义从纷繁复杂的烦琐的社会现象入手，通过抽象的分析概括出人类社会历史的整体特征，最后揭示人类社会历史发展的本质规律。这一点，对于英国马克思主义教育史学家的思维方式启发甚大。其次，马克思主义让英国教育史学家的视线由"社会精英"转向底层群众。因为马克思主义史学家将工人阶级视为人类历史的主体，把底层人民的历史活动视为历史研究的主角。二战后，英国马克思主义教育史学家追求的坚持自下而上的教育史研究，重视工人阶级及其他下层人民的教育经验和在教育历史发展中的作用，强调肩负重建普通人教育历史的重任，及运用阶级斗争观点说明教育史现象。这不仅表明他们的教育史研究在某些方面与马克思主义历史理论的基本点相通，而且也说明了他们确实接受了马克思主义的思想和理论。

英国教育史学转向马克思主义实际上实现了从早期社会学范式下的教育史学转向了真正意义上的新教育史学范型，同时也是世界性意义的教育史学革新。1961年，美国教育史学家劳伦斯·克雷明的《学校的变革》（*The Transformation of the School*）回应了西蒙的观点。20世纪70年代，西蒙和汤普森的作品经由美国传入加拿大。在唐纳德·威尔逊（D. Wilson）、罗伯特（M. S. Robert）和露易丝-菲利普·奥代特（L. P. Audet）合著的《加拿大教育：历史记录》（*Canadian Education: A History*）一书中，关注了布莱恩·西蒙的观点和作品，重视教育改革和社会改革的关系，批判了加拿大传统教育史学过多的渲染辉格主义。20

世纪 80 年代,澳大利亚教育史学者开始接受英国马克思主义教育史学的观点,抨击美国激进教育史学不适合澳大利亚的实际情况。在《殖民地时期的教育和维多利亚国家》(Schooling in the Colony and State of Victoria)和《母亲和孩子们：1860—1930 年时期澳大利亚的孩子和青年》(Mother state and her little ones: Children and youth in Australia 1860s—1930s, Melbourne: Centre for Youth & Community Studies)两本书中,鲍勃·贝赞特(B. Bessant)借鉴英国马克思主义教育史学的理论和方法分析了学校教育和国家之间的关系。据此,可以看出,英国马克思主义教育史学是当代西方颇有影响的教育史学流派,其主要代表人物是汤普森、布莱恩·西蒙、理查德·约翰逊、麦丹·萨鲁普(M. Sarup)、西尔弗、斯迪芬·汉弗莱斯、菲尔·加纳德等。他们坚信马克思主义理论,又注重对教育史证据的深入调查,通过大量具体的教育史研究,各自写出一批引人注目的教育史著作,从而在教育史学的领域中做出了突出贡献。但是每一位教育史学家都有着自己的研究领域和侧重点,他们的研究方法也不尽一致。笔者根据文献分析发现,英国马克思主义教育史学主要通过两条路线来修正传统教育史学:一是以西蒙为代表的社会教育史学;另一个是以西尔弗为代表的文化教育史学。

在介绍英国马克思教育史学家代表人物之前,笔者认为有必要先介绍一下爱德华·帕尔默·汤普森对英国马克思教育史学的影响。汤普森是当代英国最著名的马克思主义历史学家之一。1963 年,汤普森的《英国工人阶级的形成》一书出版,这本书具有深远意义,被视为是解释劳工阶级兴起的经典,也视为广义的英国工人阶级教育史,主要谈的是英国历史文化传统在工人阶级意识形成过程中的作用。汤普森从历史研究中探讨了工人的阶级意识问题。他认为工人阶级的形成,不是因为大工业的出现区别了人们在生产关系中的地位,换句话说,他认为工人阶级不是资产阶级"物化"的结果。他强调,阶级是一种历史现象,特别是生产关系领域之外的一些活动。他从工人组织、宗教活动、宗教情绪、文化娱乐、教育等方面探讨了阶级不是一种结构,而是流动的现象,是一种经历,一种思想觉悟,是文化的东西。文化有滞后性,需要酝酿和培育。"阶级觉悟是把阶级经历用文化的方式加以处理,它体现在传统、习惯、价值体系、思想观念和组织形式中。"①

汤普森对工人阶级意识的研究所注重的不是工人领袖或精英人物,而是普

---

① [英] E. P. 汤普森:《英国工人阶级的形成》,钱乘旦等译,译林出版社 2001 年版。

通工人群众,所以就需要对那一段的工人阶级的历史做大量艰苦的普遍调查。首先,是工人文化活动的方式和场所。他发现工人在激进派主持的编辑室、咖啡馆或商店听讲演、读报纸、谈话等,工人最初是通过这些难得的、不稳定的方式来认识自身和逐渐形成社会组织的。以后,这些组织发展成星期天业余学校、俱乐部和工会。其次,考察了当时在工人中流传的各种激进主义思潮,如欧文主义、雅各宾主义、工团主义以及形形色色的激进派,考察它们在工人阶级意识形成中影响。再次,汤普森注重宗教的研究,并把它与政治思潮的影响联系起来进行研究。他认为在文化程度普遍较低的工人当中宗教的影响是巨大的。美以美教派在当时是较有影响的教派,他发现美以美教派的一些分支,如唯一神教派和新联合教派,在倾向上更加知识化,这说明了它以某种方式迎合了当时工人对启蒙的渴望。特别是美以美教派的传统与中产阶级的功利主义思想相结合,形成当时社会的一种时代精神。汤普森认为:"这种精神对工人文化的形成有影响,这在19世纪20年代的工人文化中可以感觉到,如当时注重应用科学和统计,工人星期天业余学校对工人出席情况就有详细的统计。"[1]汤普森力图说明,英国工人阶级意识的形成不仅是经济上生产力的反映,同时也是工人对各种文化传统、价值体系、思想观念通过接触、取舍、批判或继承而形成的新的文化发展过程。正因为汤普森的努力,将马克思主义思想在英国教育学界不断扩散,并且深入影响到教育史学家的作品中。

20世纪50—70年代,西蒙运用马克思主义理论和方法阐释了不择校中等教育的推动原因和初等学校课堂教学方法,有力地驳斥了传统教育史学和新马克思主义的观点,推动英国社会教育史的研究。正如著名教育史学家马克·第帕普所说:"西蒙是欧美社会教育史学的主要代表人物,是新教育史学的国际领导者。他运用马克思主义方法所撰写的四卷本英国教育史是社会教育史学的最好范例。"[2]在西蒙看来,无论是中央统一管理的苏联和法国教育体系,还是地方管理的苏格兰和美国教育体系,在历史上,都曾获得过经济和社会力量决定的教育自治权。西蒙提醒教育史学者不要忽视历史上教育变革和社会变革之间的复杂的关系。如果将教育看作人类社会发展的一种方式,那么,关于教育的历史演变及其影响教育发展的社会环境的历史分析理应成为教育史研究的一个重要领

---

① 何兆武、陈启能:《当代西方史学理论》,上海社会科学院出版社2003年版,第454页。

② Marc Depaepe, It is a Long Way to ... an International Social History of Education: in Search of Brain Simon's Legacy in Today's Educational Historiography, *History of Education*, Vol. 33, No. 5, October, 2004, pp.531 - 544.

域。因此,教育史研究的焦点应该集中在教育改革和社会变革的关系上,以此来否定早期社会学和新马克思主义关于教育改革和社会变革之间无联系的观点。以英国教育体制的建立为例,西蒙首先分析了19世纪上半叶英国社会发展的背景,发现资产阶级和土地贵族处于一种对立的关系。出于维护本阶级利益的观点,资产阶级选择与新兴的工人阶级联合,压制贵族势力的权利范围,最后,迫使土地贵族势力在某些方面做出一定的让步。之后,伴随着工人阶级队伍的不断发展和壮大,不仅威胁到资产阶级的利益,还牵制了土地贵族的势力发展。鉴于此,资产阶级和土地贵族一拍即合,联合起来镇压工人阶级运动,建立了与工人阶级利益相违背的双轨制教育体制,这样,不但能够长期控制工人阶级,而且,还保障了资产阶级利益不受损害。从上面的分析,不难看出,西蒙主张的教育史研究模式很具体,即教育史学家应从社会环境入手,进而研究社会经济结构和社会关系,再研究教育制度、教育活动和教育变革等,这样教育结构的框架就建立起来了,产生教育结构的其他因素特征和细节也可以通过比较研究来确定。我们可以看到,西蒙所构筑的教育史研究模式基本上就是马克思主义分析人类社会历史的模式:从生产力到生产关系,再到社会关系和上层建筑,西蒙认为"这是教育史学家通过实践建立的教育史研究的操作模式。教育史学家在研究时不可能将教育的整体作为研究的出发点,而需要选择一个突破口。他认为要选择一个特殊的关系——教育改革和社会改革的关系——作为教育史研究的中心和突破口,进而触及社会生活方方面面的历史"①。

在西蒙撰写社会教育史的同时,另一批学者开始从马克思主义的视角探讨文化教育史研究,主要有伯明翰大学现代文化研究中心的学者和西尔弗等。20世纪70年代中期,英国伯明翰大学现代文化研究中心强调运用马克思主义理论关注工人阶级文化问题。他们认为学校控制着工人阶级文化,并利用工人阶级文化为资本主义社会需要服务。该中心的学者详细地考察了英国教育制度的历史演进,并分析了工人阶级在教育制度形成过程中扮演的角色和所处的状况,如霍尔(S. Hall)和杰斐逊(T. Jefferson)的《通过仪式的抵制:战后英国的青年亚文化》和威尔斯(P. Willis)的《学会劳动:工人阶级子女如何获得工人阶级的工作》(*Learning to Laboure: How Working Class Kids Get Working Jobs*)都是运用冲突论阐释英国学校文化的例子。在他们看来,学校不是简单地对社会经

---

① [英]布莱恩·西蒙:《教育史的重要性》,载[俄]卡特林娅·萨里莫娃、[美]欧文·V.约翰宁迈耶:《当代教育史研究与教学的主要趋势》,方晓东等译,教育科学出版社2001年版,第16页。

济制度的需要做出反应,学校拥有相对的自主权利;同时,教师和学生也不是被动地接受学校的控制,他们通过一些与资产阶级政府斗争的抵制活动争取自身的教育权利。在《学会劳动:工人阶级子女如何获得工人阶级的工作》一书中,威尔斯通过"反文化群体的研究来解释'调和和抵制'的动力机制,其基本主题是冲突、对立和抵制"①。威尔斯认为:"工人阶级子女在学校通过旷课、逃学、吸烟、喝酒、打架斗殴、破坏公物、偷窃等方式来抵制主流文化。"②在《19世纪的大众教育与社会化》(*Popular Education and Socialization in the Nineteenth Century*)一书中,麦卡恩(P. McCann)指出经济社会史已经修正了传统政治史,因此,教育史研究也应出现一些新的趋势以取代过去教育史学的传统观点。激进教育家、教堂的社会角色、识字、劳工运动的教育政策、工业发展和大众文化的不同形式之间的关系等已经扩大了教育的概念。教育史学家应放弃从单一维度看待教育,将教育视为与年轻人生活和发展密切相关的一个现象,某种程度上来说,是社会化的过程。③ 按照现代功能主义学者的观点,一般将社会化理解为文化之间的传递,人们学习的过程及社会群体的实践活动。家庭也应作为教育机构的一种,和正规教育机构一起承担着年轻人社会化的责任。相应的,教育史研究的范围不仅包括正规教育机构,还应包括家庭和思想、行为在教育发展的作用。在这本论文集中共收录了9篇论文,主要将大众教育作为社会化进程来看,注重统治阶级的目的和工人阶级的意愿之间的关系,揭示了19世纪的教育对工人阶级思想和行为模式的控制,同时还关注工人阶级学生和父母对于这种控制的反抗和抵制。在《不受欢迎的教育:1944年以来英国学校教育和社会民主》一书中,作者更是将焦点集中在当代教育的重要问题上,对文化研究的关心,给当时英国教育史研究带来了一种比过去更为广博的研究方法。

文化教育史学的另一个主要代表就是西尔弗。1965年,在《大众教育的概念:19世纪早期思想和社会运动研究》(*The Concept of Popular Education: A Study of Ideas and Social Movements in the Early Nineteenth Century*)一书中,西尔弗指出汤普森开始了工人阶级意识、行为和组织增长形式的研究,这给

---

① [美] R.吉普森:《批判理论与教育》,吴明根译,台湾师大书苑股份有限公司1988年版,第73页。

② P. E. Willis, *Learning to Laboure: How Working Class Kids Get Working Jobs*, Farnborough: Saxon House, 1977.

③ P. McCann, *Popular Education and Socialization in the Nineteenth Century*, London: Methuen & Coltd, 1977, p.xi.

予我们的启发是教育史研究不仅要强调社会、政治、经济和教育之间的关系,而且还要重视文化—观念在教育发展中的作用,建议对思想方面的文化史进行深入的调查。按照此思路,西尔弗探究了在 1790 年至 1830 年间,大众运动在教育发展过程中的作用,同时,他还关注了教育在建立工人阶级意识中的作用。1973年,在西尔弗与约翰·劳森(J. Lawson)合著的《英格兰教育社会史》(*A Social History of Education in England*)一书中,西尔弗又将教育史研究扩展至文化观念。以 19 世纪 70 年代教育为例,传统教育史学家主要关注国家在教育发展中的作用。在西尔弗看来,维多利亚民众对政府、学校、家庭、社会阶层、自由和其他事物的观念是教育变革的重要组成部分,而这些舆论和社会意识的重大变化都被传统教育史学家忽略了。另外,传统教育史学家对这一时期的报纸的评论视而不见,如《星期六评论》(*Saturday Review*)等报纸的新闻报道。西尔弗认为《星期六评论》提供了很多关于英国政府对教育改革的观点、证据和评论,代表着一种教育变革的倾向。西尔弗认为 1870 年教育变革反映了英国观念的"变形",公众舆论对教育变革的发生起了至关重要的作用。[①] 在教育质量方面,传统教育史学家忽视了学校教育和文化水平的关系。虽然他们对学校教育进行了有效的数字统计工作,但是对于读写能力、社会和政治运动中的文化水平及参加情况的关系、19 世纪 40 年代后文化水平和印刷术的关系等都未进行研究。在西尔弗看来,教育史学变革需要做的就是进行教育观念史研究,因为观念是随着思想的解放而变化的,是连接过去和现在的重要枢纽,社会教育史研究实质上就是教育观念史研究。[②] 在这里需要指出的是,西尔弗的教育观念史研究并不是传统教育史学的教育思想史研究,而是关注人的行为背后的舆论、思想和文化的因素对教育改革的影响。

三、马克思主义的创新:教育史研究传统方法的传承与研究视角的转换

英国马克思主义教育史学方法不是凭空产生的,也不是完全从国外引入的。在英国马克思主义教育史学方法的形成过程中,既包括对于马克思主义基本理论和方法的吸收和运用,也包含着对英国传统教育史学方法的整理、批

---

① H. Silver, Nothing But the Present, or Nothing But the Past?, in R. Lowe, *History of Education Major themes Volume* I, Debates *in the History of Education*, London and New York, 2000, pp.181 - 182.

② H. Silver, Aspects of Neglect: The Strange Case of Victorian Popular Education, in R. Lowe, *History of Education Major themes Volume* I, Debates *in the History of Education*, London and New York, 2000, pp.199 - 200.

判、吸收和借鉴,这里既包括奎克时代的传统教育史学方法,也包括二战后社会学者的社会学治史方法,这种融汇形成了具有英国特色的马克思主义教育史学方法。

(一)继承传统教育史学的经验主义和实证主义方法

英国马克思主义教育史学家注重教育史研究的实践,反对把理论原则作为教育史研究的出发点,更反对纯理论的教育史研究。他们基本上都认可经验主义的研究方法。无疑这是继承了英国传统教育史学的经验主义和实证主义方法。正如英国著名教育史学家奥尔德里奇所说,英国教育史学总的特征就是高度经验主义,不十分关心理论。这说明了英国马克思主义教育史学同样具有经验主义的传统,这个学派具有明显的教育经验研究的取向。他们并未对有关教育制度、教育政策、教育运动和文化等方面做理论性的研究,而是着眼于重构民族教育历史中的重要阶段,并由此产出极为精彩的和富有想象力的著作。这些著作很具体,覆盖了从英国历史上各个阶段的教育发展过程,如汤普森的英国工人阶级文化因素分析、西蒙关于英国教育体制形成的研究、约翰逊关于工业革命、资本主义时期的学校和教育政策的剖析、西尔弗关于大众教育的分析等,都是这种经验教育史学研究的阶段性成果典范。

在英国,经验主义不仅是一种哲学思潮,也是教育史写作的方法。对大部分教育史学家来说,教育史研究是一门寻求教育事实的科学,是分析和阐释教育发展过程的科学。因此,他们坚信教育史学家的首要任务是挖掘新的教育史史料,通过教育史事实来阐释教育史是什么,但是,这又与传统教育史学的实证主义方法不同。因为马克思主义教育史学家是通过对马克思主义理论和方法的理解和吸收,运用全新的视野和角度重新观察教育史,进而挖掘新的教育史史料,拓宽教育史研究的范围,从而使马克思主义教育史学作品中带有明显的经验主义特征。如汤普森、西蒙和西尔弗在批判的分析经验主义方法的基础上进行教育史研究。在汤普森看来,工人阶级的经验很大程度上是由生产关系决定的。正是基于此观点,汤普森通过工人阶级的经验来阐释工人阶级意识形态的形成。西尔弗认为只有参考了马克思主义的超语言层面的经验——生产中社会关系的经验,观念和意识才会对教育改革产生影响,转化成政治话语。在西蒙那里,经验主义的特征就更明显了。西蒙的四卷本教育史研究都是从历史事实的调查出发,运用马克思主义理论分析具体的教育历史来丰富自己的教育史学方法体系。在西蒙看来,人类教育经验对当代教育改革具有重要的借鉴作用,"通过英国教育发展的经验可以告诉我们大量有关教育变革能够推动社会变革的事实"。① 西蒙不是从马克思主义的理论出发,而是以具体的教育经验为出发点。在四卷本教育史中,西蒙均是以具体的社会和教育经验为切入点,进而展现整个教育发展的历程。不仅包括详细的工业革命时代的教育观研究,而且还有大量的比较研究和广泛而直接可证实的教育史概况。

除了继承经验主义传统之外,英国马克思主义教育史学还深受实证主义的影响。在西蒙看来,传统教育史学纯粹的"经验实证的方法论"不能完全充分叙述和分析丰富多彩和复杂多变的教育现象。因此,在教育史研究中,应强调历史与现实互动,理论和实践并重。也就是说,在注重马克思主义理论分析的同时,不能忽视实证研究。通过对教育史的学习和研究,一方面,使教师具有一定的洞察力并能真正理解教育工作的意义;另一方面,也让学生在充分理解教育理论的基础上认识和解释先进教育现象。西蒙所推崇的马克思主义理论和思想,不是对马克思主义理论和思想进行阐释,而是"以马克思主义教学和教育方法为基本原则,制定符合英国特定情况和历史传统的教育方法"。② 按照此基本原则,西蒙围绕综合中学自身的建设等问题提出了一系列重要的政策建议,包括改革综合中学的内部管理、课程内容以及重新界定综合中学的职能问题。西蒙认为教育史是一门涉及教育改革和社会改革关系的学科,并且这种关系之间存在着相互影响和相互作用的复杂形式,因此,教育史研究不仅需要一般的理论指导,同时,也需要实验性的叙述和分析技巧。如在英国教育史丛书第三卷《教育改革的政策,1920—1940》(*The Politics of Educational Reform*, 1920—1940)一书中,西蒙通过实验搜集到的统计数据进行系统的比较,详细论述了"三轨制"学校体制心理学理论基础的儿童智力测试。

对于西尔弗而言,经验主义和实证主义的研究方法很大程度上体现在他的大众教育史研究中。西尔弗认为教育史研究是对人类教育经验的总结,教育经验涉及社会生活方方面面,而最容易被人忽视的是社会文化因素的经验,而社会文化因素的经验表现出来的形式就是"观念"。对于"观念",我们应该去重新考察教育的历史发展过程,考察如何通过教育机构来传递观念,观念又推动了教育改革的进行,由此进行新的教育实践。这样,教育就被看作一个不同阶级和群体之间冲突的力点。父母和孩子的态度、风俗习惯、家族关系、社会准则、统治与抵

---

① [英]布莱恩·西蒙:《教育史的重要性》,载[俄]卡特林娅·萨里莫娃、[美]欧文·V.约翰宁迈耶:《当代教育史研究与教学的主要趋势》,方晓东等译,教育科学出版社 2001 年版,第 23 页。

② B. Simon, *Does Education Matter?* London: Lawrence and Wishart, 1985, p.215.

抗、宗教信仰、权威与服从、法律、制度和意识形态等都属于考察教育发展的一个背景因素,而教育对象不仅包括了上层阶级的子女、同时也包括了底层阶级的子女,或者可以宽泛地说是穷人的子女。简而言之,所有这些汇集成了人类共同的教育经验。而这种经验本身又具有鲜明的阶级经验,阶级经验总体上发挥着推动本阶级教育发展的作用。在《大众教育的概念:19世纪早期观念和社会运动研究》和《英格兰教育社会史》两本书中,西尔弗就是贯彻和运用经验主义和实证主义的方法进行教育文化因素研究的典范。

（二）教育史学方法论的创新:"自下而上"的视角观察教育史

在教育史学理论和方法上,英国马克思主义教育史学家提出了有别于传统教育史学的理论和方法,主要表现在以"自下而上"的视角观察教育史,这样研究对象就由传统教育史学的精英人物转到下层人民,尤其是工人阶级群众的教育史。英国马克思主义教育史学家认为,劳工阶级参与教育史的创造,但是他们却不能直接撰写过去的教育史,应该调查和发掘工人阶级群众的教育史,给他们以应有的历史地位。在这方面,无论是汤普森的英国工人阶级的大众文化、西蒙的劳工运动和教育,还是西尔弗的大众教育,都显现出了他们对下层人民,尤其是对工人阶级群众的同情和关注。在传统教育史学那里,偶尔也会关注普通群众的教育,但这种关注只是从属于精英人物的教育事件史,是与某些重大的历史事件和历史人物紧密联系起来的,在历史上总是时隐时现的。更不会重视普通群众在教育发展中的地位和作用,以及普通群众与教育改革、社会运动之间的内在联系。在《教育与劳工运动》一书中,西蒙基于自下而上的视角,歌颂了劳工运动在推动英国教育进步中所发挥的重要作用。因为转换了教育史研究的视角,西蒙看到了有别于传统教育史学的情景——19世纪末,推动英国教育发展的动力不是传统教育史学家所描述的教育法案和精英人物,而是作为一支独立政治力量的劳工阶级和他们发动的一系列劳工运动。按此观点,西蒙重新审视了传统教育史学家标榜的教育法案。以《1902年巴福尔教育法》为例,西蒙认为该法并不是以推动中等教育发展为真正的目标,而是作为资产阶级控制劳工运动所采取的一项措施。在西尔弗那里,教育史研究的对象更广,他将工人阶级的范围扩展至穷人、普通群众等底层人民。但是,不论是西蒙还是西尔弗,他们都坚决不赞成用孤立和封闭的办法研究底层人民的教育历史。他们认为应将底层人民放在特定的历史环境中来考察和分析他们的教育活动,以及探索教育改革和社会运动之间的关系。换言之,处于社会最底层的劳动群众的教育活动的发展演变,是引起整个教育变革和教育制度兴衰更替的最终根源,这正是"自下而上"观察教育史的真正含义,也是英国马克思主义教育史学家对人民教育史研究的特殊贡献。

由于研究视角的转移带动研究对象的转移,随之而来的是研究方法的革新。在英国传统教育史学的作品中,工人阶级在他们塑造的整个英国教育体制形成的历史中,或是完全没有踪影,或是若有若无、无足轻重、等待救助的对象,工人阶级的教育被传统教育史学家遗忘了。那么,应如何探索英国工人阶级教育发展的历史呢? 西蒙认为:"工人阶级争取教育的斗争故事本身是动荡曲折的,因为这种斗争……受到迫害和威胁而被胁迫中断或转入地下。但是如果报纸受到压制,图书受到审查而传播这些东西的人遭到囚禁,那么书写的工作就只能在囚禁期间完成。因此,这些来自1820年代的多彻斯特(Dorchester)监狱以及19世纪40年代的沃里克(Warwick)监狱的书籍,表达了那些支持工人阶级事业并向往社会主义的人们的最终的乐观主义与教育信仰。"[①]不难看出,西蒙进行工人阶级教育史研究前提史料选择发生了变化,西蒙开始搜集监狱里关于工人运动的大量原始历史资料。西尔弗进行的大众教育文化研究,将史料转到报纸、信函和日记上,这些资料都是被传统教育史学家所不屑或者忽视的。英国马克思主义教育史学家运用这些史料,从阶级关系和阶级斗争的角度剖析各个阶级教育本身的发展过程,特别强调劳工阶级为争取教育权利的阶级斗争在教育历史上的作用,这是英国马克思主义教育史学的一大特点,也是其"自下而上"方法论的支点及在教育史分析中的具体应用。

以"自下而上"的视角观察教育史,其目的是构建"整体教育史"体系。在英国马克思主义教育史学家中,虽然他们从不同的领域,运用马克思主义理论和方法修正传统教育史学,但是有一个共同点,就是都在尝试从整体的视角阐释教育史,尝试构建一种整体的教育史体系。尽管汤普森注重从文化的角度研究工人阶级的意识,但是,他把研究焦点从单纯的经济过程转换到了总体性的文化过程,强调工人阶级意识是文化的生成。西蒙进一步丰富和深化了构建一种整体教育史的思想。西蒙认为"从更广阔的视野来看,教育史上发生过的各种事件,都触及生活的方方面面,关系到社会各阶级的观点和利益,他就是要把人们的注意引向那些经常被忽略的方面,尽力叙述教育改革者的思想,以引起当代社会和政治冲突的变化"[②]。这样,西蒙将英国教育史研究从单纯的精英教育史变成了

①② B. Simon, *The Studies in the History of Education*, 1780—1870, London: Lawrence and Wishart, 1960, pp.14-15.

总体教育史,也就是从经济、政治和社会各个层面来考察各个阶层的教育发展的一种总体的教育史观。从根本上来说,西蒙主张"社会教育史"研究,是要认识到教育史是包罗万象的事实,社会教育史研究应该揭示人类发展进程中的教育的总体性进程特征。从这个角度来说,四卷本的英国教育史最能体现这种整体性的教育史构想。正如奥尔德里奇所说:"西蒙的著作改变并重塑了英国教育史。"①西尔弗更是将教育放在社会文化的背景下考虑,力求将传统教育史学所"忽视的领域"呈现在读者面前,提出了从文化视角研究教育整体的发展过程,勾勒出一幅囊括普通人民大众在内的教育文化史图像。当然,在马克思主义教育史学家那里,并不要求教育史学家研究教育的总体,而是要求在研究每一个教育问题时,都能够从教育的总体上进行考察。

但是,与此同时,一批女性主义者对马克思主义教育史学构建整体教育史的目标产生了怀疑。她们认为马克思主义教育史学家歪曲了一个观点,即当他们从底层看教育史文献时,却忽视了工人阶级女性的教育经历以及她们在社会发展和自身进步中所扮演的角色。正如在《英国教育史学:来自女性主义的批判》(*The Historiography of British Education: A Feminist Critique*)一文中,琼·珀维斯(J. Purvis)所说:"英国马克思主义教育史学的作品,如西蒙的作品依旧是以男性为中心的。只是为了证明各种教育中的妥协和问题,这些教育问题主要是不同社会阶级之间权力斗争和冲突的结果。尽管各个群体之间的关系是授予不同的权力获得满意的需要,但是仍旧是中产阶级优越劳工阶级,男性比女性优越,白人比黑人优越,成人比孩子优越。在西蒙的书中,看不到性别之间的权力关系和女性。再一次让我们看到的是群众运动实际上只是男性的运动和斗争。"②

女性主义对马克思主义教育史学的质疑和批判,不得不让我们思考这样一个问题:教育史是否包括一些联系阶级和性别关系的复杂接点?答案是毋庸置疑的。我们在引用马克思主义理论分析教育史问题时,应该试图了解学校是如何创立、改变和重建性别结构、社会结构、人口结构以及生产关系的。例如,在考察义务教育时,我们应该将义务教育立法的成功实施与当时英国男性工资的高

---

① R. Aldrich, The Real Simon Pure: Brain Simon's Four — Volume History of Education in England, *History of Education Quarterly*, Vol.34, No.1, 1994, p.73.

② J. Purvis, The Historiography of British Education: A Feminist Critique, in A. Rattansi and D. Reeder, *Rethinking Radical Education: Essays in Honour of Brian Simon*, London: Lawrence & Wishart, 1992, p.252.

低紧密联系起来。当时男性的工资收入是和家庭形式相关联的,而家庭形式又与人口增加过快有关。因此,性别、劳工运动、家庭、经济、阶级与教育之间的复杂关系也应是教育史研究的一个重要部分,本书第八章将进一步讨论上述问题。

第四章　多元文化主义与西方教育史学

多元文化主义(multiculturalism)是20世纪90年代西方学术界较有影响力的政治思潮,作为西方现代政治思想的一个组成部分,旨在清除近代以来民族主义所产生的一些伤害,其面临的主要政治挑战是能否取代近代以来一直作为社会共同纽带的民族主义。至21世纪初,多元文化主义试图通过文化承认来整合少数群体的主张被认为存在一些不足,在实践层面也没能得到公众的支持。美国多元文化冲突的本质是为了取得支配权而斗争。多元文化主义并没有成为使美国政治社会统为一体的连接纽带。对多元文化主义思潮引发的诸多问题的思考有助于我们深入剖析美国教育史学史上的名著,进而关注和探讨当代美国教育史研究所面临的挑战与发展趋势。美国教育史学家是带着自己的价值判断来书写历史的,中国学者在将其作品作为史料时应当注意其社会政治立场或价值取向。

第一节　多元文化主义视阈下的美国教育史研究

美国学者和中国的美国史研究学者都曾对美国多元文化的存在和发展进行过长期的研究,形成了所谓"熔炉说"与"拼盘说",出现了有关多元文化主义政治思潮,展开了民族主义抑或多元文化主义、自由主义抑或多元文化主义的争论,并对美国教育史研究产生了深刻影响。本章将简要介绍多元文化主义在理论和实践方面的一般状况,从多元文化主义视角解读美国教育史学史上的三种研究模式,并在此基础上进一步思考美国教育史研究中的相关重要问题。

一、多元文化主义的兴衰

"多元文化主义"一词作为西方学术界较有影响力的政治思潮的多元文化主义曾是20世纪90年代的热门话题。牛津英文字典将其产生追溯到20世纪50

年代末和 60 年代,其兴盛时期是 90 年代。在《多元文化主义的起源、实践与局限性》一文中,王希勾画了自 20 世纪 60 年代以来多元文化主义意识形态和实践的演变过程,分析了多元文化主义在教育学界、历史研究、文化批评和社会改革等不同领域内的使用和内涵。在肯定多元文化主义给当代美国社会带来了重要而正面影响的基础上,作者也分析讨论了多元文化主义的局限性。①

多元文化主义与移民问题相关,但大规模移民并不是一个全新的事物。在大部分历史进程中,人们都生活在多元文化的社会里,文化共同体、种族共同体和宗教共同体并存于一个政治社会或一个国家的现象存在于许多欧洲国家。为什么在 20 世纪末出现了多元文化主义?在英国法哲学家约瑟夫·拉兹(Joseph Raz)看来,这与近代以来民族主义及其意识形态的胜利有关。他在 1997 年发表的《多元文化主义》一文中认为,从本质上讲,民族主义是一种解放运动,因此,人们往往将其视为一种正义行动。从某种意义上说,多元文化主义是现代政治思想的一个组成部分,旨在清除民族主义所产生的一些伤害。拉兹注意到,当代一些哲学家对于自由主义所主张的道德普遍性持拒斥态度,认为把人类还原成一种抽象存在物的观点是危险的。拉兹认为,多元文化主义的核心主张是认为普遍价值可以在不同的文化当中以不同的形式来实现,并且每一种文化都是值得尊重的。他指出:"多元文化主义的理论核心是承认这些普遍性的主张可以在不同的文化当中以不同的方式来实现,因而应该重新定义自由主义理论范畴中关于人类幸福与人类尊严的概念,不能在民族主义的意识形态下来理解这种解读道德的方式。因此,取代作为社会共同纽带的民族主义是多元文化主义所面临的主要政治挑战之一。"②

从 20 世纪 60 年代开始,在全世界范围内出现了群体要求确认其认同的主张。这些要求来自各种完全不同的群体,但大体包括宗教群体、种族群体、人种群体、历史群体、民族群体、性别群体以及残疾人或患严重疾病的群体等。在某些情况下,这些文化要求和期望直接指向社会不平等,诸如雇佣中的过度剥削、失业或是沦为下层阶级、受排斥以及身处险境等。在另外一些情况下,这些要求与历史性承认有关,是他们深切渴望的。在过去的历史中,这些群体,如美国印第安人在殖民主义、奴隶制、种族灭绝或文化清洗的摧残下被取消资格,或被污名化,抑或被消灭或几近被消灭。在 20 世纪 70—90 年代中期,无论是在西方一

---

① 王希:《多元文化主义的起源、实践与局限性》,《美国研究》2000 年第 2 期,第 26 页。
② 李丽红:《多元文化主义》,浙江大学出版社 2011 年版,第 1 页。

些国家的国内层面,还是在国际组织层面上,曾通过一系列多元文化主义政策及对少数群体权利的保护措施,并表现出一种非常明显的承认和融合多样性的趋势,同时拒绝了更早时期的建立一个单一的同质性国家的理念。

但20世纪90年代初期凸显的种种迹象表明,西方自由主义的民主国家并未克服种族文化多样性所引发的挑战。西方政治哲学家对于由少数群体权利引发的规范性议题曾展开了热烈的讨论和深入的研究,少数群体权利问题一度走到政治理论的前沿。但在经历了20世纪90年代的兴盛以后,到21世纪初,多元文化主义在自由主义国家中开始衰落,其表现在理论和政策两个层面。在理论层面,一些自由主义者对多元文化主义进行了批评,认为通过文化承认来整合少数群体的主张存在一些不足。在实践层面,由于长期缺乏公众的支持以及多元文化主义政策自身的不足和失败,故在一些曾大力倡导多元文化主义政策的西方国家,如澳大利亚、荷兰和英国在实践中退却了。自由主义国家对自由主义原则重拾信心。李丽红在《多元文化主义》文集中挑选了多元文化主义理论权威研究者的经典文章,从不同侧面反映出多元文化主义的基本主张,描述了多元文化主义理论的概貌,并阐述了多元文化主义与自由主义之间的争论。

多元文化主义是多元文化教育的主导思想。20世纪60—80年代,美国的多元文化教育蓬勃发展。然而,进入20世纪90年代以后,多元文化教育开始走向衰退,整个多元文化教育的可行性与合理性都遭到了质疑。对多元文化教育的主要指控是认为其具有分裂性和不平等性。其一,多元文化教育被指控削弱了美国社会的凝聚力,即文化多样性削弱了主流意识形态的主导地位,削弱了主流意识形态对民众的精神号召力。其二,倾向于弱势群体的政府政策,如"肯定性行动"等遭到主流群体对"配额制"和"反向歧视"的控诉,相关诉讼案件不断涌现。反对者认为,政府通过强行实施配额制、优待特殊利益集团和预留合同的做法,无疑背离了民权法案的基本精神,并不能带来真正意义上的平等。

多元文化主义思潮和多元文化教育方面的争论也引发了美国高校课程改革方面的争论。一方面,多元文化课程挑战了欧洲中心主义教育模式。彭永春在《美国高校多元文化教育的理性与困境》一文中指出:"多元文化教育解除了欧洲中心主义教育模式的霸权性规范文本,它促使了课程内容的解构,致使一向被认为是经典的、开启人类心智的文化课程,逐步朝实用性与分权性方向发展。"①另

---

① 余志森、朱全红、王春来:《美国多元文化研究——主流与非主流文化关系探索》,华东师范大学出版社2012年版,第274页。

一方面,那些被社会主流文化排除在外的人希望能够作为完整而平等的公民参与民主讨论,希望在社会生活、政治生活以及学校教育中得到公平对待,希望他们的历史不被历史教科书所忽略,希望自己的历史能够被加入国家的历史叙事中,希望自己的历史也能成为国家历史的组成部分。这些都会影响到美国教育史编纂问题。

当然,多元文化主义的内涵与外延是十分宽泛的,并非只讲种族问题,还可以包括宗教问题、民族出身问题和性别问题等,因而,其所涉及的学科也极为广泛,包括政治哲学、政治科学、伦理学、社会学和教育学等。例如,严格意义上的社会学方法主要对存在多元文化主义的社会感兴趣,关注这一社会中的文化差异以何种方式产生,以及如何被接受和如何发展,这种发展引发了什么样的问题和张力。而政治哲学的方法主要关注与多元文化主义者的观点有关的政治措施,关注这些措施的优势、局限性或不便之处,使多元文化主义变成一个可能的答案而不是有待解决的问题。政治科学的方法则将主要关注那些依据多元文化主义原则而设立的政治制度和体制,并分析这些制度和体制的产生和运行情况并评估它的效果。下文将从种族和民族出身的视角探讨其与美国教育史研究的关系。

二、从多元文化主义看美国教育史编纂的三种模式

美国是一个移民国家,但在不同的历史时期,移民群体成分有很大不同。美国移民的始祖基本上是西欧人,尤其是盎格鲁-撒克逊人。后来,北欧人、中欧人和南欧人大量涌入美国。同时,非洲黑人也被迫作为奴隶进入美国,随后,亚洲人和拉丁美洲人也移民美国。多源移民群体无疑对美国历史发展进程产生过重要影响,"移民文化"是形成今天美国多元文化格局的重要原因之一。在美国教育史学史上,一些著名教育史家曾在自己的代表作中探讨了不同历史时期美国的移民状况及其与美国教育史发展的关联。

(一)卡伯莱模式——熔炉说或同化说

早在 1909 年,美国传统教育史学的代表人物卡伯莱(Ellwood Patterson Cubberley,1868—1941)在探讨飞快发展的都市化问题的时候,就关注了通过学校教育将新移民同化到美国文化中去的问题。19 世纪 90 年代到第一次世界大战发生的 20 余年间是美国历史上的"进步运动"时期。工业化、垄断化和城市化的迅猛发展以及大批移民的流入使美国社会经历了一场前所未有的社会、经济、政治的大变革。卡伯莱重视社会经济、政治和宗教等方面的因素对教育发展、变

化的影响,关注各种利益群体对于教育的不同观念及其冲突和较量。以建立在进化论之上的社会观念为基础,他非常关心美国的移民问题和美国文化的适应问题。1909 年,卡伯莱发表《教育观念的变革》一文,重点阐述了把教育作为同化新移民的主要手段的思想。

1919 年,卡伯莱出版《美国公立教育》一书。在探讨美国公立教育的必要性时,他论述了自己关于同化少数族裔的观点。卡伯莱认为,教育是一种建设工具。"在 100 年以前,教育对于一个国家来说并非是最重要的东西。但在今天,它正日益成为检验政府政绩和国家进步的尺度。教育在塑造我们文明的过程中发挥了巨大作用。"[①]卡伯莱把教育视为巩固民主的重要手段。从国际上说,美国迫切需要用教育来武装那些从封建专制中解脱出来的公民,因为一旦由没有受过教育的人来掌握民主这种工具,将会是极端危险的。当美国赶走西班牙人,使古巴、波多黎各和菲律宾重获自由后,美国人立即在这些国家着手建立一整套的公立教育体系,以便能使教育成为自由与民主的守护神。同时,作为一种配套的措施,美国人在这些国家建立了卫生与司法机构。同样的,法国也在摩洛哥与阿尔及利亚,英国在埃及与印度做了这些工作。在这里,卡伯莱表现出了一种民族沙文主义立场。在该书第 11 章,他深入分析了美国内战以后推动教育发展的新动力,包括新移民的涌入、工业革命、家庭的变化以及这些变化对于学校教育的影响。在卡伯莱看来,教育也是美国国内民主的保证。在民主政府的眼里,教育是提高国民福利水准最为关键的手段。教师默默无闻地为我们这个国家提供了一种最为重要的服务。他们把民主生活的本质教授给年轻的一代,使他们明白法律所捍卫的自由是何种含义;训练他们自我克制;勇于承担责任;使他们明白自由民主的神圣不可侵犯;意识到诚实、信用、忠诚的重要;教师们融合了美国多元的文化。

卡伯莱认为,美利坚民族的统一,美国国际地位的提高和巩固都有赖于美国公立教育的发展。公立教育担负着同化各国移民的重要任务。不管曾经取得过多么大的成就,摆在美国人面前的一项艰巨的任务就是如何建设这个国家。虽然建造这个国家的"材料"是现成的,他们是撒克逊人、凯尔特人、条顿人、斯拉夫人、拉丁人和匈奴人,但困难是如何把他们同化到一个统一的国度之中,受相同动机的支配,为共同的理想所奋斗,对道德的统一有充分的认识,并对能在这个

[①]　Ellwood Pattenson Cubberley, *Public Education in the United States*, Boston: Houghton Mifflin, 1919, p.496.

国家生活感到由衷的自豪,使美国的年轻人愿意用生命来捍卫国家体制。

美国17世纪的移民主要是英格兰人、荷兰人和法国人。十八九世纪是德意志人、苏格兰人、爱尔兰人和斯堪的维亚人,20世纪时是意大利人、斯拉夫人、匈牙利人和希腊人。与多为基督新教教徒的"旧"移民不同,19世纪末20世纪初涌入美国的"新"移民大多数是天主教徒、希腊正教或犹太教徒,使美国变成一个更加世界性的国家。美国激进派史学家泰亚克(David Tyack)曾指责卡伯莱模式带有种族主义史观,即对黑人和南欧移民的种族主义偏见。卡伯莱站在"旧"移民的立场,认为很多"新"移民是"没受教育的、温顺的、缺乏首创精神,完全没有盎格鲁-撒克逊的正直、自由、法律、秩序以及庄重和政府的概念。"①

在美国大部分历史中,"熔炉"的概念是一个重要的主题。1909年,伊斯雷尔·赞格威尔(Israel Zangwill)的话剧《熔炉》上演以前,这个词并未为人们所普遍使用,然而应把18世纪至20世纪的移民融入美国主体文化这一基本观点是非常普遍的。"同化"是与"熔炉"相联系的一个概念。同化包括了一个支配的群体和一个服从的群体。把"被征服"的文化变成支配的文化就是同化,一般来说,征服某种文化含有强迫的因素。在这种强迫中,支配文化需要采取某种行为规范和与之适应的实践方式。北欧移民一般都经过了美国支配文化相当完整的同化过程,而少数民族只是走了一下被同化的过场,他们表面上一致了,但从未被真正同化过。尽管斯堪的纳维亚移民、密苏里和威斯康星的德国移民、波士顿的爱尔兰移民保留了他们的许多特性,但确有不少文化传统融入了美国主体文化。由种族特征所决定的少数民族却没有与主体文化融合在一起。犹太教、东欧人和许多南欧移民都保留了自己的许多特点,更不用说从中东和亚洲来的移民了。可以说,"熔炉"对那些在文化、种族、宗教和其他特征方面与主体的盎格鲁-美国社会相类似的人是起作用的,但对黑人、墨西哥裔美国人、土著美国人和东方美国人却并不成功。"熔炉论"与"文化多元主义"之间的争论仍然是今日美国教育的重要主题之一。

(二)克雷明模式——文化拼盘说

克雷明(Lawrence A. Cremin,1925—1990)是美国教育家和教育史学家,其三卷本的《美国教育》是美国新教育史学的重要代表作,也可以视为所谓"文化拼盘"(cultural mosaic)模式的代表。第一卷是《美国教育:殖民时期的历程,

---

① Ellwood Pattenson Cubberley, *Changing Conceptions of Education*, Boston: Houghton Mifflin, 1909, pp.55 - 56.

1607—1783》(*American Education*,*The Colonial Experience*,1607—1783,1970);第二卷是《美国教育:建国时期的历程,1783—1876》(*American Education: The National Experience*,1783—1876,1980);第三卷是《美国教育:都市时期的历程,1876—1980》(*American Education: The Metropditan Experience*,1876—1980,1988)。其中第二卷获得"普利策历史奖"。

20世纪60年代,在美国新史学的影响下,克雷明批判了以卡伯莱为代表的美国传统教育史学,提倡重新界定教育的定义,在此基础上进一步拓展教育史研究领域,并相应改进教育史研究方法。克雷明认为,美国传统教育史学家由于将"教育"(education)等同于"学校教育"(schooling),导致了教育史研究范围过于狭窄,不仅与美国历史学主流相脱离,更重要的是不能反映美国教育的历史的真相,因而也无法为当代美国教育改革服务。所以,应根据时代的需要来重新阐释美国教育经验。其路径是:从对"教育"的重新定义入手,拓展教育史的研究领域,进而使教育史学回归历史学主流,也像历史学那样朝着社会科学化的方向发展,成为富有生气的社会史和文化史取向的新教育史。

从多元文化主义的视角来看,卡伯莱对新英格兰的英国移民的后裔以外的民族或种族的文化是持否定态度的,克雷明则对此作了修正。他虽然花了很大篇幅赞颂新教改革者为美国教育发展所做出的贡献,讴歌建国时期白人精英的道德共和国理想,但对罗马天主教文化、犹太教文化、印第安文化,甚至摩门教文化等也作了专门介绍。[①]

在《美国教育》第一卷《殖民地时期的历程:1607—1783》的"前言"中,克雷明研究了先后移民到北美的欧洲人的成分,包括西班牙人、法国人、英国人、荷兰人、瑞典人和德国人等。他认为:"这些人为了各种不同的经济、政治、宗教和个人的原因来到这里,并带来了五花八门的欧洲传统。而且这种传统的多样性又因印第安土著和非洲移民(奴隶或自由人)的风俗而强化。这样,多元化和与之伴生的文化竞争、包容、交叉现象从一开始就是美国生活的一个基本事实。然而同样突出的是,英国传统几乎从开始就占据主导地位。"[②]当时在北美的20多万欧洲人中绝大多数是英国人,在技术上也优于印第安人和非洲人,而英国人在文化上的决定性影响在相当程度上是出于教育的因素。其他欧洲人都没能发展英

---

① Lawrence Archur Cremin, *American Education: The National Experience*,1783—1876,New York:Harper and Row,1980,pp.74-76.

② [美]克雷明:《美国教育史:殖民地时期的历程,1607—1783》,周玉军、苑龙、陈少英译,北京师范大学出版2003年版,第17页。

国人那种普及的教育。

在《美国教育史》(第二卷)《建国初期的历程(1783—1876)》中克雷明注意到,从一开始,黑人和印第安人的地位就没有很好地得到界定。美国内战之后,黑人依然做奴隶,而印第安人以部落为单位被看作外国人,虽然与合众国签订了条约,却很少享受外国人的特权。说起来美国是避难所,但对移民问题的态度仍不明确,公众时有恐外和仇外的表现,部分地区发生了对特定地区移民的歧视,比如,加利福尼亚州排斥华人的法律。在建国初期,美国人口在增加的同时呈现多样化趋势,大批移民来自欧洲西北部地区,少数是转道西印度群岛而来的非洲人和中国人。在这个过程中,教育不可避免地参与了美国人的塑造,教育附属并依赖于公民身份。克雷明指出:"在19世纪,移植、适应、模仿和发明交织在一起,形成了美国教育的典型特色。大批移民不断涌入,他们从欧洲、非洲和亚洲带来了历史悠久的观念和制度:爱尔兰人带来了特殊的罗马天主教;盎格鲁人带来了特别的母氏家族制;中国人带来了一种互帮互助的特殊社会形式。"[1]后来,土生土长的美国人远涉重洋去学习其他国家的先进思想和制度:从英国学来了星期日学校和学园;从瑞士学习更开明的教子之道和教学方法;从普鲁士学习学校和大学的组织模式;从法国学习军事训练模式,所有这些又都在多样性的美国生活条件下很快得到了改变。

克雷明深刻揭示了"黑人和印第安人教育的核心都存在着一个矛盾,这个矛盾关系着19世纪的美国人如何看待自己的社会。从一开始,黑人就被认为是不可同化的。即便是解放了的奴隶也被看作另类"。[2]另一方面,印第安人先是被邀请接受"文明化"教育以便为以后融入美国社会做准备,但后来又被美国社会所拒绝。同时,他们受到的教育对其生活并没有什么帮助。由此导致的进退两难的境地进一步凸显出合众国建立后的第一个世纪里比较普遍的同化问题。白人盎格鲁——美利坚——基督徒们为教育印第安人和黑人做出的努力造成了一种非常矛盾的教育状况,即在同一个教育中至少有两种互相矛盾的结构,试图通过不同的教育方式把两种价值观和人生态度灌输给同一个人。

克雷明在研究中发现,1876—1980年大约有4 000万移民迁入美国,形成历史上最大的移民潮之一。与此同时,美国人口也更加多元化。不同时期移民的

---

① [美]克雷明:《美国教育史:建国初期的历程,1783—1876》,洪成文、丁邦平、刘建永、马忠虎译,北京师范大学出版社2002年版,第7页。

② [美]克雷明:《美国教育史:建国初期的历程,1783—1876》,洪成文、丁邦平、刘建永、马忠虎译,北京师范大学出版社2002年版,第257页。

原居地也有所不同。1880—1924 年期间,以南欧、中欧和东欧的移民为主。20世纪 30—50 年代主要是西北欧和中欧的移民,他们中的许多人是为躲避极权主义或战乱而到美国的逃难者。20 世纪 60 年代的移民主要是来自加拿大、西印度群岛和拉丁美洲的居民。70 年代移民的原居民住地除了以上地区外,还有南亚和东南亚各地区,其中许多也是极权主义或战乱国家的逃难者。"移民来源的多样性使得美国人口在民族、宗教信仰和种族的构成上具有非同寻常的多元化特点;围绕美国化和争取公民权利而出现的各种复杂问题在共和国建立早期就初露端倪,这一时期依然存在。"①在克雷明看来,美国最初的政策是主张出生公民权,即只要在美国出生的人就具有美国国籍,但放松了对移民的归化。联邦政府在种族和社会性别问题上从一开始就很模糊和混乱。例如,美国黑人在 1868年美国宪法第十四条修正案颁布后就已经获得法律上的公民权,而事实上,直至20 世纪七八十年代,他们还在为获得实际的公民权而斗争。白人移民也同样面临着长期存在的语言差异和文化认同问题,而两者都与美国化的观念和归化的要求有关。

克雷明注意到,由上述问题引发了教育上的一系列问题:美国社会应不应该接纳那些不讲英语的德国人、墨西哥人或越南人成为美国公民? 是应该要求这些人学习英语,还是应该期望各公立和私立机构适应他们多样化的语言要求? 一旦这些人及其孩子决定接受美国公民教育,教学语言是应该用英语还是他们的母语? 几乎整个 20 世纪,人们都在激烈的争论这些问题。他在《城市化时期的历程(1783—1980)》的第三章中,从宗教教派角度深入研究了美国教育中的多样性模式,认为在美国主要有四个宗教团体:白人新教教徒、黑人新教教徒、罗马天主教徒和犹太教徒,并深入研究了黑人新教教徒、罗马天主教徒和犹太教徒这三个宗教团体的教育特色。他们在把自己当作美国人的同时,仍然保持着独特的民族性。这些宗教团体在教育方面的努力成为推动 20 世纪美国教育朝着多样化发展的基本动力,并形成了他们各自独特的美国"派地亚",在同一个人身上培养不同的人生观与价值观的教育的特征也更为复杂,体现出多元化教育的活力。

（三）斯普林模式——文化战争

乔尔·斯普林(Joel Spring)是美国激进派教育史学家,以教育政策方面的

---

① ［美］克雷明:《美国教育史:城市化时期的历程,1783—1980》,朱旭东、王保星、张驰、占盛丽、陈璞、蒋衡译,北京师范大学出版社 2002 年版,第 3 页。

研究而获得威斯康星大学哲学博士学位。他的主要研究兴趣是教育史、多元文化教育(Multicultural Education)、土著美国文化(Native American Culture)、全球教育(Global Education)、人权教育(Human Rights Education)和教育政策。其主要著作有《美国教育》和《美国学校》。"意识形态操纵"(Ideological Management)是斯普林教育观和教育史观中的一个核心概念。他认为,学校应当被作为意识形态操纵的一个工具来对待。"学校是许多企图操纵社会中观念的传播的机构中的一种。我将这个过程称之为意识形态操纵。"①除了"意识形态操纵"以外,斯普林在《美国学校:1642—2000》中的另一个关键词是"文化战争"(The Culture Wars)。如果说"意识形态操纵"是斯普林《美国学校》的各个版本都强调的主题的话,那么,"文化战争"则是 2000 年版本的主题,反映出美国多元文化主义思潮对斯普林的深刻影响。在该书的前言里,他试图找出美国学校故事与美国"公民身份"概念(conception of American citizenship)的变化之间的相似性。

在"文化控制"观念的支配下,斯普林讲述了一个与卡伯莱模式和克雷明模式有很大差异的美国学校史故事。他认为,从一开始,英国殖民者就自认为他们相对土著美国文化(Native American cultures)具有优越性,并试图将自己的文化强加在土著美国人(Native Americans)身上。与此相反,土著美国人则将英国文化视为本质上是剥削性的和压迫性的,并对殖民者想要改变他们的文化的企图进行了抵抗。建国后,新的美国政府的领导人希望创造一种以"新教—盎格鲁—美国的价值观"(Protestant Anglo-American values)为核心的民族文化。在斯普林看来,在每个历史时期都有一部分少数种族被排斥在公立学校大门之外。霍拉斯·曼关于公立学校的呼吁其实只是针对"自由白人"(free whites)的,并且只限于信奉新教的自由白人(Protestant free whites)。因此,19 世纪公立学校发展的一个重要原因就是为了确保盎格鲁—美国的价值观的统治地位,因为这种价值观遭到来了来自爱尔兰移民、土著美国人以及非裔美国人(African Americans)的挑战。在一浪高过一浪的移民潮中,公立学校遂成为盎格鲁—美国价值观的保卫者。在 20 世纪,文化战争则以三个方面的内容为其特征:美国化项目、要求表现少数民族文化的市民权利运动,以及有关多元文化的争端。据此,斯普林强调指出:"文化统治"(cultural domination)是美国教育史的一个中心问题。美国学校史的一个主要部分就是在文化统治方面的冲突。美

① Joel Spring, *American School: 1642—2000*, Boston: McGraw-Hill, 2000, p.3.

国公立学校试图确保 PAAC 文化（Protestant Anglo-American Culture）在美国的统治地位构成了美国公立学校史的主要内容。

斯普林把"文化战争"视为"意识形态操纵"的一个方面，并认为"文化战争"这个源于艾拉·肖尔（Ira Shor）的著作《文化战争：1960—1984 保守派重建时期的学校与社会》①的术语是美国社会的明显特征。他尖锐地指出：早在殖民地时期，英国殖民者就企图将他们的文化强加在土著美国人身上。与此相反，土著美国人则对英国殖民者要传播其文化的企图予以抵制。新建立的美国政府的领导者的希望是要在新教——盎格鲁——美国的价值观的基础上创造一种民族（国家）文化。到 20 世纪，文化战争的特征是由美国化项目、民权运动（要求在公立学校反映少数民族的文化）以及多元文化的争端等因素所决定的。

斯普林认为，文化视角的概念对于理解文化战争是很重要的。例如，18 世纪末和 19 世纪初，一些土著美国人认为他们的读写能力应被保留，以作为保护他们的部落土地和文化的重要工具。与此相反，许多白人则将对土著美国人的教育视为获得他们的土地和转变他们的文化的手段。上述视角的不同导致了对于"文化"的主要误解和一直持续到今天的文化战争。在斯普林看来，在美国，文化混合（the mixture of cultures）的结果已经导致了不断提出这样的问题的必要：其他文化视角如何看待这些问题？19 世纪，爱尔兰天主教徒认定公立学校是企图摧毁他们的天主教信仰。20 世纪，许多教育者认为，中学里隔离课程（separate curriculum）的发展是为了照顾不同的需要。而在许多非洲美国人、墨西哥美国人和土著美国人看来，这不过是向他们提供较之新教白人次一等教育的手段。斯普林指责美国政府的口号和其实际上的所为并不是一回事。在他看来，从殖民地时期到今天，教育者声称机会和公民身份的平等，而实际上却对移民和非白种人实行的是宗教偏狭、种族隔离、文化灭绝和文化歧视。学校中的暴力景象包括：19 世纪发生于新教教徒和天主教徒之间的城市暴乱；对于想要学习阅读的奴隶的惩罚；在非裔美国人、亚洲人、土著美国人和墨西哥美国人之间的种族冲突；20 世纪 50—70 年代在学校综合过程中所发生的暴乱和杀害事件；以及发生在 1999 年的出于种族动机而杀害黑人学生的事件，等等。斯普林同时也指出，"种族"和"文化"只不过是美国学校故事的一个部分。与这个问题同样重要的问题还有学校的组织、教师职业、教学内容以及教育在经济、社会福利方

---

① Ira Shor, *Cultural Wars: School and Society in the Conservative Restoration*, *1969—1984*, Boston: Routledge & Kegan Paul, 1986, p.23.

面的功能的扩展等问题,以及公立学校史上的经济问题。

综上所述,卡伯莱在《美国公立教育》中是站在新教——盎格鲁——美国的价值观(PAAC)文化的立场来写美国教育史的。他主张"熔炉论",将少数种族视为应当被同化的对象。克雷明看到的是"民族融合",认为早在殖民地时期,移民到北美的人们就与那里的土著印第安人进行了民族之间的文化交流。他在《美国教育》中虽然也提到了黑人和印第安人所受到的不公正待遇,但强调得更多的是文化交流和文化融合,而不是文化战争,其基本立场仍然是 PAAC 文化取向的。而斯普林看到的却是"文化战争",即文化控制和反控制之间的文化冲突和文化战争。我们再一次看到了美国当时的社会文化历史背景是如何影响了美国教育史学家的思想观念及其指导下的教育史学实践。

三、美国教育史研究面临的政治挑战

王希在《多元文化主义的起源、实践与局限性》一文中勾画了自 20 世纪 60 年代以来多元文化主义意识形态和实践的演变过程,分析了多元文化主义在教育学界、历史研究、文化批评和社会改革等不同领域的使用和内涵。在肯定多元文化主义给当代美国社会带来了重要而正面影响的基础上,也分析了多元文化主义的局限性。这些局限性包括:在处理群体认同与整个美利坚民族认同之间的平衡关系上,多元文化主义还没有提出一个令人信服的思路;因为利益的多元化,多元文化主义在战略上无法在所有支持多元文化主义的群体中保持一个持久的、牢固的联盟;面对"一元性"资本主义的全球化及其对现行世界权力体制的深刻影响,多元文化主义并不具备向现行世界权力体制进行挑战的理论和政治基础。

一般认为,美国主流文化是所谓 WASP 文化(White Anglo — Saxon Protestant Culture),即白人—盎格鲁-撒克逊—新教文化。在美国学者爱德华·C. 斯图尔特看来,"美国文化通常指主要由白人男性中产阶级成员(但不仅限于此)构成的美国文化社会的思维和行为模式"。[1] 20 世纪 90 年代以后,从宗教视角来看,美国的主流文化发生了变异,形成了所谓 PCJ 文化(Protestant Catholic Judaism Culture),即新教—天主教—犹太教三位一体的文化,其他宗教教派都作为边缘文化而存在。从民族和种族的角度来看,经过 300 多年的磨

---

① [美]斯图尔特:《美国文化模式——跨文化视野中分析》,卫景宜译,百花文艺出版社 2000 年版,第 5 页。

合,现代美国仍是以白人为主流的社会。人们究竟应该从何种文化的视角来重写美国教育史?

美国的利益集团政治深深植根于美国社会文化,其存在与美国的多元文化相关联。这种多元文化的构成与美国人口中的种族、民族特征、移民与迁徙状况、多宗教的存在和美国人的集团倾向等多种因素相联系。利益集团是与种族与民族特征相联系的,它使美国成为一个具有文化多样化特征的国家。不同的文化背景、不同民族、不同种族和不同宗教等因素使人们产生了种种不同的利益认同,并构成了众多的利益群体。就美国白人群体而言,他们一直是美国社会最大的种族集团。此外,还有非洲裔美国人、西班牙裔美国人、亚裔美国人、印第安人等。J. D. 亨特(J. D. Hunter)在分析美国文化冲突的本质时认为:"文化冲突最终是为支配而斗争。""说到底,不管参与文化战争的人是谁,文化冲突是权力的冲突——各方为划定势力范围,彼此争着要获取或维持所拥有权力。"①在他看来,上述种种冲突涉及权力斗争,牵涉其他许多实质性因素,其中包括金钱(许许多多的金钱)、名誉、生计以及许多资源。他把家庭、教育、媒体、艺术、法律和选举政治都视为文化冲突的领域,认为由于学校教育、社会与国家的定位以及儿童的未来这三者在本质上的关联性,教育团体长久以来一直成为政治与法律的战场,显露出现代教育战争的原动力、热情及政治上的利害关系。

民族—国家的兴起是持进步史观的史家用来衡量一个文明是否进步的标志之一。19世纪西方历史编纂学的著述重点是西方民族—国家的形成及其在历史上的意义。纵观近代西方各国教育学与教育史学的历史,民族与国家以及随之而来的教育的民族性问题,一直是一个重要的话题。美国作为一个由移民组成的国家本来是一个大杂烩,在未形成统一的文化遗产之前,美国人民的显著差异曾引起很多不安。美国革命并未制造出一个民族,遑论制造出一个统一的民族。宪法提供了全国性政府的新制度,但成功地取消了地方上多数的势力,恰恰不利于大众爱国文化的形成。"曾亲睹美国革命的老前辈们意识到,美国人虽然缺乏古老的传统、宗教的统一、共同的世系,却可以用付诸文字的美国革命史来弥补缺憾。历史学家用民族主义者的热诚,建构出一个美国人的共同过去,将美国的民族特性投射到未来。"②在这种意义上可以说,历史造就一个民族。无论

---

① 〔美〕亨特:《文化战争——定义美国的一场奋斗》,安荻等译校,中国社会科学出版社2000年版,第56页。

② 〔美〕阿普尔比等:《历史的真相》,刘北成、薛绚译,中央编译出版社1999年版,第86页。

是卡伯莱还是克雷明,都将民族—国家的形成与教育史的进步联系在一起,在自觉建构教育的民族特性之时,特别强调那些使他们的社会有别于欧洲旧制度陋规的美国式作风与价值观念,把民主视为美国特色的根源,视为促成社会进步的主要工具,强调教育发展对"美国特性"形成的重要影响,尤其关注教育在形成美国人共同价值观的过程中所具有的重要意义。

在当代美国教育史编纂中,是以民族主义抑或多元文化主义为价值观成为一个严重的政治挑战。什么是美国人的价值观?克雷明认为其由三方面构成:福音教派的教义、民主的向往和功利主义的奋斗精神。在他看来,这种价值观在殖民地时期就有其根源,是英国人带到新世界来的文化传统,而教育在保存这些遗产及其效力方面具有重要意义。但在斯普林看来,人们在为什么要建立公立学校的动机方面是存在严重分歧的,如公立学校的建立是为了保证使所有公民都能保护自己的政治和经济权利吗?建立公立学校是为了使社会精英能通过控制向学生传播的政治和经济观念来保护他们自己的权力吗?建立公立学校是为了保证 PAAC 文化对于土著文化、爱尔兰裔美国文化和非洲裔美国文化的统治吗?很明显,这些问题在历史作品中都会引起争论。

文化差异与国家及民族之间并不存在一致性,文化认同处于一种不断流动的状态。法国社会学家米歇尔·韦维尔卡(Michel Wieviorka)指出:"作为一种政策,通常认为多元文化主义只是经典框架内——即国家和民族范围内——的政治行动。但是我们知道,在许多国家,这个框架都是很脆弱的,文化差异与国家及民族之间并不存在一致性。因此,在政治行动与我们所讨论的文化和社会现实之间建立起一种一致性是十分困难的,而且这种一致性是国家内的、国家间的以及聚居地之间的一致性。"[1]在美国,不同共同体的存在引发了众多挑战,多元文化主义只考虑了其中一小部分挑战。不是所有文化都要求维持其独特的认同,那些具有这种要求的群体也似乎处于不断变化之中,没有形成一系列适用于其内部成员和构成群体本质特征的规范、准则和行为模式。即使那些最具持久性的文化也在不断地发生变化,会出现碎片化和重构。在这种情况下,美国教育史教材的编纂也具有非同寻常的意义。美国的共同教育以及能使社会成员去熟悉不同文化群体文化的多元文化课程纲领的存在都是使相互理解与尊重能够广泛传播的必要条件。多元文化教育是否具有永恒性和普遍性?人们是应该保持和维护多元文化教育,还是应该以同一的标准文化取而代之?对这些问题的不

---

① 李丽红:《多元文化主义》,浙江大学出版社 2011 年版,第 1 页。

同回答决定了美国多元文化教育的命运与未来发展方向。事实上,民族国家为了发挥其整体作用,需要协调一致地运作,需要一套共同认可的价值观念。

第二节　美国教育史学的多元文化课题

美国教育史家乔尔·斯普林(Joel Spring)曾尖锐地指出:"美国历史上确然无疑的种族与文化冲突,直陈种族主义是美国教育史的组成基础之一。"①所以斯普林在书中开篇立意:文化与种族问题是美国历史与教育的中心问题。种族与族群,用词各异,而实际所指则相差不远。简而言之,种族偏重生物属性,而族群着重文化因素。而"多元文化"一词,显然更为关注种族——族群中的族群维度与方向。

一、美国社会族群文化的多样性

鸟瞰美国大历史,其族群之多样性可以简单概括为"二元结构"。美国的族群分类在不同历史时期有不同的分类。把美国族群划分为主导族群和少数族群的简单二分法不失为一种便利的方法。主导族群指白人族群,少数族群主要指有色人种族群。美国的有色人种族群主要分为四大类:非裔美国人、拉美裔美国人、亚裔美国人和土著美国人(印第安人)。白人族群和四大少数有色人种族群构成了美国族群的二元结构。白人群体占主导地位,少数族群占非主导地位,白人文化是主流文化,有色人种文化是非主流文化。这是美国多元文化的基本态势。

（一）白色人种族群

美国多元文化的复杂性在于这简单地二分法下的另一层复杂关系与结构。白人族群是美国的主导族群,但这白人族群事实上又分为 WASP(White Anglo-Saxon Protestant Culture)族群和白种少数族群。WASP 族群也就是来自英国的盎格鲁-撒克逊清教徒移民及其后裔构成的族群,白种少数族群大多来自西欧和北欧,特别是爱尔兰、德国和法国等国家。这些非英国的欧洲移民也是白种人,其文化与英国血统的 WASP 族群也比较接近,但其在美国的历史经历还是

---

① Joel Spring, *Deculturalization and the Struggle for Equality: A Brief History of the Education of Dominated Cultures in the United States*, Boston: McGraw-Hill, 2001, p.3.

遭遇了不少偏见与歧视,尤其是爱尔兰人。不过这些早期的美国第一代移民通过通婚和美国化,原先的族群认同大多不存,能否作为少数族群这一群体存在尚有争议。不过不能否认的是在白人族群内,非 WASP 群体的事实无论在美国历史、当下以及可预见的将来,都不容简单轻易地与严格的 WASP 族群混同。其中较为重要和关键的因素是宗教与语言问题。在白人少数族群中,其信奉的宗教有别于清教徒的教义,其中德裔美国人保留了德语,形成德语区,而其宗教信仰虽也为新教体系,却归属路德宗,而有别于清教徒的加尔文主义。来自爱尔兰的早期移民多信奉天主教,且英语文化有限,又多从事较为低下的工作,在美国历史上,遭受偏见和歧视的白人少数族群,以爱尔兰人为甚。在整个 20 世纪历程中,大多数南欧和东欧的白种少数族群成员一直按照先他们而来的爱尔兰人和德国人的一般方式生活,逐渐融入一个较大的文化中;而许多人也还保持着较为强烈的族群意识和母国情结,对于某些欧洲后裔的刻板印象不乏偏见,但公开歧视白种少数族群的现象可谓相当少见。[①] 这一点,相比对有色人种少数族群的公开歧视迥然有异。

在美国白人族群中,有一个比较特殊的群体——犹太裔美国人。到 20 世纪末,长达近 3 个半世纪的犹太美国移民,让美国成为全世界犹太人口最多的国家,聚居了七八百万犹太人;仅纽约一个城市就有 220 万犹太人。[②] 犹太人移民美国的历史经历了漫长的过程,伴随世界历史大势,先后形成过 5 次移民浪潮。早期犹太人由于宗教信仰的问题,遭受到一定程度的偏见和歧视,但犹太人凭借自身的不懈努力,慢慢从美国的边缘走向中心:美国犹太人走过了一条充满荆棘的奋斗之路,一条不断遭受挫折的成功之路,终于从一个无足轻重的小移民群体成长为美国社会的中坚力量。[③] 犹太人在美国获得巨大成功,以至于流行一种说法:美国控制世界,而犹太人控制美国。流言或许夸张,但犹太裔美国人以只占不到 3% 的人口,在美国的政治、经济与文化多领域发挥着巨大的影响,却是不争的事实。[④] 所以,虽然犹太裔美国人在人口数量上是少数,但多数人不认为其是美国的少数族群。相对而言,美国拉美裔人口要多得多,却要归属于少数族群。

---

① [美]戴维·波普诺:《社会学》,李强等译,中国人民大学出版社 2007 年版,第 335 页。

② 施琳:《美国族裔概论》,中央民族大学出版社 2006 年版,第 186 页。

③ 陈克勤:《从 23 人到群星灿烂——犹太人在美国 350 年奋斗历程》,《光明日报》2004 年 10 月 10 日。

④ 潘光:《美国犹太人的成功与犹太文化特征》,《美国研究》1999 年第 3 期,第 48 页。

（二）有色人种族群

美国作为一个开放的移民国家,或许是一个肤色最为复杂多彩的地方。一般来说,美国的有色人种主要包括四大族群：非裔美国人、拉美裔美国人、亚裔美国人和土著美国人(印第安人)。

1. 非裔美国人(African Americans)

非裔美国人,即通俗地说美国黑人,是美国种族主义最大的受害者。黑白问题可以说是美国种族问题的焦点问题。在美国族群关系史上,黑人遭遇了最不公正的制度性歧视,最高法院所谓"隔离但平等原则"就是一个赤裸裸的写照。压迫越深,反抗越甚,美国黑人的抗争即使到了今天,也没有完全停歇。从南北战争到全国有色人种促进协会的诞生,从巴士座位到小石城的伞降,从金博士的梦想讲说到沃伦首席大法官的判词,从黑奴到黑人再到非裔美国人,美国黑人走在改善族群关系的最前线。最为突出甚至有点矫枉过正的非洲中心主义,已是不容忽视的文化现象和社会力量。而美国黑人族群中的精英分子,也不断活跃在美国社会各界别领域,但广大的非裔美国族群不时遭遇的偏见与歧视,仍然是美国社会的一大毒瘤。

2. 拉美裔美国人(Latino Americans)

拉美裔美国人也叫讲西班牙语的美国人(Hipanic-Americans)。这一群体的美国人共享西班牙语言,且大多信奉罗马天主教。不过相比他们之间的相同与类似,其相互间的区别与差异或许更巨。古巴难民的中产阶级身份与墨西哥裔的工业劳动力之间,共同的语言与宗教比起多种身份角色差异,似乎根本不足以维系他们的族群共性,所以,拉美裔美国人往往根据其母国来源再分为墨西哥裔美国人、古巴裔美国人、波多黎各人等。这些讲西班牙语的美国人增长较快,美国人口普查局1998年的数据显示大约有2 930万人,占总人口的11%。另外,美国移民规划局估计约500万的非法移民中绝大多数来自拉丁美洲西班牙语世界。而且人口学家的预测多认为讲西班牙语的美国人数量将增加,比例将上升。语言、宗教、背景、母国、态度与价值等各方面的差异,使得拉美裔美国人的生活方式在美国社会显示出一定的自己独特性,形成自身的族群文化。

3. 亚裔美国人(Asian Americans)

移民美国的亚裔与美国人的差异甚大,无论是在种族、语言、宗教、文化以及社会组织方面,差异之显著都是显而易见的。虽然早在1849年的淘金热就催生了华人移民的血泪史,但亚洲移民真正成为美国重要移民来源也就是二战后几十年的事情。事实上,在1960年,亚洲移民还难以进入排名前10位,而到了

1985 年,排名前 10 的移民中已经有了 6 个亚洲国家。总体而言,亚裔美国人属于较成功的移民群体,中日韩后裔的美国人从事的工作多为管理性、技术性和专业性职业,其中,越南裔美国人似乎相对困难些。不过相比其他少数族群,亚裔美国人相对来说能够更多地融入并参与美国社会,对英语与教育有更为融合的动机与努力。与拉美裔美国人较为强烈的西班牙语保留相比,对照明显。

4. 土著美国人(Native Americans)

北美大陆原来是印第安人的家乡。美国独立战争后,政府通过与部落签订条约的方式竭力攫取更多的土地,一旦遇到抵抗,政府就诉诸武力。由于力量对比如此悬殊,土著美洲人在美国政府的征服下步步败退。1871 年,美国政府采取了强制同化的政策,此后又推出"保留地"制度,把印第安人集中到特定区域,土著人的生活继续远离他们的土地与传统,而被迫依附于外界,土著人的语言与宗教慢慢改变,英语与基督教成为无从选择的替代。政府下辖的印第安人事务局专门负责相关事宜,特别需要关注的是对儿童的强制教育——印第安人的孩子被政府从其父母身边带走,送入专门的寄宿学校,以在那迅速地社会化为"美国人"。1924 年土著人才享有美国公民权,之后,土著美国人陆续从保留地迁出,参与融入美国社会。近年,几乎大半土著美国人有着双重或多重的种族意识。土著美国人的经济收入和水平处于美国人均水平之下,其中高等教育比率的低下是一个重要的特征和因素。晚近出现的一些对土著传统文化的复兴热潮虽然一定程度上带动了土著文化的回归,印第安人部落也在一定程度上有某种兴旺的迹象,但整体而言,土著美国人仍然处于不利的状态,他们的社会地位依然低下。美国学者的研究一般认为这主要还是文化因素造就的:土著美国人对生活的非竞争态度及其对高等教育的无视与拒绝,让他们的生活与文化在美国的竞争社会中节节败退。土著人的深度肤色,也让他们成为偏见与歧视的直接目标。

二、美国教育史学的书写历史

教育史学作为一个学科在美国的诞生,走过了一段艰辛的历程。是几代美国教育史学人的踏实研究与辛苦笔耕,才使得美国教育史学得以萌芽、创立、发展并走向嬗变深化。美国教育史学的诞生很大程度上是 20 世纪的事情。继德国之后,美国成为世界教育史研究重镇的重要标志是卡伯莱于 1919 年出版的《美国公立教育》。[①] 卡伯莱及其《美国公立教育》可以称得上是美国教育史学史

---

① 杜成宪、邓明言:《教育史学》,人民教育出版社 2004 年版,第 322 页。

上的一个分水岭。

（一）前卡伯莱时代的教育史书写

在卡伯莱之前，美国教育史家为美国教育史学的创立付出了艰辛的努力，其中尤以巴纳德（Henry Barnard）博士的资料积累和史实确定为甚。巴纳德博士的《美国教育杂志》以及美国联邦教育部和各州的教育年鉴与报告提供了美国教育最为丰富的资料存储，要论对美国教育史学之史料贡献，首功非巴纳德莫属。史料对于史学之要义，无须多言。当然，历史也始终不仅仅止于史料，历史学还是不能简单地与史料学画等号。尽管巴纳德于史料上对美国教育史学居功至伟，但即使在前卡伯莱时代，美国教育史学的先驱桂冠还是戴在了梅奥（Mayo）头上。只有到了美国传统教育史学先驱梅奥那里，美国教育史才实现某种故事性历史层级的综合。梅奥做的事情是从"巨大的过量材料"中精选能反映公立学校的伟大而令人惊奇的故事——教育史的主要内容就是伴随着共和胜利而来的公立学校的胜利。梅奥打下了美国传统教育史学的模胚，卡伯莱的《美国公立教育》实际上有一个深深的梅奥烙印。在卡伯莱之前，是为美国教育史学的萌芽、准备与初步创立时期，教育史研究与书写的成果体现，虽也有如梅奥之综合，但此时的美国教育史学称之为史料学或许更为恰如其分，教育史记载书写的成果表现出的更多意义在于资料的汇集，教育史在更多时候呈现的是松散的大事记和编年，尚缺乏教育史学之作为"历史"的某种提炼、综合与升华。梅奥之所以在这方面得以超越巴纳德，可以说是史学与史料之差别与超越。而美国教育史学的创立之功最后花落卡伯莱，很大程度上在于梅奥虽然勾勒了路线，凸显了意图，却缺乏一部体现其意旨的正式出版的教育史作品，尽管他的研究成果一再被人引用。对于20世纪的美国教育史学来说，前卡伯莱时代的相对漫长时段称之为一种教育史学准备，尤其是史料的准备，或许过于简单化，也忽略了美国教育史学前辈筚路蓝缕的艰辛与贡献，但仍不失为一种大历史粗线条的概括。

（二）20世纪美国教育史学的基本路线

如同历史学家经常难以对历史达成一致理解与认识，20世纪美国教育史学史，或者更具体地说是20世纪美国教育史的书写历史也给教育史家留下了争论的巨大话题。教育史百年书写的历史进程本身也是一个需要探索和讨论的历史问题。相比于直接研究美国教育史，对于教育史书写的历史探讨要少得多。不过我们还是可以从这有限而相对极为少数的研究中获得美国教育史家对于教育史学的自我认知。特别是美国学者是 S.科恩（S. Cohen）和 C.凯斯特（C. F.

Kaestle)为我们描绘出的美国教育史学基本路线图。

科恩对美国教育史学的贡献有点类似巴纳德,因为他对美国教育史文献的梳理做出了巨大的贡献,主编了五卷本《美国教育文献史》。对于科恩的文献之功和其他教育史学的研究创造这里不作介绍,而特别指出他在 1976 年发表于《哈佛教育评论》的论文——《美国教育史的历史,1900—1976:历史的种种用法》(The History of the History of American Education, 1900—1976: The Uses of the Past)。[①] 这是科恩在当时对 20 世纪以来的美国教育史学的基本概览,在这篇论文里,科恩实际上回顾了自 1889 年由布恩(R. G. Boone)编写的美国第一本美国教育史教科书《美国教育》问世起至 1976 年止美国教育史学发展的历史。从中可以窥见截至科恩时代,美国教育史学史上的重要代表人物首先是卡伯莱。卡伯莱及其《美国公立教育》代表了美国一种"老"的教育史学。自贝林开始,这种老的教育史学开始遭受批判,科恩论述了从贝林到史密斯再到克雷明对美国卡伯莱教育史学模式的终结一击。科恩认为卡伯莱的影响被人为高估,其他教育史学人做出的贡献被忽略了,但科恩的这篇论文无疑肯定了甚至也进一步加重了卡伯莱教育史学的历史分量。当后人对美国教育史学一种"老态"的批判集中于卡伯莱及其《美国公立教育》时,恰好说明了卡伯莱及其代表作对于美国教育史学的意味。不是任何人,任何的作品都值得批判的。科恩的论文由于写在 20 世纪 70 年代,美国教育史学的很多后续画面还未展开。1997 年,凯斯特撰写了《教育研究的历史方法》一文,[②]对 20 世纪中期以来美国教育史学的嬗变进行了总结。通过凯斯特的梳理,20 世纪 60 年代以来,美国学者对于传统教育史学的修正是循着两条路线进行的:一条以拓宽研究范围为特色,这一条路线的最佳代表作就是贝林和克雷明的著作;另一条路线则是引起教育界躁动不安的激进主义路线,因为这一派试图从根本上否定公立学校的教育制度。凯斯特指出教育史研究的一个重要趋势在于对研究对象的拓展以及研究方法的开放,社会学、人类学、心理学和统计学的新方法作为新理论与新技术,值得教育史学效仿学习。通过科恩与凯斯特的梳理,20 世纪美国的教育史学可以大致划分为三大阵营:传统教育史学,以卡伯莱及其《美国公立教育》为代表;修正教育史学,以克雷明及其《美国教育》为代表;激进教育史学,这个阵营难以找到如卡

---

① Sol Cohen, The History of the History of American Education, 1900—1976: The Uses of the Past, *Harvard Educational Review*, August, 1976, pp.298 - 329.

② John P. Keeves, *Educational Research, Methodology, and Measurement: An International Handbook*, Pergmon: Elsevier Science Ltd., 1997.

伯莱与克雷明般的标志性人物与作品。相比之下，激进教育史学阵营本身存在更明显的多元化与碎片化。

20世纪70年代是激进派最为活跃的时期。围绕激进派教育史学家出版的教育史作，人们站在不同的立场，依据不同的理论，展开了激烈的争论。1973年，拉泽逊在《哈佛教育评论》上发表了题为《修正主义和美国教育史》(*Revisionism and American Educational History*)的书评，对凯茨的《阶级、官僚政治与学校》、格里尔的《伟大学校的传说：美国公立教育的修正主义解释》和斯普林的《教育与公司国家的兴起》的内容及其特点分别进行了述评。从书评的本身以及评论的对象文本都可以看出，美国教育史学的激进派就其作品形式而言，都不以卡伯莱的《美国公立教育》一书那样，力求对美国教育史作一个综合性的书写编纂。斯普林作为一个激进派阵营的成员，在20世纪70年代主要还是以《教育与公司国家的兴起》为其代表作。这是一部并非典型教育史作品的教育政治学作品。在20世纪的后20年里，斯普林写过不少教育史作品，其中也有关于教育政策史方面的专门性作品，但其最重要、最典型的教育史作品无疑是其一再修订再版的《美国学校》。斯普林的《美国学校》虽然也属于激进教育史学作品，但与其他众多激进主义教育史学作品不同，《美国学校》更像是一部美国教育通史书写的表现成果。撇开斯普林《美国学校》一书中意识形态立场的差异，卡伯莱《美国公立教育》与克雷明《美国学校》所体现的"综合"，在斯普林的《美国学校》中都可以不同程度地找到。唯一有较大差别的或许是斯普林的《美国学校》并没有如同卡伯莱与克雷明笔下那种清晰的前进路线。

三、美国教育史学的颜色演变

通过前文对美国教育史书写地图的粗略爬梳，可以大致得出从卡伯莱的《美国公立教育》到克雷明《美国教育》，再到斯普林《美国学校》，标志了美国教育史学世纪演变的关键节点和注脚，也正是美国教育史学史上的代表人物及其经典作品，暗合了教育史多元文化书写的某种立场光谱，以一种直观表现来说，其中渲染了不同的族群颜色。

（一）卡伯莱教育史学的白色神话

"教育史是文明史的一个方面。"①卡伯莱认为美国教育走过一条漫长而崎

① Ellwood P. Cubberley, *Public Education in the United States*, Boston: Houghton Mifflin, 1919, p.1.

岖的道路,而美国文明的源头,在卡伯莱看来应该追溯到欧洲,特别是中世纪晚期的欧洲。卡伯莱认为美国文明在历史进程中加入了许多新的不同元素,但文明结构的基础离不开古希腊、古罗马和基督教。这是卡伯莱所确认的现代美国和欧洲文明的三大基石。美国教育离不开欧洲传统。而说起美国教育,其开端与宗教密切相关,学校起源于教会教育儿童的需要。[①] 卡伯莱区分了殖民地时期重要的三种教育态度类型,即新英格兰清教徒类型、宾夕法尼亚类型和弗吉尼亚类型,卡伯莱认为这三种学校类型构成了美国教育的特色,并深深地影响了美国教育的发展。虽然这三种教育类型在宗教方面区别较大,但三者共同的地方在于欧洲的传统与白色的文化。事实上,美国教育的开端就是有白色印迹的。当时的学校教育以宗教目的为明显特征。宗教教育在教科书中得到直接的体现和贯彻。独立战争以前,美国的学校教育以英语为教学工具,以宗教为教学目的。《新英格兰读本》的出现和风靡,折射出当时美国学校教育的基本内涵。以多元文化视角来看,《新英格兰读本》无疑是 WASP 文化的一个载体,从这一教科书就可以清楚地看到,美国学校在建国前夕的肤色。美国建国之后,基于美国宪法的宗教规范,公立学校的宗教目的得以清理剥离,教科书的世俗性日益强化,教育的宗教目的在公立学校被最大限度地削弱,而教学的英语方式与工具,则成为不证自明的真理。美国学校教育的英语问题,在卡伯莱笔下的整个公立学校运动中几乎销声匿迹,卡伯莱可以不吝啬笔墨,铺陈美国公立学校战斗历程的七大战略要点,但英语已然不是需要关注和讨论的内容。事实上,卡伯莱也注意到美国公立学校运动历史进程中的母语非英语阶层,[②]但卡伯莱只是轻描淡写地把他们划归到公共学校的反对者之利益集团。对于这母语非英语的阶层,卡伯莱是如此笼统地一笔带过,以至于这里很难准确判断这一非英语阶层的范围到底包括哪些。只是简单代指那些来自欧洲的非英语阶层,还是包括美国南部部分西班牙语阶层?甚至还有印第安部落非英语阶层?通览卡伯莱笔下的公立学校运动之章节,卡伯莱之"非英语的阶层"更多意义上似乎主要是直指来自欧洲的非英语阶层,特别是美国德语区这样的地域阶层。当时美国境内的众多少数族群,显然也部分归属于母语非英语的阶层,但似乎其在卡伯莱笔下的公立学校运动史中毫无身份与地位,有些甚至是连反对派也算不上。黑色与红色,似

---

① Ellwood P. Cubberley, *Public Education in the United States*, Boston: Houghton Mifflin, 1919, p.13.

② Ellwood P. Cubberley, *Public Education in the United States*, Boston: Houghton Mifflin, 1919, p.120.

乎根本难以落入白色的背景,在白色的光谱中,卡伯莱关注的似乎是谁更白。只有白色才是颜色,黑色和红色似乎连颜色也算不上。

卡伯莱的颜色书写跨越白色边界要等到美国公立学校基本体系确立之后。特别是 20 世纪前后 30 年的时间范围,卡伯莱的教育史书写才对白色之外的有色族群问题略有粗略勾画。卡伯莱之所以在美国教育史的这一阶段和时期瞄上不同的颜色,根本的原因是卡伯莱看到 19 世纪末期 20 世纪前叶,美国移民是一股重要的新生力量,对美国教育的形塑起到重要的作用。卡伯莱注意到美国移民自 1882 年以后的特征变化,欧洲移民中北欧和西欧移民突然大规模减少,南欧和东欧移民大规模增加,卡伯莱认为这些来自南欧和东欧的移民,"几乎没有益格鲁-撒克逊的正义观、自由观、法律观、秩序观、公共行为准则观和政府观,他们的到来给美国的传统带来了极大的冲击,削弱并腐蚀着我们的政治生活……他们的出现,也给各地的教育带来极为严峻的压力。"卡伯莱认为美国面临着严峻的种族同化问题。让卡伯莱忧心的种族问题,实际上还是当时的白色少数族群问题。而其他少数族群,卡伯莱并没有给予多少关注和笔墨。事实上,在卡伯莱的历史书写中,特意对当时的移民特征和来源结构作了简略的图示,卡伯莱是看到了当时相对少数的亚洲移民,也注意到了讲西班牙语的拉美移民,但卡伯莱并没有讨论他们的教育问题。或许是因为当时这两个移民群体数量和社会力量与影响较小,卡伯莱并不认为他们的教育问题需要历史书写。美利坚民族是一个伟大的世界性集合体,卡伯莱不无骄傲地宣称美国已经成为世界各地所有民族与种族的集合体。在美国南部,美国教育的问题主要是黑人教育问题。仅仅只是道出这一个问题而已,卡伯莱并没有对美国的黑人教育,美国黑人与白人在教育领域的巨大不公与差别留下只言片语。美国教育的族群问题,特别是其中的利益冲突和复杂矛盾,被卡伯莱轻轻地一笔带过,或是掩盖了,或是忽略了。卡伯莱的美国教育史学似乎是没有颜色的,如果一定要加上颜色,那也是白色的。

（二）克雷明教育史学的颜色改良

卡伯莱以美国公立学校为中心的教育史故事是一个为 WASP 文化代言的白色神话。在克雷明的"教育结构"中,故事的色彩明显改变了绝对的白色笼罩。"被遗弃的人们"是克雷明对 19 世纪美国本土教育形成过程中黑人与印第安人遭遇的基本概括。① 相比卡伯莱对黑人教育问题的一笔带过,克雷明至少让黑

---

① ［美］克雷明:《美国教育史:建国初期的历程》,洪成文译,北京师范大学出版社 2002 年版,第236 页。

人与印第安人走进了美国教育史,至少是书本中的教育史。通过对黑人社区文化的描述,白人与黑人之间的紧张关系为克雷明的美国教育故事添加了文化多样性的重要情节冲突。美国本土教育及其三位一体的理想与精神在历史形成过程中伴随着复杂的种族问题。克雷明承认美国历史上白人社会对黑人和印第安人或者对所有有色人种都有先入为主的成见——认为这些非白人群体甚至是不堪同化的。历史上占统治地位的白人群体认为爱尔兰天主教徒等欧洲白色人种,才是应该也可以被迅速美国化的目标对象。克雷明对美国教育史上白人族群尤其是占统治支配地位的白人对美国有色人种以及那些略显"深色"的白人的偏见,秉笔直书,毫不掩饰。对他们被遗弃的境遇,克雷明虽然没有直抒胸臆,但用词本身足以表露克雷明的恻隐之心和同情之意。克雷明显然是把他们也当作美国人来看待的,真正的美国本土教育理想与精神有这些被遗弃的人们的声音与意见。

克雷明对美国有色人种教育史经历的关注主要地还是集中在黑人和印第安人的历史遭遇上。相比之外,其他有色人种的教育问题并没有提到类似的地位与高度。相比后来斯普林以土著美国人、非裔美国人、拉美裔美国人以及亚裔美国人的直接用语,克雷明教育书写中的"被遗弃的人们"在对象范围上尚难覆盖拉美裔美国人与亚裔美国人。而"被遗弃的人们"虽然相比之下似乎更直白明显地体现了作者的某种温情,但相比斯普林的概念用词,"被遗弃的人们"实际上少了更多的"多元文化"意涵。因为诸如非裔美国人之概念本身就表明了一种对于族群文化权利与地位的承认,而克雷明的"被遗弃的人们"则少有族群文化身份归属与权利承认的意涵。这一点在一定程度上反映和折射出克雷明作为教育史家对个人意志的某种克制,但也同时多少暗示了克雷明在美国多元文化问题上的基本价值观念。

当然,克雷明教育故事中更多的身影和更为响亮的声音则显然来自美国主流群体,这个主流群体的肤色是白色的。克雷明注意到美国一些社区文化通过音乐与故事代代相传并在传承中不断修改的史实,而且这种社区文化往往为白人所惧怕。① 以多元文化族群观的视角来看,克雷明讲述的美国教育故事主要地还是美国白人族群的事,这个白人族群以原先的 WASP 文化身份为主体,经过美国化,聚拢了部分欧洲移民的身份归属,在美国社会形成 PAAC(Protestant Anglo-American Culture)的主流文化身份与归属意识。② 克雷明复杂而多线索

① Lawrence A. Cremin, *American Education: The National Experience*, 1783—1876, New York: Harper and Row, 1980, pp.241 - 245.

② 即建国后,美国政府领导人希望创造一种以"新教—盎格鲁—美国的价值观"(Protestant Anglo-American values)为核心的民族文化。

的美国教育故事没有忘记历史上的边缘人物,但中心仍然还是美国的白人英雄!克雷明甚至也讴歌底层人物、有色人种个体的教育自我奋斗经历,但美国教育的方向,包括边缘人物和族群的教育方向最终还是指向了美国的主流价值。功利主义的奋斗精神也罢,福音教义的传播也罢,民主的向往仍然是美国教育的灵魂所在。美国的"合众为一"最终还是需要通过教育来为"共和国"架通桥梁。这一点,在克雷明的教育观念与民主理念深处早已铺好了地下通道。所以,与克雷明的教育史故事相比,卡伯莱显然并非白茫茫一片,但中心与主流仍然存在,美国教育史故事的基本色从卡伯莱到克雷明并没有发生根本性的改变。克雷明教育史学实现了美国传统教育史学的范式转换,但没有完成"颜色革命"。以多元文化视角看美国教育史学的种族与族群主题,克雷明充其量只不过是一种修补与改良。

（三）斯普林教育史学的颜色革命

如果说卡伯莱制造了美国公立学校的一个白色神话,到了斯普林的学校故事中,有色人种的教育经历早早地走进了美国教育史故事。斯普林关注的则是欧洲殖民者与当时土著美国人、被奴役的非洲人之间的关系以及由此产生的美国教育历史的问题。

英国殖民者当时对土著人的立场与态度实际上是欧洲白人文化和种族自我优越感的极度膨胀,英国人在马萨诸塞殖民公司的最早自我设想是他们的到来对于土著人来说是一种恩惠与帮助。"快来呀,帮帮我"是殖民者当时对土著人要求与反应的一厢情愿。当时的欧洲白人主流群体担忧土著美国人和非裔美国人会玷污他们的白人血统,许多新英格兰定居者希望公共学校能够根除那些野蛮文化。[①] 而土著人对于英国人的教育与归化并不感兴趣,并不觉得欧洲的文明与生活方式值得他们效仿追随。英国人对于他们宗教与文化的优越自豪感支撑着他们的归化计划,印第安人被标志为"异教徒野蛮人"。斯普林在早期美国教育史中部分披露了印第安人由于欧洲人入侵造成的人口锐减——主要是因为疾病。斯普林估计当时美国东海岸 90％ 的印第安人被夺去了生命。关于这部分美国历史,斯普林的书写参考引用了一本作品——《北美洲的入侵》,"入侵"两字很好地体现和表达了斯普林对当时两大族群在美国东海岸历史相遇的基本态度。在斯普林的教育史书写中,早期美国教育史的颜色问题除了土著美国人的教育之外,还有被奴役的非洲人。在残酷而黑暗的种植园中,被奴役的非洲人遭

---

① Joel Spring, *The American School: 1642—1996*, Boston: McGraw-Hill, 1997, p.79.

受了一个"去文化"化的过程,语言的孤立、英语的不通,非洲奴隶无从融入欧洲文化,在奴隶中形成的隐秘亚文化某种程度上构成了他们作为被奴役群体的身份意识,斯普林认为黑人奴隶的音乐、宗教以及他们的口语传统等所形成的一套文化机制和内容,其某种积极的意义在于构成了一个文化避风港,保护和帮助黑人奴隶经受奴隶制的残忍摧残。美国历史上最为紧张的种族问题无疑是黑人问题。黑人教育问题也是美国教育史上最为沉重的话题。斯普林在众多版本的《美国学校》中无不深刻触及美国教育种族问题的中心——黑人教育问题。就史料角度而言,在注意到斯普林对黑人教育史文献和公民权历史变化文献的统筹把握之外,一个有趣而却远远超出符号象征意义的史料印迹是"黑奴—黑人—非裔美国人"这样一个带有梯队性质的文献名称变化。①

在早期殖民地时期,美国教育史的重要组成部分,或者说卡伯莱所认为的关键与主要部分,欧洲殖民者带来的学校类型,在斯普林的教育史故事中并不具有卡伯莱所认为的那么高的价值与意义。斯普林是让其他少数族群的文化故事与教育经历作为一个重要的参照系和组成部分来编织早期的美国教育史。在殖民地时期,美国最早时期的学校全然没有了卡伯莱故事中的种子效应。卡伯莱可以为他的美国学校追寻文明之源,而在斯普林看来,这不是美国学校故事所需要强调的。如果说卡伯莱的美国公立教育故事颂歌可以在早期殖民地找到火种的话,在斯普林的学校故事中,美国殖民地时期的教育,尤其是有色人种遭受的文化剥夺为后来学校的"文化战争"埋下了导火索。

斯普林对美国四大少数族群教育问题的历史探讨是其《美国学校》一书的重中之重。实际上,斯普林在第一章所拟定的两大关键词"意识形态操纵"与"文化战争"正是主要通过四大少数族群为了教育平等的斗争而具体展开的,尤其是文化战争问题,主要的交战方之一正是土著美国人、非裔美国人、拉美裔美国人以及亚裔美国人。斯普林具有纯正的印第安人血统,并有明确的自我认知,非常强调自己的"血统"和"登记在册"的美国印第安人身份。② 在斯普林笔下,每一个少数族群专门有一章的篇幅展开他们的教育故事,而且主要是为了争取他们教育机会与教育平等的事迹。毫无疑问,少数族群的教育史充满了血与泪,卡伯莱的赞美与克雷明的温情到了斯普林这里基本成了冷冰冰的面孔。在斯普林看来,美国的公共学校在漫长的过去从来就不曾对所有孩子公共过,美国各大族群

---

① Joel Spring, *The American School: 1642—2000*, Boston: McGraw-Hill, 2001, p.101.

② [美]乔尔·斯普林:《美国学校:教育传统与变革》,史静寰等译,人民教育出版社 2010 年版,第1页。

围绕文化主导和优势的争夺一直持续到 20 世纪结束。[1]

　　公立学校的白色巨塔在斯普林笔下轰然倒塌。真实的美国教育史从来不是卡伯莱笔下这么简单而美好,白色也难以说是美国教育的基本色,黑色、红色、黄色、棕色等其他颜色在白色的美国教育上早早就打上了印迹,卡伯莱等众多史家只不过是自觉不自觉地选择性忽略而已,而斯普林所做的,就是强调甚至是夸大这些杂色的斑点、印迹及其相应的功能与价值。

---

① 　Joel Spring, *The American School: 1642—2000*, Boston: McGraw-Hill, 2001, pp.100 - 101.

第五章　新文化史与教育史学

　　新文化史是当代西方的一种新的史学流派,兴于 20 世纪 80—90 年代,其经典作品涵盖了许多领域,颠覆了盛行一时的社会史模式。新文化史研究的主要进路是人类学和文化理论,将语言看作隐喻,显示出对于权力关系的深刻关注。新文化史家围绕历史研究方法展开了具有启发意义的讨论,使历史更接近于广大公众,也扩展了史学家的研究领域,实践采用了各种各样的研究方法,取得了令人瞩目的集体成就。新文化史遭到的主要批评是对文化的强调削弱了历史与社会科学的联系,文化理论混淆了想象与真实的区别,给历史编纂带来了负面影响。教育史研究者能够从新文化史中得到诸多启发,思考新文化史家提出的一些重要理论问题,尝试从文化角度解释教育史,从经典文化史和新文化史的经典中汲取与教育史研究有关的养料,进而从教育史学史的角度研究新文化史对于各国教育史学发展的影响。

第一节　新文化史与教育史研究

　　自古代希腊以来,西方就有着悠久的文化史研究传统。希罗多德的《历史》被视为一部文化史,关注希腊世界与其他文明的互动和交流。在第二次世界大战以前,出现了许多文化史的经典作品。20 世纪中期以来,西方史学先是从传统史学转向社会科学化史学,后来又经历了从新社会史到新文化史的发展历程。新文化史的真正突破发生在 20 世纪 70 年代初,80—90 年代是新文化史发展的兴盛时期,形成了引人注目的新文化史运动,对各国历史学的发展产生深远影响,也对教育史研究有诸多重要的启发。

一、新文化史运动

　　"文化"一词包括多重不同的含义。文学理论家雷蒙·威廉斯(Raymond

Williams)把文化称为"英语世界中最为复杂的两三个概念之一"。① 他试图通过研究各个历史时期该词的用法，来解释其多重交叉含义。到 20 世纪，文化在总体上用以表示象征体系。彼得·伯克(Peter Burke)认为，文化史这个名称也不是什么新发明，早在 200 多年前的德国，就已经有在"文化史"(kulturgeschichte)名义下进行的研究。② 再往前追溯，文化史早在古代希腊就出现了，希罗多德的《历史》被视为一部文化史，其视野广阔，包罗万象，可以从中看到希腊世界与其他文明的互动和交流。但在希罗多德之后，史学家似乎更注重当代史和政治军事史，如修昔底德的《伯罗奔尼撒战争史》。在 19 世纪，民族史学兴起，兰克注重政府档案，历史研究的范围变得更窄了。

彼得·伯克将 1800—1950 年称为文化史的"经典"时期，著名的文化史作品包括瑞士历史学家雅各布·布克哈特(Jacob Burckhardt)的《意大利文艺复兴时期的文化》(1860)，荷兰历史学家约翰·赫伊津哈(Johan Huizinga)的《中世纪之秋》(1919)，以及英国历史学家 G. M. 扬(G. M. Young)的《维多利亚时代的英格兰》(1936)。马克斯·韦伯(Max Weber)的《新教伦理与资本主义精神》(1904)也被认为是一部文化史著作，其要点是为经济变化做出文化解释。诺贝特·埃利亚斯(Norbert Elias)的《文明的进程》(1939)实质上也是一本文化史。

新文化史的兴起于与二战后历史学的总体变化相关联，特别是与历史观念和史学观念的变化有密切联系。文化史得以重新发现的原因在于当代史学的困境，与后现代主义对历史学、历史写作的冲击及其后果有关，后现代主义其实是对现代性的一种反思。二战后，西方不再是世界的主宰，并为自身存在的许多问题所困扰，"大写历史"走向衰落，人们对兰克的"如实直书"产生了怀疑，进而对"小写历史"产生了研究兴趣，历史认知的问题被提上议事日程。"其结果就是，原来视为天经地义的历史的规律性发展，不断为人所怀疑。而后现代主义的主要论题之一，就是质疑启蒙思想所揭橥的历史发展的规律或上面所说的历史的一线形的发展。"③一些学者过去主张不变的理性，现在他们的兴趣日益转向价值观即特定群体的时代和特定地点所持有的价值观。

文化史被重新发现或说新文化史的真正的突破发生在 20 世纪 70 年代初。在各门学科中，对文化、文化史以及文化研究的兴趣越来越明显。"20 世纪 80—90 年代是新文化史迅速扩张发展的时期，涌现出一大批新的经典，一方面用文

---

① [英]西蒙·冈恩：《历史学与文化理论》，韩炯译，北京大学出版社 2012 年版，第 61 页。
② [英]彼得·伯克：《什么是文化史》，蔡玉辉译，北京大学出版社 2009 年版，第 6 页。
③ 王晴佳：《新史学讲演录》，中国人民大学出版社 2010 年版，第 27 页。

化研究的角度和方法刷新了传统政治史、思想史社会史等领域,同时更开拓出史学研究的诸多新领域,构成了波澜壮阔的新文化史运动。"①新的经典作品涵盖了多个领域,包括政治文化史、社会文化史、物质文化史、感性文化史、身体形态史和媒体与传播史等,其发展的结果,就是颠覆了盛行一时的社会史模式。进入20世纪90年代以后,新文化史渐入颓势。

美国当代史学家林·亨特(Lynn Hunt)是一位公认的新文化史的领军人物。她主编的《新文化史》(1989)和《超越文化的转向》(1997)成为人们了解新文化史的必读书目,前者明确打出"新文化史"的大旗,确定了历史学主流的"文化转向"(the cultural turn);后者则进入了每个学派发展到一定时期应有的自我批评的阶段。在林·亨特之后,新文化史作为一个学派不断更新,开始从重大的历史事件转到比较边缘的、以往为人所忽视的领域,研究更加微观的历史现象。"如果说对叙事的关注构成了过去20多年中历史书写的确定特征之一的话,那么,'文化转向'(culture turn)似乎是一个更宽广的运动,它横扫整个人文科学领域,并且囊括从意义建构到商品消费等各种形式的文化。因此,在新形式的理论与新类型的史学关系中,文化的概念居于核心地位。"②在新文化史兴起之初,也有一些著名的新文化史著作考察的是重大的历史事件,如英国马克思主义史家爱德华·汤普逊(E. P. Thompson)的《英国工人阶级的形成》就是一部对新文化史的兴起极具启发性的著作,他是将"文化"引入史学领域的先驱之一。

二、新文化史的研究路径

新文化史的研究主要有两个进路:一个是人类学;另一个是文化理论。在人类学和文学模式之间以及各自内部存在着很多差异,但两者也有共性,主要表现在都将语言看作隐喻,显示出对于权力关系的深刻关注,象征性行动,如虐猫和暴动等被放进文本或语言的框架中被解读或解码。林·亨特主编的《新文化史》的第一部分检视了文化史诸种模式,第二部分则举出了一些具体例子以展示当时正在进行的新研究。她在该书的"导论"中回顾了新文化史兴起的历程,揭示了新文化史与文化理论和人类学的密切关系。林·亨特认为,文化史是一门诠释的科学,其中心任务在于破解含义,而非因果解释。

新文化史的兴起与先前的社会史研究朝着文化史的转向有着重要的联系。

---

① 〔美〕林·亨特:《新文化史》,姜进译,华东师范大学出版社2011年版,第3页。
② 〔英〕西蒙·冈恩:《历史学与文化理论》,韩炯译,北京大学出版社2012年版,第61页。

林·亨特认为,历史研究中的社会学转向受到两种支配性解释范式,即马克思主义和年鉴学派的影响。但进入 20 世纪 80 年代以后,在马克思主义和年鉴派史学解释模式中发生了研究重点的重大转移,两派史学家对文化史的兴趣日益浓厚,他们转向了人类学,试图寻找另一种把文化和社会联系起来的方法。马克思主义史学中的这种转向的突出表现是汤普森(E. P. Thompson)的《英国工人阶级的成长》。与此同时,该学派对语言也越来越有兴趣。年鉴学派第四代史学家罗杰·夏尔提埃(Roger Chartier)和雅克·瑞威尔(Jacques Revel)深受米歇尔·福柯(Michel Foucault)对社会史的基本预设批评的影响,转向考察文化的实践。福柯透过权力技术的多棱镜来研究文化,并策略性地将此多棱镜放置在话语之中,在文化史的理念方面产生了巨大的影响。

在林·亨特看来,人类学模式统领了以文化入手的研究进路。仪式、颠覆性嘉年华(carnivalesque inversions)和成长的仪式(rites of passage)在每个国家和几乎每个世纪都能找见。"盎格鲁-撒克逊和美国的文化史研究进路所受到的来自英国和英国训练的社会人类学家的影响绝不亚于,或甚至大于年鉴派风格的'心态'史。"[①]新文化史是从历史人类学中发展起来的,其中一些重要人物如娜塔莉·戴维斯(Natalie Z. Davis)和雅克·勒高夫(Jacques Le Goff)既属于历史人类学的领域,同时又参与了新文化史运动。在文化研究和历史研究中最引人注目的人类学家是克里斯福德·吉尔兹(Clifford Geetz),其论文集《文化的阐释》(*The Interpretation of Cultures*)为众多学者所引用。他将破解含义视为文化人类学的中心任务,这种趋向被称作历史研究的人类学转向(anthropological turn),指的是历史研究转向人类学意义上的文化研究,以及采用人类学中人种志的厚描方法对这种文化的历史加以表现。"厚叙述"或"深描"(thick description)是人类学研究的一个传统,而这个传统在 20 世纪 70 年代以来再度吸引了史学家。在史学家的研究从宏观转向微观之际,人类学提供的这种"厚叙述"叙述史的复兴成为历史学与人类学之间结合的桥梁。

新文化史在文化理论的进路方面受到后现代主义史学的影响。后现代主义史学从多个不同的视角看待历史研究。从诠释学的视角看,历史是文本;从文学批评的视角看,历史是话语、是叙事;从人类学视角看,历史是文化。所以,有学者将新文化史与社会文化史都置于后现代主义史学流派之中。[②]在林·亨特主

---

① [美]林·亨特:《新文化史》,姜进译,华东师范大学出版社 2011 年版,第 10 页。
② 徐浩、侯建新:《当代西方史学流派》,中国人民大学出版社 2009 年版,第 490 页。

编的《新文化史》的第四章《文学、批评及历史想象：海登·怀特和多米尼克·拉卡普拉的文学挑战》(*Literature, Criticism, and Historical Imagination: The Literary Challenge of Hayden White and Dominick LaCapra*)中，罗伊德·克雷梅(Lloyd Kramer)梳理了这两位史学家与文学理论最密切的相关著作，清晰地揭示了文学进路如何使怀特和拉卡普拉得以拓展文化史的疆域。在林·亨特看来，在新文化史研究的文学进路方面，夏尔提埃也是一个重要的代表人物。他受到法国社会学家皮埃尔·布迪厄(Pierre Bourdieu)的影响，从共同体向差异移动及重新定向，并更倾向于直接使用文学理论，强调描述过去的象征性行为的文献不是清白透明的文本，其作者有着各自的意图。因此，文化史家应该设计他们自己的解读策略。英国史学家西蒙·冈恩(Simon Gunn)在《历史学与文化理论》(*History and Cultural Theory*, 2006)一书中更为全面和深刻地揭示了历史学与文化理论的密切关系。他认为："文化理论对当代历史书写的影响，不仅被视为是宽泛的，而且，某些情况下，更是深远的。"[①]在他看来，文化理论与历史学合为一体，其中的许多理论已经介入到与马克思主义的对话当中，文化理论家在与社会和政治史学家保持联系的同时，显示出对于权力关系的深刻关注。

21世纪初，新文化史在得到公认的同时，也成为众矢之的。彼得·伯克认为："新文化史并不是没有遇到挑战。支撑它的基础理论不仅经常遭到传统的经验主义者的批判或拒绝，也遭到爱德华·汤普森那样一些富有创新精神的历史学家的批判和拒绝。汤普森首次发表于1978年的那篇题为《理论的贫困》的文章，就对新文化史进行了批判。"[②]21世纪伊始，有人宣告"后理论"时代的到来，暗示"宏大"理论家的传统的终结，也意味着与后现代主义相关的思考样式的能量已经耗尽。人们批评新文化史家对文化的强调削弱了历史与社会科学的联系，应在以文化转向为指导的同时，重新评估社会科学方法论的价值。还有人批评文化理论模糊了话语的起源或者核心，混淆了想象与真实的区别，给历史编纂带来了负面影响。

三、新文化史对教育史研究的意义

文化史在上一代人当中成了一座舞台，围绕着历史研究方法而展开了一些让人激动又具有启发意义的讨论。文化史学家不仅让历史更接近与广大公众，

---

① ［英］西蒙·冈恩：《历史学与文化理论》，韩炯译，北京大学出版社2012年版，第201页。
② ［英］彼得·伯克：《什么是文化史》，蔡玉辉译，北京大学出版社2009年版，第86页。

也扩展了史学家的领域。在新文化史这把大伞底下进行的实践采用了各种各样的研究方法，在过去的 30 多年里取得了令人瞩目的集体成就。教育史研究者能够从经典文化史作品和新文化史的研究成果中得到诸多启发，略举例如下。

首先，教育史研究者应该思考新文化史家提出的一些重要理论问题。文化理论对于历史学家来说仍然不可或缺，它允许历史学家跨越民族性、学术传统和学科归属的边界进行更加广泛和深刻的交流。文化史学家强调了复数形式"文化"的整体性，从而提供了一种弥补手段，克服了当代历史学科的碎片化状态。经验主义的历史学家或"实证主义"的历史学家中的许多人对符号学缺乏足够的敏感，还有许多人把历史档案当作一眼就可以看穿的东西，不再费心去关注或根本不关注其中的修辞。而文化史学家已证明了这种实证主义研究方法固有的弱点。相比之下，计量史学方法过于机械，对于多样性不够敏感，这是不言自明的。如果把内容分析法与传统的文学细读法结合起来，至少可以纠正这类偏向。例如，我们可以运用"话语分析"（discourse analysis）的方法研究教育史。话语分析是指对比单句更长的文本进行语言学分析的一种方法。它与已被它取代的内容分析法并不完全相同，更加关注日常会话、言语图示、文学载体和叙事研究。

其次，在注重教育史的经济和政治解释的同时也可以尝试文化解释。晚近以来，文化和人类学建立起密切的联系。以往，社会科学化的历史学研究更依赖于传统的经济学、社会学和政治科学，而新文化史更依赖于人类学、语言学和符号学。"事实表明，符号或象征人类学推动了人类学的文化转向，如果说皮尔斯、索绪尔以及巴尔特的符号学理论还只是这种转向的理论源头；那么，象征人类学理论则直接体现了当今文化人类学的主旨，同时也是后现代主义史学理论的重要组成部分。"①前几十年的历史学家喜欢将"社会"挂在嘴边，现在的历史学家更加喜欢使用诸如"印刷文化"、"宫廷文化"和"绝对专制主义文化"等词语。20世纪 90 年代出版的书籍，书名中经常会出现"美德文化"、"爱情文化"、"抗议文化"、"清教文化"和"礼仪文化"等。结果，每一样东西都有它自己的"文化"，包括食品、睡觉、情感、身体、旅行、记忆、姿态和考试等。在教育史研究中，我们可以借鉴这些方面的研究成果，以丰富和深化教育史研究。

再次，从经典文化史中汲取与教育史研究有关的养料。如前所述，雅各布·布克哈特的《意大利文艺复兴时期的文化》、约翰·赫伊津哈的《中世纪之秋》、英国历史学家 G. M. 扬的《维多利亚时代的英格兰》和诺贝特·埃利亚斯的《文明

---

① 徐浩、侯建新：《当代西方史学流派》，中国人民大学出版社 2009 年版，第 466 页。

的进程》都是值得我们研究的西方文化史的经典,他们的主要目标是描绘文化模式,而教育史家可以通过对"主题""象征""情感"和"形式"的研究去发现这些模式。约翰·赫伊津哈在《中世纪之秋》中讨论的骑士风度和生活理想以及象征主义在中世纪晚期的艺术和思想重大地位,也有助于我们深化对中世纪骑士教育的研究。诺贝特·埃利亚斯的《文明的进程》集中研究了餐桌礼仪的历史,以便揭示西欧宫廷内自我控制或情绪控制的渐次发展过程。他有关15世纪至18世纪之间对自我控制的社会压力的研究以及"自我控制的文化"的理念,也有助于我们加深对伊拉斯谟的名著《男孩子的礼仪教育》的理解。

最后,应研究新文化史对于各国教育史学发展的影响。比如,我们可以研究"戏剧类比"的文化观念对教育史学观念的影响。"人类学家提出的广义的文化概念过去有,而且现在仍然有另一个吸引人之处,那就是它把曾经被平庸的历史学家丢弃给研究艺术和文学的专家们去进行的符号学研究与社会历史学家们正在探索的日常生活联系起来了。戏剧的力量,部分就在于它推动了这种联系的建立。"①克里斯福·吉尔兹的"戏剧类比"把过去对"上层"文化的关注与日常生活中的新的兴趣相联系。从这个视角研究教育史会发现每一种文化教育都有自己一套独具特色的"保留剧本"或者保留剧目。

第二节　新文化史视阈下的西方教育史学

20世纪70年代兴起的新文化史是发生在西方历史学的文化转向过程中的一个缩影。借助于人类学和文学批评理论方法,新文化史在大众取向、微观取向和叙事取向方面形成了自己的特点。在新文化史的影响下,教育史的研究路径发生了转向:在研究视角上,从上层精英转向普通大众;在考察规模上,从"宏大叙事"转向微观研究;在书写方式上,从历史分析转向历史叙事。

新文化史是对"旧的新史学"(old new history)的反思和发展。它形成于20世纪七八十年代,"被认为是一种对社会史、经济史和人口史的突然爆发的批判"。② 1989年,美国历史学家林·亨特(L. Hunt)主编的《新文化史》(*The New*

---

① ［英］彼得·伯克:《什么是文化史》,蔡玉辉译,北京大学出版社2009年版,第46页。

② Richard Biernacki, Method and Metaphor after the New Cultural History, in Victoria E. Bonnell & Lynn Hunt (eds.), *Beyond the Cultural Turn: New Directions in the Study of Society and Culture*. Berkeley, Calif.: University of California Press, 1999, p.62.

Culture,1989)问世,给风靡了 20 年的该史学潮流一个正式的称谓,即"新文化史",确定了历史学主流之"文化转向"(the cultural turn)。对新文化史的文化转向起到推动作用的是文化人类学理论和后现代文学批评理论。一般而言,新文化史研究所界定的"文化"主要受到文化人类学者吉尔兹(C. Geertz)的影响。他认为:"文化并非一种力量,并非可将社会事件、行为、制度或是过程归因于它的某种事物;它是一种脉络,是前述诸项置诸其中可易于明了的——也就是厚实地——加以描述的某种事物。"①在吉尔兹看来,文化主要是一种"意义的网络"(network of meaning)。新文化史以叙事的手法,以微观的视角,以向下的眼光,以平等的尺度,以"另类"的史料,书写平民文化,创造出了一大批惊世骇俗的文化史著作,为大众史学和全球化背景下的文化交汇与交融留下了有价值的理论与实践遗产。

一、新文化史的研究取向

新文化史研究关注被以往历史学家所忽略的边缘群体和下层百姓,聚焦于民众的日常生活史,强调区域性文化和地方性知识的价值,重视历史叙事而非历史分析。新文化史研究的取向主要表现在大众取向、微观取向和叙事取向三个方面。

（一）大众取向

长久以来,精英人物和上层社会通常是历史研究所关注的对象。布克哈特(J. Burckhardt)在《意大利文艺复兴时期的文化》(*Civilization of the Renaissance in Italy*,1860)中,基本将上等阶层的人士作为表现对象,无论是实行专制的大小暴君,还是像马基雅维利那样的政治家,都属于那个时代的上层人士,即使像但丁、米开朗琪罗这样的艺术家也是当时社会上的翘楚,他们都是那个时代的精英。新文化史家试图摆脱传统的精英主义,关注普通大众的日常生活及其精神世界。因此,过去被历史学家所忽视的人群,包括妇女、儿童、矿工、磨坊主、佣人、妓女等都可能成为新文化史研究中的主人公。在对下层社会群体的重视上,新文化史与社会史有着相同之处。不同的是,社会史研究关注人的行动本身,新文化史则偏重于解释人的行动背后的逻辑或破译其文化密码,着意于从文学著作中寻觅一个时代的价值观和世界观的文化意涵。

法国历史学家勒华拉杜里(E. L. R. Ladurie)的《朗格多克的农民》(*Les Paysans de Languedoc*,1966)描述的是法国一个省的农民生活,再现的是下层民众的价值观念。拉斐尔·萨缪尔(R. Samuel)的《乡村的生活与劳动》

---

① Clifford Geertz, *The Interpretation of Culture*. New York：Basic Books，1973，p.14.

(*Village Life and Labour*，1975)通过对村民具体劳作行为的考察,描绘了劳动人民的日常生活状况,包括矿工的生活、农村的经济收成和乡村女孩的劳动生活。1978 年,彼得·伯克(P. Burke)在其出版《欧洲近代早期的大众文化》(*Popular Culture in Early Modern Europe*，1978)一书中把欧洲看作一个整体,将多彩多姿的大众文化景观呈现于读者面前。从大众文化里的英雄、恶人和傻瓜形象中,读者会看到旷工、农民、乞丐、佣人、窃贼以及他们的妻儿这样一个不善言辞的群体的态度和价值观,以及塑造这些态度和价值观的社会条件。

（二）微观取向

新文化史将重点放在具体个案的研究上,对人们的日常生活及其细节尤为关注,许多史学家称之为"微观史学"或"日常生活史"。微观史学家将视线从宏观的大历史转到微观的小历史,关注"边缘"群体和普通民众的生活及思想,通过重新发掘和整理历史资料以及使用较多的细节描写和深度分析的方法重建一个微观化的个人或群体。

勒华拉杜里的《蒙塔尤》(*Montaillou*，1975)被公认为微观史的经典著作。在人类学方法的影响下,勒华拉杜里基本以社会下层作为研究对象,立足于小规模的考察、细致的分析和详细档案的研究,以各种各样的线索、符号和象征手段研究过去,将史学眼光投向那些以前被历史学家所忽略的小人物,聚焦于他们的精神世界。该书描写的对象是那些被宗教裁判所指控为异端邪教的普通百姓。勒华拉杜里根据宗教裁判所保留下来的审讯记录,对这些普通人的生活方式、生活习惯和生活态度都做了真切细致的描述。他以大量具体的生活细节来展现村民们的内心世界,以显微的方式描述了其生活的外部世界。

意大利史学家卡洛·金斯伯格(C. Ginzburg)的《奶酪与蛆虫:一个十六世纪磨坊主的精神世界》(*The Cheese and the Worms: The Cosmos of Sixteenth-Century Miller*，1976)成为微观史学的一个扛鼎之作。金兹伯格文笔生动,故事讲得好,他所讲述的故事还能折射出当时科学知识的普及程度。该书的主人公只是一个普通的磨坊主,没有受过很好的教育,他之所以受到宗教裁判所的拷问,正是因为他不但掌握了新的科学知识,还在民众中加以宣传,从而引起了教会的恐慌。微观史研究注重重新发现以往被历史学家"以缄默、摒弃或全然忽视而不予理会"[①]的小人物、小事件和小问题,以细致入微地叙述展现其文化心态、

---

① Carlo Ginzburg, *The Cheese and the Worms: The Cosmos of a Sixteenth-Century Miller*. Baltimore：The Johns Hopkins University Press, 1992, p.xiii.

价值尺度和精神世界。

（三）叙事取向

林·亨特曾说："历史学家工作的本质就是讲故事。"①但直到 20 世纪中叶，历史分析的撰述风格一直占据历史书写的主流，注重"讲故事"的历史叙事方式则不被重视。到 20 世纪 60 年代，在"语言学转向"和"文化转向"的影响下，历史学家开始认识语言的隐喻性和文本的非确定性，从而关注个人主体性因素和历史叙事在历史研究中发挥的作用。

1973 年出版的《元史学：十九世纪欧洲历史的想象》(*Metahistory: the Historical Imagination in Nineteenth-Century Europe*,1973)，后来被看作是新文化史的开拓性著作。在书中，作者海登·怀特(H. White)将历史文本从分析的框架中解放出来，将其定性为一种解释的叙事文本，并用不同的情节编排(emplotment)、形式论证(formal argument)和意识形态意涵(ideological implication)来概括历史文本的特征，分别为：传奇情节形式(romantic)、悲剧情节形式(tragic)、喜剧情节形式(comic)和讥讽情节形式(satiric)；形式论(formist)、机械论(mechanistic)、有机论(organicist)和语境论(contextualist)的论证方式；分别受到无政府主义(anarchist)、激进主义(radical)、保守主义(conservatism)和自由主义(liberal)的意识形态指导。②

1979 年，史学家劳伦斯·斯通(L. Stone)在《过去与现在》(*Past and Present*)上发表《叙述的复兴：有关一个新的旧史学的感想》一文。斯通认为，史家已经不再寻求对历史的变更做出合理的科学解释，而满足于叙述历史的故事性，即"从分析转向叙事模式"的"叙事史的复兴"。③ 在文章中，他研究了新文化史学家与传统的叙述史家的不同之处：叙事对象是下层民众的生活、感情和行为；在方法上，兼顾分析与叙述；探讨人们潜意识的领域，并不只是在明显的史实上大做文章，用行为来显示其象征的意义；描述一个人，讲述一个事件目的是要对于一种过去的文化或社会有所启示。④ 这篇带有叙事回归宣言书特征的文章，从理论的角度进一步确立了叙事在史学实践中的地位和作用，成为 20 世纪

---

① ［日］近藤和彦：《关于母亲/政治文化/身体政治：林·亨特访谈录》，蒋竹山等译，载蒋竹山编：《新史学——新文化史专号》，大象出版社 2005 年版，第 268 页。

② Hayden White, *Metahistory: The History Imagination in Nineteenth-Century*, Baltimore: The Johns Hopkins University Press, 1973, p.x.

③ Laurence Stone, The Revival of Narrative: Reflections on a New Old History, *Past and Present*, 1979,85(1), pp.3 - 12.

④ Laurence Stone, The Revival of Narrative: Reflections on a New Old History, *Past and Present*, 1979,85(1), pp.12 - 24.

80 年代新文化史勃兴的序曲。

二、教育史研究的路径转向

新文化史家以叙事的手法、微观的视角、向下的眼光、平等的尺度、"另类"的史料,创造出一大批惊世骇俗的文化史著作。这些作品十分关注普通民众的日常生活和个体经验,强调心态、价值、意识和语言,极大地拓宽了文化史乃至历史学的研究领域,丰富了文化史和历史学的学术内涵和研究方法。受新文化史的影响,教育史研究的重点在于解释与教育相关的各种人行动背后的逻辑和破译其文化密码,即从事实的阐释、结构的分析变为文化的剖析。下文将从研究视角、考察规模和书写方式三个方面对教育史新的研究路径进行探讨。

(一)研究视角:从上层精英转向普通大众

在传统上,教育史研究的重点呈现出"高位化"和"精英化"的特征,教育史家聚焦于上层社会和精英人物的教育思想以及近代民族国家教育制度的建立和演变,鲜有提及下层民众的受教育过程,也较少关注教育决策的生成过程、实施状况及其对学校教育的影响等问题。精英人物们里程碑式的作用固然不应低估,但教育史不应仅局限于少数精英人物的思想和活动史,也应该关注人民大众,尤其是妇女、儿童等弱势群体,研究他们在教育活动中的生存状态。在新文化史的影响下,教育史"视野下移"已成为一股不可逆转的潮流,包括妇女和儿童在内的弱势群体成为教育史书写和关注的对象。

20 世纪 80 年代以来西方妇女教育史研究成果丰硕。琼·珀维斯(J. Purvis)在《惨痛的教训:19 世纪英国中产阶级妇女的生活和教育》(*Hard Lessons: The Lives and Education of Working Class Women in Nineteenth Century England*,1992)中,表达了对以往在劳工教育中重视男性教育而轻视女性教育做法的强烈愤慨。在其论文《英国教育史学:一种女性主义批判》中,珀维斯认为应该结束一直以来英国教育史学界这种将研究的焦点落在男性教育上,对女性教育的研究往往采取弱化手段的男权主义状态。与妇女史一样,儿童在过去历史学家的书写中,一直处于边缘化的位置。20 世纪 80 年代以后,西方儿童史的领域得到教育史研究者的关注。芬克尔斯坦(B. Finkelstein)的《控制儿童和解放儿童:心理历史学视角下的教育》(*Regulated Children/Liberated Children: Education in Psychohistorical Perspective*,1979)被视为是第一本将儿童的经验置于正面和中心的著作。贝蒂(B. Beatty)于 1995 年出版的《美国学前教育:从殖民地时代到今天的幼儿文化》(*Preschool Education in America:*

The Culture of Young Children from the Colonial Era to the Present,1995)一书,从儿童文化的角度剖析了美国学前教育史。

除此之外,近年来教育史研究"视野下移"的呼声不断。俄罗斯教育史家卡特琳娅·萨利莫娃(K. Salimova)指出:"教育史教学的使命是向将来的教师展示在人类发展的历史长河中,各国人民是怎样教育下一代为未来做准备并使他们形成各种优良品质的。"[①]教育史研究的重心转向民众是教育史学科发展的基本方向。英国教育史学家理查德·奥尔德里奇(R. Aldrich)认为"教育史"是更普及的、大众教育领域的课程。在他看来,适合于大众需求是教育史研究的宗旨。国内也有学者从"教育史学研究对象的民间化"、"教育史学研究取材的民间化"和"教育史学研究成果的民间化"[②]三个方面论述了教育史研究重心的下移。教育史研究的视角转向普通民众和边缘群体的教育问题有利于开辟教育史研究的新领域,拓展其研究范围。

(二)考察规模:从"宏大叙事"转向微观研究

传统的教育史研究大都以"宏大叙事"和"结构分析"为视角,按照科学的方法分析、总结出特征、规律和启示等,较少将焦点放在个别而具体的事实的微观分析上,从而忽视了某些特别的事物和作为历史主体"人"的教育活动过程和心态的研究。新文化史中的微观史学取向,以小见大,从具体的细节中展现历史原本的面目,在生动的生活场景里体会过去的历史氛围,尤其偏重于对普通人民的日常生活和精神世界的解读。如此一来,史料的特殊性和多样性对新文化史家就异常重要,除政府机关、国家档案馆、历史博物馆的各类史料外,口述史料、契约、小说、账簿、日记、信件、家谱和庭审档案等也变得极其重要。新文化史学家劳拉·乌尔里奇(L. T. Ulrich)的著作《一个助产婆的故事:玛莎·巴拉德的生活,1785—1812》(*A Midwife's Tale: The Life of Martha Ballard based on her diary*,*1785—1812*,1990)讲的是一位普通的、生活在18世纪末至19世纪初美国新英格兰州的一位助产婆的生活。乌尔里奇所用的材料,在其副题中已经标明了,就是主人公本人的日记。

教育史研究亦可受到上述启发,不仅将研究的重点放在重大的教育事件、著名教育家的思想及重要的政策颁布和制度的改革上,也可密切关注与教育相关的经济、政治、文化、宗教和风俗等各方面的史料,尤其是普通大众的教育观念,

---

① ［俄］卡特琳娅·萨利莫娃、［美］欧文·V. 约翰·宁迈耶:《当代教育研究与教学的主要趋势》,方晓东等译,教育科学出版社2001年版,第76页。

② 申国昌、周洪宇:《全球化视野下教育史学新走向》,《教育研究》2009年第3期,第70—74页。

它们通常隐藏在日常生活的教育事件中。法国教育史家皮尔·卡斯巴(P. Caspard)曾提出对学习过程中的教科书和学生个人书写物进行分析。在他看来,在教科书方面,可以将重点放在教科书内容和大学学科研究之间的关系、教科书的使用、对学生的影响等。对学生的书写物而言,可研究学生的作文、日记的内容以及学生的绘画作品的主题等。通过对这些日常而微观的教育史料的分析,找出产生这种作品的社会背景和家庭背景,从而了解学生在知识掌握、能力获得以及价值观的形成等方面的历史。① 查德·加菲尔德(C. Gaffield)的《语言、学校教育与文化冲突:安大略法语争议的起源》(*Language*, *Schooling*, *and Cultural Conflict: the Origins of the French-Language Controversy in Ontario*, 1987)一书被视为运用微观史学研究教育史的优秀作品。作者通过挖掘当地学校委会的记录、新闻报纸等,对安大略湖东部的普雷斯科特郡的历史进行考察,向人们展示人类机构和社会经济结构之间的相互作用和官方关于少数法语学校教育的政策与该政策对象实际的教育经验之间的关系。值得赞赏之处是,该研究展现了日常的社会生活模式所具有的普遍概括的潜力。②

从国内在微观教育史学领域的研究内容来看,学者们将注意力主要集中在教师和学生教育日常生活史方面。例如,在教师生活史方面,刘云杉的《帝国权力实践下的教师生命形态:一个私塾教师的生活史研究》一书以清末塾师刘大鹏长达40年的日记为史料,通过对刘大鹏的个案研究彰显科举废除前后其所体验和感受的文化,以及国家、社会的种种权力,以此探析绅士与国家的关系。黄向阳的《学校春秋:一位小学校长的笔记》则以日记和会议记录为线索,叙述了一位小学校长在20多年教育工作中的心路历程,也反映出该小学在教育改革中所历经的艰难险阻。又如在学生教育生活史方面,张素玲的《文化、性别与教育:1900—1930年代的中国女大学生》力图反映女性对国家对教育现代性的追求,以及新女性对自由和平等的求索。孙崇文的《学术生活图景:世俗内外的教育冲突》就通过对学生不同的成长及求学经历的考察,以叙事的手法将学生在基督教大学期间的生活场景全面而生动地呈现出来。

(三)书写方式:从历史分析转向历史叙事

新文化史倡导叙事的复兴,通过生动形象的讲故事的方式将人们带入历史

---

① [法]皮尔·卡斯巴:《谈欧洲教育史研究方法》,《华东师范大学学报》(教育科学版)2006第3期,第43—49页。

② 于书娟:《微观史学与外国教育史研究》,载张斌贤、孙益编:《探索外国教育史研究的新领域与新方法》,广西师范大学出版社2009年版,第131页。

场景之中,其研究成果受到广大人民群众的青睐。作为与历史学有着紧密关系的教育史学科,可以从新文化史学的撰写方式中获得启发,在历史分析的基础上关注历史叙事。

美国当代著名教育文献史学家科恩(S. Cohen)是较早运用新文化史研究方法对教育史进行研究的学者。科恩对怀特的"情节编排"的观念情有独钟。他指出:"如同怀特所指出的,历史学家就像小说家及剧作家,围绕着原型的情节结构组成其作品,这些原型结构构成西方史学者的潜在情节安排的类属系统'喜剧'、'传奇'、'悲剧'和'讥讽'"。[①] 科恩认为,"所有的教育史学者都必须努力解决教育的影响和改革问题",[②]因此,他在《挑战正统:走向新文化教育史》(*Challenging Orthodoxies: Toward a New Cultural History of Education*, 1999)一书中,以教育改革为核心,对其中三种情节编排模式提出了自己的理解:(1)所谓的"传奇"是指在教育改革的过程中存在着冲突,但是民主的力量终将获得胜利,其对改革的见解是认为改革是累增且进步的;(2)所谓的"悲剧"是指在改革的过程中存在着相冲突的力量,但是最后反动的力量获得胜利,而其对改革的见解是认为改革为一种堕落或是一种衰落;(3)所谓的"讥讽"是指在历史过程中,可能有冲突或者并没有冲突存在,而所谓的改革只不过是一种"错觉"(illusion)和"谎言"(myth)。[③]

科恩试图使用"传奇""悲剧"和"讥讽"三种情节编排方式来分析克雷明(L. A. Cremin)的教育史作品。在他看来,克雷明的《学校的变革:美国进步主义教育 1876—1957》(*The Transformation of the School: Progressivism in American Education*, 1961)一书采用的是进步力量终将取得胜利的"传奇"布局方式。《学校的变革:美国进步主义教育 1876—1957》以一种结局作为本书的开始:进步主义教育运动死亡及其葬礼的一种意象,然后采取倒叙的文学手法,克雷明转向其良性的开始,然后逐渐发展直至胜利,接着是冲突与分裂,幸运与死亡的逆转,然后再一次以进步主义教育葬礼的意象作为结束,但是却带着在未来某时再生及复兴的可能性。[④] 科恩指出,《学校的改革:美国进步主义教育

---

① Sol Cohen, An essay in the aid of writing history: Fictions of historiography, *Studies in Philosophy and Education*, 2004(23), p.325.

② Sol Cohen, An essay in the aid of writing history: Fictions of historiography. *Studies in Philosophy and Education*, 2004(23), p.xvi.

③ Sol Cohen, *Challenging Orthodoxies: Toward a New Cultural History of Education*, New York: Peter Lang, 1999, p.88.

④ Sol Cohen, An essay in the aid of writing history: Fictions of historiography, *Studies in Philosophy and Education*, 2004(23), p.323.

1876—1957》以葬礼的意象作为结束，如"传奇"所要求的，进步主义教育的最终胜利已然注定。在此书的结论中，克雷明从往者已矣转向未来的乌托邦希望——一种于美国生活中之复活的进步运动之中，重新恢复活力的进步主义教育。① 理查德·安吉洛(R. Angelo)是少数将海登·怀特的思想引进教育史领域的学者之一。他根据怀特的情节编排模式也对克雷明的《学校的变革：美国进步主义教育 1876—1957》进行了解读。安吉洛指出："假如我们密切关注克雷明对进步主义历史的陈述方式，我们会发现完全没有悲剧，而是一种传奇。……也就是说，虽然本书以丧礼的意象作为开始和结束，但我们在其结论感受到的是生命的复苏，以及再生及复兴的可能性。"②

综上所述，新文化史的兴起是史学走向文学的一个反照。一部新文化史的成功，除了有精彩的题材，巧妙的构思和生动的文笔也必不可少。正如王晴佳在《新史学讲演录》中所指出的那样："如果史学不再专注对历史的动向做出解释，那么历史写作的好坏，就变得十分重要了。"③教育史家要从分析框架的束缚中逃离出来，以叙事的方式书写作品，增强教育史研究的文学性和艺术性。新文化史从大众取向、微观取向以及叙事取向三个范畴对教育史研究有重要的启示，帮助其走出方法论的困境。首先，在研究视角上，教育史学家应该将视线从上层精英转向普通大众，尤其关注以往被其忽略的边缘群体，强调教育史研究的视野下移。其次，在考察规模上，从"宏大叙事"转向微观研究，通过个案研究，关注普通民众的文化心态和精神世界。最后，在书写方式上，强调从历史分析转向历史叙事，注重情节编排陈述样式，从而展现教育史书写的文学性。但同时我们也应看到，新文化史的研究方法并非没有缺陷。随着历史学的"文化转向"的全面铺开与蔓延，"文化"在一些实践者的笔下成为随处可贴的商标，用以吸引他人的眼球，泛文化的现象使得文化史写作走向庸俗化。英国文化史学家彼得·伯克在《什么是文化史》(*What Is Cultural History*, 2009)中指出："文化史的时尚不可能长期持续下去，或迟或早，将会出现'反文化'的反应。"④伯克还指出，文化史并非是历史学的最佳形式，它只不过是集体性的历史学研究事业中一个必不可少的部分而已。进入 20 世纪末，特别是进入 21 世纪以来，西方史学理论开始出

① Sol Cohen, An essay in the aid of writing history: Fictions of historiography, *Studies in Philosophy and Education*, 2004(23), p.326.

② Richard Angelo, Ironies of the romance and the romance with irony: Some notes on stylization in the historiography of American education since 1960, *Educational Theory*, 1990, 40(4), pp.448-449.

③ 王晴佳：《新史学讲演录》，中国人民大学出版社 2010 年版，第 65 页。

④ ［英］彼得·伯克：《什么是文化史》，蔡玉辉译，北京大学出版社 2009 年版，第 148—149 页。

现一种逃离"语言学转向"的倾向。不过,无论历史学的未来如何,都不应该回到想象力的贫乏中去。因为像文化人类学家一样,史学家经过一代人的努力之后,已经证明了实证主义研究方法固有的弱点,史学想象力和文学书写形式在历史研究中是必不可少的,教育史研究同样如此。

第三节　社会文化史视域下的西方 儿童史与教育史研究

西方儿童史研究的开创者为菲利浦·阿利埃斯(Philippe Ariès),从 19 世纪 60 年代开始,西方儿童史的研究不断地丰富,儿童观也发生了一系列的转变。儿童合理地位的获得经过了漫长的历史阶段的演进。而不同的儿童观,也就造就不同的儿童教育观。社会文化史是进行西方儿童史以及儿童观研究的重要视角,对教育史研究也有一定的启发。关于儿童史的研究最早见于 1960 年菲利浦·阿利埃斯的《旧制度下的儿童和家庭生活》(*L'Enfant et la Vie Familiale sous l'Ancien Règime*,1960)[1]一书,此后关于儿童史的研究一直未离开过该书。儿童史学家休·葛宁汉姆(Hugh Cunningham)认为:"所有的历史学家在自己的历史写作中都绕不过一些'关系',儿童史学家绕不过去的则是阿利埃斯的《儿童的世纪》",因为他的研究使读者确信"童年自有其历史。"[2]在阿利埃斯之后,儿童史研究慢慢兴起,研究的疆域也逐渐扩大。阿利埃斯既是"儿童的历史"议题的倡导者和实践者,也是诸多儿童史研究者的"对手方"。[3] 西方儿童史的研究脱胎于家庭史的研究,之后的儿童史研究也一直与家庭史的研究密切相关。家庭是儿童诞生、成长的特殊环境,因此,有学者认为"走出家庭"意味着童年的结束。西方儿童诗的研究与教育史研究密切相关,西方儿童史学的历史演进以及儿童观的不断变化也影响着儿童的教育观。本书对于西方儿童史学以及儿童观的发展进行梳理,以期对教育史学与儿童教育有一定的启示意义。

---

① Philippe Ariès, *L'Enfant et la Vie Familiale sous l'Ancien Règime*, Paris: Plon, 1960.

② Hugh Cunningham, Histories of Childhood, *The American Historical Review*, Vol.103, No.4, Oct., 1998, p.1196.

③ 辛旭:《由误解发现"童年":"阿利埃斯典范"与儿童史研究的兴起》,《四川大学学报(哲学社会科学版)》2014 年第 3 期,第 55 页。

一、西方儿童史学研究的历史演进

儿童史学是以"儿童"及"童年"为研究对象的历史研究。一般认为,阿里埃斯是儿童史学的开创者,其实在他之前,法国儿科医生罗别许(M. Lobisch)的《儿童心理发展史》(1851)就已经研究了儿童的心理发展史。[①] 在阿里埃斯之后,儿童史研究聚焦于儿童的情感问题、成人对待儿童的态度、社会与儿童的关系以及儿童的生活等方面。20世纪七八十年代,整个西方大环境也在不断发生着变化。关于儿童年龄阶段的划分、医疗水平的改善以及家庭内部发生的转变等,无不影响着儿童史的研究。在20世纪初萌发、五六十年代空前发展的新史学潮流的带动下,教育史研究迎来了史料方面的空前改革,社会史与文化史的资料开始进入教育史研究人员的视野,儿童史研究及其方法更加多样化。关于儿童的图画、雕像、服饰等实践与生活类的资料作为史料被应用于研究之中,使得儿童史的研究更加立体化。在社会史的大框架内,儿童的形象得以丰富,也拥有了内涵,其生活的各个方面也更为清晰。[②] 在"儿童"作为学者们的研究对象时,不同学科视角下儿童史研究也呈现不同的研究特色。儿童教育史是教育史研究中的一个重要领域,而儿童教育史与儿童史研究又是分不开的。我国对于儿童史的研究相对较少,对于儿童观的研究颇丰。究其原因,儿童生活在一个口语化的环境里,且相关史料的记录人皆为成人,而非儿童。尤其是在20世纪之前,直接的史料少之又少,也就增加了儿童史研究的难度。因此,有学者指出,儿童的历史大体属于"无言的历史"。在漫长的儿童史研究中,儿童自身的声音被忽视和淹没。

在阿里埃斯之后,很多儿童史学家用批判的眼光重新研究《儿童的世纪》中所提出的学术观点。罗伊德·德·莫斯(Lloyd de Mause)在《心理史学基础》一书中运用"历史的心理冲突理论"讲述了父母与子女相互关系的发展史,提出亲子关系相继六种模式:杀婴模式(古代)、弃婴模式(中世纪)、情感模式(17世纪)、"介入"模式(18世纪)、"社会化"模式(19世纪)和帮助模式(20世纪中期)。按照他的理论,"儿童史就是一部漫长的'暴行目录',弥漫着各种黑暗和恐怖的基调"。[③] 19世纪时的儿童研究可以说是对待儿童的一个分水岭,这一时期,家

---

① 朱智贤:《儿童心理学》,人民教育出版社2000年版,第21页。
② [意]艾格勒·贝奇、[法]多米尼克·茱利亚主编:《西方儿童史》(上卷:从古代到7世纪),商务印书馆2016年版,第24页。
③ [意]艾格勒·贝奇、[法]多米尼克·茱利亚主编:《西方儿童史》(上卷:从古代到7世纪),商务印书馆2016年版,第15页。

庭从封闭核心体系向一个以儿童为导向家庭体系转变。随着学界对儿童研究兴趣的增加,各种家书、自传、法律条文、儿科医生的论述、服装、绘画、玩具等研究资料被大量挖掘出来。20世纪40—70年代末,儿童史研究的主流观点在于强调历史上的儿童的悲惨命运,以及儿童历史的变迁,即儿童命运的根本性改善。虽然在20世纪40年代后,史学界开始关注儿童历史,但在随后的几十年里,儿童史的研究一直附属或者说是依附于家庭史的研究。

20世纪80年代以后,不同于阿里埃斯,有儿童史研究者认为,历史上的欧洲人存有儿童的观念,父母对于子女有强烈的感情。他们关心孩子的需要,关怀他们的成长。有研究者还发现,在历史发展过程中,父母与子女的关系并未出现重大转变,而是具有延续性的。在这一转变中,值得注意的是琳达·波洛克(Linda Pollock)及其1983年发表的著作《被遗忘的孩子》。她认为,儿童的观念早在16世纪就已存在,并在以后的几个世纪的发展中变得更加精致。她反对有关儿童历史的演进理论。其研究的重点集中于父母与子女关系的实际状况而非关于儿童的观念;其基本的观点在于强调"延续"而非"变迁",是父母与子女关系方面最重要的事实,琳达·波洛克的研究也为20世纪80年代建立了儿童史研究的新范型。

儿童史研究重心的转变使研究儿童问题的历史学家处于一个尴尬的境地。如果在过去的几个世纪中什么都不曾发生,那么,就没有儿童的历史。儿童史研究要走向何方?儿童史应当如何来研究?基思·赖特森(Keith Wrightson)的著作《英国社会:1580—1680年》对变迁和延续的关系提出了辩证或者说折中的看法。他的书分为前后两部分:第一部分论述持久的结构;第二部分论述社会变迁的过程。对于每一部分的内容,他既不是绝对地谈延续,也不是绝对地讲变迁。从儿童史研究的大体轮廓中我们可以发现,不管是研究的观念还是研究的方法,都出现了一场重大的变革。史学家们通过深入儿童家庭与生活,从多元的角度与领域来进行研究。

二、社会文化史视域下的西方儿童观

儿童观,指的是看待和对待儿童观念的总和,表现为成人对待儿童的态度。在西方儿童史研究中,儿童的形象发生了一系列的转变。儿童形象是儿童观的直接反映,从神化的儿童到"小大人",再到人性化的儿童,从弱小、无助到可爱,从固化到多样化的儿童形象。儿童史研究的先锋菲利浦·阿利埃斯旨在说明儿童是区别于成人的特殊存在,应把儿童看作儿童,而不是成人的预备。

（一）稍纵即逝的"小大人"

1. 古希腊与古罗马时期的儿童

这一时期的儿童状况多取决于政治群体，儿童成长于城邦之中。相比于古希腊，古罗马对于儿童更加重视，古罗马时期出现了专门描述儿童的词汇。也有研究者在词汇分析中勾勒出了一段历史的轮廓。古代教育的宗旨或者说是最终目的在于让家庭体系维持下去，培养自由公民。儿童和妇女的地位相当，不属于国家公民，而更像家庭种的私人物品或者财产。在古罗马著名的成文法《十二铜表法》第4条"父亲的权利"中有关于儿童的规定：（1）关于对畸形和残废儿童，立即灭绝；（2）父亲对他的子女一生的管教，鞭打、禁锢、令其戴着锁链进行农事劳动，将其出卖或杀死。就是其子辈身居高位，父亲也有以上权力。[1] 也就是说，不管儿童是否健康，父亲都有权力杀死儿童，或者把儿童贩卖为奴。与此同时，在父权至上的古代希腊与罗马，也铸就了一批著名的教育家，如柏拉图、亚里士多德等人。

2. 中世纪的儿童

阿利埃斯认为中世纪不存在儿童观。这一时期，儿童被视为"缩小版"的成人，他们混在成人之中。身着成人的服饰、和成人一起玩耍、劳动。中世纪儿童的画像在很大程度上反映了当时的儿童形象与儿童观，画像中的儿童神情严肃，

Madonna of Veveri, Vyssi Brod Altar, 1350

---

① ［美］克伯雷选编：《外国教育史料》，华中师范大学、西南师范大学、西北师范大学、福建师范大学教育系译，华中师范大学出版社1991年版，第29页。

有着一张成人的脸,用"丑陋"来形容画像上的儿童也不为过。在"原罪论"与"预成论"的支配下,中世纪的儿童受到了非理性的对待。据资料记载,当时普通家庭中的儿童从小就要为家庭的生计而进行劳动。5岁开始,就要在手工工场干着与成人同样的工作。当时儿童的死亡率也一直居高不下,更有甚者,"杀婴"行为一度成为当时的常见现象。从经济角度来考虑,抚养儿童的成本过高,儿童不能为家庭带来收入,他们没有经济价值。因此,有学者把中世纪视为黑暗儿童期。这些观点提出的背后也证明了现代儿童观的发展与进步,在对待历史的时候,我们往往带着现代人的眼光与现实的关怀。

作为一个易逝的存在,儿童无法获取应有的重视。这也导致了一些包括阿利埃斯在内的研究者否认中世纪存在儿童观以及儿童形象的客观原因。

（二）作为儿童的儿童

1. 文艺复兴时期的儿童

文艺复兴时期是"人"的意识觉醒的时期,这一时期的儿童观也是从"人"观中衍生出来的,儿童的形象也发生了很大的转变。在宗教儿童画像中,这一时期的儿童渐渐脱离了自身的神圣属性,变为一个日常生活中常见的儿童。在世俗儿童画像中,这一时期的儿童有着天使般的面孔,不再身着严肃的服饰。这一时期的儿童也慢慢从成人的概念中脱离出来获得独立,从绘画作品中就可以发现,这一时期,也开始出现单独以儿童为对象的绘画作品。

2. 近代早期的儿童

17世纪早期,儿童作为受欢迎的模特,常见于各种书画、广告等作品之中。这一时期,儿童的衣服、玩具等也区别于成人而被设计出来。可以说,这一时期,儿童真正被当作区别于成人地"特殊"地存在,独立地登上了历史舞台。洛克在《教育漫话》提出"白板说",与之相符合的儿童观则表现为:儿童生来就是没有原罪的纯真的存在。在经过文艺复兴、宗教改革之后,封建宗教理念失去了自己的领地,越来越多的教育家、思想家

The Madonna of the Pinks, Raphael, 1508

提出了与"原罪论"相抗衡的观点。

3. 启蒙时期的儿童

18 世纪初,启蒙运动在法国兴起。针对封建主义和宗教主义,启蒙思想家们提出了"自由、平等、博爱"的口号来歌颂人类的理性。这一时期赋予了儿童以"个体性"与"主体性"。1762 年卢梭的《爱弥儿》在荷兰的阿姆斯特丹出版。他提出"要把儿童当作儿童"以及"儿童是教育的中心"等开创性的观点。在教育史研究中,卢梭被称为"哥白尼",因为他发现了儿童、发现了儿童的价值,并把儿童视为教育的中心。从卢梭开始,才真正系统地在教育理论上实现了从尊重"人权"向尊重"童权"的过渡,开启了儿童研究的大门,吹响了儿童天性解放的历史号角,掀起了近代教育的巨澜。① 诚然,卢梭激进的儿童观在当时引起人们对童年期的关注,社会开始意识到童年的特殊性。但这种"自然、天真的童年观"在当时受到了来自各方面的批评,《爱弥儿》也一度被列为禁书。直到 18 世纪末,英国才出现了很多受卢梭影响的教育小册子。

在 18—19 世纪,贫苦家庭中的儿童依然没有受到合理的对待。大多数的儿童都沦为童工,帮助父母补贴家用。三分之二的儿童没有接受教育,在有害的工作环境中进行劳作。在这样的大环境下,政府开始干预家庭与工厂以保护儿童。1802 年出台的《学徒工的道德和健康法》,第一次以国家法令的方式关注了儿童的工作。1825 年《工厂法》提出限制儿童进厂的问题。但是,陆续出台的法案并没有改善当时的儿童状况。1832 年,曼彻斯特在《罗伯特·勃兰科回忆录》中提到,自己在 7 岁时被送到伦敦济贫所得纺纱厂做学徒,每天工作 14 个小时以上,中间既无休息也无吃饭时间,每周工作 6 天。② 直到 19 世纪 60 年代,童工问题才得到了实质性的改善。这一时期,在《悲惨世界》、《纺纱女孩》、《工厂女工》和《八岁童工》等文艺作品中对于童工有着长篇的描述。1851 年,亨利·梅休(Henry Mayhew)通过与伦敦贫民的访谈报道出版了《伦敦劳工与伦敦贫民》,证实了当时社会严重的童工问题。③ 在文学作品以及社会调查的推动下,皇家委员会就儿童工作的问题器材了相关的报告。同一时期,法国社会也获得了全面的觉醒,呼吁新的法案的出台。19 世纪 90 年代,法国议会表决通过了新的法

---

① 杨孔炽:《论卢梭的儿童观及其现代意义》,《教育研究》1998 年第 1 期,第 75 页。
② [意]艾格勒·贝奇、[法]多米尼克·茱利亚:《西方儿童史》(下卷:自 18 世纪迄今),商务印书馆 2016 年版,第 270 页。
③ [意]艾格勒·贝奇、[法]多米尼克·茱利亚:《西方儿童史》(下卷:自 18 世纪迄今),商务印书馆 2016 年版,第 256 页。

案,保护儿童的权利,并加强监管工作。

从文艺复兴开始到现代之间,儿童问题被推到风口浪尖,社会、政府、教育界纷纷开始重视儿童的权利。从儿童的身体、儿童的精神等方方面面都受到了广泛的关注与讨论。很多教育家、思想家、各界人士为改善这些贫困儿童的待遇而奔走,他们不仅希望政府能够通过立法限制工厂对童工的雇佣,改善童工的待遇,而且还希望政府能够为这些儿童能够接受一些基本教育的权利而进行多方努力。也正是通过这些努力,儿童成为了独立、自由的存在,成了儿童本身。

（三）人本主义的儿童

20 世纪上半叶"儿童本位论"在西方兴起,由此也产生了"儿童本位"的儿童观。美国心理学家霍尔最早采用"儿童中心"一词来概括 19 世纪末至 20 世

THE MUD-LARK.
[From a Engraving by BEARD.]

"在泥中淘宝他已经干了三年了,觉着这辈子就该着干这行了。别的他能干什么呢？别的哪行他都不会。"——掘泥工,9 岁。[1]

纪初的新教育思潮,英国教育学者约翰．亚当斯(John Adams)进一步于 1922 年将这个词发展为"儿童中心主义"。[2] 现代以来,家庭看重儿童的价值,特别是情感价值。在忽视儿童的经济价值,重视儿童的情感价值的同时,儿童不仅在家庭中成为"中心",也在整个社会获得一定的地位。"正如埃利亚斯所认为的,'文明的进程'已经把童年和成年分开,它是儿童进入成人社会的一个必需的过程。"[3]

20 世纪是儿童的世纪,从当时有关儿童的相关法案中就可以看出。

1912 年,美国联邦政府设立了联邦儿童局(the US children's Bureau,FBC)。

---

① ［法］亨利·梅林：《伦敦劳工与伦敦贫民》,http://www.britishlibrary.cn/zh-cn/works/london-labour/。
② 北京市教育科学研究所编：《陈鹤琴教育文集》(上卷),北京出版社 1985 年版,第 8 页。
③ 施义慧：《近代西方童年观的历史变迁》,《广西社会科学》2004 年第 11 期,第 145 页。

1918 年,英国颁布《母亲和儿童福利法》。

1921 年,美国联邦儿童局制定了《母子法》(*Sheppard — Towner Maternity and Infancy Protection Act* 简称 STMIA)。

1922 年,德国各州根据儿童保护法设立儿童局。

1930 年,美国颁布《儿童宪章》。

1948 年,英国制定《儿童法》及《保育学校及儿童保育者章程》。

1962 年,芬兰颁布《儿童保育法》。

1959 年,第 14 届联合国大会通过了《儿童权利宣言》。

1989 年,英国出台《儿童法案》。

1989 年,在第 44 届联合国大会上通过《儿童权利公约》。

现代的儿童观可以用 20 世纪末联合国召开的世界儿童首脑会议中提出的观点——"一切为了儿童"来表示。

三、不同儿童观下的儿童教育

古希腊时期的教育目的是培养国家公民与雄辩家。教育方法则是建立在非正式榜样的基础之上的教育大部分交由家庭来实施。父亲是男孩的榜样,母亲是女孩的榜样。当时的教育建立在严格的教育原则之上,规定了儿童对父母、神灵的义务。古老的价值观也在教育中得以传承和升级。塞内卡、昆体良的作品中就开始论述教育标准,当时的教育既有学校教育也有家庭教育。甚至教育也充当拯救者的角色,而作为尚未长成公民的儿童他们承载着历史的期望。

经过几个世纪的发展,在中世纪,尤其是 12 世纪末期开始出现了育儿学,或者说是家庭生活教育学。家庭教育中最重要的角色还是父亲,和古希腊一样,儿童的教育也是建立在非正式榜样的基础之上的。与之前不同的是,在成长到一定年龄的时候,男孩的教育场地由自己的家庭转换到贵族的家庭。然而历史向来是分阶层的,贫苦家庭的儿童则面临被献祭、抛弃,还有大部分儿童被送往修道院。在中世纪就已经出现小学校组织最早就是开端于修道院,到公元 9 世纪之后才出现修道院以外的学校。这些教育组织以《圣诗集》和古典作品来学习识字,并且这些组织几乎完全服务于宗教教会,学校功能单一,教学方法严厉。传授宗教知识,培养宗教信徒,中世纪的教育是服务于教会的工具。

许多世纪以来,儿童发展的观点都被"预成论"所支配,一直到 16 世纪,儿童都被当作比例稍小的成人而看待。到了 16 世纪,社会思潮领域中的预成论慢慢让位于"环境论"。环境学说的观点认为,儿童生来是一张白纸。因此,这一时期的教育方法主要是模仿与重复,模仿榜样,习得行为。

文艺复兴时期,人们对于儿童的教育有了更多的思考和深入的讨论。这一时期不乏乌托邦的教育理想,比如,莫尔在《乌托邦》中描绘出了一幅国家掌管教育、教育已经普及的图景。这一时期,是儿童被发现的时期,教育也开始走向世俗化。整个社会思潮开始侧重于"人性",教育目标也实现了世俗化的转向。小学数量在增多,儿童在 7 岁开始去上学。文法学校开始设立起来,这一时期教育的对象开始普及儿童。维多里诺在 1423 年创办"快乐之家",同时接收贵族和平民儿童。"到了 15 世纪,意大利几乎每一个重要城市都建立起一个或数个学园促进新知识的发展",①成为其他地区办学的典范。从中世纪流传下来的骑士教育内容成为文艺复兴时期的教学内容,礼仪和行为规范成为儿童的手要学习内容,教育儿童注意身体和社会交往。1530 年,伊拉斯莫出版《论小男孩的礼貌教育》,这一时期"身体首次被用作教育的工具"。②

卢梭在《爱弥儿》中提出了浪漫主义的"自然论"和儿童发展阶段理论。在启蒙运动的影响下,贫困儿童的入学教育受到重视,慈善学校普遍设立,以期提高贫困儿童的素质。对于贫苦儿童的教育是为了提高公共秩序,教育充当着政府的管理机构,教育的义务问题也开始被大众所讨论。教育也开始关注儿童的需要和兴趣,在教学中通过游戏来帮助儿童进行学习。家庭教育也开始注意培养孩子的心灵和智慧。

聘任家庭教师一直是西方贵族家庭让儿童接受教育的主要方式。但在 18 世纪末,这种家庭教育的方式开始走向没落,不可阻挡的趋势促使家庭把儿童送往寄宿学校接受教育。

19 世纪,教育领域变化最大的变化是校舍、教学设备的改善。国家或者政府也开始对教育,尤其是基础教育进行了相关的法律规定,欧洲儿童的入学率几乎都高于 50%。与此同时,"儿童的处境也在发生变化,在应用新的教学方法的过程中,人们逐渐注意对待儿童的方式。"③19 世纪下半叶,西方各国开始出台关于义务教育年限等教育相关的法律,儿童的教育逐渐免费,并且不断得到改善和提升。

---

① Frank Pierrepont Graves, *A History of Education: During the Middle Ages and the Transition to Modern Times*, New York: Macmillan, 1915, p.169.
② [意]艾格勒·贝奇、[法]多米尼克·茱利亚:《西方儿童史》(上卷:从古代到7世纪),商务印书馆 2016 年版,第 194 页。
③ [意]艾格勒·贝奇、[法]多米尼克·茱利亚:《西方儿童史》(下卷:自 18 世纪迄今),商务印书馆 2016 年版,第 194 页。

20 世纪初，塞格尔提出"成熟说"，并把生物学知识与理论应用于儿童的发展研究。学校的作用在于教给儿童作为社会成年成员所需要的技能与习惯。"童年的主要任务就是接受必要的教育，不受成年人世界的腐化影响，保持纯真的本性。"①因此，教育的主要目的就是保持和增进儿童内在的精神力量。其中颇具代表的运动是欧洲新教育运动，新教育运动提出了很多个革新式的教育理念与教育方法。并且，这一时期的教育围绕儿童展开，更加关注儿童的自由与权利，重视儿童的个性与兴趣。

杜威对儿童深刻的认识使得他创立了一种完全不同于传统的教育理论，即现代教育理论，这种教育主张把儿童放在教育的中心，"教育中将引起的改变是重心的转移。这是一种变革，这是一种革命，这是和哥白尼把天文学的中心从地球转到太阳一样的那种革命。这里，儿童变成了太阳，而教育的一切措施则围绕着他们转动，儿童是中心，教育措施便围绕着他们而组织起来。"②在杜威以及其他教育家的推动下，儿童实验学校纷纷设立。可以说，经过了漫长的几个世纪，儿童终于在其历史发展中找到了自己合适的位置。自从有人类，便有教育；自从有人类，便有儿童，教育的起点在于儿童。然而，从西方儿童史的研究中可以发现，在很长一段时间里，儿童是被忽视的，他们不被看作教育的对象。许多学者没有认真地对待这一群体，也就是说，儿童在很长时间内被研究者所忽视。英国史学家哈里·亨德理克（Harry Hendriek）就曾经发表过这样的观点："如果女人是被隐藏在历史里，那么儿童则被排除在历史之外的。"③

西方儿童史研究给教育史研究的启示在于：一是史学编撰领域的拓宽：从阿利埃斯开始，家庭史、心理史、社会史、文化史都纷纷以儿童为研究对象进行史学的编撰。教育史学也应该拓宽自己的研究领域，不能局限于"教育"两字，更应该多多借鉴其他学科史学编撰的方法和理论等。二是史料的多样化问题：史料是进行历史研究的基石，在儿童史的研究中，史料从文本到实物、从文字到口述资料、从成人到儿童，经历了"自上而下"到"自下而上"的转变。"虽然人们在教育史的学术实践中常常区分'史料'与'描述'、'一手'史料与'二手史料'文献，但实际上，无论是描绘还是学术文献，都是在史料的基础上建立起来的，一段史料

---

① 施义慧：《近代西方童年观的历史变迁》，《广西社会科学》2004 年第 11 期，第 145 页。
② 赵祥麟、王承绪：《杜威教育论著选》，华东师范大学出版社 1981 年版，第 32 页。
③ 《寻找消失的童年往事》，http://www.new7.com.tw，访问日期：2006 年 3 月 25 日。

的重大作用是其对历史研究的认知意义,而较少取决于史料的外在形式。"①除了官方的文件、档案以及研究著作以外,日记、绘画、服饰、玩具等都是教育史研究的重要资料。三是要用多学科的视野去看待和解读问题。教育的复杂性以及历史的多样性要求,教育史的研究者要具备多学科的视野,运用其他学科的知识和方法去把握教育历史。在西方儿童史的研究中,学者们大量使用了经济学、统计学、社会学、心理学等各种学科的方法,从多个角度去解读和展开。

　　教育史研究者往往更关注思想史、制度史和活动史,社会文化史研究的相对较少。笔者认为,当今教育史的研究应该借鉴西方儿童史的研究思路,扩大研究范围,全方面收集史料,多角度进行解读。更重要的是,教育史的研究不仅需要关注与教育相关的要素,而且应该全方位地考察当时的教育,以还原真实的历史。

---

① 周采:《关于教育史编撰的若干思考》,《河北师范大学学报(教育科学版)》2017 年第 6 期,第32 页。

第六章　全球史视阈下的教育史研究

　　"全球史"又称"新世界史",是一个有别于旧的世界史的史学流派。近年来,世界各地的历史学家不断关注用跨国的和全球的方法研究过去,形成了历史学的一个新的分支学科。全球史在普适价值观、历史观、研究对象、历史分期、研究方法等方面有许多新观点,对传统的教育史研究提出了诸多挑战和启示。教育史学者应密切关注国际史学发展的这种新趋势,并考虑如何加以应对,从全球史视野推进教育史研究。

　　"冷战"以后,国际史学发展中出现的一个显著变化就是对世界史(world history)和全球史(global history)关注的不断加强。学界一般认为,"全球史"与"世界史"往往重叠,"但全球史更倾向于研究15世纪地理大发现以后的时代,指的往往是20世纪最后30年以来的全球化进程。世界史则可以把对前现代化的社会和文化的研究包括进来。"近年来,世界各地的历史学家不断关注用跨国的和全球的方法研究过去,形成了"全球史"这样一个有别于旧的世界史的史学流派或历史学的一个新的分支学科,在历史观、历史分期、研究对象和研究方法论等方面提出了许多新的观点,在运用全球史方法进行"大范围的互动研究"方面有诸多成果问世。上述趋势显然对传统的教育史研究提出了诸多挑战,同时也有重要的启发。教育史学者应关注国际史学发展的这种新趋势,并考虑如何加以应对和借鉴。

第一节　作为史学流派的"全球史"及其研究主题

　　全球史有别于旧的世界史,也称"新世界史"(new world history),是一个史学流派,也有学者认为全球史是历史学的一个新的分支学科。1955年,英国历史学家杰弗里·巴勒克拉夫(Geoffrey Barraclough)在其《变动世界中的历史学》一书中首倡全球史观。1964年,他在《当代史导论》一书中提出当代史和全球史研究的宏观体系,集中反映了其倡导的全球史观。1978 年,巴勒克拉夫在《当代史学主要趋势》中指出:"认识到需要建立全球的历史观——即超越民族和地区的界限,理解整个世界的历史观——是当前的主要特征之一。"[①]半个多世纪以来,作为史学流派的全球史在西方史学界不断发展,涌现出众多的通史和专题研究论著。1982 年,美国成立世界史学会。2006 年,英国开始出版《全球史杂志》(*Journal of Global History*)。刘新成注意到,全球史"20 世纪下半叶兴起于美国,起初只是在历史教育改革中出现的一门从新角度讲述世界史的课程,以后演变为一种编纂世界通史的方法论,近年来也发展成为一个新的史学流派,其影响也越出美国,走向世界。"[②]全球史最著名的实践者是美国历史学家杰里·H.本特利(Jerry H. Bentley)。夏继果与本特利在《全球史读本》一书中编入的17 篇论文基本反映了从 20 世纪 60 年代兴起到今天全球史的发展历程,也解答了人们对于全球史的诸多疑问。在该文集的导言中,夏继果介绍了全球史的含义、研究的必要性及该文集的主要内容等,对于研究教育史的学者来说,无疑有着重要的启发。

值得我们关注的是全球史与旧世界史的区别。杰里·H.本特利在《新世界史》一文中指出:"世界史"这个术语对于不同的人来说意思是不同的:第一,它可以是对于全部世界历史进程的概述;第二,它可以只是外国历史——本国之外的世界的历史;第三,它可以具有某种形而上学的意味,即一些历史学家从历史记载中发掘其哲学意义的努力;第四,它也可以有着强烈的宏观社会学意义,反映了跨学科的依附经济学和世界体系分析的影响。第五,越来越多的人赞成"世界史"代表着一种新的研究历史的不同方法。"它并不意味着历史学家必须考察世界各民族有史以来的全部历史,当然也不意味着必须考察某一时段所有民族的历史,而是指一种历史研究方法,通过这种方法可以跨越社会的边界来清晰地比较历史经历,或者考察不同社会人们之间的交流互动,或者分析超越多个个体社会的大范围历史发展模式与进程。从这个意义上说,世界史考察的是超越了民族、政治、地理或者文化等界限的历史进程。"[③]

新兴全球史倡导整体史和互动史的理念。研究全球史的学者一般认为,全球史是一种研究方向,研究超越欧洲和西方及关注所有地区和时代的人类历史,

---

① 〔英〕杰弗里·巴勒克拉夫:《当代史学主要趋势》,杨豫译,北京大学出版社 2006 年版,第193 页。

② 夏继果、〔美〕杰里·H.本特利:《全球史读本》,北京大学出版社 2010 年版,第 1 页。

③ 夏继果、〔美〕杰里·H.本特利:《全球史读本》,北京大学出版社 2010 年版,第 45 页。

重在对全球交织的多样性展开经验研究,揭示与这种交织联系的政治和经济利益。全球史研究者试图从世界各地区人类社会的交往史入手,通过跨文化、跨地区等各种精神和物质交往互动现象来考察人类历史进程。全球史研究的核心理念就是"大范围的互动研究",即不同地域、不同民族和不同文化的人群通过接触,在经济、政治和文化等多重领域实现的互动。刘新成在梳理全球史研究成果的基础上列出了"互动"的8种方式:(1)阐述不同人群"相遇"之后,文化影响的相互性和双向性;(2)描述人类历史上曾经存在的各种类型的"交往网络"与"共生圈";(3)论述产生于某个地区的发明创造如何在世界范围内引起连锁反应;(4)探讨"小地方"与"大世界的关系";(5)地方史全球化;(6)全球范围的专题比较研究;(7)生态史和环境史研究;(8)探讨互动规律与归宿。①

从历史学研究的主题来看,近代以来,传统的西方史学专注于民族国家史(national history)。民族国家始于近代欧洲,是为摆脱教权控制而产生的近代意义上的民族国家或主权国家。1648年的《威斯特伐利亚条约》确立了以主权国家为主体的欧洲国际格局。此后,民族国家成为世界体系的基本政治单位和主要行为者。与此同时,与历史学科专业化发展相一致,研究的重点也日益狭窄,从各地区文化史转向了西方民族国家史。民族主义历史学家们把学校变成了国家崇拜的场所。杰里·H.本特利认为,民族国家的确是历史分析中的重要单位,为考察许多具有重大意义的历史问题提供了背景,对于理解超出民族国家本身之外的世界也具有重要意义。但在全球史研究者看来,历史经历不仅是个体社会发展的结果,也是跨民族、政治、地域和文化等界限的许多大范围进程的产物。杰里·H.本特利指出:"最近几十年时间里,全球历史分析已消除了历史仅仅属于民族国家或者其他表面上连贯的个体社会的观念。全球史虽然承认文化独特性、排外性的民族认同、地方知识和具体某些社会的发展经历都是非常值得关注的问题,但同时也已超越了专业历史研究长期以来关注的这些问题,明确将大范围进程纳入历史关注问题之列。"②

施诚在《全球史研究主题评介》一文中指出:"全球史以跨地区的政治、经济和文化互动为研究对象,探讨超越国家和民族体系之外、在人类历史进程中与全球化有关的或具有重大影响的历史事件,并把自然环境变化与人类历史结合起来进行考察,致力于跨学科、长时段、全方位地研究世界历史的进程。"③在他看

---

① 刘新成:《在互动中建构世界历史》,《光明日报》2009年2月17日。
② 夏继果、[美]杰里·H.本特利:《全球史读本》,北京大学出版社2010年版,第64页。
③ 施诚:《全球史研究主题评介》,《史学理论研究》2012年第2期,第123—128页。

来,可以将全球史对世界历史的认识和理解归纳为两大类:一类认为全球史并非囊括人类所有历史,而主要集中探讨当代全球化的进程;另一类认为人类历史上全球化并非当代特有的产物,而是一个历史过程,所以,全球史研究不应局限于当代,应当追溯历史上的全球化进程。施诚研究了全球史研究的几个重要主题,包括对全球化进程的研究、全球史的历史分期、全球史中的跨文化交流研究和环境史研究。他认为,从研究的主题来看,全球史研究呈现出自身的特点。与以国别史为研究对象的传统世界史比较,全球史研究已经超越了传统世界史的范围,淡化了单一地区或国家,而强调全球历史发展进程的整体性。

第二节　全球史的历史分期和理论方法

历史编纂的一个中心问题是历史分期(periodization in history)问题。在古代西方,历史循环思想(time was seen as cyclical)占据主导地位,基督教则将线性史观(time is linear)引入历史研究。[1] 杰弗里·巴勒克拉夫指出,公元4—5世纪是西方史学发生重大转折的时代。"此时期兴起的基督教史学思想,打破了从前以世界作为背景和以地理上的文明中心为中心的世界史格局,开始致力于构筑贯彻人类始终的世界史,构筑所有的人和所有的民族都包括在上帝目的的规划之中的世界通史。"[2]此后,对进步的信念和直线进步史观成为西方历史学编纂的主导思想。中世纪编年史家在具体叙述世界历史时,普遍采用亚述—波斯—希腊—罗马四大帝国的分期法。在文艺复兴时期,出现了西方传统的世界史著作中用来划分历史时期的"中世纪"一词,但人文主义史学家并没有把它付诸世界历史编纂实践。1700 年,一位名叫凯勒尔(1638—1707)的作者出版了《古代、中世纪和新时期世界通史》一书,第一次把世界史划分为古代、中世纪和近代三个时期,"三分法"就逐步成为西方史学界历史分期的主流。大约从 18 世纪末开始,西欧中心论的观念在德国哥廷根学派历史学家中逐渐流行开来,一部世界史变成近代西欧各国制度的历史。在被称为"历史学的世纪"的 19 世纪,世界史编纂进入了西欧中心论时代,在理论上系统阐述西欧中心论的人是德国哲

---

① Gabrielle M. Spiegel, *Historical Thought in Medieval Europe*, in Lloyd Kramer and Sarah Maza, eds. *A Companion Western Historical Thought*, Oxford: Blankwell, 2002, p.81.

② [英]杰弗里·巴勒克拉夫:《当代史导论》,张广勇、张宇宏译,上海社会科学院出版社 2011 年版,第 6 页。

学家黑格尔。"近代史学之父"兰克在理论上和实践上都系统阐述了西欧中心论。后来,世界历史编纂学中的西欧中心论又演化为欧洲中心论或欧美中心论。第一次世界大战时期,西方人对进步的信念和西欧中心论受到了挑战,第二次世界大战以后,西欧中心论和欧洲中心论受到严重的冲击。在当代,一些历史学家已经认识到,将历史划分为"古代""中世纪"和"现代"的传统三分法是根本站不住脚的。

全球史兴起后,一些史学家从全球视野出发,对世界历史进行了新的分期。杰里·H.本特利认为,研究世界上的人们参与跨越单个社会和文化区域的历史进程的情况也许有益于全球历史分期的尝试。因为从古至今,跨文化互动对所有卷入其中的人们在政治、社会、经济和文化方面都产生了重大影响。可以将跨文化互动作为分期的标准,包括大规模移民、帝国扩张战争和远程贸易等。主要由于推动跨越社会和文化区域边界的跨文化互动的动力不同,形成了世界历史的六个时期:早期复杂社会时期(公元前3500—公元前2000年),古代文明时期(公元前2000—公元前500年),古典文明时期(公元前500—公元500),后古典时期(500—1000年),跨地区游牧帝国时期(1000—1500年),以及现代时期(1500年至今)。本特利指出,将跨文化互动作为分期的标准,可以更好地摆脱种族中心论的分期法,这种分期法以特定强势群体的经历来构建世界史。这样,通过关注跨文化互动的进程,历史学家们也许更乐于区分反映众多民族发展经历的传承和转变模式,而不是把来源自某一强势群体的经历的历史分期强加给所有民族,但他也提出以下两点忠告:第一,以跨文化互动为依据的分期不能妄称完全涵盖了古往今来的整个世界。只是在16世纪以后,跨文化互动才成为真正的世界历史的全球分期的基础。第二,全球历史分期并不是历史分析中唯一有用或合适的框架。他注意到单个社会的内部发展对生活在其土地上的人们的直接影响,以及不同的人群参与大范围历史进程程度上的差异。因此,全球历史分期通常是大致描绘历史的发展而非予以准确定位,以便为各地历史的细致差别留下波动的空间。①

美国学者柯娇燕(Pamela Kyle Crossley)认为:"理解历史学家和其他学者撰写全球史所用的方法的多样性,可能与试图理解历史学本身一样复杂。全球史从社会科学中借用了分析的概念和哲学的方法,而有时候,这些概念和方法得到提炼并再度反馈给社会科学。大多数研究全球史的方法中包含了自我批评的

---

① 夏继果、[美]杰里·H.本特利:《全球史读本》,北京大学出版社2010年版,第123—125页。

种子,有时甚至是自我否定;其结果是,全球史学家的大量作品都是关于方法和概念的作品。"①在她看来,"全球史"仍是一项新兴的事业,有一套明显不同的假设和问题。全球史编纂的一个难题是:如何讲述一个没有中心的故事?在柯娇燕看来,研究历史的语言和叙述仍受到语法、词汇和单向度时间感的限制,将形式与内容匹配起来的时机还没有到来。因此,全球史学家一直是在悬而未决的状态中工作的。她介绍了对全球史进行界定的基本理论和方法,并且以大致的年代顺序编排它们,把它们整合在极为概括的范畴之下:分流、合流、传染和体系。

杰里·H.本特利深入研究了全球史的理论化(theorizing the global past)问题。他注意到,大多数专业历史学家更愿意进行实证研究而不是理论分析,但所有的历史研究都是建立在关于世界及其发展动力的理论、哲学或者意识形态等各种假定的基础上的。世界史作为一种独特的历史研究方法,有必要明确提出自己的前提假设。近年来,历史社会学家在为世界史建构理论框架方面表现得尤为积极。本特利认为,当前有关世界史的论争中有四种理论学派(four theoretical schools)最为引人注目:第一种是现代化研究方法(the modernization approach),这个理论学派从马克斯·韦伯的比较社会学衍生而来。韦伯试图通过对欧洲与其他社会的比较来理解现代资本主义欧洲的特性,其影响在现代化理论中表现得尤为明显,对历史学家产生了深刻影响。第二种是受马克思影响的世界体系分析方法(the form of world system analysis),认为欧洲取得统治地位主要因为帝国主义和对其他社会的剥削。第三种理论研究方法注意到前两种方法的欧洲中心论特征,认为欧洲经济发展及其在世界上的统治地位是发展机遇带来的结果。第四种理论方法的特征是在试图说明世界历史大范围进程时,从地理、生态和环境分析中而不是政治经济学中汲取灵感。在本特利看来,前两个学派的观点长期以来一直是历史学和历史社会学理论研究的主要内容,而后两种学派只是最近刚刚兴起的,但似乎准备对未来的历史研究施加重大的影响。②

目前西方学术界的主要关注点仍然围绕全球史概念展开交流。但董欣洁注意到杜克大学跨文化与中国史专业的学者多米尼克·萨克森迈尔(Dominic Sachsenmaier)2011年出版的《全球史的全球观点:连通世界中的理论与方法》一书在梳理全球史方面所做的新的学术尝试,并在《变动中的全球史及其多样

---

① ［美］柯娇燕(Pamela Kyle Crossley):《什么是全球史》,刘文明译,北京大学出版社2009年版,第8页。

② 夏继果、［美］杰里·H. 本特利:《全球史读本》,北京大学出版社2010年版,第49—52页。

性》一文中对该书有非常深入的述评。萨克森迈尔认为,历史学家仍局限在有关全球史的任务、责任和潜力上,并主要在民族的和地区的学术机构内展开争论,他则试图通过提供一系列关于历史学实践的内在层次、知识社会学、全球和地方趋势的新观点来纠正这种不平衡。作者还选取了美国、德国和中国作为主要个案,阐述了通往全球史的不同道路的特征,并认为历史编纂学中这种新的全球趋势,需要跨国对话、合作和交流的相应增长来支持。①

第三节　全球史与教育史研究

全球史作为一种史学流派或历史学新学科的发展对教育史研究有多重启示,包括普适价值观、历史观、研究对象和研究方法等诸多方面。首先,是全球史的普适价值取向对教育史研究的意义。这个问题至少涉及两个方面:一是对于全人类的命运的思考;二是把世界史当作和平教育的理念。第一个方面,全球史有一个重要的价值取向就是关注人类的共同命运,这与如何看待近代以来的全球一体化进程密切相关,又涉及全球化与民族认同的关系问题。在文化认同上,一种被全世界人普遍认可的进步是技术进步,这成了现代化或全球化的基础。加速进行的全球化是否以跨国公司和跨国组织取代了民族国家的首要地位,全球文化是否销蚀了地方文化和传统? 对于研究教育史的学者而言,是否还要继续研究民族国家教育史? 或在拼凑民族国家教育史的基础上编写世界教育史或全球教育史,还是运用全球史的视角重新审视教育在世界历史上的互动,并将与外来者的交往视为社会变革和教育变革的主要推动力? 第二个方面,"认识他人"是当今国际教育哲学家推行的理念,他们主张把世界史当作和平教育的手段。编写一部关于人类教育互动的世界教育史教科书,无疑可以服务于联合国教科文组织和平教育的目的。正如皮亚杰早已指出的那样,在世界教育史上,夸美纽斯被西方学界公认为国际教育哲学的起源和先驱。在上述语境下,我们有必要创造一种的新的教学模式的可能性,即讲授一种非政治的世界教育史。

全球史流派的历史观对教育史研究是有启发的。长久以来,史家对史学理论问题缺乏兴趣,史学著作保持着浓厚的实用和文学气息。正如美国学者大卫·克里斯蒂安(David Christian)所指出的那样,历史学科迄今没能在微观研

---

① 董欣洁:《变动中的全球史及其多样性》,《史学理论研究》2012年第2期,第140页。

究和宏观概括这两大对立的要求之间找到一个恰当的平衡点。"如果想理解细节的含义、理解它们是如何有机联系在一起的,就必须有超越细节的眼光。如果我们要搞清我们学科的任何一个部分的来龙去脉,我们就需要构建大的图景。不幸的是,历史学家如此全神贯注于微观研究,往往忽视了构建大的历史图景的工作。事实上,很多历史学家存心忽视宏观概括的工作,相信当事实积累到足够多的时候,它们自己就会讲话,但却忘记了只有我们才可以给'事实'以声音。历史研究的这种片面方法所导致的结果,就是造成了一个拥有大量信息但研究领域零碎、狭隘的学科。"①因此,从史学理论的角度来说,我们也有必要从全球史视角重新思考教育史研究,这将有助于恢复在微观教育史研究和宏观教育史概括两者之间的平衡。

我们还可以从全球史流派的研究对象的视角推进我们的教育史研究。如前所述,全球史或新世界史术语有多重含义。值得我们注意的是,在西方和中国的不同语境下对"全球史"或"世界史"理解的文化差异。夏继果指出:如果欧美世界的"全球史"与"世界史"区别不大,但在中国既已存在的"世界史"就差别甚大了。中国的世界史从鸦片战争以后就把中国史排除在外,一切不包括中国在内的历史都可以叫"世界史"。在中国的历史学学科分类中,"世界史"等同于"外国史"。从教育史研究方面来看,西方经典的教育史作都是欧洲中心论或西方中心论的,不包括中国教育史。自近代以来,中国的教育史研究传统一直将"中国教育史"和"西洋教育史"或"外国教育史"截然分开。虽然这是历史遗留下来的惯性所致,但显然已经不符合全球史或新世界史的历史观。再从教育史研究的主题来看,我们的外国教育史研究专注于民族国家,尤其是西方民族国家的教育史,而当今的全球历史分析已消除了历史仅属于民族国家等的观念,进而关注跨民族、政治、地域和文化等界限的许多大范围的文化互动进程。在教育史观和研究对象方面,我们显然应该做出适当的反映。第一,我们应该尝试编写一本包括中国在内的《世界教育史》,概述全部世界教育发展的历史进程。第二,按照全球史或新世界史的思路,关注在不同的历史时期,不同地域、不同民族、不同文化的人群通过接触在文化教育等多重领域的"大范围的互动研究"。

从全球史或新世界史分期的观点重新思考西方教育史的历史分期也是有意义的。教育史编纂的一个中心问题就是历史分期。对进步的信念和直线进步史观是西方教育史编纂的主导思想。自文艺复兴时期人文主义者将世界历史划分

①　夏继果、[美]杰里·H.本特利:《全球史读本》,北京大学出版社 2010 年版,第 67 页。

为"古代、中世纪和现代"以来,"三分法"就成为西方史学界历史分期的主流。在我国,最具代表性的由吴于廑和齐世荣主编的《世界史》,他也将世界史分为古代史、近代史和现代史,这在中西方都是约定俗成的。但很多全球史学者试图按照整体史和互动史的理念,从根本上打破上述传统的历史分期,讲述一个没有中心的"大范围的互动"的故事,即不同地域、不同民族和不同文化的人群通过接触在经济、政治和文化等多重领域实现的互动。这种思路是否可以为教育史研究所借鉴?从古至今,跨文化互动的确对所有卷入其中的人们在政治、社会、经济和文化教育方面都产生了重大影响。将跨文化互动作为分期的标准,可以使我们的教育史研究更好地摆脱种族中心论的分期法,这种分期法以特定强势群体的经历来构建世界史。通过关注跨文化互动的进程,历史学家们也许更乐于区分反映众多民族发展经历的传承和转变模式,而不是把来源自某一强势群体的经历的历史分期强加给所有民族,但我们不应用跨文化互动为依据的分期去完全涵盖古往今来的整个世界教育史。按照前述本特利的想法,只是在16世纪以后,跨文化互动才真正成为世界历史的全球分期的基础。同时,笔者也应注意到,全球历史分期也不是教育史分析中唯一有用或合适的框架。民族国家教育史仍应是我们研究的重要领域,但我们的视野应该扩大,研究领域应当更加宽广,关注某个民族国家与其他民族国家的文化教育互动研究,并进一步推进中外文化教育交流研究。

全球史视角还将有助于我们推进全球教育史学史的研究。美国学者格奥尔格·伊格尔斯和王晴佳合著的《全球史学史——从18世纪至当代》一书为我们提供了重要启发。在这个问题上,至少有两点需要我们深入思考。一方面,应关注教育史学史研究如何打破欧洲中心论或西方中心论的格局。在19世纪历史研究专业化进程中,历史学经历了从普适史(及区域史)向以国家和民族国家为中心的历史的转变,把民族国家视为文明和进步的动力。20世纪上半叶出现了写作世界史的尝试,如奥斯瓦尔德·斯宾格勒(Oswald Spengler)的《西方的没落》和阿诺德·J.汤因比(Arnold Toynbee)的《历史研究》等论文,中心内容是各种文明之间的比较,西方文明只是其中的一个文明。20世纪下半叶出现了世界史的复兴,并在"冷战"结束后而得到加强。对跨文化交流和传播进行研究的早期重要代表作是威廉·H.麦克尼尔(William H. McNeill)的《西方的兴起:人类共同体的历史》一书。进入20世纪80年代,尤其是1990年以后,世界史的写作朝着两个不同方向发展:一个方向是沿着传统的方法,关注文明、国家和社会的历史。一些社会科学家像现代化理论家一样,把16世纪以来资本主义经济和世界市场的发展看作理解现代世界的核心所在；第二种方向是以麦克尼尔为代表的，对经济和政治因素兴趣不大，其研究也不是直接从欧洲中心出发，而是更乐于把更早的年代的历史囊括进来。新近的发展道路被称为"科学文化"道路，使用新的非档案史料和进化生物学、环境科学、古生物学、考古学、化学以及语言学和文学研究等领域的方法。对于世界史来说，第二条道路前景更加可观。[①] 我们可以参考国际历史学发展的上述两条道路来思考研究世界教育史的路径。另一方面，加强中国教育史在世界教育史中的地位无疑也具有十分重要的意义，我们有必要从中国教育史出发来重构以往具有欧洲中心论色彩的世界教育史。当今，将中国教育置于世界教育史之中，以更广阔的视角来考察中国教育和从中国教育史来反思世界教育史，已成为理解中国教育史与世界教育史的一个重要纬度。将中国教育史纳入世界教育史将有助于反思世界教育史研究中的惯常概念和方法。世界史学会第 20 届年会的讨论是有启发意义的。[②] 我们可以将中国史学重视道德评价的传统吸收进去；中国教育史表明了早期近代世界教育的多样性，有助于了解近代早期教育变革的模式；应重视中国教育史在世界教育史和历史编纂中的作用及价值；还应探讨中国教育与世界教育的联系与互动；我们还可以借鉴世界史学者在中外文化交流方面的成果，推进中外教育交流史的研究。我们应该关注那些会带来深刻而持久历史影响的文化教育碰撞和交流，强调其在文化教育传统形成中所扮演的角色，尤其是不同文化教育传统的人之间的、有意识的文化教育借鉴或互惠性文化教育交流。

---

　　① ［美］格奥尔格·伊格尔斯、王晴佳、苏普里娅·穆赫吉：《全球史学史》，杨豫译，北京大学出版社 2011 年版，第 410—413 页。
　　② 邢科：《世界历史上的中国和中心—边缘视角中的世界史——世界史学会第 20 界年会综述》，《史学理论研究》2012 年第 2 期，第 152—157 页。

第七章　西方城市教育史学

城市教育史是城市史与教育史的交叉学科，主要关注现代城市教育系统的演进，将城市作为研究教育变迁的参考点或语境，以"城市"而不是以"民族—国家"为研究单位。不同学科在"城市"概念的界定上存在很大差异。地理学的城市是指"人口密集、工商业、交通运输发达，居住的人以非农业人口为主的地区。通常是周边地区的政治、经济、文化中心。"①经济学的城市是"具有相当面积、经济活动和住房集中，以致在私人企业和公共部门产生规模经济的连片地理区域"。②城市社会学的城市是"不同于乡村社会生活的一种生活方式、物质空间和社会现象，它是建立在非农业活动基础上、功能分化并以法理等社会契约作为主导的人类生活方式与聚集地。"③在美国，城市教育史研究中的"城市"一般采用城市社会学的概念，指一种生活方式、物质空间和社会现象。"城市"概念是随着时代的发展而变化的。城市曾是一个与乡村相对的概念。随着社会的发展，城市发生了变化，不再有一个中心或闹市区。在西方，17—19世纪末，"城市"一词常具有积极含义。从20世纪初开始，"城市"概念具有了消极意义。如美国的"内城"（inner city）与社会问题相伴随，被界定为"城市中心地带"，与城市郊区相对应，分布着大量拥挤的、贫困的人群，住房不足，犯罪率和失业率居高不下，存在着大量的社会问题和经济问题。城市教育史研究更多关注上述问题，其发展与城市教育危机紧密相关。总体来看，西方各国学者在早期的城市教育史研究中侧重城市学校研究。20世纪80年代以后，城市教育史的研究对象包括所有文化传承机构，但关注的重点依然是城市学校。

---

①　《当代汉语词典》编委会：《当代汉语词典》，中华书局2009年版，第162页。
②　［美］沃纳·赫希：《城市经济学》，刘世庆等译，中国社会科学出版社1990年版，第6页。
③　蔡禾：《城市社会学讲义》，人民出版社2011年版，第70—71页。

第一节 西方城市教育史学概说

西方城市问题的恶化和新社会史的发展是西方城市教育史学兴起的重要原因。20世纪60年代,西方的城市面临犯罪、贫困和交通拥堵等问题,引发民众的广泛关注。西方的城市教育史学最先诞生于美国。受其影响,加拿大、澳大利亚和英国的学者也开始研究城市教育史,涌现出大批相关研究成果。美国城市教育史研究发展最为成熟,形成了城市教育史流派。英国次之,拥有大量的城市教育史作品,但没有明确的城市教育史流派。[①] 加拿大和澳大利亚的城市教育史研究受到英美影响。上述四国的城市教育史研究也存在一些共同的局限性,如只关注城市变迁对教育的影响,忽略了城市变迁与城市教育之间的互动;城市史和教育史的合作有待进一步完善和系统化;城市教育史的比较研究欠缺;城市教育史对社会史的价值还有待进一步论证。

一、西方城市教育史学的兴起

西方城市教育史学兴起的主要原是西方城市危机的出现。20世纪70年代,"城市"是许多美国教育史家研究教育史的主要视角,目的是为制定城市教育政策服务。泰亚克(David BTyack)在《一种最佳体制:美国城市教育史》(*The One Best System: A History of American Urban Education*,1974)一书中表明其研究目的是为制定教育政策服务,以重建美国城市教育。20世纪90年代以来,美国教育史的政策功能日益凸显,在城市教育史研究领域表现尤为突出。英国的城市研究始于20世纪60年代,其兴起与公众对一系列城市问题的焦虑有关。作为城市研究的子学科的城市教育史研究与当时内城的城市学校政策研究密切相关。[②] 澳大利亚学者在20世纪80年代初开展城市教育史研究的原因,主要是当时城市学校毕业的学生失业率很高,引发了人们对城市教育政策的关注。

新社会史的发展是西方城市教育史学诞生的另一个原因。20世纪60—70

① David A. Reeder, History, Education and the City: a Review of Trends in Britain, in Ronald K. Goodenow & William E. Marsden. *The City and Education in Four Nations*, Cambridge, 1992, p.206.

② David A. Reeder, *history, education and the city: a review of trends in Britain*. in Ronald K. Goodenow and William E. Marsden, *The City and Education in Four Nations*. Cambridge University Press, 1992, pp.13 - 14.

年代,新社会史有很大发展。城市教育史作为教育史和城市史的交叉学科,也受到这股潮流的影响。新社会史是新史学的重要分支,具有下列特点:在研究内容上,新社会史推崇"从下往上"看历史,恢复了社会下层阶级的历史活动。在研究方法上,新社会史注重跨学科研究方法,社会学、人口学、地理学、统计学和经济学等社会科学学科的概念和方法被广泛使用。在研究单位上,既包括国家和民族,也包括家庭和社区等。在历史编纂上,注重问题导向,长于综合和分析。在研究重点上,重视研究重大社会问题。"社会史崛起伊始,就以强烈的社会责任感着力于人口问题、灾荒问题、流民问题、社会犯罪等专题的研究,试图从历史的纵向探索中为现实的社会问题的化解提供历史借鉴,并借以强化史学的社会功能。"[1]西方城市教育史学采用了典型的新城市史的研究模式。城市教育史家以城市为研究单位,运用了大量的社会学的概念和方法来研究城市学校教育变革,运用了计量的方法,注意到了底层阶级的教育活动,以问题取向的历史编纂为主,目的是为解决现实教育问题服务。

二、西方城市教育史学的对象和方法

城市学校(city school)与乡村学校和郊区学校相比具有如下特征:(1)位于人口密集区域。(2)学校规模较大,拥有较多入学人口,更有可能招收到具有不利社会经济背景的学生。(3)受地区经济差距的深刻影响。(4)在伦理、种族和宗教信仰方面有很大分歧。贫穷的少数族裔学生的学业成绩远远低于白种人和具有较高社会经济背景阶层的学生。(5)城市学校的学生、教师和管理者流动性较大。一些研究表明,学生越贫穷,学校的流动性越高。城市学校招收的学生以移民子女为主,存在语言多元化的挑战。[2]

（一）西方城市教育史学的研究对象

西方城市教育史的研究对象是城市教育。城市教育有广义和狭义之分。广义的城市教育指城市中的所有文化传承机构,包括城市学校(city school)以及传递信息、观念、态度和技能的机构,如星期日学校、妇女俱乐部、协会、杂志、剧院和媒体等。狭义的城市教育主要指内城的学校教育,侧重于研究中心城区城市学校的变迁。西方早期的城市教育史研究主要关注城市学校,后来视角逐渐转向"大教育",将"教育"视为"将文化传递给下一代的全部过程",并在详细阐述教

---

[1] 王先明:《走向社会的历史学——社会史理论问研究》,河南大学出版社 2010 年版,第 156 页。
[2] Joe L. Kincheloe, Why a Book on Urban Education? in Shirley R. Steinberg, *Urban Question: Teaching in the City*, New York: Peter Lang Publishing, Inc., 2010, p.7.

育与社会其他部分的复杂关系中来看待教育问题。在西方城市教育史的研究对象从"学校教育"（schooling）走向"大教育"（education）的过程中，城市学校的发展仍是主要研究对象，城市学校的起源、本质和改革动力等问题受到广泛关注。

在城市学校的起源上，教育史家认为城市教育的诞生是对19世纪和20世纪发生的观念和物质变迁的一种反映。西方城市教育史家认为，现代民族国家的出现、工业网络的扩张、读写能力的大众化导致了城市学校的诞生。教育史家的争论最为激烈的问题是城市学校的本质。美国学者们认为城市学校在复杂的城市环境中建立了一致性的基础。城市学校的普及代表了一种专门机构的出现，这种机构既为正在出现的民族国家培养参与的公民，也为工业市场培养劳动力。拉泽逊（Lazerson Marvin）和凯斯特（Carl F. Kaestle）认为，城市学校是为了实现城市的道德目标而建立的，是为了培养文化的一致性。凯茨（Michael B. Katz）认为城市学校主要为工厂和生产流水线培养新一代的劳动力，采取了社会控制的方法强加给学生"城市规范"。英国教育史家则认为城市学校既是文化普及的一种途径，也是阶级建构的一种工具。澳大利亚教育史家在论述城市学校的本质时有两种观点：一种观点认为城市学校的设立是处于民主的动机，是为了给孩子们均等的教育机会；另一种观点则认为城市学校充满了阶级冲突和性别的不平等。[1]

西方城市学校教育史家认为，阶级斗争、工业化发展和城市化等是城市学校发展的主要动力。美国教育史家将19世纪学校教育的普及视为一小部分有道德的中产阶级改革者兴趣的副产品，视为20世纪前10年科学进步主义或管理进步主义的副产品。英国教育史家深受马克思主义和新马克思主义的影响，认为工业化、工人的无产阶级化和家庭结构的混乱是城市教育改革的动力。加拿大城市教育史家的研究热点是19世纪安大略省的城市化和学校结构之间的关系。该国的激进修正派史家认为下列因素是安大略省城市学校发展的动力：城市的发展；工业的发展；为应对社会分层需要提供机构的方式；家庭的出现。

西方城市教育史研究产生之初，主要是为了解决城市教育问题，具有政策服务的导向。城市教育改革需要大量的实验来证明什么措施有效，什么措施无效以及为什么这些措施是无效的。西方城市教育史研究可以为西方城市教育改革提供一个实验的"仓库"，既经济又不会对儿童的学校教育生活产生消极影响。

---

[1]　Ronald K. Goodenow & William E. Marsden, *The City and Education in Four Nations*. University Press，1992，pp.76-77.

从这个视角来看,教育史研究可以为教育政策的制定服务。教育史家的学科背景及其作品实际上无法为解决当代问题提供具体有效方法,但教育史家可以通过对历史类似问题的梳理与分析,帮助人们重新思考教育,重新理解教育问题和教育政策。从这个角度来说,教育史家为教育政策的制定提供了教育智慧。维努韦斯基斯认为:"许多历史学家认为自己的作用就是帮助政策制定者提供当代问题的更广阔的历史背景。"①总之,城市教育史家的作品和观点为教育政策制定提供了教育智慧。

(二)西方城市教育史的研究方法

西方城市教育史研究以城市学校为研究对象,采用了社会学、生态学和马克思主义等多种研究方法,主要目的是服务于教育政策的制定。由于国别和学术传统的不同,西方各国城市教育史学家在研究上有一些差异。英国城市教育史研究主要受生态学理论和新马克思主义理论的影响。加拿大的城市教育史研究采纳了新马克思主义的方法和"家庭策略研究方法"。澳大利亚的城市教育史研究采用了社会学和女性主义的方法。美国的城市教育史研究发展较为成熟,主要有三种研究方法:是以凯茨和哈根(David John Hogan)为代表,大量使用新马克思主义方法;是以维努韦斯基斯(Maris A. Vinovskis)、凯斯特和安格斯(David Angus)为代表,大量使用量化的和社会科学的概念体系;是以芬克尔斯坦为代表,倡导心理学或人类学的方法。② 总之,西方各国的城市教育史研究方法虽然不尽相同,但都具有跨学科研究的特性,综合运用了社会科学各种学科的方法。

各国城市教育史研究的方法都具有跨学科的特征。各国城市教育史家或多或少受到社会学、生态学和新马克思主义的方法的影响,许多城市教育史家在研究中综合运用了多种方法,但西方城市教育史研究也存在一些问题:现有的大量研究只关注了城市变迁对教育的影响,忽略了城市变迁与城市教育之间的互动;城市史和教育史的合作有待进一步完善和系统化;城市教育史的比较研究比较欠缺,缺乏一个国家内部各城市教育之间的比较以及国家之间的城市教育的比较等。这些问题还有待各国学者在未来的研究中不断完善。

---

① Maris A. Vinovskis, *History and Educational Policymaking*, New Haven: Yale University Press, 1999, p.40.

② Ronald K. Goodenow & William E. Marsden, *The City and Education in Four Nations*, Cambridge University Press, 1992, pp.222 - 223.

第二节　美国城市教育史学研究

如前所述,美国的城市教育史学以"城市"为研究单位,一般借用城市社会学的概念,将城市界定为一种生活方式、物质空间和社会现象。美国学者阿博特(Carl Abbot)认为,美国的城市成长非常清晰地经历了三个阶段:缓慢增长期、爆炸式腾飞期和成熟期。"殖民时期,或者称前现代城市时期,从 17 世纪延续到 19 世纪的第一个十年。之后,工业城市的兴起统治了 1820—1920 年长达一个世纪快速城市化的阶段。第三阶段,'现代'城市阶段,从 1920 年开始直到现在。"①20 世纪 20 年代是分水岭,这个时期美国城市人口超过农村人口,城市人口开始向郊区迁移。美国学术界称 20 世纪 40 年代以后为大都市区时代。大都市区包括中心城市和郊区次中心。"所谓大都市区,一般来讲,包括一个大型的人口中心及其与该中心有较高经济、社会整合程度的社区。"②美国城市教育史主要研究美国城市学校教育,其中的"城市"主要指工业城市或大都市区中的城市中心地带(也称为内城,inner city),一般不包括郊区。

一、美国城市教育史学的创立

美国城市教育史学的发展受到城市史和教育史的双重影响。20 世纪 50 年代,新史学在美国逐渐占据主导地位,但教育史家尚未适应新史学的研究路径。卡伯莱(Ellwood Patterson Cubberley)、贝林(Bernard Bailyn)和克雷明(Lawrence Cremin)都从"民族—国家"的范式来研究教育史。20 世纪 60 年代末,城市危机、混乱的社会和政治氛围和新城市史学的发展对美国城市教育史学的兴起有重要影响。一般以 1968 年凯茨《对早期学校改革的嘲讽:马萨诸塞州 19 世纪中期的教育革新》(*The Irony of Early School Reform: Educational Innovation in Mid-nineteenth Century Massachusetts*,以下简称《对早期学校改革的嘲讽》)一书的问世作为美国城市教育史学创立的标志。

（一）美国城市教育史学创立的历史背景

美国城市教育史学的创立的主要原因有三:城市教育的危机、抗议运动的

---

① ［美］卢瑟·S.路德克:《构建美国:美国的社会与文化》,王波等译,江苏人民出版社 2006 年版,第 104—105 页。

② 王旭:《美国城市化的历史解读》,岳麓书社 2003 年版,第 43 页。

冲击和新城市史学的兴起。美国的城市教育体系的建立经历了漫长的历史时期。内战之前,学校教育系统以农村教育为主。内战之后,开启了学校的城市化历程。19世纪末,美国以城市教育为主,城市公立学校系统被誉为"一种最佳体制"。20世纪20年代以后,城市教育和农村教育的明显差异逐渐消失,都具有按年级编班的教室、统一的课程、集权化的校董会和专业管理人员。二战后,随着郊区的发展,郊区学校开始出现,郊区学校系统逐渐成为美国最成功的教育体系。城市学校和郊区学校差异明显。城市学校具有教育质量低下、复杂的种族构成、大规模的科层制、专业化的功能和服务等特点,而郊区学校则具有学术水准高、环境安全和容易升入大学等特点。20世纪60年代,美国社会出现的一系列抗议运动,包括黑人的抗暴运动、群众性的反越战运动和青年学生为主体的新左派运动等,给美国社会带来了很大冲击。

美国新城市史学是伴随着新社会史学的产生而诞生的。新社会史学使得城市史家从关注地方史志的旧城市史走向了关注城市化进程的新城市史学。19世纪末,美国学术界逐渐开始关注迅速发展的美国城市,但"'城市问题'不仅成了城市研究的主题,甚而成了有关城市课题的全部内容……结果使得历史学者对于'城市化'过程知之甚少,城市似乎就是一系列静止的问题而不是一个社会过程。"①20世纪60年代之前的美国的城市史被称为旧城市史,主要研究城市问题或是记叙性的城市志。60年代以后,随着新社会史的兴起,一系列优秀的城市史著作问世。1961年,兰帕德(Eric E. Lampard)在《美国历史评论》(*American Historical Review*)上发表《美国历史学家和城市化研究》(*American Historians and the Study of Urbanization*)一文,批评以往研究只关注城市问题而忽视了对城市化进程的研究。该文的发表被誉为是新城市史与旧的方志式的城市史相区别的标志。② 城市史学者开始修正关于城市政治和城市改革中的传统观点,"新城市史"应运而生,并成为新社会史的重要组成部分。在新城市史的影响下,美国教育史学者开始以城市为中心,注重研究意识形态、学校结构和社会机构之间的关系。斯卡茨(Stanley K. Schultz)"非常震惊地发现有影响、有价值的关于城市学校系统建立和发展的历史著作凤毛麟角",于是

---

① 杨长云:《美国19世纪末至20世纪初的城市改革研究概述》,《社会科学》2007年第8期,第80—88页。

② 陈启能:《二战后欧美史学的新发展》,山东大学出版社2005年版,第242页。

放弃了撰写城市比较史学的构想,集中关注波士顿。① 60 年代末,美国城市教育史开始成为美国教育史学中最活跃、最重要的领域。在凯茨《对早期学校改革的嘲讽》的影响下,教育史家开始研究城市教育史。

（二）美国城市教育史学的出现

美国城市教育史的兴起与激进修正派代表凯茨有关。20 世纪 60 年代末,美国社会出现动荡局面,处于美国边缘化的群体为维护自己的权益,积极寻求尊重和平等,关注经济上的不平等。此外,美国高等教育的普及使更多人群受益,弱势群体接受高等教育后,引发了学者观点的多元化,科学的确定性受到挑战,相对主义盛行。②

20 世纪 60 年代的激进修正派教育史学受到新左派"冲突史观"的影响。凯茨、斯普林(Joel Spring)和格里尔(Clarence J. Karier)等人对美国城市学校进行了猛烈批判,认为城市学校是官僚主义的,与种族主义、阶级统治和社会控制紧密联系;城市学校是"社会控制的工具",是"强加价值和控制的巨大的社会机器。"③激进修正派攻击的另一个目标是与进步主义有关的城市学校改革,认为进步主义教育是保守主义的胜利,"是一种保守主义的强加,目的是维持社会系统"。学校改革是"对现实的巨大逃避,是把未来作为逃避今天社会需要的有价值行为的一种精心设计的程序。"④在他们看来,城市学校教育改革没有实现美国社会的基础性重建,也没有实现学校的目标。

激进修正派教育史家对城市教育史学的发展做出了巨大贡献。(1)在历史编纂上,他们以分析为主要取向的问题史学取代了以时间为主要取向的叙述史学,集中分析了公立学校,尤其是城市公立学校的目标、政策、组织和结果等问题。(2)在研究对象上,他们关注某个时段或某个城市的公立学校教育,重视研究学校科层制的出现,强调教育的组织形式对学习的影响。他们尤其关注教育机会的差异、女性的成就、少数族裔、移民和工人阶级。(3)在研究方法上,激进修正派提倡个案研究(case study),重视运用新史料、量化数据和

---

① Stanley K. Schultz, *The Culture Factory: Boston Public Schools*, 1789—1860. New York: Oxford University Press, 1973, pp.x-xi.

② 邹春芹:《美国城市教育史学的历史演进》,南京大学出版社 2016 年版,第 67 页。

③ Michael B. Katz, *Class, Bureaucracy, and Schools: The Illusion of Educational Change in American*, New York: Praeger Publisher, 1971, pp.xvii-xviii.

④ Marvin Lazerson, Social reform and early childhood education, *Urban Education*, 1970, 5(1), p.85.

跨学科研究方法。① 1968 年,卡茨出版了《对早期学校改革的嘲讽》,这本书不仅标志着美国激进修正主义教育史学的诞生,也标志着美国城市教育史学的正式创立。

(三)案例:凯茨的《对早期学校改革的嘲讽》

大学的求学经历及其与贫困家庭的儿童、家长一起工作的经历,使凯茨非常关注底层民众的诉求。在思想来源上,哈佛大学的米勒(Perry Miller)和汉德林(Oscar Handlin)对凯茨有重要影响。② 米勒历史观与其主讲的《美国浪漫主义》课程,影响了凯茨的教育史研究。汉德林的主要研究领域是移民史、伦理史和社会史。作为俄罗斯犹太人移民后裔,他在美国移民研究方面进行了开创性的历史研究。

在《对早期学校改革的嘲讽》一书中,凯茨选用了贝弗利市(Berverly)公立中学存废的辩论、关于中学教学法的辩论和关于州立学校的辩论这三个案例,来分析城市学校的改革动力和本质。凯茨在《对早期学校改革的嘲讽》中批判了美国普及教育的历程是仁慈和民主的观点,认为城市公立学校运动是一种应对城市化和工业化带来的急剧社会变迁的保守反应。在他看来,财富和地位上的精英拥护学校改革,多半为了其价值观,以解决工业社会带来的问题。他们将学校视为自己子女社会流动的一种机构。教育者加入学校改革的战斗的目的是为了提升其岌岌可危的专业地位。最终,学校改革者获得了胜利,城市公立学校系统建立起来,却披上了僵化的科层制的外衣并远离工人阶级。该书的出版使教育史家开始转向对观念、学校结构和社会结构之间关系的研究,并将重点放在城市学校系统的研究上。

凯茨坚持冲突史观,认为占统治地位的中上层阶级通过公立学校将自己的价值观和态度强加给不情愿的底层阶级。城市公立学校运动并不是人道主义和民主主义的,而是社会控制的一种工具,是本土出生的精英阶级通过公立学校对移民、黑人及其他少数族裔实施控制的工具。凯茨在《对早期学校改革的嘲讽》中提到的一系列问题和方法,对美国城市教育史学和美国教育史学的发展产生了巨大的影响。继凯茨之后,城市教育史研究的基本研究模式初步确立,并被后

---

① Donald R. Warren, *History*, *Education*, *and Public Policy*, Berkeley: McCutchan Publishing Corporation, 1978, p.98.

② Michael B. Katz, *An Accidental Historian: Serendipity in the Making of a Career*, in W. J. Urban, *Leaders in the Historical Study of American*, New Milford: Sense Publishers, 2011, p.179.

来的城市教育史家一再地讨论。受以凯茨为代表的激进修正派的影响，社会科学方法在美国教育史学中得到广泛使用。

二、美国城市教育史学范式的定型

20 世纪 70 年代初—80 年代初，由于新教育史学的发展、城市史的新发展、城市教育问题的日益恶化，城市教育日益受到美国教育史家的重视，美国城市教育史学开始定型。这个时期的城市教育史学充满了对城市公立学校的批判语调，但又分为两种阵营：第一种阵营是以卡茨为代表的激进修正派，他们的作品运用了卡茨提出的社会控制模式，对美国城市学校教育进行了猛烈的批判；第二种阵营以凯斯特、拉维奇（Diane Ravitch）和泰亚克等人为代表，将城市学校教育纳入广泛的社会背景中，批判较为温和。

（一）美国城市教育史学范式定型的历史背景

20 世纪 70 年代是美国城市教育史学发展的繁盛并趋于范式定型的时期，新教育史学的发展、城市史的新发展和城市教育问题的日益恶化是其发展的主要历史背景。战后，国际史学从注重叙述史观、精英史观的传统史学向注重社会科学和分析取向的新史学转变。20 世纪 60 年代初，西方教育史学也开始从传统史学向新教育史学转向。

欧洲、美国和加拿大的教育史家在教育史学的下列观点上达成了共识：（1）教育史是总体历史学的重要组成部分；（2）以往的教育史研究过于孤立，需要重新考虑影响学校系统的社会、政治和经济条件；（3）教育史研究需要运用社会科学的方法和范式；（4）教育史研究不再只是学校取得持续进步的史诗般的故事。总之，新教育史学借鉴了新史学中新社会史的方法。受此影响，美国教育史学界对"进步主义学派"进行了批判，并主张研究种族的、建立在阶级基础之上的学校教育。[①] 美国新教育史学在 20 世纪 70 年代迅猛发展。在美国城市教育史学也得到大发展的契机。从 20 世纪 70 年代初开始，受塞斯托姆的启发，大批学者开始进行社会流动性的研究，并把重点放在美国其他工业城市。这个时期，以研究城市人口发展规律、职业流动和地区流动与经济发展之间关系为特征的"新城市史学"取得了重大成果。这个时期比较有影响的研究是西奥多·赫什伯格（Theodore Hershberg）主持的"费城社会史研究课题"（Philadelphia Social

---

① Patrick J. Harrigan, A Comparative Perspective on Recent Trends in the History of Education in Canada, *History of Education Quarterly*, 1986, 26(1), p.73.

History Project)和萨姆·沃纳(Sam Bass Warner)在 1972 年出版的《城市的荒野——美国城市史》(*The urban wilderness: a history of the American city*)一书。

20 世纪 70 年代,美国郊区化和城市学校的财政问题和"解除工业化"等问题进一步恶化。美国政府施行的取消种族隔离的政策以及中产阶级对犯罪问题和城市社区的恐惧促进了郊区化的加速。另外,南部黑人涌入城市的节奏开始放缓,但大量的新移民群体在美国的主要城市出现。这批移民主要来自墨西哥、中美洲等地,生活极度贫困,没有任何工作技能,并受到文化和语言上的排斥。在各种因素的综合作用下,城市学校系统成为美国最差的学校系统,办学效率低下,学生学业成绩普遍不佳,引发了社会广泛的关注。这个时期,城市教育成为热点问题,吸引众多教育史家投身城市教育史研究。

(二)美国城市教育史学的主要特征

20 世纪 70 年代,美国城市教育史学受到新社会史学的影响,是典型的社会科学化的历史学。城市教育史学发展繁荣,研究范式逐渐定型。总体来看,定型时期城市教育史学的特征主要表现在以下几个方面:

首先,是研究模式基本定型,运用新城市史的研究模式。新城市史是新社会史的重要组成部分,除了具有新社会史的主要特点外,还具有自身的特征。美国学者赛斯托姆新城市史的特征为归纳为:运用社会学尤其是行为科学的理论进行研究;运用计量方法;注重普通人群。① 范式定型时期的美国城市教育史学运用典型的新城市史的研究模式。这个时期的城市教育史家以城市为研究单位,运用大量的社会学的概念和方法来研究城市学校教育变革,运用了计量史学方法,注意到底层阶级的教育活动,以问题取向的历史编纂为主,目的是为解决现实教育问题服务。

其次,是研究路径基本成型。这个时期美国城市教育史研究有两条研究路径:城市教育史研究的一条研究路径是继承了凯茨的研究路径,运用社会控制理论,对城市公立学校持一种批判态度,认为进步主义时代的学校教育改革反映了上层阶级、中产阶级对学校教育的控制,是中上层阶级对底层阶级的压榨和控制。城市教育史研究的另一条路径就是折中的,力图客观看待历史中的城市公立学校,语调相对激进修正主义更为温和。凯斯特认为,学生和学校数目的激增直接导致了集权化和科层制的产生。管理学校科层结构的学校领导者并不像通

---

① 张广智:《西方史学史》(第三版),复旦大学出版社 2010 年版,第 325 页。

常人们认为的那样有如此多的阶级和文化偏见。纽约市的学校领导的确非常关心效率、经济和标准化,但他们"不仅期望那些接受系统规则的人享有公平,也期望提升教学质量。"[1]

再次,是研究内容基本固定。美国城市教育史的研究内容主要关注城市学校的起源、发展动力和城市学校的改革过程,如学校管理、课程和教育评价等。这个时期,美国城市教育史家在下列观点方面是相类似的:学校改革的动力来自社会中发生的经济、技术、社会和政治变迁;在农村到城市的组织变迁下,各个城市的专业工作者和商业精英主导着教育改革,城市学校的功能是为了解决城市的社会问题,其观点和凯茨接近,即城市学校教育改革是由精英主导的,在此目标导引之下,城市学校的管理、课程、评价等都发生了一系列的改变。比如,在管理方面,城市学校向企业的科学管理学习,追求效率,科层制的管理模式得以建立。在课程方面,手工课程和职业课程被引入课程,目的是教会学生社会、经济规则并培养合格的劳动者。拉泽逊、斯普林、泰亚克、特罗恩(Selwyn Troen)、鲍尔斯(Samuel Bowles)和金蒂斯(Herbert Gintis)等人都强调了课程从学术导向转向职业导向的重要性。

(三)美国城市教育史学存在的问题

20 世纪 70 年代,美国城市教育史研究取得了丰硕成果,但也存在一些问题,还有一些领域有待开拓:第一,对城市学校教育改革的解释过于一致化和简单化。这个时期的大多数城市教育史学者都受到激进修正派的阶级冲突模式的影响,认为城市教育改革的动力是阶级冲突。这种解释是一种两极对立的冲突史观,将城市教育改革的动力过于简单化了。布兰克(David N. Plank)和彼得森认为,阶级冲突模式并不符合北方大城市之外的一些城市。他们认为,亚特兰大的城市教育改革不是来自阶级冲突,而是来自不断壮大的、多元化的教育组织新的管理需要。[2]

第二,在美国城市教育史研究中缺乏比较研究。虽然泰亚克在《一种最佳体制》中试图对大量城市进行比较研究,但存在叙述较多和分析不足的问题。这与当时被学者关注的城市范围比较有限的情况有关。比较研究的开展是建立在丰富的个案研究资料基础之上的。美国有很多大城市,教育史家仅仅关注马萨诸

---

[1]　Carl F. Kaestle, *The Evolution of an Urban School System: New York City*, *1750—1850*, Cambridge: Harvard University Press, 1973, pp.177 - 179.

[2]　David N. Plank and Paul E. Peterson, Does Urban Reform Imply Class Conflict? The Case of Atlanta's Schools, *History of Education Quarterly*, 1983, 23(2), p.154.

塞州和纽约的城市教育,南部、西南部和中西部(除了芝加哥)的很多城市学校的历史并没有受到重视。①

第三,美国城市教育史研究的领域比较狭窄。在研究内容上,许多城市教育史家关注城市学校的管理、课程和入学率等问题,却很少关注城市学校的教育投资,如市政府的财政预算与教师工资的关系。很少有研究者关注城市学校的地理位置、规模和形态作为一种动力对城市发展的影响。在研究对象上,少量的研究关注了少数族裔(如非裔美国人、亚裔美国人等)、移民和城市教育的关系,宗教和城市学校的关系也很少被人探讨。在研究的时段上,20世纪70年代的城市教育史学家重点关注20世纪之前和进步主义时代的城市教育,而忽略了大萧条时期、两次世界大战期间和"二战"后的城市教育史。

第四,美国城市教育史研究的焦点是各个城市的学校教育系统是如何进化的,有两个侧重点:一是重视研究学校教育和社会动力的关系,关注学校教育的外部社会动力;二是注重研究城市学校的管理者是谁,他们的背景是什么以及他们做了什么。因此,大部分的研究者都忽视了管理者之外的教师、教师组织、家长的看法和愿望,忽视了学校内来自不同种族、民族和宗教背景的儿童的研究。

第五,城市教育史家很少考虑城市、州、联邦三级政府之间的关系,以及这种关系对教育政策形成的影响,包括教育政策是如何改变、扩充、丰富和毁灭现有的社会价值。此外,这个时期的教育史家虽然都克服了凯茨不重视研究农村学校向城市学校过渡的弱点,都比较关注农村学校向城市学校变迁的过程,但都忽视了城市社会学对郊区化的研究,较少涉及郊区学校以及郊区化背后隐藏的各种原因。

(四)案例:泰亚克的《一种最佳体制》

泰亚克1974年的《一种最佳体制:美国城市教育史》(简称《一种最佳体制》)一书标志着美国城市教育史学的定型。从思想渊源上看,他受到德国社会学家韦伯(Max Weber)的组织理论和美国历史学家海斯(Samuel Hays)关于市政府政治改革的观点的影响。泰亚克从组织因素出发,分析了美国学校从农村学校向城市学校变迁的历程,重点介绍了城市学校中科层制的产生、发展以及伴随这种组织的变革,学校在其他方面的变革。泰亚克的《一种最佳体制》在新教育史学的温和修正派倡导的一致论史观和激进修正派倡导的冲突论史观之间开

---

① Ronald D. Goodenow and Diane Ravitch, *Schools in Cities: Consensus and Conflict in American Educational History*, New York: Holmes and Meier, 1983, p.viii.

辟了"第三条道路"。他持有的是一种折中史观,认为城市教育使社会不公平永久化,但在历史上做出过一些贡献。在该书中,泰亚克继承了凯茨关于城市教育史为政策服务的功能的观点,发展了凯茨的社会控制、科层制的观点,认为进步主义时代教育改革的基础是秩序和控制的价值观。但他没有将科层制视为社会控制的令人反感的外在形式。相较凯茨激进的观点,泰亚克的观点更温和和折中,认为科层制既有进步性,也有局限性。此外,他从组织因素视角分析城市学校教育改革,而凯茨主要从阶级分析的角度分析城市学校教育的演进。

泰亚克认为,城市公立学校既不像温和修正派认为的那样是民主的胜利,也不像激进修正派认为的那样是社会控制的工具。在他看来,城市公立学校一方面使某些人实现了社会流动,另一方面也使其他人系统地保持了永久的不平等。泰亚克的《一种最佳体制》具有综合的特点,吸取了之前主要城市教育史研究的主要观点,并进行了综合,将传统教育史学的叙事取向和新教育史学的问题取向结合起来。在研究方法上,泰亚克综合运用了历史学、社会学和政治学方法。在功能定位上,他认为城市教育史应为教育政策服务。但是,泰亚克的《一种最佳体制》也存在一些不足,如忽略了南部城市学校的教育改革;较少关注拉丁裔移民、亚裔移民以及女子教育;没有关注从城市学校到郊区学校的变革。总的来说,《一种最佳体制》是美国城市教育史发展中具有里程碑性质的著作,研究了教育与公共政策的关系、公共政策与历史的关系,集中关注了管理政策是如何控制学校的穷人和外国移民的问题。泰亚克之后的研究者不仅坚持了泰亚克的观点,也强调从学校外去理解学校的特点。

三、美国城市教育史学的转向

从 20 世纪 80 年代开始,美国城市教育史家受到历史学、城市史学、教育史学变革的影响,并对当时的城市教育问题给予密切的关注。在这种背景下,美国城市教育史学开始转向:在继续采取折中史观研究美国城市教育史的同时,不再局限于简单化的解释,而是从多重视角来阐释美国城市教育发展的本质和动力。

(一)美国城市教育史学的转向的历史背景

首先,美国历史学从新史学发展到新文化史学。20 世纪六七十年代新史学发展迅猛,逐渐占据主导地位,但传统史学并未销声匿迹。老的新史学(old new history)是社会科学化的历史学,关注社会结构,重视解释和共时性,而忽视历时性、叙述性等历史学特性。新史学带来的另一个严重问题是"碎片化"危机。在

20 世纪 80 年代以后,美国的学术界抛弃过于极化(polarized)的立场,试图寻找某种观念上的共同基础,综合性著作不断问世。

其次,美国城市史学从城市史发展到大都市史。20 世纪 80 年代以来,美国城市史学呈现出多样化发展的局面,新观点和新方法层出不穷。赛里格曼(Amanda I. Seligman)和其他学者呼吁重新界定城市史和郊区史,将其整合为"大都市史"(metropolitan history),以便更好地表明两者之间的内在联系。

再次,美国教育史学从"修正主义"转向"后修正主义"。美国教育史学开始朝"后修正主义"方向发展。① 美国教育史学界最早使用"后修正派"概念的教育史家是米雷尔(Jeffrey Mirel)。"后修正派"教育史学一方面继续研究"修正派"教育史学关注的话题如阶级和种族等,另一方面扩展和修正了"修正派"的观点。激进修正派对卡伯莱为代表的传统教育史学进行修正,对克雷明为代表的温和修正派进行修正。"后修正派"教育史学则逐渐显示出其理论的成熟性,其结论更加均衡和综合。总体来看,"后修正主义"教育史学具有下列特点:在历史观上,放弃了极端化的立场,秉持折中的历史观。在研究视角上,不再是"从下往上"看历史,而是对社会的上层阶级和下层阶级同样重视,关注阶层之间的互动以及互动背后的动力。在研究领域上,试图对传统教育史学、温和修正派和激进修正派的研究领域进行整合和扩展。在功能定位上,强调教育史研究的政策服务导向。在写作方式上,倾向于分析和描述并重。在研究组织上,组成团队开展研究。②

最后,教育史家关注美国城市教育改革。20 世纪 80 年代以来,为提升美国的经济竞争力和促进人力资本发展,为了解决城市教育系统面临的问题,开始了以新自由主义的城市管理政策为主导的城市教育改革。美国城市教育重建运动的核心特点是建立了集权化的绩效系统。城市学校具有了考试、私有化、公私合作、教师联盟的弹性需求、教师绩效工资制度以及市长接管学校等特点。③ 城市教育改革对绩效的过分重视导致了下列问题:资源配置的不公平、课程以欧洲为中心并且充满了种族歧视、种族隔离、暴力犯罪、社区参与的缺乏、对工人阶级有色人种的文化忽略和人身攻击等。在上述背景下,城市教育史家继续在城市

---

① William J. Reese and John L. Rury, *Rethinking the History of American Education*, Basingstoke: Palgrave MacMillan Press, 2008, p.2.

② 邬春芹:《美国城市教育史学的历史演进》,南京大学出版社 2016 年版,第 159—161 页。

③ Pauline Lipman, *the New Political Economy of Urban Education: Neoliberalism, Race, and the Right to the City*. London: Routledge, 2011, p.47.

的语境下研究学校教育史,认为学校是社会冲突的场所和多元文化主义政治的体现。城市教育史家不再满足于社会变迁的简单化解释,而是继续用经验研究的方式研究学校教育,用更复杂的视角和多元的观点去审视城市学校教育变革。

（二）美国城市教育史学的革新

如前所述,20世纪80年代以来,美国城市教育史学作为教育史学的重要研究领域,受到历史学、城市史学和教育史学变革的影响,开始朝多元化方向发展。与此同时,这个时期美国城市教育改革出现的一些新动向也引发了城市教育史家的广泛关注。他们立足现实,为城市教育改革提供长远观点（long view）和看法。

受多重因素尤其是"后修正主义"教育史学的影响,城市教育史学的新作品大量涌现,代表性人物及其作品有:维格利（Julia Wrigley）的《阶级政治和公立学校:芝加哥,1900—1950》(*Class Politics and Public Schools: Chicago 1900—1950*)；①泰亚克与昂索（Elisabeth Hansot）合著的《价值观的管理者:美国公立学校的领导,1820—1980》(*Managers of Virtue: Public School Leadership in America，1820—1980*)、②何美尔（Michael Homel）的《质量的下滑:芝加哥黑人和公立学校,1920—1941》(*Down From Equality: Black Chicagoans and the Public School*,1920—1941)、③哈根（David John Hogan）的《阶级和改革:芝加哥的学校和社会,1800—1930》(*Class and Reform: School and Society in Chicago*,1800—1930)、④彼得森（Paul E. Peterson）的《学校改革的政治,1870—1940》(*The Politics of Schools*,1870—1940)、⑤凯茨内尔森（Ira Katznelson）和韦尔（Margaret Weir）的《面向所有人的教育:阶级、种族和民主理想的衰落》(*Schooling for All: Class，Race，and the Decline of the Democratic Ideal*)、⑥里斯（William J. Reese）的《权力和进步主义学校改革的承

① Julia Wrigley, *Class Politics and Public Schools: Chicago，1900—1950*, New Brunswick：Rutgers University Press, 1982.

② David B. Tyack and Elisabeth Hansot, *Managers of Virtue: Public School Leadership in America*,1820—1980, New York：Basic Books, 1986.

③ Michael Homel, *Down From Equality: Black Chicagoans and the Public School*,1920—1941, Urbana：University of Illinois Press, 1984.

④ David John Hogan, *Class and Reform: School and Society in Chicago*,1880—1930, Philadelphia：University of Pennsylvania Press, 1985.

⑤ Paul E. Peterson, *The Politics of Urban School Reform*,1870—1940, Chicago：University of Chicago Press, 1985.

⑥ Ira Katznelson & Margaret Weir, *Schooling for All: Class，Race，and the Decline of the Democratic Ideal*, New York：Basic Books, 1985.

诺：进步主义时代的草根运动》(*Power and the Promise of Progressive School Reform: Grass Roots Movements During the Progressive Era*)、R. D. 科恩的《工厂中的儿童：印第安纳州葛雷市的学校教育和社会，1906—1960》(*Children of the Mill: Schooling and Society in Gary，Indiana，1906—1960*)、①鲁里(John L.Rury)的《教育和妇女的工作：城市化美国的女子学校教育和劳动分工，1870—1930》(*Education and Women's Work: Female Schooling and the Division of Labor in Urban America，1870—1930*)、②米雷尔《底特律城市学校系统的兴衰，1907—1981》(*The Rise and Fall of an Urban School System: Detroit，1907—1981*)、③尼尔森(Adam R. Nelson)的《难以捉摸的理想：波士顿公立学校中公平的教育机会和联邦政府的角色，1950—1985》(*The Elusive Ideal: Equal Educational Opportunity and the Federal Role in Boston's Public Schools，1950—1985*)④等。最能代表这个时期城市教育史学特点的作品是米雷尔的《底特律城市学校系统的兴衰，1907—1981》。米雷尔避免了简单化的解释，修正了"修正主义"的解释，发展了由泰亚克开创的折中主义，叙事和问题取向的历史编纂相结合，为读者呈现了一本非常精彩的城市教育史著作。

20 世纪 80 年代各个城市教育史家研究各有特点，但在后修正主义教育史学的影响下，其作品呈现出下列共同的特点：首先，在历史观方面，美国城市教育史家一般持一种折中史观，既不认为城市学校是民主的体现，也不认为城市学校是社会控制的工具，而认为城市学校是一个竞争地带，是不同利益集团博弈和妥协的过程，是市场和政治之间的竞争地带，在研究假设上对修正主义的观点进行了修正。后修正教育史家认为 20 世纪 80 年代之前的研究犯了一个共同的错误，即扭曲了少数族裔和工人阶级在教育改革中的地位。他们错误地假设少数族裔和工人阶级在城市教育改革中很大程度上是消极的，是大的社会变迁和教育改革的缺乏领悟力的受害者。而在"后修正主义"城市教育史家眼中，工人阶

① William J. Reese, *Power and the Promise of Progressive School Reform*, Boston: Routledge and Kegan Paul, 1986; Ronald D.Cohen, *Children of the Mill: Schooling and Society in Gary, Indiana, 1906—1960*, Bloomington: Indiana University Press, 1990.

② John L. Rury, *Education and Women's Work: Female Schooling and the Division of Labor in Urban America, 1870—1930*, New York: Albany State University of New York Press, 1991.

③ Jeffrey Mirel, *The Rise and Fall of an Urban School System: Detroit, 1901—1981*, Ann Arbor: University of Michigan Press, 1993.

④ Adam R. Nelson, *The Elusive Ideal: Equal Educational Opportunity and the Federal Role in Boston's Public Schools, 1950—1985*, Chicago: University of Chicago Press, 2005.

级和少数族裔不仅参与了城市学校改革,而且支持城市学校的改革。①

其次,在研究领域方面,该时期的城市教育史的作品比 20 世纪 70 年代的作品的范围扩大了。在研究地域上,不仅研究东北部的城市,也研究南部、西南部和中西部等地域的城市。在研究对象上,移民、少数族裔、女子教育、教师组织、特殊教育和补偿教育等受到广泛关注。在研究内容上,除了像 20 世纪 70 年代那样继续关注城市学校的管理、课程和入学率等问题以外,城市学校的财政支出问题受到重视。在研究结论方面,"后修正主义"教育史家认为,在城市学校的改革中,各种利益集团为了自身的利益在教育政策和实践中发生了冲突。在研究方法方面,这个时期的城市教育史学仍采用跨学科研究方法,政治学和社会学理论等被广泛运用。在功能定位方面,这个时期的城市教育史学继续上一阶段的政策服务导向。但这个时期的城市教育史学也存在一些问题:过于重视结构分析;与城市史学的联系不够紧密;个案研究方法的不足日益显露。未来的城市教育史研究需要将教育结构分析与教育的行为分析、城市史学与教育史学、个案研究和区域研究紧密结合起来。②

(三)案例:米雷尔的《底特律城市学校系统的兴衰,1907—1981》

米雷尔的《底特律城市学校系统的兴衰,1907—1981》(简称《底特律城市学校系统的兴衰》)是 20 世纪 80 年代以来受"后修正主义"教育史学影响的城市教育史学的代表性作品。该著作获得了美国多项杰出图书奖。米雷尔和泰亚克一样,通读了他之前的主要城市教育史作品,在继承的基础上对这些作品进行了综合和修正。该书是美国城市教育史学转向时期的代表性作品。米雷尔在书中主要探讨了"底特律城市学校系统为什么会衰落"的问题。在他看来,底特律的城市学校系统在 20 世纪 20 年代处于全盛期,原因在于城市中各个利益集团达成了教育共识,但大萧条和 20 世纪六七十年代在教育支出上的种族冲突导致了学校系统的衰落。米雷尔认为,必须重建底特律的城市学校系统,前提是全社会需要达成对增加教育开支和提高学术标准的共识。

米雷尔持折中史观,认为在城市学校的改革中,冲突与一致并存,对凯茨和泰亚克等教育史家的观点进行了综合和修正。他没有从单一的阶级因素、组织因素或课程因素来分析城市教育改革,而是对此前的主要城市教育史研究进行

---

① Jeffrey Mirel, *The Rise and Fall of an Urban School System: Detroit*, *1901—1981*, Ann Arbor: University of Michigan Press, 1993, p.x.

② 邹春芹:《美国城市教育史学的历史演进》,南京大学出版社 2016 年版,第 169—176 页。

了综合,认为城市教育改革的过程是复杂的,不仅与管理有关,也与阶级、课程、种族和资源等有关。米雷尔尤其强调资源的重要性。同以前的城市教育史家一样,他也采用了个案研究的方法。他的成功之处在于既关注美国城市学校改革普遍的原因和特点,也突出了底特律学校改革的特点。该书的不足是叙述过多,分析不足;有些问题,如社区、20世纪80年代以后底特律的教育改革等没有得到阐述;重视对学校外部的改革动力的分析,但忽视了与学校、课堂有关的教师、管理者和学生的作用的分析。米雷尔关注了大都市的社会空间分布对城市学校系统的影响,但忽略了郊区学校系统和房地产市场,以及这两者背后的相关变量。

综上所述,美国城市教育史学在20世纪60年代末正式诞生,20世纪70年代基本定型,20世纪80年代开始转向,并在发展中不断超越。作为美国教育史学的一个重要研究领域,美国城市教育史学的政策取向丰富了美国教育史学的功能。美国城市教育史学是与政策研究最为紧密的一个领域,反映了美国教育史学术性和现实性并重的特点,为中国的教育史研究提供了诸多启示。中国的教育史研究可以,而且有责任为教育政策制定服务,教育史学家可以通过对历史类似问题的梳理与分析,帮助人们重新思考教育,重新理解教育问题和教育对策。

第三节　西方主要国家的城市教育史学

城市教育史研究最先诞生于美国,并在那里发展壮大。受其影响,加拿大、英国和澳大利亚等国也形成了城市教育史的专门研究领域。20世纪60—70年代初,加拿大的历史学从传统史学向新史学转变。这与英国、法国,尤其是美国的社会科学的影响有关。在教育史学领域,以美国历史学家贝林和克雷明为代表的温和修正派和以凯茨为代表的激进修正派都对加拿大的教育史学产生了一定影响。凯茨在移民加拿大前后完成的一系列研究成果,特别是他的城市教育史学的作品,对于加拿大教育史学中的激进修正派的发展产生了直接影响。加拿大著名历史学家哈里甘(P. J. Harrigan)在1985年提交给加拿大历史协会的论文中认为:"迈克尔·凯茨作为一位来自美国的移民学者,对20世纪70年代的加拿大教育史有着重大影响。1975年出版了他和麦汀利(P. H. Mattingly)的论文集,在研究了60年代美国学校教育系统的基础之后坚定地提出了一种新的史学范型,同时他还强调社会学方法在教育史研究中的重要性并抨击叙述性史学。卡茨的方法论对加拿大教育史学产生了立竿见影的效果。"①

当时加拿大教育史学最受争议的领域是 19 世纪城市化和学校结构发展之间关系的研究,尤其是对安大略学校系统的历史研究。20 世纪 60 年代末,卡茨来到多伦多大学的安大略教育研究所工作以后,开展了"加拿大社会史项目(Canadian Social History Project)"。该项目的主要理论基础来自社会学,尤其是社会控制理论。在研究中使用社会控制理论的加拿大教育史家也被称为激进修正派。他们对 19 世纪安大略的教育和其他社会机构的出现作出了如下解释:教育机构和其他机构的变迁是城市发展、工业发展的直接结果,是面对社会瓦解采取的机构措施,是社会和经济环境之外新的家庭形式出现的结果。② 凯茨的两个学生休斯顿(Susan Houston)和普伦蒂斯(Alison Prentice)③也是激进修正主义者,以"城市"的视角开展了大量研究。

20 世纪 70 年代,加拿大教育史学的激进修正派的研究成果不断问世,尤其是城市教育方面的作品。如卡茨移民到加拿大后,和他的学生对 19 世纪加拿大的中等城市汉密尔顿(Hamilton)进行了大量的研究。凯茨认为,汉密尔顿在1850 年以后的 30 年里,从一个小型的富裕的商业中心转变为一个工业城市。它成为探索城市化、工业化、家庭结构和学校关系的实验室。④ 在他的影响下,"城市"范式成为当时加拿大教育史学研究的主要范式。普伦蒂斯研究了多伦多和哈利法克斯(Halifax)两个城市,认为城市地区的年级制学校系统和专业等级制导致了教学女性化的迅速发展。他的另外两名研究生戴维(Ian E. Davey)⑤和格拉夫(H. Graff)认为汉密尔顿 19 世纪中期学校教育的扩张,维持甚至是加剧了现存的社会和经济不平等。⑥ 丹顿(Frank Denton)和乔治(Peter

① Patrick J. Harrigan, A Comparative Perspective on Recent Trends in the History of Education in Canada, *History of Education Quarterly*, 1986(Fall), p.78.

② N. Sutherland & J. Barman, Out of the Shadows: Retrievin the History of Urban Education and Urban Childhood in Canada, in R K. Goodenow & William E. Marsden, *The City and Education in Four Nations*. Cambridge: Cambridge University Press, 1992, p.92.

③ Alison Prentice, The Feminization of Teaching in British North America and Canada, *Histoire Sociale-Social History*, 1975, 8(15), pp.5 - 20.

④ Michael B. Katz & Ian E. Davey, School Attendance and Early Industrialization in a Canadian City: A Multivariate Analysis, *History of Education Quarterly*, 1978, 18(3), pp.271 - 293.

⑤ Harvey J. Graff, Towards a meaning of literacy: literacy and social structure in Hamilton, Ontario, 1861, *History of Education Quarterly*, 1972, 12(3), pp.411 - 431.

⑥ Harvey J. Graff, Towards a meaning of literacy: literacy and social structure in Hamilton, Ontario, 1861, *History of Education Quarterly*, 1972, 12(3), pp.411 - 431.

George)分析了汉密尔顿的入学率,并得出具有冲突史观色彩的结论。①

凯茨的社会控制理论直接影响了加拿大的城市教育史研究。他在自己的著作中多次提到了"社会控制",认为城市学校是社会控制的工具,其根本特征是精英本位的、反民主的和科层制的。"社会控制"是一个社会学名词,指的是各种组织,制约和引导集体行为的机制。最早由美国社会学家 E.A.罗斯(E.A.Ross)在 1901 年出版的《社会控制》中提出。② 20 世纪 80 年代以后,这种"社会控制"理论开始受到加拿大学者的批判,他们开始运用家庭策略的方法来研究城市教育。家庭策略被解释为家庭及其成员的决策过程和时机,例如,何时让孩子教育、选择什么样的学校、何时让孩子离家谋生、何时更换住所等。③ 此外,社会文化机构也开始成为加拿大城市教育史研究的重要内容。加拿大城市教育史中占主流地位的"家庭策略研究方法"是一种典型的生态学方法。生态学理论在城市教育史研究中运用广泛,尤其是在 20 世纪 80 年代之前。生态学在城市研究中的运用被称为人类生态学。人类生态学是 20 世纪 20 年代由麦肯齐(R. D. Mckenzie)、恩斯特·伯吉斯(E. W. Burgess)、罗伯特·帕克(R. E. Park)为代表的"芝加哥学派"创立的。人类生态学分析最突出的特征是重视社会生活的空间、环境的背景。城市发展的生态解释模式采用达尔文进化理论的逻辑,认为人类社会也与生物界一样,是一种生物链的相互关联,城市中人的行为举止是由城市的物质环境决定的。生态学与城市研究联系起来后,更关注自然环境和社会环境的互动以何种方式造成了不同的行为,以何种方式影响了城市社区的发展。西方的城市教育史家运用了生态学方法来研究学校,重视研究教育结构而不是研究行为,从对大量的结构变量(如密度、规模和多样性)的分析来导出结论。"家庭策略方法"试图阐释不同社区间的不同态度和关系,刺激了人们重新审视家庭、学校和工作间的关系。教育史家得出的结论是 19 世纪晚期加拿大的教育发展与家庭决策有着很大的联系。

英国的城市教育史研究开始于 20 世纪 70 年代,产生的原因包括美国教育史的影响、城市教育的危机以及新教育社会学的产生。虽然早在 20 世纪 60 年

---

① Alison Prentice, The Feminization of Teaching in British North America and Canada, *Histoire Sociale-Social History*, 1975, 8(15), pp. 5 - 20. Ian E. Davey, Trends in female school attendance patterns, *Scial History*, 1975, p. 8. Frank T. Denton, Peter J. George, Socio-economic influences on school attendance: A study of a Canadian county in 1871. *History of Education Quarterly*, 1974, 14(2), pp. 223 - 232.

② [美]刘易斯·A.科塞:《社会思想名家》,石人译,上海人民出版社 2007 年版,第 319 页。

③ 武翠红:《论"家庭策略"方法在教育史研究中的运用》,《教育学术月刊》2012 年第 1 期,第 86 页。

代,城市史就成为英国城市研究的重要组成部分,并发展迅速,但城市教育史研究却迟迟没有起步。20 世纪 70 年代,英国出现了将历史研究与当代教育政策联系起来的呼声,但是讨论城市教育特点和发展的历史作品很少。20 世纪 70 年代初期,美国城市教育史研究对英国的城市教育史研究产生了一定影响。[①] 1976 年英国城市史学家瑞迪(David Reeder)的《19 世纪的城市教育》(*Urban Education in the Nineteenth Century*)一书出版,该书被誉为英国城市教育史的奠基之作,第一次将城市教育作为历史研究的焦点。[②] 1984 年,英国学者格雷斯(Gerald Grace)的《教育和城市:理论、历史和当代实践》(*Education and the City: Theory, History, and Contemporary Practice*)系统研究了城市教育的历史和理论。20 世纪 80 年代之前,英国城市教育史研究侧重于研究城市学校教育。20 世纪 80 年代以后,研究英国工厂学校、孤儿院、城市家庭、大众文化的作品开始增多。

　　新马克思主义方法在英国最为盛行,美国、澳大利亚和加拿大等国也有大量学者使用新马克思主义的视角。新马克思主义理论是一种政治经济学理论。新马克思主义者将经典马克思主义的劳动价值和剥削的理论、资本原始积累理论、阶级斗争理论运用到城市研究中。起初,一些新马克思主义者认为学校教育是富人强加给穷人的一种方式,是一种创造温顺的、守时的、尊重私有财产的工人阶级的工具。但后来一些马克思主义学者发展了新的理论,不再将学校视为阶级斗争的工具,而是将学校视为无数阶级斗争发生的一个场所,将学校视为无数资产阶级社会再生产发生的一个场所。英国的教育史研究深受马克思主义的影响,运用了阶级分析的范畴。英国的城市教育史家强调了城市中教育供给方面社会阶级的作用和本质,尤其是工人阶级。[③] 社会阶级是英国城市教育史的关键主题。布莱恩·西蒙(Brain Simon)在考察过去两个世纪的教育系统发展时,强调了社会阶级冲突在决定教育系统的性质时的重要性。他还认为大的工业化城镇的发展也是影响教育发展的一个关键因素。[④]

　　澳大利亚的城市教育史研究在 20 世纪 80 年代初才出现,原因主要是澳大

　　① Gerald Grace, Education and the City: Theory, History, and Contemporary Practice. London: Routledge & Kegan Paul, 1984. p.3.

　　② Bill Marsden and Ian Grosvenor, David Reeder and the History of Urban Education, History of Education, Vol. 36, No. 3, May 2007, p.306.

　　③ Gary McCulloch, History of Urban Education in The United Kingdom, in W. T. Pink & G. W. Noblit(eds), *International Handbook of Urban Education*, Springer, 2007, p.946.

　　④ Gary McCulloch, *Edcuation, History and Social Change*, London: Institute of Education, 2003.

利亚的城市教育史研究晚于英、美、加三国。在 20 世纪中期之前,澳大利亚教育史学是国家—民族本位的。20 世纪 70 年代中期,美国的修正主义教育史学开始影响澳大利亚教育史学界。当时澳大利亚的大学课程中就出现了凯茨、斯普林和格里尔的作品。20 世纪 70—80 年代初,澳大利亚教育史学研究的主题也是学校科层制的演进和管理者的努力等问题。[①] 学校毕业生的高失业率使得人们开始关注城市教育,新社会史的繁荣引发了学者对澳大利亚社会史的兴趣。联邦政府对本土研究的鼓励、英美城市教育史研究的思想和方法的影响等因素交织在一起,促进了澳大利亚城市教育研究的产生。澳大利亚学者开始以单个城市为案例,在城市化和工业化相关理论的基础上研究学校教育的起源。该国学者研究的侧重点是关注城市中的学校以及家庭生活中的性别建构和社会再生产。

---

① Kerry Wimshurst & Ian Davey, *The "State" of the History of Urban Education in Australia*, in R K. Goodenow & William E. Marsden, *The City and Education in Four Nations*. Cambridge: Cambridge University Press, 1992, p.76.

第八章　西方女性教育史学

　　女性主义教育史学是二战后西方教育史学发展中的一支劲旅。20 世纪 70 年代,妇女史在西方兴起,并逐渐成为历史学科中的专门领域,构成新史学运动的重要组成部分,与社会科学一些学科,如社会学、人口学、经济学、人类学和心理学等关系密切。妇女史是在批判社会史只重视社会群体中的男性而忽视女性的前提下诞生的,包括女权运动史和妇女社会史,把研究重点转向过去普通劳动妇女在劳动场所和家庭的经历,中心仍是妇女解放问题,而这又和性史联系起来。30 年来,妇女史从关注妇女史转向从社会性别视角研究妇女—社会性别史(women & gender's history),社会性别概念已成为当代西方女权主义理论的核心概念。结构功能主义者认为,性别不只是生理上的差别,更是社会角色的差别。20 世纪 90 年代以来,文化史取向的妇女—社会性别史研究建立在文学批评理论和后结构主义人类学的基础上。西方妇女史家注意到不同妇女群体之间历史经验的差别和妇女主体身份的多元性,主张根据阶级、种族、性别和宗教等多元主体身份来研究女性,并用发展眼光来动态地研究妇女的历史,进而将文化研究和心理分析的方法合流互补,努力打破生理性别(sex)和社会性别(gender)二元对立的思维模式,运用于妇女—社会性别史的研究。[1] 这种变化深刻影响了当代西方教育史学流派的发展。

第一节　西方女性教育史学的兴起

　　美国著名政治学家爱丽思·马里恩·杨(Iris Marion Young)指出:"几千年的历史事实上是女性经验不在场的历史,是女性缺席的历史。"[2]西方教育史学

---

　　① 杜芳琴:《妇女/社会性别史对史学的挑战与贡献》,《史学理论研究》2004 年第 3 期,第 4—8 页。
　　② Iris Marion Young, Socialist Feminism and the Limits of Dual System Theory, *Socialist Review*, 1980(3), pp.7 - 12.

中女性的"缺席"大致可以从以下两个方面来理解:一是描述性的缺席。历史书写以男性为中心,女性在历史发展中的作用被传统的思想框架忽视了;二是女性主体性的缺席。失去主体性的女性被视为男性社会的边缘人,女性是历史的盲点,她们只具有生理性别,不具备文化性别和社会性别。

19世纪,教育史是西方大学、师范学院和师范学校教育系中开设最广泛的课程之一,刺激了很多专业史学家转向教育史学的研究。激荡的社会运动,尤其是女权运动对史学家们的研究产生了深刻影响。在19世纪中期,美国爆发了第一次女权运动。在自由主义思想的影响下,产生了强调理性、公正和机会均等的早期自由主义女性主义思想,深刻影响了一批又一批的史学家们。很多专业史家在撰写本国教育史的过程中发现,如果要想构建一部完整的、可信赖的教育通史,就无法忽视女性教育的历史。为了填补这一空白,很多原本研究本国教育史的专业史家转而研究女性教育史。20世纪60年代,第二次女权运动蓬勃发展,女性主义开始介入教育史研究,专业史学家自觉运用女性主义理论和视角来研究本国教育史。

一、西方女权运动与西方女性教育史学

女权运动是妇女争取解放、要求社会平等权利的政治斗争,与资产阶级政治革命紧密相连,目标指向男权中心社会,以实现男女在社会权利上的平等。启蒙运动对于民主、自由和天赋人权的宣扬,使得《人权宣言》成为衡量和思考社会问题的圭臬。一批妇女开始不仅从人的角度,也从女人的角度思考社会不平等的问题。此后,女权运动席卷了整个欧洲,在英国,女权主义者玛丽·沃斯通克拉夫特(Mary Wollstonecraft,1759—1797)强烈谴责英国社会男女不平等的现象,并围绕妇女教育提出了三个问题:妇女为什么要受教育;妇女应当接受什么样的教育;妇女如何接受教育。英国另一位著名的女性主义者艾米丽·戴维斯(Emily Davies,1830—1921)在《为女性的特殊教育系统》(*Special System of Education for Women*)一书中主张不应把女性的教育仅仅局限于使她们更好地做妻子、做母亲,而是应当为她们提供内容广泛的知识教育。[①] 艾米丽·戴维斯从修正教育定义入手来解读女性教育,在《女性的高等教育》(*The Higher Education of Women*,1866)一书中表达了对现有教育定义的怀疑,认为很多教育家在对教育进行定义时,其倾向性只适合男性,教育定义被贴上了独特的男性

---

① 顾明远、梁义忠:《世界教育大系——妇女教育》,吉林教育出版社2000年版,第125页。

标签。

随着西方女子高等教育的发展,对欧洲妇女高等教育史学的关注也成为研究的一个重点问题。1890年,海伦·兰格(Helene Lange,1848—1930)发表《欧洲妇女的高等教育》(*Higher Education of Women in Europe*),全书共分九章,分别介绍了英国早期运动;英格兰地区最早的女子学院;妇女和医学研究;英格兰地区的中等教育;英格兰和德国的道德教育;英格兰和德国的知识教育;欧洲其他国家的教育;为什么妇女应该进入高等教育;德国妇女高等教育失败的原因等内容。《教育史》(*History of Education*)杂志主编哈里斯(W. T. Harris,1835—1909)在评论兰格的著作时指出:"在教育史系列丛书中,我们之所以选择兰格的论文,首先是因为它着眼于一些英语国家,这些国家已经朝前跨出了第一步,并且正在努力建立各种不同特点的妇女高等教育,其次妇女高等教育是一个有争议的话题,选择这些保守派撰写的论文,我们可以以此为镜,审视所有国家的整体的运动发展轨迹,从最开始直到最后的发展,像一幅图画一样。"①

作为欧洲女权运动的代表人物,沃斯通克拉夫特和戴维斯的主张体现了欧洲早期自由主义的思想。她们坚信,男女在智力水平上没有本质的区别,应与男性一样接受教育,希望通过男女接受同样的教育,消除男女之间的不平等,实现自由、平等的社会目标。尽管沃斯通克拉夫特和戴维斯来自不同国家,她们的史学研究却有一个共同特征,即侧重对上层妇女和中产阶级妇女的研究,很少涉及下层普通劳动妇女。作为自由主义女性主义教育史学思想的代表,她们虽然主张妇女应该接受各种教育,但不希望夸大妇女教育对女权运动的影响。②

总之,欧洲女性主义教育史学倾向于对中产阶级女性教育史学研究,主要表现在对中产阶级女性高等教育史学的研究。欧洲女权运动背景下产生的早期欧洲女性教育史学,为南北战争后美国女性教育史学的发展提供了丰富的研究基础。此后,美国爆发了第一次女权运动,随着女子学校和男女同校机构的设立,美国女性普遍享有了接受初等和中等教育的权利,许多高等教育的大门也为女性敞开了。在上述背景下,这一时期出现了一批女性教育史学的著作。

二、传统西方教育史学的内部危机

作为一种学术思潮,女性主义是在20世纪60年代介入人文和社会科学各

---

① Helene Lange, *Higher Education of Women in Europe*, New York: Thoemmes Press, 1890, p. xvii.

② 周愚文:《英国教育史学发展初探(1868—1993)》,《台北师大学报》1994年第39期,第88页。

学科的。那时,西方教育史学内部有两个现象为女性主义的介入提供了重要机遇:一是长期以来教育史学内部形成的对女性或性别问题的普遍忽视;二是教育史研究宏大叙事、包罗万象的统一理论的和反实证主义潮流的兴起。

首先,史学本体论的困境。20世纪60年代,工人运动、民权运动、妇女运动、反战运动和学生运动汇集成一股声势浩大的反政府、反现存教育制度的巨流,不仅冲击了美国社会,也使美国史学界发生了变革。就美国历史协会来说,20世纪60年代以来发生了很大的变化:历任主席各有不同的背景,来自不同的专业,彼此很难找到共同的主题,在他们中间虽然仍有少数传统史学的卫道者,但更多的是新史学的拥护者。随着越来越多的黑人、妇女、少数族裔和年轻一代登上历史学舞台,他们开始对战后教育进行不懈的批判,反主流教育运动在西方教育界愈演愈烈。著名教育史学家布莱克莫尔(Jill Blackmore)在《教育史的形成:女性主义的观点》(*Making Educational History: A Feminist Perspective*,1992)一书中表达了这种质疑,进而倡导建立一种"女性主义教育史学"来取代代表教育秩序普遍话语的传统教育史学。[①]

其次,史学认识论的困境。西方教育史学的辉格党(Whigs)传统在20世纪前半期依然占据主流地位。1931年,赫伯特(Butterfield Herbert,1900—1979)在《历史的辉格解释》(*The Whig interpretation of history*)一书中指出:"历史的辉格解释的重要组成部分就是,它参照今日来研究过去,通过这种直接参照今日的方式,会很容易而且不可抗拒地把历史上的人物分成推动进步的人和试图阻碍进步的人,从而存在一种比较粗糙的、方便的方法,利用这种方法,历史学家可以进行选择和剔除,可以强调其论点。"[②]巴特菲尔德对传统的辉格史观提出了质疑。在《历史的辉格解释》中,他将辉格派的概念扩展到一般意义上的编史学领域,质疑辉格派的方法论,认为直接参照今日的标准来解释历史,势必会造成历史认识的简单化。赫伯特主张历史的解释应该从当时社会的实际出发,以历史的眼光看待历史,做出符合当时历史的解释和回答的一种倾向。[③]

再次,史学方法论的困境。20世纪60年代以后,西方现象学、解释学和女性主义批判理论等思潮的广泛传播,使得作为自然科学和社会科学基础的实证

---

① J. Jill Blackmore, *Making Educational History: A Feminist Perspective*, Geelong: Deakin University Press, 1992.

② Butterfield Herbert, *The Whig Interpretation of History*, London: G. Bell and Sons Ltd, 1931, p.11.

③ 王晓玲:《科学史的辉格解释与反辉格解释》,《郑州航空工业管理学院学报》2009年第5期,第63页。

主义受到前所未有地冲击,对教育史学基本概念和方法进行重新审视,用批判的研究方法来审视历史成为教育史家的当务之急。澳大利亚教育史家坎贝尔(Craig Campbell)和谢灵顿(Geoffrey Sherington)在谈到战后西方教育史学状况时指出:"研究主题、视角和方法论的多元化已经成为这一学科的标志。"①著名史家库恩(Thomas Kuhn,1922—1996)指出:"加拿大教育史编纂领域,就像一个毫无规范的理论舞台。在这个舞台上,不同的学者运用不同的观点,采用不同的方法,描述和解释着他们面对的同一现象。这里不存在统一的论证和一致的理论观点,教育史家们也不承认任何应当共同遵循的研究规范和标准"。② 教育史家依赖社会科学模式,在教育史研究中充斥着对技巧和实证主义的强调。方法论的多元化也威胁到教育史作为师资培训课程的前景,导致教育史学科本身的危机和边缘化。随着后现代主义而兴起的文化研究以怀疑主义的姿态,对所有以追求普遍性为目标的所谓"宏大叙事"进行挑战。女性主义者以普遍的男性话语为批判目标,毫不迟疑地加入到这些持异见的挑战者的行列。

西方女性主义研究的兴盛是 20 世纪不可忽视的学术现象。当代女性主义研究起源于 20 世纪 60 年代女性主义运动"第二次浪潮"政治风暴。后来,女性主义开始向文化界和学术界进军。西方女性主义又与同时代风靡西方的反主流文化浪潮相契合,带有很强的反主流意识和批判意识,因而常常被归为批判理论或后现代主义的一种。③ 与女性主义在其他学科的表现相类似,女性主义教育史研究主要集中于对学科本身的男性中心导向的批判,倡导在女性经验基础上建立新的学科范式。尽管女性主义自身在教育史学话语的批判与重建问题上还存在诸多分歧,主流教育史学界对女性主义在教育史研究中的作用也存在各种评价,但学术界已无法对 20 世纪 60 年代以来女性主义在教育史学中发出的声音置之不理,当代教育史研究理论和方法流派的教科书已无法将女性主义理论或性别分析方法排除在外。④ 女性主义视角立足于一种全新的"社会性别"(Gender)视角,强调女性作为"他者"的经验和价值,为当代女性主义教育史学开辟了一种日常生活的教育史学图景。这种尝试对教育史研究具有启发意义,女

---

① Craig Campbell & Geoffrey, Sherrington, The History of Education: The Possibility of Survival, Change: Transformations in Education, *History of Education Quarterly*, 2002 (5), pp.46 - 64.

② Thomas Kuhn, The Structure of Scientific Revolutions, in Otto Neurath, *International Encyclopedia of United Science*, Chicago: University of Chicago Press, 1970, pp.11 - 12.

③ 吴英:《"他者"的经验和价值》,《妇女研究》2003 年第 1 期,第 3 页。

④ J. Blackmore, *Making Educational History: A Feminist Perspective*, Geelong: Deakin University Press, 1992, p.3.

性主义也因此在教育史学界获得一块稳固的地盘。

女性主义的影响不仅表现在对男女角色行为和性别意识的重新理解上,更重要的是由社会思想意识的变化而导致的学术变迁,集中体现在学院派女性主义者(Academic Feminism)所创立的女性研究(Women's Studies)领域。女性研究又被称为"女性主义研究"(Feminist Studies),从独特的性别视角对整个西方学术传统进行重新审视,认为传统学术主要以白种男性的生活为基础,忽视和排斥了女性的经验。① 女性研究有三重使命:一是通过性别问题研究和性别不平等的分析为妇女的意识觉醒提供启蒙教育,并为妇女运动提供理论指导;二是消除文化界和学术界的性别歧视,提高知识妇女的地位;三是建立女性主义的知识图式、文化模式和研究方法。因此,女性研究带有明显的反传统、反主流文化的特征,从对性别问题的关注发展到对传统学术的批判,从参与运动转向知识讨论。就美国教育史学领域而言,女性主义介入学术领域主要表现在妇女史研究、性别史研究以及女性学研究等方面。事实上,女性研究本身就是女权主义运动在学术领域的延伸,也是女性主义理论开始以一种批判的视角来解释学术领域的种种问题的开始。

社会性别和女性主义史学研究深刻影响了 20 世纪 80 年代以来的西方妇女教育史研究,相关作品在西方各国不断问世。1992 年,珀维斯(J. Purvis)发表《英国教育史学:一种女性主义批判》一文,批评英国教育史学界面对女性主义的挑战表现得行动迟缓,认为英国教育史学界是一个男性主导的学术世界,其研究重点是男人或男孩的教育,女人和女孩的经验往往被弱化,应该改变这种状况。② 1993 年,珀维斯又研究了 1860—1993 年黑人女权主义者思想的发展在教育中的作用。赫德(C. Heward)从社会性别角度研究了英国公学。③ 1992 年,阿尔贝蒂尼(P. Albertini)编写的《19—20 世纪法国的学校:女子大学》一书研究了近现代法国女子大学的发展情况。1982 年,德国学者艾伦(A. T. Allen)的《心灵的母亲:德国女权主义者和幼儿园运动:1848—1911》一文从女性主义视角重新研究了德国的幼儿园运动。④

---

① 吴小英:《科学、文化与性别——女性主义的诠释》,中国社会科学出版社 2000 年版,第 9—10 页。

② J. Purvis, The Historiography of British Education: A Feminist Critique, in, A. Rattansi & D. Reeder, *Rethinking Radical Education: Essays in Honour of Brian Simon*, London: Lawrence & Wishart, 1992, pp. 249 - 266.

③ C. Heward, Public School Masculinities: an Essay in Gender and Power, in G. R. Walford, *Private Schools: Tradition, Change and Diversity*, London: Chapman, 1991, pp. 123 - 136.

④ A. T. Allen, Spiritual Motherhood: German Feminists and Kindergarten Movement, 1848—1911, *History of Education Quarterly*, 1982(3), pp. 251 - 269.

第二节　美国女性教育史学发展研究

美国女性教育史学的发展大致经历了三个历史时期：一是 19 世纪末 20 世纪初美国传统女性教育史学正式诞生；二是 20 世纪 60—90 年代美国女性教育史学的发展；三是 20 世纪 90 年代之后美国女性教育史学发生转向，21 世纪以来初露全球史的端倪。纵观其发展历程，美国女性教育史学的是一个在女性主义理论的指导下不断走向深入的过程，矛盾斗争是历史的常态，在斗争中前行是美国女性教育史学发展的脉络。

一、美国女性教育史学的历史发展

"美国女性教育史学"分为广义和狭义两层含义。广义上的美国女性教育史学涵盖了美国女性教育的一切史学。而狭义上的美国女性教育史学主要是指在女性主义思想指导下，由女性主义史学家或教育家为女性而书写的女性教育的历史，其研究者和研究对象都是女性。根据上述理解，笔者以 20 世纪 60 年代女性主义思想正式介入美国教育史学领域为界，前后分别用"传统"和"现代"代表其发展的前两个历史阶段，即美国传统女性教育史学发展的历史阶段和美国现代女性教育史学发展的历史阶段。其一，美国传统女性教育史学是在早期自由主义女性主义的影响下，初步呈现了"她史"的女性教育历史叙述的雏形。其二，20 世纪 60 年代以来，由于女性主义内部阵营的分化，美国女性教育史学分别在晚期自由主义女性主义和激进主义女性主义思想影响下，由"女性教育批判派"和"女性中心论派"相继作为史学叙述主体而发展出的具有"性别史"特色的美国现代女性教育史学形态。其三，20 世纪 90 年代以来，美国女性教育史学在后现代女性主义理论的影响下开始发生转向，呈现了"普遍史"的美国后现代女性教育史学形态。笔者对传统、现代和后现代三个不同历史时期的美国女性教育史研究不仅基于显性的历史分期的考虑，也将女性主义思想在不同的历史时期的多元化发展作为研究的一条隐性线索。

（一）"她史"——美国传统女性教育史学的特点

亚里士多德对性别问题的看法为女性主义的批判提供了一个相对明显的目标。他认为，"自然不会徒劳造物"，要根据事物的功能来确定事物的本质。这里的自然是分层次的，正如对男人和女人的关系，这是一种自然的统治和自然的从属的关系。亚里士多德也认为女性本质上是无能力的、无资格的。柏拉图也只是表面上的"女性主义",尽管他认为生理结构不应该是命定的,生物学上的性别差异不能决定每种性别参与更广阔的社会秩序,但男性至上主义在柏拉图的著作中频繁出现。希腊理性主义非常强调"男性—女性"的分级,女性主义对于传统的研究主张以一种批判现实主义的精神来解释这种性别化的现象。①

18—19 世纪早期的自由主义女性主义率先展开了对美国教育史学的批判。18 世纪自由主义女性主义的核心思想是"平等教育",19 世纪自由主义女性主义则转向了"平等的权利和经济机会"。早期的自由主义女性主义主要从道德和审慎的角度来界定理性。然而,无论从道德的还是从审慎的角度来界定理性,自由主义女性主义都认同一个公正的社会允许个人去发挥他们的主体性,以实现自我。因此,提出"权利高于善,必须优先考虑"的口号。② 总体来说,自由主义女性主义的基本观点如下:第一,提倡理性,质疑传统的男性权威。第二,注重公正和机会均等,认为女性受压迫的根源在于缺乏公正竞争和受教育的机会。第三,反对关于女性的传统哲学思想,即在理性上女性比男性低劣。③

托马斯·伍迪(Thomas Woody,1891—1960)是早期自由主义女性主义思想的主要代表人物。她于 1929 年出版的《美国女性教育史》(A History of Women's Education in the United States,1929)是一本具有"她史"特点的著作。主要贡献有:第一,撰写历史上的杰出女性的教育以及她们在重大历史事件中的政治作用,将女性作为一个新的主体,纳入已有的史学研究范畴中,完成了一部浩大的"填补史"。第二,竭力挖掘一切有关女性教育的新史料,包括官方史料和未经筛选的大量的二手史料。基于女性的生活,从女性的视角出发,向史学领域中既定的概念发起挑战,为史学研究开拓了新的思路。第三,基于女性生活的结构和女性文化的特点,力图使女性教育史从传统的史学框架中脱离出来,以探讨形成女性主义思想的根基。这种"她史"的撰写方式无疑肯定了美国女性教育史的科学性,确立了其在史学界的地位,通过拓宽史料来源,挖掘有关女性教育的崭新史料,运用直线进步的史观来审视美国女性教育的历史,称颂女性教育在历史变迁中的进步性和能动性。此外,伍迪通过填补女性教育史的空白,有力地反驳了史学界对于主流史学没有女性自己历史的刻板印象,不仅重塑了美国女

---

① [英]米兰达·弗里克、詹妮弗·霍恩斯比:《女性主义哲学指南》,肖巍、宋建丽、马晓燕译,北京大学出版社 2010 年版,第 17 页。

② Michael J. Sandel, *Liberalism and its Critics*, New York: New York University Press, p. 4.

③ 李银河:《女性主义》,山东人民出版社 2005 年版,第 40—42 页。

性教育的历史,更催生了很多新的史学研究领域。

但是,早期自由主义女性主义指导下的美国女性教育史也有其不可避免的缺陷:第一,以生理性别作为分析范畴,无疑人为地将男性和女性割裂开来进行研究,这种研究是片面的,无法真正找到男女不平等的根源。第二,"填补史"只能简单地将女性教育史置于既定的研究框架之中,对现存的以男性为主导的教育史学或补充或批判,实质上无法跳出主流史学的研究范畴,很多女性教育史学仍是从男性的角度来审视。第三,直线进步史观过分称颂了美国女性教育的历史是女性不断获得进步和解放的过程,没有看到女性在获取解放的过程中遇到的阻碍,因此,无法客观地对历史做出公允的评价。第四,早期的自由主义女性教育史学并没有将父权制、种族歧视和阶级霸权作为分析教育中两性之间不平等的工具,因此,自由主义女性教育史学陷入了矛盾中,这也为现代女性教育史学的确立构筑了逻辑起点。[①]

(二)性别史——美国现代女性教育史学的特点

美国后现代女性主义学者朱迪丝·班尼特(Judith Bennett)在《历史问题:父权制与女性主义的挑战》(*History Matters: Patriarchal and Challenge of Feminism*,2011)一书中指出:"女性史与女性主义史不能画等号,女性主义史学家应该写女性主义史学,因为女性主义是女性史在美国得以生存和发展的精神支柱,削弱了女性史中的女性主义,无疑是抽取了它的骨髓,否定了它的存在价值"。[②] 现代视阈中的美国女性教育史学将女性主义理论作为指导思想,开始了深入的社会性别史研究。

"现代"一词蕴含两种含义:一是在有形的物质方面,意味着积极性和前瞻性,主要是指技术的进步和创新;二是否定大于肯定的含义,意味着反对中世纪的思想褊狭、教条主义以及对权力的限制。因此,"现代"的视阈是一种人类对自身的胜利或是对特权者的胜利,其胜利的道路不是知识发展的道路,而是社会冲突的道路。现代性不是技术和财富不断增长的现代性,而是实现真正的民主(反对贵族统治和精英统治的民众统治),人类自我完善的现代性以及人类自我解放的现代性。[③] 现代性是20世纪后期西方哲学广泛关注的概念,哈贝马斯(Jürgen

---

① 甘永涛:《传统、现代、后现代:当代女性主义教育的三重视野》,《教育科学》2007年第2期,第23页。

② Judith Bennett, *History Matters: Patriarchal and Challenge of Feminism*, Philadelphia: University of Philadelphia Press, 2011, p.6.

③ [美]伊曼努尔·华勒斯坦:《自由主义的终结》,郝名玮、张凡译,社会科学文献出版社2002年版,第126—127页。

Habermas,1929—)将现代性理解为一个新的社会知识和历史时代,而福柯(Michel Foucault,1926—1984)则批判了哈贝马斯的观点,认为现代性是一种态度,不是一个时间概念。"所谓态度,是指与当代现实相联系的模式,一种由特定人民所做的特定的选择,一种行为和举止的方式,一种归属关系并将它表述为一种任务。"①按照福柯的解释,现代性观念的核心是"理性"与"主体性",用康德的话来解释即认识的可能性不再被视为是客体方面的,而存在于主体的理性能力之中。近代哲学家笛卡尔的"我思故我在"鲜活地阐明了福柯的现代性的两重维度:一是"自我反思"(self-reflection),成为现代性的理论基础和方法论意义,也预示着一种思维方式的转换;二是"主体性的发挥",这也标志着主体的人成为现代性研究的中心,将人提到了一个至高的位置上。

福柯的现代性哲学为传统的美国女性教育史学的现代转向提供了思想根源。20 世纪 60 年代是美国女性教育史学"传统"与"现代"分野的时代,也是美国女性教育史学范式发生变革的时代。这种转型的原因既有史学潮流的外在动因,也有传统女性教育史学的内部困境。第一,美国的修正主义教育史学认为在女性主义的第一次浪潮中,女性虽然获得了平等的受教育权、选举权和工作权,但女性实质上的性别不平等并没有改变,家庭与社会中女性的性别刻板依然存在。史学家需要从社会文化中反思这种实质上不平等的根源,于是,社会性别史成为现代美国女性教育史学的典型范式。第二,传统的美国女性教育史学的辉格传统过分强调了直线进步的史观,忽略了历史中的消极和倒退的部分,显然已不能客观地反映历史的真相。20 世纪 60 年代以后的美国进入一个社会科学的新时代,社会科学各个领域的繁盛,为美国女性教育史学方法论的发展提供了可能的选择,学科之间的相互融合成为历史趋势,社会科学理论也被引入了教育史学领域中。此外,这一时期,专业史学家纷纷参与到教育史学研究中,专业史学家的参与带动了教育史学研究领域的扩展,教育史学研究思维的转换,以上种种都预示着在传统女性教育史学内部将有一场剧烈的变革。第三,自我反思凸显了女性主体的意义和价值,传统的女性教育史学作为填补史,依然将女性视为他者和从属的地位,在两次女权运动的召唤下,女性开始"自我意识觉醒",她们要彻底摆脱这种依附的地位,"自我"便成为理论知识和实践知识在内的知识学的第一原则和先决条件,于是,女性中心论派将"自我"发展到了极致,将女性放在

---

① [法]福柯:《何为启蒙》,转引自汪晖、陈燕谷:《文化与公共性》,生活·读书·新知三联书店 1998 年版,第 430 页。

历史研究的中心地位。在现代性的视阈下,史学家们对于传统美国女性教育史学或站在温和修正的立场,或采取激进的改革,在传统美国女性教育史学的基础上,运用女性主义的理论,沿着两条路径展开对现代女性教育史学的重塑。

正如美国著名政治学家希拉·爱森斯坦(Zillah Eisenstein)在《自由主义女性主义的激进的未来》(*The Radical Future of Liberal Feminism*,1986)一书中所预言的那样:"自由主义女性主义并未过时,它甚至还可能有激进的未来"。① 现代视阈中的美国女性教育史学是女性主义介入教育史学并运用女性主义理论分析教育史学的产物。这一时期,女性主义理论内部产生了分化:一种理论是由早期自由主义女性主义发展而来的。以"批判"和"修正"为特点的自由主义女性主义,围绕着"男女平等对待还是区别对待"的问题,要求将女性从附属的生理性别角色中解放出来,批判性别主义对女性的歧视。另一种理论是强调性别制度是造成男女两性之间不平等根源的激进主义女性主义。围绕着"生理性别与社会性别是有差异的"的论点,从表面的生物结构差异研究转向深层次的性别意识形态研究,为批判父权制、解构二元论、重新理解差异与平等以及性别本质主义提供可能。

在两种女性主义理论的指导下,传统的女性教育史学的现代转向开始沿着两条路径展开:一条是"女性教育批判派"引领的温和的改良主义道路,强调学校加强了美国社会的阶级、种族、性别分层,摒弃了传统女性教育史学的辉格传统,认为女性教育史学的发展不完全是直线进步的过程,在讴歌女性教育史是一段文明进步的历史的同时也要意识到历史中性别主义的存在,因此,学校不仅是限制(limit)也是解放(liberate)了人性,于是,女性主义教育批判派将"隐性课程"的内容添加进伍迪所谓的"学术课程"的范畴内,强调运用社会性别的分析范畴来分析教科书、教师行为、课外活动、咨询活动以及学校自身的组织行为。另一条是由"女性中心论派"引领的激进的改革道路。认为应该将女性的思想、观点、兴趣及行为放在历史的中心位置,认为一切进步的教育史观都是值得质疑的,女性中心论派尤其强调女性"自主性",这一概念指出了女性是历史的发起者和创造者,而非牺牲品和受害者。总体来说,现代视阈中的美国女性教育史学在传统女性教育史学的基础上更加深入研究了社会性别、阶级和种族等问题,从社会结构中找寻性别从归属和性别压迫的深层原因。

---

① Zillah Eisenstein, *The Radical Future of Liberal Feminism*, Boston: Northeastern University Press, 1986, pp.96 - 98.

　　吉尔·凯·康威(Jill Ker Conway,1934—)是自由主义女性主义教育批判派的代表人物,而芭芭拉·米勒·所罗门(Barbara Miller Solomon,1919—1992)是激进主义女性主义的代表人物,她们从各自的立场出发,或批判,或修正,将女性教育置于社会结构的框架中,综合政治、经济、文化、宗教、性别、阶级等多种因素来剖析社会改革和发展,书写一部性别史。第一,将女性作为历史的主体或中心来进行研究。第二,研究社会性别差异,撰写社会性别历史、强调运用社会性别和父权制的分析范式来分析美国教育历史中女性教育实质性不平等的根源。第三,将社会性别研究政治化。社会性别是由社会、经济、政治和文化等因素形成的,因此,要书写性别史就必须更新观念,向传统的文化以及其他社会机体做斗争,只有将人类的历史经验看成一个整体,通过研究不同的社会机体的相互作用,才能寻找到女性受压迫的根源,个人的就是政治的。第四,史料的选择主要围绕着问题分析展开,以传统女性教育史学的史料为基础,精选了原始史料和部分二手史料,在史料的选择和运用上更加贴近研究主题,也更精确。第五,现代美国女性教育史学模式走向综合,试图通过综合恢复历史学的自主性,主要表现在:在研究方法上,主要运用多种因素综合叙述的方法以及新社会史学常用的计量史学的方法。通过调查问卷、数据统计,对女性教育史学走向综合做了初步的尝试。在研究视野上,修正了传统的辉格史学乐观主义的颂扬进步和聚焦精英女性的模式,转而提出整体的教育史研究不仅应记录进步,也要记录倒退,不但要记录教育机构的发展,也要记录教育机构的被剥夺。因此,以整体教育史观为指导,采用将女性的内心愿望与外在阻力结合、将显性史实与隐性史实结合、将机构史、女性史和性别史结合,将历史叙述取向和问题分析取向结合,将专题史与编年史结合的撰史模式。

　　美国女性教育史学在经历了"女性主义教育批判派"和"女性中心论派"的修正和改革之后,伴随着女性主义思想影响的迅速扩大,尤其是20世纪70年代以后美国"女性研究"兴起,很多大学纷纷开始了女性学和女性研究的课程,说明女性主义已经全面进入学术领域,女性主义学者努力树立起学院派的地位。[①] 从自由主义女性主义到激进主义女性主义,尽管女性主义内部流派纷呈,但是二者没有走出二元对立的思维模式,即西方传统学术是建立在男性理性的基础上,是包含性别偏见的,是排斥女性的,女性研究的目的就是通过知识立场的改变,能够建构一种真正解放的社会。然而,如果按照激进主义女性主义教育史学家的

---

① 吴小英:《女性主义的后现代转向》,《青年研究》1996年第12期,第5页。

观点,将女性看成一个整体,并将其放置在历史研究的中心位置,这无疑忽略了女性群体内部的差异性,也忽略了女性受压迫和不平等遭遇的不同方式,忽略了形成这种压迫和不平等的种种社会以及文化环境,势必会将性别史研究引向脱离实际,非政治化的方向。尤其是在多元文化和全球化的时代背景下,现代美国女性教育史学遭遇了后现代的挑战,这也为美国女性教育史学后现代转向提供了逻辑起点。

（三）普遍史——后现代的美国女性教育史学的特点

后现代主义理论家齐格蒙特·鲍曼(Zygmunt Bauman,1925—)指出:"文明的缺憾源于压抑,即人们在获取某些安全的同时,却失去了自由;而后现代性的缺憾源于自由,即人们在得到日益多的自由的同时,却失去了安全感。"①海德格尔(Martin Heidegger,1889—1976)的回答是:"每一种主义都是一种误解并且是一段历史的死亡"。② 利奥塔(Jean-Francois Lyotard,1924—1998)认为:"'后现代'绝不是和现代相断裂的一个崭新时代,它并不是在现代之后,而是现代的初始状态,而这种状态也是川流不息的"。"后"字意味着从以前的方向转向一个新的方向。③ 后现代主义在很多方面都离经叛道:主张自我表现,蔑视社会认同;主张非理性和潜意识的作用,反对理性和逻辑;主张无政府主义,反对权威;主张多元论,反对一元论;主张相对主义,反对绝对主义;主张解构主义、解释学、描述现象,反对本质主义;主张个体主义,反对国家意识和群体意识。④

后现代女性主义学者在其写作中,纷纷摒弃了"菲勒斯中心论(Phallocentrism)"⑤观点,对于女性受压迫的情况,拒绝承认拥有一种无所不包的解释方法,这无疑对后现代女性主义教育史学的发展提出了新的要求,即多元化、多重性和差异性。在后现代女性主义影响下的教育史学存在着两个不能忽略的问题:第一,不能忘记女性在历史变迁中的双重角色——"受害者"和"能动者"。在父权制下,女性倍受压迫和剥削,但女性也在不停地进行抗争和改革。尽管女性的主体性的发挥不一定能改变父权制在美国社会中的地位,但对父权制的发展起到一定的阻抑作用。第二,要充分认识到女性这个群体内存在的差异性和文化多元性。社会性别只是女性存在的一个部分,不同阶层、不同背景、

---

① ［英］齐格蒙·鲍曼:《后现代性及其缺憾》,郇建立、李静韬译,学林出版社2002年版,第3页。
② ［德］马丁·海德格尔:《海德格尔选集》,孙周兴译,上海三联书店1998年版,第1165页。
③ ［法］利奥塔:《后现代性与公正游戏》,谈瀛洲译,上海人民出版社1997年版,第43页。
④ 张之沧:《后现代理念与社会》,南京师范大学出版社2005年版,第20页。
⑤ "菲勒斯中心论"(Phallocentrism)主要是指男性中心论。

不同地缘、不同信仰和不同文化下的女性遭遇是不同的，只有充分挖掘女性内部的差异性才能全面把握女性史的全貌，才能书写一部女性的普遍史。

后现代视阈中的"普遍史"有两层含义：一是基于差异的分析，寻求单一性别整体历史活动的思考，更大程度上综括单一性别身份的差异，从而实现单一性别史的丰富和完善。二是寻求对人类整体历史的实践和哲学的思考，包括从时间和空间上对全人类历史实践活动的考察以及对人类整体历史活动进行规律总结。笔者认为，后现代视阈中对美国女性教育史学向普遍史转向的构想，既基于现实也超越现实。在研究了 21 世纪以来的很多史料后可以发现，基于差异分析范式的单一性别史研究，尤其是对女性普遍史的研究已经初步形成。无论从最初尝试运用差异分析范式的芭芭拉·米勒·所罗门，还是成熟地综合运用差异范式的琳达·艾森曼，她们不仅意识到差异范式在女性教育史学研究中的重要意义，还发展了在差异基础上的综合。但普遍史的第二层含义旨在全球史的背景下发展两性融合的教育史学，仍是一种理想和构想，或者说是未来美国教育史学发展的趋势。

20 世纪 80 年代以来，很多女性主义教育史学家在后现代女性主义思想的影响下，开始对女性内部差异问题进行研究。但在研究中史学家们也发现，一方面，女性主义理论过分重视白人中产阶级女性共同受压迫的经历，难免形成女性的本质主义的模式，从而忽略了工人阶级和黑人女性的历史。另一方面，也是以欧洲为中心的，忽视和低估了第三世界和殖民主义环境对女性生活的影响。因此，普遍主义和本质主义的路径恰恰遮蔽了女性内部种族、民族以及阶级的差异，那么，如何处理这些差异，如何看待各种形式的压迫的相互作用，又如何更好地进行理论建构，使所有的黑人和白人女性都能获得正义呢？后结构主义和后殖民主义理论给了后现代女性主义教育史学家启示。研究者们相信，"公民身份"理论的运用彻底解决了女性主义史学家面对差异和本质主义中的困境。

以美国教育史协会前主席琳达·艾森曼（Linda Eisenmann，1952—）为代表的女性教育史学家，正是在后现代主义女性主义思想的影响下，将美国女性教育史学转到了一个崭新的方向。主要表现在：第一，否定宏大叙事，强调微观史学。反对对性别、种族、民族、阶级作宏观的分析。第二，反对本质主义的二分法，提倡多元、差异的分析模式。第三，话语，即权力的理论。艾森曼将美国女性教育史学方向从"社会"转为"话语"，塑造了一个新的解释视角，即话语就是一切，文本就是一切，历史就是一套修辞的文本。后现代女性主义从福柯关于权力的解读中获得启示，即权力不是被占有的而是在运行的；权力的运作方式主要是生产的而不是被占有的;权力是自下而上的而不是自上而下的。艾森曼批判性地认为,女性中心论派和女性主义教育批判派都没有能够摆脱权力的压制模式,都把权力视为由某种机制或群体占有的东西。因此,她反对将女性和男性的领域划分为"家庭领域"和"公共领域",女性并非隶属于家庭领域,她们也可以进入劳动力市场,履行其公民职责。第三,强调边缘和中心的互动,整体与部分的互动,最终走向综合。艾森曼彻底颠覆了中心和主流,将那些被历史隐藏和忽略的边缘人、他者、底层女性与白人中产阶级女性综合在一起研究,实际上,这也说明在全球化的时代背景下,后现代女性主义史学家更加强调以一种整体的方法论和历史观。综观艾森曼的史学著作,例如,她运用百科全书的方式编著的《美国女性教育历史大词典》。可以看出,艾森曼并不是反对理性和还原论,而是进行整体的、综合的、多元的和系统的史学研究。

（四）三个历史分野之间的关系

全球化语境下审视美国女性教育史学需要将传统、现代和后现代三个历史阶段进行整合,厘清三者之间的关系,有选择地吸收和借鉴。综观三种史学的历史脉络可以发现,"她史"是性别史的前提和基础,性别史是在女性主义的推动下,在"她史"的基础上的深化。性别史中蕴含了后现代的倾向,并为普遍史研究做了初步尝试。因此,从纵向来看,上述三个历史阶段的美国女性教育史学实际上是女性教育史学家在史学叙述中,对女性主义理论运用地不断深入和发展。

首先,"她史"对"性别史"的兴起奠定了基础,并且在对自身的反思中推动了社会性别视角进入史学。(1)"她史"打破了男性精英史学的主导地位,改变了女性被忽略和被抹去的状况,使越来越多的人意识到女性也有自己的教育史。(2)"她史"扩大了史学研究的领域,填补了传统历史的空白,正如琼·瓦拉赫·斯科特所言:"女性史就是要恢复女性在历史中的位置,为女性重建我们的历史"。[1] (3)"她史"挑战了原有的历史分期方法,尝试按照女性的教育经历来重新划分历史时期,冲击了以男性经历为依据的史学分期方法。(4)"她史"也挖掘出了大量关于女性教育的史料,丰富了历史研究。然而,正当史学家试图将女性教育经历挖掘出来,并放进现有历史框架中时,对传统历史理论的怀疑和批判出现了。按照传统的视角,女性和男性的历史并没有太大的区别,然而,当史学家对不同历史时期、不同教育机构内女性教育的史料进行分析时,却发现很难找到与男性历史完全相同的女性教育史,这种简单的添加显然是无法实现的,为了

---

① 　Joan Kelly, *Women*，*History and Theory*，Chicago：Chicago University Press, 1984, p. 1.

更好地将女性教育经历整合进历史框架中,恢复女性在教育史中的应有的地位和作用,史学家们不得不开始寻找新的理论和研究范式来突破传统史学自身的局限。无论是将女性教育经历整合进传统历史中,还是重写与传统史学相分离的女性教育史,女性主义理论和美国女性教育史都有很大的契合之处,这也是史学家首选的理论范畴,尤其是社会性别理论在分析传统的生理性别差异方面有很大的创新。可以说,"她史"孕育了性别史。

其次,性别史具有后现代的倾向,后现代主义进一步影响了性别史理论。女性主义对于美国女性教育史学的贡献在于为其提供了两个研究范式:社会性别和差异。20 世纪 70 年代以来,"社会性别"进入美国女性教育史学研究领域,20 世纪 80 年代初,多数与女性史有关的论文和著作都用"社会性别"一词取代了"她史"(女性史)。社会性别的引入,成就了性别史的成型,也驳斥了生物决定论的观点,史学家开始从社会对两性不同角色分工来考察两性不平等的根源,社会性别的研究更倾向于中立的价值,将两性都纳入到社会关系中研究。进入 20 世纪 90 年代,受后结构主义、后殖民主义的影响,社会性别已经不再是分析美国女性教育史学的唯一范畴,女性内部种族、民族、阶级等形成的复杂的社会文化意义上的权力差异,同样也开始被史学家关注,到 20 世纪末,差异理论已经成为性别史研究的一个重要特征。那么,应如何处理社会性别和差异的关系呢? 美国学者苏珊·费里德曼于 1996 年提出的"社会身份疆界说"影响了女性主义史学家,她认为美国女性教育史学的研究既可以用传统的方法,也可以用后现代的方法,两者都有其功用。[①] 受弗里德曼的影响,后现代女性主义史学家运用"公民身份"理论,将社会性别和差异理论统一起来,培养公民身份也成为后现代女性主义教育史学家普遍的教育观。于是,性别史呈现出后现代的特点:注重探讨性别差异的形成和关于这种差异的社会文化知识的生产和传播。因此,后现代主义是性别史发展的一个重要理论,在很大程度上影响了性别史的理论和写作方法。

再次,普遍史的发展是以"她史"为基础的,普遍史对"她史"是批判性的继承。(1)从宏大叙事到微观叙事。传统派史学家开创了美国女性教育史学宏大叙事的开端,这一叙事也称为"启蒙叙事"。[②] 利奥塔认为"在启蒙叙事中,知识英雄为了崇高的伦理政治目的的奋斗,即为了宇宙的安定而奋斗,用一个包含历

---

① Susan Stanford Friedman, Making History, in Keith Jenkins, (ed.), *The Postmodern History Reader*, London: Rout ledge Press, 1997, pp.231-236.

② 徐浩、侯建新:《当代西方史学流派》,中国人民大学出版社 2009 年版,第 438 页。

史哲学的元叙事(Meta-Narrative)来使知识合法化,将使我们对支配社会关系的体制是否具备有效性产生疑问：这些体制也需要使自身合法化,因此正义如同真理一样,也在依靠宏大叙事"。① 因此,传统史学的叙事使得以元话语为基础的宏大叙事成为知识和正义合法化的护身符,后现代就是要打破这种对于知识和正义的垄断,尽管后现代史学家强调"恢复叙事",但是这是对"启蒙叙事"的解体,大叙事已经失去了可信性,利奥塔声称"语言游戏是以片段的方式建立体制,这样可以提高我们对差异的敏感性"。② 因此,后现代女性主义教育史学家走向微观叙事。(2) 从如实叙事走向分析性叙事的结合。受兰克学派客观主义和重视史料传统的影响,"她史"的撰写倾向于"是怎么样发生的就怎么样叙述"的原则,史学家所做的工作主要是对原始资料进行广泛的收集,进行适当的选择,历史研究过程主要是铺叙直述,描写精英人物或国家事件,但应尽量避免评价是非功过。这种方式使"她史"研究陷入重重危机。从史学本体论上说,极大地限制了历史学的研究领域,也无法对美国女性教育经历做出科学和正确的判断。从史学认识论上说,传统的"她史"否定了历史是一个有规律的发展过程,由于标榜"让史料自己说话",其结果必然导致历史学家在历史认识活动中主体性的丧失,最终使得史学只能成为若干个别事实的知识,而无法对这些没有逻辑主线的,分散的知识和事件做出符合规律的结论。但是,后现代史学家对兰克学派的作风嗤之以鼻。英国史学家彼得·伯克(Peter Burke)认为,叙事史的复兴也是历史学解释类型的变化。③ 斯通认为,新叙述史是对传统叙述史的复兴。笔者认为,后现代的普遍史的叙述有以下 4 个特点：将叙述取向和问题取向结合,叙述是形式,分析是核心;注意重点是"人物"而非"环境",也就是说这种历史是处理"具体"问题,而不是处理"集体"问题;通过在叙述中增强人文性,从而使历史作品主题更接近普通人,历史学从象牙塔走向公众;历史叙述中充分借鉴了其他学科的知识和理论,特别是文化人类学为历史叙述走向文化研究提供了理论支撑。(3) 对于史料的运用。"她史"为普遍史提供了充足的史料来源,这是普遍史研究的前提,然而,普遍史对于史料的选择和组织,更显精确和科学性,因为,普遍史更倾向于围绕问题分析来选择史料,甚至也在"她史"的基础上扩展了史料范围。

---

① ［法］利奥塔：《后现代状态：关于知识的报告》,车槿山译,生活·读书·新知三联书店 1997 年版,第 2 页。
② ［法］利奥塔：《后现代状态：关于知识的报告》,车槿山译,生活·读书·新知三联书店 1997 年版,第 80 页。
③ Peter Burke, History of Events and the Revival of Narrative, in *New Perspectives on Historical Writing*, Cambridge：Polity Press, 2003, p. 283.

综上所述,在西方女权主义运动的影响下,社会性别和女性主义史学研究影响了美国女性主义教育史学的发展,并经历了从美国妇女史到美国妇女教育史,从美国妇女教育史到美国妇女—社会性别教育史,后现代史学对美国女性主义教育史研究的影响,以及走向全球视野的美国女性主义教育史研究的历程。传统、现代和后现代的美国女性教育史学并不是简单的历史时期的划分,更是女性主义哲学在不同阶段对美国女性教育史学的规律性的总结,在对立与统一,分离与融合之中似乎可以预测,女性主义的最终使命是让这三个历史阶段的美国女性教育史学走向一个更大的融合。在全球史的背景下,人们从零星的史学著作中已初见融合端倪,也有学者开始预测美国女性教育史学未来发展趋势和研究范式。有一点是可以肯定的,即"合而不同"是激励更多的学者对这一领域不懈研究的动力。

第三节　英国和加拿大的女性教育史学

20世纪70年代初以来,在后建构主义、后殖民主义以及男性与性别特征的社会建构历史视角的冲击下,西方教育史学界有关社会性别和男女两性教育经验的历史研究急剧增加。"这种状况是由教育理论和女性主义研究中将社会性别和权力联系起来引起的",[①]其结果是在拓宽教育史的研究领域的同时也引发一些论战。到20世纪末,不同国家的历史学家达成了某些共识,认为社会性别问题不只与性别问题相联系,还应与不同种族和阶层的不同状况相联系,应该打破社会性别、政治学和教育经验的分界线,进一步探讨教育史阐明社会性别、政治与教育经验之间多元联系的不同途径。下面以美国、英国和加拿大为例阐述西方女性主义教育史研究状况。

一、英国的女性教育史学

早在19世纪末20世纪初时,英国教育史学家就开始关注妇女教育。从女性主义立场进行教育史研究始于1975年《性别歧视法》(the Sex Discrimination Act)的颁布,首次宣布了在教育等公共生活里的性别歧视行为是非法行为。

---

① J. Goodman & J. Martin, Breaking Boundaries: Gender, Politics, and Experience of Education, *History of Education*, 2000(5), pp.383 - 388.

这个法律的颁布和妇女史的发展有力地推动了妇女教育史研究。1975 年，里奇
（Adrienne Rich）指出应建立以女性为中心的大学。卡罗尔·戴豪斯（Carol
Dyhouse）认为，虽然 20 世纪初以来已有对早期女教育家或女子教育机构的研
究，但传统教育史研究过于重视男性教育家和男性教育机构的研究，对妇女教育
的关注不够。教育史研究不仅是男子的教育史，也应是女子的教育史。至此，英
国教育界对中产阶级女孩子教育问题的日益关注。这既是女权主义者努力争取
的结果，也是这一时期启动普通教育改革的结果。

　　布莱恩特（M.Bryant）在《意外的革命：19 世纪妇女和女童教育史研究》
（*The unexpected revolution: a study in the history of education of women
and girls in the nineteenth century*）一书中指出，传统的教育史研究忽视了妇女
和女童教育史研究。戴豪斯和布莱恩特的研究有一个共同特征，即侧重上层社
会和中产阶级的妇女教育，很少论及下层社会的妇女和女童教育。他们基本上
对女权运动持保留态度，不希望夸大早期妇女教育对女权运动的影响。[1] 20 世
纪 80 年代至 90 年代初，随着妇女—社会性别史的发展，社会性别越来越成为
国际社会和政府衡量人类社会发展的一个重要指标。一些英国教育史家认为，
先前教育史学家过多关注中产阶级妇女的教育，忽视了更广大的劳工阶级，批
判先前教育史学家只是简单地把妇女教育和女童教育"添加"到教育史研究中的
做法，批评其没有从社会、心理和文化的角度去分析妇女教育史和女童教育史，
或者是完全将妇女与男性从性别上对立起来。

　　20 世纪 80 年代，对教育史研究是否引入性别分析范畴，英国教育史学家有
着不同的看法，一场关于性别与女性教育史的争论就此展开。争论首先由莫金
农（Alison Mokinnon）发起。他在《与历史和理论联系在一起的妇女教育》
（*Women's Education Linking History and Theory*）一文中认为，以往的教育史
研究忽视了性别这一重要因素。但是，在学校里关于性别的划分和再现的分析
还不能充分地处理妇女教育史的问题，而只能将性别作为对过去和现在学校如
何运作的一种理解方式。[2] 康奈尔（R. W. Connell）则从社会学科的角度试图证
明性别和阶级学科是在学校里通过一个复杂过程形成的。[3] 艾利森受到康奈尔

---

　　①　周愚文：《英国教育史学发展初探（1868—1993）》，《台北师大学报》1994 年第 39 期，第 881 页。

　　②　Alison Mackinnon, Women's Education Linking History and Theory, *History of Education
Review*, 1984 (2), p.13.

　　③　R. W. Connell, *Making the Difference: Schools, Families and Social Division*. Georage,
Sydney: Allen & Un, 1982, pp.3 - 5.

的影响，从社会、课程和女性主义理论的视角回顾妇女教育史的发展过程，认为关于性别的理解能够为教育史研究打开一种研究思路。[①] 1988年，《教育改革法案》(Education Reform Act)颁布，1989年工党提出自己关于教育的政治观点，认为应从根本上改变教育的不平等问题。

上述背景加速了关于性别与妇女教育的关系问题的争论。博维斯(June Purvis)、高摩塞(Mega Gomersal)和弗利特(Kelth Flett)首先围绕19世纪英国劳动阶级妇女的阶级、性别和教育的问题展开了激烈的争论。其后，对性别和阶级的关系问题以及妇女教育史在教育史研究中的地位等相关问题进行了争论。博维斯和高摩塞都认为在劳工阶级工厂环境里的女性教育与男性教育是不平等的。[②] 而弗利特则认为不能简单地认为两者的教育是不平等的，因为教育、性别、阶级和劳工阶层的政治运动之间的关系是非常复杂的，讨论妇女的教育问题，必须把性别、政治和经济等因素联系起来考虑，这样才能展现妇女教育的全貌。弗利特认为妇女教育的问题现在已经占据教育史研究的中心地位。自1968年以来，教育史研究已经发生了重要的变化，开始重视妇女和女权史以及来自下层阶级运动的整体史。[③] 博维斯从社会学家的视角批判弗利特，没有描述作为反对进步的劳动阶层的男性与女性对待妇女问题的态度，认为现在大学里男女是不平等的，占主导地位的还是男性，和里奇提出的建立"以女性为中心的大学的梦想还很远"。[④] 博维斯站在女性主义立场上展开了一系列研究，[⑤] 批评英国教育史学界面对女性主义的挑战表现出来的行动迟缓，提出应从女性主义视角来研究教育史，女性主义研究是一个复杂的过程，可以给人们提供一些关于妇女经验的深刻见解。

---

① Alison Mackinnon, Women's Education Linking History and Theory, *History of Education Review*, 1984(2), p.14.

② Mega Gomersal, Sex or class: the education of working-class women 1800—1870, *History of Education*. 1989(1), pp.145 - 162.

③ Kelth Flett, Sex or class: the education of working-class women andmen in mid-nineteenth-century England, *History of Eduation*, 1995(2), pp.159 - 164.

④ June Purvis, The Politics of History Writing: a reply to Keith Flett, History of Education, 1995(2), pp.173 - 183.

⑤ June Purvis, The Politics of History Writing: a Reply to Keith Flett, *History of Education*, 1995(2), pp.173 - 183; The Role of Education in the Development of Black Feminist Thought, 1860—1993, *History of Education*, 1993(3), p.22; *Hard Lessons: The Livesand Education of Working — Class Women in Nineteenth Century England*, Cambridge, UK: Polity Press, 1989; *A History of Women's, Education in England*, Buckingham: Open University Press, 1991; The Historiography of British Education: A Feminist Critique, in Ali Rattansi & David Reeder, *Rethinking Radical Education: Essays in Honor of Brian Simon*, London: Lawrence & Wishart, 1992, pp.249 - 266.

上述争论推动了英国女性主义教育史学的发展,不少学者纷纷撰文从女性主义的立场来研究教育史。进入 21 世纪,英国教育史学者开始将社会性别与政治、经济和教育等其他相关的因素联系起来进行研究。英国学者古德曼(Jane Goodman)和马丁(Jane Martin)在《打破分界线：社会性别、政治学和教育经验》(*Breaking Boundaries: Gender, Politics, and Experience of Education*)一文中指出,历史学家受到妇女、女性主义和社会性别史的挑战,教育理论和女性主义研究中将社会性别和权力联系起来进行研究。[①] 古德曼和马丁在理论上呼吁要打破性别、教育和政治之间的分界线,穆尔(Lindy Moore)则是一位首次将社会性别与宗教信仰、教育、国内政治环境及经济等因素联系起来进行女性教育史研究的学者。科恩(Michele Cohen)提出将社会性别与其他相关因素一起引入教育史研究的方法。马丁认为,运用社会性别的分析范畴进行教育史研究已比较流行的一种研究趋势,社会性别已经从教育史的边缘地带走至中心地位,应把政治和社会性别紧紧地联系起来。至此,英国女性主义教育史学在理论和实践上成功地由简单的"添加"妇女教育史转向妇女—性别教育史。

二、加拿大的女性教育史学

1990 年 2 月,在加拿大安大略省召开了妇女史学协会举办会议。这次会议是 1989 年会议的延续。1989 年的春天和秋天,妇女史协会分别召开两次会议,主要讨论公立教育研究和妇女史研究之间存在的隔阂。这次会议有力地促进了妇女史与教育史的结合。加拿大教育史学者尝试从各个方面对加拿大女性教育史进行分析和研究,妇女的经历开始成为教育文献的主流。德拉蒙德(Anne Drummond)在《社会性别、职业和负责人：魁北克新教徒研究院的教师,1875—1900》(*Gender, Profession, and Principals: the Teachers of Quebec Protestant Academies, 1875—1900*)一文中认为,20 世纪 80 年代,加拿大教育史学家已就 19 世纪公立教育的起源问题进行了讨论,他们更多地集中在魁北克公立学校的历史,以及关于学校组织机构的产生上,很少从社会性别的角度关注公立学校教师,这应该是加拿大新教育史学家关注的领域。[②] 伴随着性别平等意识的不断深化,女性主义教育史学家开始从关注女性教育者转向探讨社会性别视角下的

---

① Jane Goodman & Jane Martin, Breaking Boundaries: Gender, Politics, and Experience of Education, *History of Education*, 2000(5), pp.383-388.

② Anne Drummond, Gender, Profession, and Principals: the Teachers of Quebec Protestant Academies, 1875—1900, *Historial Studies in Education*, 1990(Spring), pp.59-71.

女性教育者的动机,以及其教育改变产生的复杂条件。[①]

　　加拿大教育史学家对女性主义教育史研究热情一直不减。20 世纪,在加拿大教育史协会会刊《教育中的历史研究》设专刊研究女性主义与女性教育的问题,而到 21 世纪,加拿大女性教育史研究开始有了新的发展,无论从研究方法、研究内容还是对史料的选择上都体现了加拿大教育史学者的创新。

　　首先,加拿大女性主义教育史具有浓厚的宗教色彩。19 世纪以来,英国、澳大利亚和北美等国女性教育的支持者们(清教徒或天主教徒)都积极为女性创建学校。在这场风潮的影响下,加拿大安大略省的循道宗教徒、浸礼宗教徒、长老会教徒以及天主教徒纷纷组建女子学校,以满足教徒中年轻女性的教育需要。宗教和加拿大教育有着很深的联系。戴安娜·林恩·彼得森在《日益改变的女性,日益改变的历史:妇女史参考资料》(*Changing Women, Changing History: A Bibliography of the History of Women in Canada*)一书中,专门列了一章阐述宗教与加拿大女性教育史两者之间的关系。[②] 彼得森认为,在 20 世纪 70 年代的加拿大教育史研究中并不关注宗教的影响,因为那时的女性主义史学家认为宗教作为一种意识形态,体现了女性的反抗意识,是比较敏感的话题。但自 90 年代以来,加拿大的女史学者尤其关注殖民地背景下种族和跨文化因素对女性教育史的影响。另外,对加拿大再洗礼教徒中的女性,尤其是门诺教徒的研究也成为热点。飞利浦·麦卡恩(Phillip Mccann)则在彼得森的基础上,将宗教、社会性别和阶级因素综合运用到女性教育史研究中,在《阶级、社会性别和宗教:纽芬兰教育:1836—1901》一文中指出:"社会经济阶层并不足以促进个体和社会的发展,此外,不得不承认社会性别、种族划分以及宗教因素也都具有强大的力量,指导社会政治的发展方向。"[③]

---

　　① See Lee Jean Stewart, It's Up to You: Women at UBC in the Early Years, Vancouver, 1990; Nancy S. Jackson and Jane S.Gaskell, White Collar Vocationalism: The Rise of Commercial Education in Ontario and British Columbia, 1870—1920, and Ruby Heap, Schooling Women for Home of for Work? Vocationall Education for Women in Ontario in the Early Twentieth Century: The Case of the Toronto Technical School, 1892—1920, both in Gender and Education in Ontario, ed Prentice and Heap, pp.94 - 165, pp.195 - 243; Donald Soucy, More than a Polite Pursuit: Art College Education for Women in Nova Scotia, 1887—1930s, Art Education 42(Mar.1989, pp.23 - 40). Ruby Heap, Training Women for a New Women's Profession: Physiotherapy Education at the University of Toronto, 1917—1940, History of Education Quarterly 35, Summer 1995, pp.58 - 135.Johanne Collin, La Dynamique des rapports de sexs á l'universitè,1940—1980, une etude de cas, Social History 19, Nov.1986, pp.85 - 365.

　　② Diana Lynn Pedersen, *Changing Women, Changing History: A Bibliography of the History of Women in Canada*, Ottawa: Carleton University Press. 1996, pp.167 - 181.

　　③ Phillip Mccann, Class, Gender And Religion In Newfoundland Education: 1836—1901, *Historical Study In Education*, 1989(Fall/Automne), p.181.

其次,将传记和日记列入加拿大女性主义教育史研究的范畴。20 世纪 70 年代,加拿大教育史学家开始借助传记、日记等新颖的研究资料对加拿大女性教育史进行研究。将传记列入教育史研究的范畴是加拿大教育史研究的新特点。在传记是否属于教育研究范畴的问题上,加拿大英属哥伦比亚大学教授威廉·博纳(Willian Bruneau)认为:"从三种意义上看传记也具有教育意义。其一,如果我们认定教育就是不同人对不同事物的多种解释持开放思维的态度的活动,那么,从定义上我们认为传记就是有教育意义的,传记作者也是教育者。其二,认为教育是习得专业知识、获得民族认同、接受意识形态和价值观,这种教育一般发生在学徒制、辅导制下,教育的目的是显见的。传记题材中有人一生中经历过的教育,传记作者希望写出可信的生活故事。其三,关于教育的界定是一种机构、显性课程、软硬兼施的手段、教学法,或者是应对激烈生活的斗争资本,传记应该包括正规教育的生命书写,而不仅仅是一种关于正规教育的历史展望"。① 传记实际上是在更广泛的文化层面理解教育史,使教育者从教育思想的历史发展中获益。

由学者卡特(Kathryn Carter)等编著的《生活的小细节:1830—1996 年加拿大妇女的 20 封日记》(*The Small Details of Life: 20 Diaries by Women in Canada*, *1830—1996*)一书,以妇女日记作为研究资料。卡特认为,这样做是为了能够丰富加拿大妇女教育史,能够倾听那些"不知道"(Unknown)的妇女的声音。约翰娜·赛列斯·罗尼约(Johanna Selles Roney)在《切尔滕纳姆的加拿大女孩:日记作为一种历史资料》(*A Canadian Girl at Cheltenham: the Dairy as a Historical Source*)一文中指出:"近年来,日记已成为加拿大女性主义教育史研究中的新资料,日记是一种自传式的呈现,也是一种叙述式的呈现,日记可以让读者洞悉那些不为人知的个体的生活,而这种生活恰能在时间和空间上丰富历史,在教育史中,教师和学生的日记可以给史学家提供在官方资料中不曾出现的学校生活记录"。②

最后,社会性别是加拿大女性主义教育史研究重要的分析范畴。20 世纪 70 年代,在新社会史的影响下,加拿大教育史学家将"社会性别"概念引入女性主义教育史研究中,教育史学者围绕社会运动与女性教育之间的关系问题展开了论

① Willian Bruneau, Must Biography Be Educational? Historical Studies in Education, 2000 (Fall/Autumn), pp.185 - 188.

② Margaret Conrad, Toni Laidlaw & Donna Smith, ed., *No Place Like Home: Dairies and Letters of Nova Scotia Women*, *1771—1938*, Halifax Nova Scotia: Formac, 1988.

述。简·加斯克尔(Jane Gaskell)在《加拿大和澳大利亚教育中的妇女运动：从解放和性别主义到男孩和社会公正》(*The Women's Movement in Canadian and Australian Education: From Liberation and Sexism to Boys and Social Justice*)一文中，运用比较研究方法分析了1970—2000年妇女运动对两国教育政策的影响，重点研究了20世纪70—80年代，在女权运动的影响下，女性要求解放意愿使加拿大学校中的"性别主义"日益消减，20世纪90年代，女性解放运动开始转变为女性主义运动，史学家开始放弃对女性群体的研究，转而关注女性群体内部的个体差异，社会性别问题成为加拿大女性主义教育史学研究的主流问题。① 为了详细阐述女性主义教育史学观，简·加斯克尔还专门出版了著作《理应获得教育：女性主义与加拿大学校》(*Claiming an Education: Feminism and Canadian Schools*)一书，主要阐述了四个方面的内容：女性在教育系统中的平等权问题；学校课程中的女性主义；母亲、婴儿照护者以及教师大多为女性，应该给予她们什么样的教育问题；社会主义女性主义政治与教育问题之间的关联。简·加斯克尔运用女性主义视角重点分析加拿大学校系统中的社会性别问题。

综上所述，美国、英国和加拿大等国的教育史学家都认为应该从社会性别的维度和视角来分析教育史，这个视角和纬度不但要关注社会性别关系结构中两性的教育关系，而且还要把社会的性别关系视为和经济的、阶级的、民族的等相关联的范畴，不是孤立地看妇女教育和性别教育，即强调在将社会性别视角引入到教育史研究的同时，运用多学科、多视角和跨学科的方法，注重妇女的教育和与之相关的社会现象。社会性别不但是妇女教育史研究的核心概念和基本范畴，而且还成为整个西方教育史研究的一个观察、分析、阐释的新视角、新方法。也就是说，社会性别的维度和视角一经进入西方教育史研究，就给西方教育史注入了新的活力，大大延伸拓展了教育史研究的视野、空间和深度。

---

① Gaskell, Jane & Taylor, Sandra, The Women's Movement and Canadian and Australian Education: from Liberation and Sexism to Boys and Social Justice, *Gender and Education*，2003（2），pp.151 – 168.

第九章　美国课程史学

1918 年,约翰·富兰克林·博比特(John Franklin Bobbitt)的《课程》(*The Curriculum*)一书出版,"课程"成为一个专门的研究领域。自此,课程一直是学校实践和教育研究的中心。1969 年,阿诺·巴拉克(Arno A. Bellack)发表美国课程史研究的经典论文《课程思想与实践的历史》(*History of Curriculum Thought and Practice*),标志着课程史成为一个专门的研究领域。课程史学作为课程研究与教育史研究的一个交叉领域,深受教育史学的影响。在美国课程史研究发展历程中大致有三种课程史观:单线进步史观、二元循环史观和多元混重史观。赫伯特·克里巴德(Herbert M. Kliebard, 1930—2015)的课程史学是美国课程史学史中的一个重要环节,其代表作《美国课程斗争:1893—1958》(*The Struggle for the American Curriculum, 1893—1958*, 2004,简称《斗争》)是美国课程史学史上公认的重要著作。他批判了体现二元循环史观的"钟摆现象"隐喻和体现单线进步史观的河流"主流和逆流"隐喻,在此基础上,提出了体现混重课程史观的"汇聚不同支流的河流"隐喻。

第一节　美国课程史学史鸟瞰

在 19 世纪末至 20 世纪的现代化历程中,西方国家应对各种挑战的主要策略之一就是进行课程改革,重新审视教育目的和学校所教内容之间的关系,并思考学校所教内容应如何培养社会发展所需要的人才。课程史是教育史研究的一个重要的分支领域,其研究状况受到教育史学的深刻影响。19 世纪末至 20 世纪 60 年代,被认为是美国公立学校史诗的美国教育史模式逐渐成为美国教育史的基调。[①] 克里巴德在《斗争》一书的"后记"中指出,传统教育史学是一种颂歌

---

① 周采:《美国教育史学嬗变与超越》,人民教育出版社 2006 年版,第 31 页。

历史(celebratory history)或辉格历史(whig history)。① 这个时期的美国课程史研究深受这种教育史赞美史诗模式的影响,主要对公立学校课程或课程思想家的思想进行研究,并认为学校课程是不断发展和进步的。克里巴德在《课程史》(Curriculum History)一文中认为,作为教育史的子领域的课程史,其传统模式反映了一系列国民教育反对贵族教育的胜利战役,如同埃尔伍德·卡伯莱(Ellwood Patterson Cubberley)的《美国公立教育》(Public Education in the United States)一书的撰写模式。克里巴德认为,传统课程史阐述模式非常典型地采取连续前进的形式,即认为课程发展是从一个常与学术科目有关的、只为少数人服务的和精英式的课程,向一个与明显职业取向科目有关的、实用的、为大多数人服务的和民主课程的转变,如同生物和历史等学术性科目被视为适合准备上大学的少数学生,而卫生(health)和社区公民(community civics)等功能性科目则服务于大多数学生。②

在传统教育史学的影响下,对美国课程历程的研究表现为一种现在主义(presentism)状态。哥伦比亚大学教师学院(Teacher College, Columbia University)的课程学者巴拉克(Arno A. Bellack)认为,课程领域的非历史(ahistoricism)包含两层含义:一是课程领域缺乏关于过去的知识;二是倾向于以现在主义的观点来看待过去。③ 克里巴德认可巴拉克对非历史的认识,并对现在主义持批评态度。现在主义使"过去经常成为当前课程问题的历史论据,而不是对当今课程问题的理解。"④他还认为,在教育史的大框架内,课程领域明显表现出非历史状态。实际上,这种非历史并非实际上忽略历史,而是倾向于以辉格史观来阐述过去,由此不断地引发争论。反过来,这一观点导致了对反复出现的口号和标语不加批判地接受。具体而言,以辉格史观对美国课程发展历程进行研究,就是从当前课程发展现状出发,将课程的历史发展理解为按照其内在逻辑向现状演变的过程,并从课程发展现状出发,严格按现代观念来对历史发展变化进行评价和判断。利用辉格史观来阐述课程发展历史,是一种通过直接参照

---

① Herbert M. Kliebard, *The Struggle for the American Curriculum 1893—1958*, New York: RoutledgeFalmer, 2004, p.271.

② Herbert M. Kliebard, Curriculum History, in Marvin C. Alkin ed., *Encyclopedia of Educational Research*, New York: Macmillan, 1992, pp.264 - 267.

③ Arno A. Bellack, History of Curriculum Thought and Practice, *Review of Educational Research*, Vol.39, No.3, 1969, pp.283 - 292.

④ Herbert M. Kliebard, Constructing a History of the American Curriculum, in Philip W. Jackson ed., *Handbook of Research on Curriculum*, New York: Macmillan, 1992, pp.157 - 184.

今日的方式来研究过去,利用这种方法,研究者可以选择和剔除相关史料文献,可以强调研究者的论点。如此,研究者就可以利用历史作为工具赞扬成功的课程改革,并强调过去的某些进步原则,以此来论证当前课程改革政策的合理性。因此,以辉格史观来看待美国课程发展,会导致对反复出现的口号和标语不加批判地接受。巴里·富兰克林(Barry M. Franklin)认为,课程史作为一门学科的特殊性在于其研究对象的特殊性,即对专业化课程领域的关注,它可以使课程工作者发现现在主义的保守社会取向,并为课程工作者提供一个探究他们工作的起源和性质的历史视角。一般的教育史学者则没有这个专门的视角。[①] 课程史研究应摆脱教育史学的"旧"的研究框架,在新史学的指导下,力求成为一个专门的研究领域,在课程领域里发现和克服这种保守的社会取向。[②]

1957 年,苏联成功发射人造卫星,美苏之间掀起科技竞赛的高潮,冷战双方的对抗不断加剧。美国政府希望通过中小学课程改革以提高美国的科技能力,赢得冷战胜利。1960 年,杰罗姆·布鲁纳(Jerome S. Bruner)出版《教育过程》(*The Process of Education*)一书,在全美范围内开始了旨在提高美国科学水平、以学科知识结构为中心的课程改革,史称学科结构运动。在这次课程改革中,美国中小学课程改革的主导权被学科专家夺取,课程理论研究陷入"垂死"的艰难阶段,难以自拔。因此,一些课程学者转向课程史研究,力图振兴课程理论的生命力,课程史研究受到重视。

1969 年,巴拉克发表美国课程史研究的经典论文《课程思想与实践的历史》(History of Curriculum Thought and Practice),在对一些学者的课程史研究进行述评的基础上,提出了课程史研究需要注意的三点原则:一是认为课程史研究不是为当今的课程问题提供解决问题的"处方",而是为了更好地理解当今的课程发展;二是认为课程史学家应该避免所谓的"福音之罪"(the sin of evangelism),也就是说,课程史研究并不是为了激起教师的职业热情;三是认为课程史研究不能脱离教育史研究,这是因为美国课程发展离不开整个美国教育发展的背景。巴拉克还在文章中指出课程研究缺乏历史视野,并呼吁课程学界深入考察课程理论的发展历程,以求获得新生。[③] 这篇文章标志课程史成为一

① Barry M. Franklin, Historical Research on Curriculum, in AriehLewy ed., *International Encyclopedia of Curriculum*, New York: Pergamon, 1991, pp.63 - 66.

② Barry M. Franklin, Curriculum History: Its Nature and Boundaries, *Curriculum Inquiry*, Vol.7, No.1, 1977, pp.67 - 79.

③ Arno A. Bellack, History of Curriculum Thought and Practice, *Review of Educational Research*, Vol.39, No.3, 1969, p.283.

个专门的研究领域。克里巴德认为其博士导师巴拉克及其这篇文章是首位明确认定课程史研究领域的学者和文章。①

1975年,美国教育研究协会(American Educational Research Association, AERA)顺应日益受到关注的课程史研究,增加了"课程与目标"和"历史与史学"两个部门,用以资助课程史研究。随后,巴拉克和同事坦纳、霍利斯·卡斯威尔(Hollis L. Caswell)、克雷明(Lawrence A. Cremin)等人四处奔波联络,终于在1977年筹建起了"课程史研究协会"(The Society for the Study of Curriculum History)。"课程史研究协会"定期于AERA年会前开会,它的成立为美国课程史研究搭建了必不可少的平台。

虽然课程史自1969年开始成为一个专门的研究领域,但是课程史是作为教育史里的一个子领域。教育史包含课程史,教育史是一个非常大的课程史。因此,课程史作为一种专门史,显然摆脱不了教育史对它的影响。克里巴德认为,20世纪60年代,课程史作为一个专门的研究领域出现时候,传统教育史学受到了新教育史学模式的挑战。② 1960年,伯纳德·贝林(Bernard Bailyn)对当时的教育史研究提出了批评,他指出:"教育史正被视为'只是目前的缩影'"的观点。③ 换句话说,传统教育史学的流行解释是倾向把过去当作是开明现在的愚昧前奏。克里巴德认为,尽管贝林在书中没有提到课程史,但是他的批评与当时课程史的撰写模式关系密切。课程史上有两个重要的、具里程碑式的重新审视有助于阐明课程史学家已经开始从传统进步取向的解释模式,向以冲突和批判为特点的解释模式转变。

一是重新审视了传统课程史研究者对全国教育协会1893年的《十人委员会报告书》(Report of the Committee of Ten)与1918年《中等教育基本原理》(Cardinal Principles of Secondary Education)的评价。二是重新审视了20世纪美国课程发展长流中的"科学课程编制运动"的发展。④

克里巴德的课程史学思想也深受新教育史学思想的影响,他在《斗争》一书"前言"中提到,1984年的时候,卡尔·凯斯特(Carl Kaestle)认为教育史学有一

---

① ② Herbert M. Kliebard, Curriculum History, in Marvin C. Alkin ed., *Encyclopedia of Educational Research*, New York: Macmillan, 1992, pp.264 - 267.

③ Bernard Bailyn, *Education in the Forming of American Society*, New York: Vintage Books, 1960, p.9.

④ Herbert M. Kliebard, Curriculum History, in Marvin C. Alkin ed., *Encyclopedia of Educational Research*, New York: Macmillan, 1992, pp.264 - 267.

个思想流派超越前两个思想流派关于美国教育发展的解释模式,并且引用卡斯特勒一段话以表明自己的历史取向,即"传统主义者认为,学校系统是民主进步的典型代表。但激进修正主义者对此持否认态度,并认为学校系统表现了官僚阶级对工人阶级的社会控制。最近,一些历史学家强调公立学校系统是不同阶级和利益集团相互冲突的结果。"①即是说,克里巴德所同意的历史观,取自传统主义者历史观和激进修正主义者历史观的折中观点,他说:"凯斯特在最后一个思想流派中的观点恰恰表达了我一直想要表达的观点。之后我一直在积极对20世纪具有竞争性的思想流派的发展进行研究,总是觉得他们都是错误的。尽管他们也都是正确的,但简单去说20世纪美国教育发展的主要动力位于这两者之间,这是很难有说服力的。我要寻求的是一种表达推动力本质的方式,这种方式最终决定冲突的结果。"②《斗争》一书深受利益集团冲突观的影响,其主要讲述美国课程自1893年《十人委员会报告书》的公布到1958年《国防教育法》的通过这一段时期的历史发展。克里巴德认为,关于何种知识最值得教,以及学校教育主要功能是什么的问题,四大利益集团各自持有不同的价值取向。四大利益集团是人文主义者(humanistics)、发展论者(developmentalist)、社会效率论者(social efficiency educator)和社会改善论者(social meliorist),他们相互竞逐美国课程,但是没有任何一个利益集团能取得绝对的胜利,只是因时代背景不同,势力强弱不一而已。克里巴德认为,美国课程实质上是具有高度政治妥协性的产品。③

20世纪80年代以来,依靠高科技、金融等领域积累的优势,美国率先进入了"后工业社会",且制造了"新经济神话"。以罗纳德·里根(Ronald Wilson Reagan)为代表的右翼政治家坚持保护自由市场、推崇个人创新等"新自由主义"施政方针。在这样的经济、政治背景下,结构性的社会批判或革命逐渐式微。与此同时,美国教育界发起了质量标准化课程改革运动,课程理论再次遇到发展瓶颈。

20世纪90年代以降,为了摆脱新时期美国课程理论研究的困境,并且在后现代或后结构主义思潮的影响下,课程史研究从"社会"转向"文化",致力于发展课程文化史。其中,索尔·科恩(Sol Cohen)、托马斯·波普科维茨(Thomas

---

①②　Herbert M. Kliebard, *The Struggle for the American Curriculum 1893—1958*, Boston: Routledge & Kegan Paul, 1986, p.Ⅸ.

③　Herbert M. Kliebard, *The Struggle for the American Curriculum 1893—1958*, New York: RoutledgeFalmer, 2004, p.ⅹⅹ.

S. Popkewitz)在课程史研究的文化转向中最具代表性。他们摒弃社会科学化转向的课程史研究对课程政策或课程思想考察的宏观视野,而注重对学校课程实践的微观考察;他们摒弃社会科学化转向的课程史研究注重对"谁的知识"的拷问,而注重追问"知识是如何运作"的问题。诸如,波普科维茨的专著《为灵魂而战》(Struggling for the Soul)为课程文化史研究贡献了相当成熟的福柯式理论范式,即分析"教育知识作为权力"(knowledge of pedagogy as power)会使教师对"儿童"做出怎样的"区分"与"建构",又会对现实中的儿童造成何种"歧视"。[1]

第二节 美国课程史学史的史观分殊

在美国课程史研究过程中,课程史学界大抵有三种课程史观。首先,丹尼尔·坦纳(Daniel Tanner)和劳雷尔·坦纳(Laurel N. Tanner)(简称坦纳夫妇)持单线进步史观。在《学校课程史》(History of the Curriculum)一书中,他们将美国课程史描述为进步教育战胜传统教育而不断走向胜利的单一战斗历程。其次,"钟摆现象"(pendulum swings)表现的是课程发展的二元循环史观。所谓"钟摆现象",就是把美国课程看作老式闹钟的钟摆,课程改革主张不断地在传统派与进步派之间来回摆动,时而偏向传统派,时而偏向进步派。再次,克里巴德持多元混重史观。在《斗争》一书中克里巴德认为,美国课程历史变迁是四大利益集团利益关系的集中表现,是不同意识形态之间相互抗衡的结果,是四大利益集团之间冲突和妥协的结果。课程史观是课程史家主体性的重要表现,其对课程史研究具有不容忽视的价值与意义。

一、单线进步史观

1990 年,坦纳夫妇出版的《学校课程史》一书记录了美国学校教育脱离欧洲教育的母体,到具有美国特色的教育理论和实践的形成这一段历史。[2] 坦纳夫妇坚持美国课程发展的理想是民主,认为"通过学校改造和课程改革以更彻底地

---

① Thomas S. Popkewitz, *Struggling for the Soul: The Politics of Schooling and the Construction of the Teacher*, New York: Teachers College Press, 1998.

② Daniel Tanner & Laurel N. Tanner, *History of the School Curriculum*, New York: Macmillan, 1990, p.44.

实现美国社会的民主",①并指出民主社会的主要特征是开发和解放民众的智力,以便对环境施加控制而不是为环境所左右。对民众智力的发展来说,教育作用重大。坦纳夫妇把教育看作是社会改良的主要工具,认为若以民主的社会理想检验教育手段和结果,会发现美国课程发展是朝着民主理想的方向发展的。因此,美国课程发展是不断走向进步的。坦纳夫妇指出:"那些从事课程编制的人必须理解,民主理想的力量是怎样影响教育发展长达两百多年的,以便他们能够通过那种伟大力量的引导去继续这种进步。"②综观《学校课程史》,可以发现坦纳夫妇致力于记载的是美国教育学者努力寻求课程与民主的社会理想相和谐的历程。

在《学校课程史》中,坦纳夫妇把朝着民主理想方向发展的教育称为进步教育或新教育,而把反民主的教育称为传统教育或旧教育,认为"旧教育与新教育之间的重要分水岭就是,学校与课程是控制学习者,还是控制学习环境。"③在笔者看来,《学校课程史》一书主要沿着进步教育与传统教育之间的冲突这一线索,以追寻课程演变的主要趋势。其中,坦纳夫妇指出进步教育的"主流"(main currents)包含经验主义(experimentalism)、改造主义(reconstructionism)和浪漫主义(romanticism)三大流派。这三大流派都对传统教育提出了批评,并提出了改革处方。④ 坦纳夫妇认为,进步教育表现为课程综合、普及教育、公共教育扩张和教育机会均等。美国课程发展存在退步的"逆流"(countercurrents),诸如19世纪末的课程局限于学术科目,注重心智训练,强调精英教育。坦纳夫妇强调:"在任何一个时代都存在起反抗作用的力量,甚至同一运动的内部也是如此,如果我们要对课程史或任何历史有一个真正的了解,这就不应被忽视。"⑤因此,在美国课程演变过程中,进步教育与传统教育之间出现冲突。

但是,冲突并非《学校课程史》的主要部分。坦纳夫妇论述冲突的目的是为了说明美国课程"退步"的逆流抵挡不住"进步"的主流。在他们看来,进步总会

---

① Daniel Tanner & Laurel N. Tanner, *History of the School Curriculum*, New York: Macmillan, 1990, p.44.

② [美]丹尼尔·坦纳、劳雷尔·坦纳:《学校课程史》,崔允漷等译,教育科学出版社2006年版,第9页。

③ [美]丹尼尔·坦纳、劳雷尔·坦纳:《学校课程史》,崔允漷等译,教育科学出版社2006年版,英文版序,p.Ⅲ.

④ Daniel Tanner & Laurel N. Tanner, *History of the School Curriculum*, New York: Macmillan, 1990, pp.343 - 357.

⑤ [美]丹尼尔·坦纳、劳雷尔·坦纳:《学校课程史》,崔允漷等译,教育科学出版社2006年版,第21页。

冲破倒退力量的束缚,冲突终将推动着课程朝向民主的方向前进。坦纳夫妇总是以一种比较乐观的心态来看待美国的课程发展。在他们看来,课程领域的发展和进步依靠课程知识的积累。其一,课程理论的发展是一种知识的积累过程。坦纳夫妇以"站在巨人的肩膀上"这个隐喻来说明课程研究者以前辈的知识作为基础展开研究。在课程领域,课程研究者前仆后继,每一代研究者都比他们的前辈拥有更多的知识,都以前辈的知识作为基础展开研究。课程发展的历史记录了课程领域中的研究,有助于课程领域知识的积累。正如坦纳夫妇所指出:"进步这一概念是发展性的,它意味着从过去到将来的运动与生长。教育上的进步(抑或任何其他领域)要求我们了解发展的历程,而这又取决于以其他人的思想观念作为基础。没有课程史的知识,留给我们的会是现在不完整的知识,因为现在的知识毕竟是过去经验的总结。如果现在要比以往做得更好的话,我们就需要理解和依赖于我们先辈们的贡献。"[1]其二,课程实践的发展需要依赖课程知识的积累。现在是过去积累的结果,现在或未来的课程发展可以基于过去的经验教训得到更好的发展。诚如坦纳夫妇所说:"课程史是课程领域的全部记忆。没有它我们就不可能对当代的问题有一个全面的了解;如果没有人能够查明从前发生的事情,我们只好重新发明教育之轮(pedagogical wheel),而无法认识到过去已有的成功与不成功的教育模式。"[2]总之,坦纳夫妇从现代科学知识的发展是积累性,并用"我们之所以比他们看得更远,是因为我们站在他们的肩膀上"[3]来说明这种积累性,由此推论课程领域的发展过程也具有这样的积累性和进步性。

如前所述,坦纳夫妇认为课程进步发展过程中存在着冲突,但是从总体上看,美国课程还是向前发展的。因此,坦纳夫妇所持的是进步史观。他们认为:"我们的课程史观是发展性的:尽管存在周期性的倒退,但学校课程已经并正从最初的开端迈向一个更高的发展水平,且为我们社会中越来越多的人所了解。这并不是说在教育中就不存在诸如时尚风和循环论这样的问题,而是对所有旧的教育思想和实践的回归和重现来说,每一个时代都对新的课程知识作出了它的贡献,并已经为以前被排除在外的社会团体参与课程提供了更大的便利。"[4]面对 20 世纪六七十年代激进修正主义教育史学对课程史研究的影响,坦

---

①②③ 〔美〕丹尼尔·坦纳、劳雷尔·坦纳:《学校课程史》,崔允漷等译,教育科学出版社 2006 年版,第 7 页。

④ 〔美〕丹尼尔·坦纳、劳雷尔·坦纳:《学校课程史》,崔允漷等译,教育科学出版社 2006 年版,第 5—6 页。

纳夫妇对激进修正主义教育史学者所持的否定论(negativistic research)持否定态度。在他们看来,这些激进修正主义历史学家致力于列举证据以显示出学校教育的局限。例如,他们只看到学校对人的社会经济流动性的限制,而忽略了学校为这种流动性提供的可能性。另外,坦纳夫妇还认为激进修正主义教育史学者为了更好地论证自己的观点,对原始资料进行断章取义或者是胡乱裁剪。①

由上可知,坦纳夫妇的课程史观充分反映出进步主义史学的影响。其中,以两分法的冲突史观解释历史是进步主义史学的一大特点。在"进步"的观念中加入了"冲突"的成分,以说明进步的机制。这里强调的是,无论冲突以何种形式、在何种领域出现,历史总是在冲突和斗争中前进。另外,进步主义史学坚信社会不断向文明与进步演化的方向是民主。② 笔者以为,坦纳夫妇的课程史观主要为单线进步史观。坦纳夫妇对美国课程发展抱有一种乐观主义态度。他们把美国课程发展历程简单化,把美国课程史描写成启蒙主义、人文主义和进步主义不断战胜无知、自私和守旧,③不断走向胜利的单一史诗。这样的单线进步史观主要受到传统教育史学观点的影响。以单线进步史观谱写出来的赞美史诗,主要是为了让未来课程工作者理解课程传统,而从早期课程工作者的工作中发展自身的责任感和热情,并以此为业。总之,在冲突—进步史观的观照下,坦纳夫妇为美国公立教育以及美国课程思想和实践谱写了一曲颂歌。

二、二元循环史观

在课程研究领域,许多课程学者认为 20 世纪美国课程改革的历程就是"传统"与"进步"两种课程理念在不同历史条件下来回摆动的过程。美国课程论专家亚瑟·埃利斯(Arthur K. Ellis)对这种历史现象进行这样的描述:"要素主义与进步主义的关系就像是儿童玩的跷跷板游戏,又像是钟摆。"④在这里,埃利斯把要素主义者称为传统派。⑤ 美国教育史学家丹妮·拉维奇(Diane Ravitch)也把美国教育发展描述为"钟摆现象"。⑥ 美国课程就好比老式闹钟的钟摆,不断地在传统派与进步派之间来回摆动,时而偏向传统派,时而偏向进步派。一般来

---

① [美]丹尼尔·坦纳、劳雷尔·坦纳:《学校课程史》,崔允漷等译,教育科学出版社 2006 年版,第8 页。

② 周采:《美国教育史学嬗变与超越》,人民教育出版社 2006 年版,第 39—43 页。

③ Barry M. Franklin, Book Review: History of the School Curriculum, *Historical Studies in Education*, Vol.3, No.1, 1991, pp.169－172.

④ [美]亚瑟·K.埃利斯:《课程理论及其实践范例》,张文军译,教育科学出版社 2005 年版,第 6 页。

⑤ [美]亚瑟·K.埃利斯:《课程理论及其实践范例》,张文军译,教育科学出版社 2005 年版,第 5 页。

⑥ 钱扑、蓝云:《试析美国教育的钟摆现象》,《外国教育资料》1985 年第 2 期,第 46—50 页。

说,我们习惯把传统派所提倡的教育称为传统教育,把进步派所提倡的教育称为进步教育。一般而言,所谓传统派和进步派的划分遵循的是约翰·杜威(John Dewey)的界定。杜威把以约翰·赫尔巴特(Johann Friedrich Herbart)为代表的教育思想和模式称为"传统教育",把以他自己为代表的教育思想和模式称为"进步教育"。① 其中,传统派注重学科的严谨性和知识的逻辑性,目的在于培养具有系统知识的科学技术人才,使国家在科技日益重要的国际竞争中立于不败之地。但是,传统派实行精英教育,忽视了多数儿童的学习能力。这对社会中下层人民子女不利,容易造成教育机会不平等和社会不公。所以,每当美国国内社会动荡时,传统派就会受到抨击。相反,进步派比较重视活动课程,目的是为美国工业化培养了大量实用技术人才。但进步派过分强调儿童中心地位和直接经验的作用,而忽视系统理论知识的学习。由此,导致儿童缺乏基本知识技能、学校教育水平低下。因此,当美国面临国际竞争、急需科技人才时,进步派备受指责。②

持"钟摆现象"观点的课程学者认为,改造社会的最好途径是教育。课程是教育的核心。因此,课程改革的钟摆现象是美国国内外政治、经济、社会局势的变化,以及国家战略重点转移的结果。③这些课程学者这样描绘美国课程改革思想:随着美国局势变化而呈现出的钟摆现象。19世纪末20世纪初,美国教育基本上沿袭了欧洲的传统,赫尔巴特的传统教育思想在学校教育中占统治地位。传统派重视系统理论知识,忽视儿童的学习规律,与实际生活相脱离。于是,与实际生活没有直接联系的传统学术课程居统治地位。后来随着社会政治、经济形势的变化,进步主义教育运动蓬勃兴起,课程开始关注学生,并加强与实际生活的联系。到20世纪20年代末,经济大萧条使美国社会陷入了深刻危机,生产停滞、企业破产、通货膨胀、经济衰退、失学失业情况严重。这时,进步派强调课程以儿童为中心,其开始取代传统派的统治地位。课程改革的钟摆就由"传统派"摆向"进步派"。二战以后,科学技术迅速发展。1957年,苏联第一颗人造卫星成功发射,这使得美国在美苏争霸中处于劣势。美国深感尖端人才的短缺,并把原因归结于学校教育水平低下。1958年,国会颁布了《国防教育法》(*National Defense Education Act*),决定把教育目标由"生活适应"转向了基础科学教育,实施以提高教学质量为中心的"新三艺"学科结构课程。这样,课程改

① 黄济:《教育哲学通论》,山西教育出版社2004年版,第235页。
②③ 桂宇波:《透视美国教育钟摆现象》,《内蒙古师范大学学报(教育科学版)》2005年第9期,第70—72页。

革的钟摆由进步派荡回传统派。20世纪60年代,美国社会动荡不安,反战运动风起云涌,种族关系日益紧张,校园风潮此起彼伏。此时,平息动乱、解决社会矛盾成了政府的当务之急。进步派卷土重来。他们抨击学校垄断教育、抑制个性发展、学校对学生行为标准过于严格。这时,兴起了一场关注个人价值和需要的课程改革运动。课程的钟摆再次荡向进步派那一端。但是,以人为中心的课程改革运动,在宣扬人的价值的同时,却助长了反理智主义,造成学校教育质量每况愈下。20世纪七八十年代,美国面临日益激烈的世界经济市场竞争。于是,美国在70年代中叶,掀起了一场全国规模的"恢复基础运动";在80年代,又掀起一场全国范围的"高质量教育"运动。[1] 这两场运动注重基础学科,强调学生的学术成就。至此,课程改革的钟摆又再一次荡向传统派。如前所述,美国课程改革的钟摆已出现两次往复。当美国国内发生政治、经济或社会危机,需要依靠教育摆脱困境时,教育的钟摆荡向进步派;当美国在国际竞争中面临挑战,需要发展尖端科学人才,增强国家实力时,教育钟摆则偏向传统派。按照持"钟摆现象"课程学者的观点,进步派和传统派从不同侧面起着改造社会的作用。[2]

在克里巴德看来,"钟摆现象"的意涵是课程发展历程呈现循环发展的概貌。克里巴德认为,持钟摆观点的人容易产生悲观情绪,对进步不抱期望,这是因为这些人认为:"因为最后一切还是会复归原点,这样就不必为改革过于努力"。[3] 另外,坦纳夫妇指出:"一些史学家可能感叹许多思想多次重新起作用,重新显现出发展。一些人可能把这些表面上的重复描绘为循环,或者有些人可能把这种在教育缩减和进步之间的摇摆喻为钟摆。"[4]笔者以为,"钟摆现象"实际上是课程发展的二元循环史观,表现出一种圆圈式运动的循环模式。循环史观包含两种观点:一是把循环看作封闭的圆圈;二是把循环看作某种螺旋。圆圈式运动的循环模式曾经风靡古代的希腊古罗马。[5] 这种循环史观往往把历史发展看作是包括若干个周期的周而复始的循环。也就是说,20世纪美国课程改革的发展史是在传统派和进步派这两种课程主张之间循环往复、不断交替的过

---

① 夏禄祥、耿润:《略论世界课程改革的钟摆现象》,《江西教育科研》2007年第2期,第103—106页。

② 钱扑、蓝云:《试析美国教育的钟摆现象》,《外国教育资料》1985年第2期,第46—50页。

③ Herbert M. Kliebard, *Changing Course: American Curriculum Reform in the 20th Century*, New York: Teachers College Press, Columbia University, 2002, pp.76 - 77.

④ [美]丹尼尔·坦纳、劳雷尔·坦纳:《学校课程史》,崔允漷等译,教育科学出版社2006年版,第395页。

⑤ 严建强、王渊明:《从思辨的到分析与批判的西方历史哲学》,浙江人民出版社1997年版,第43—68页。

程。课程史的循环不论经历多少次,其内容都是一样的。每一次循环的相接总是在上一次循环的课程发展成果都被否定,下一个循环随之从零开始的。由此,无论课程政策好坏如何、成效如何,都不是永恒的,都仅仅持续短暂的时间,但是后来还会再现。显然,圆圈式运动的循环模式强调的是周而复始,这是一种封闭的圆圈。

三、多元混重史观

克里巴德是美国著名课程史学者,其代表作《斗争》被誉为美国课程史研究中里程碑式的学术经典。在该书中,他从"利益集团"(interest group)理论视角出发,对自 1893 年美国《十人委员会报告书》出版至 1958 年美国《国防教育法》出炉长达半个多世纪美国课程的历史发展进行了深入研究。在克里巴德看来,这一时期美国课程变迁的主题是四个利益集团,即人文主义者、发展论者、社会效率论者和社会改善论者角逐美国课程控制权的斗争。其结果是上述四大利益集团由冲突逐渐走向妥协,使得美国课程最终呈现出"混重"(hybridization)的发展态势。[①]

克里巴德认为,四大利益集团课程主张和议程是构成 20 世纪美国课程史的基本元素。其中,人文主义者认为学校课程不仅应注重心智训练和推理能力发展,而且还应重视西方文化遗产和大学主导下的学术性科目。发展论者强调依据儿童的兴趣和需要来决定学校所教授的内容,借此促进学生的发展。社会效率论者注重社会的有效而稳定发展,并强调课程应对每个未来公民所需的成人生活角色有更为直接的作用。社会改善论者认为学校是实现社会公正的工具,因而强调学校课程应以社会问题为中心。克里巴德认为四大利益集团在 20 世纪前半叶各有引领潮流之时。其中,19 世纪末期,《十人委员会报告书》倡议以学术性科目对所有学生进行通识教育(general education),此乃人文主义者的兴盛期。尔后,社会效率论者则以科学主义课程在 20 世纪前 20 年兴盛。其后,发展论者则以"设计教学法"和活动课程盛行于 20 世纪前期。到了 30 年代,社会改善论者因其批判性的社会科课程被广泛采用而昂首前行。随着对生活适应课程的批判,人文主义者在 20 世纪 50 年代又有了短暂的复兴期。但无论何时,为了支持一项课程改革政策或举措的顺利开展,意识形态彼此不同的四大利益集团可能会达成短期联盟,以使各自课程主张能在课程改革政策或课程实践中获

---

① 李倩雯:《克里巴德"混重"课程变迁观述评》,《外国教育研究》2017 年第 2 期,第 47—59 页。

得一席之地。正如克里巴德所说："随着 20 世纪的演进,虽然一般的社会和经济趋势、集团之间周期性和易脆的结盟,以及国家氛围、地方条件和个人特性导致这些利益集团有能力去影响学校实践,但是没有一个利益集团能取得绝对的优势。最后,谁(哪种思想)能改变美国的课程,这不是任何竞争集团所能形成的绝对性胜利的结果,而是一种松散,大部分是不连贯,以及非整齐的妥协。"①这种现象自 20 世纪 30 年代开始更为突出。克里巴德坚信美国课程始终向着混合了四大利益集团课程精髓的共同课程(common curriculum)发展,其结果是上述四大利益集团由冲突逐渐走向妥协,使得美国课程最终呈现出"混重"的发展态势。

如上文所述,20 世纪美国课程史由四大利益集团课程主张构成。由于历史背景的变迁,每一利益集团课程主张都可能会重复成为课程改革的主导元素。只不过每一次的重复都不是简单的重复,而是利益集团在更高基础上重复以往阶段课程主张的某些形式和特征。四大利益集团由开始的彼此对立逐渐靠拢,走向融合,共同推动着美国课程向着共同课程前进。共同课程是克里巴德所倡导的理想课程。这样的历史前进方式不是单一的线性模式,而是一种多线性的混合上升发展模式。在克里巴德看来,不用"混重",不足以表现美国课程历史变迁中的内在复杂关系与矛盾斗争。四大利益集团争相竞逐、汇聚成流的结果,呈现出一种混重的历史现象。

克里巴德坚持"混重"课程变革观。混合包括合并、相加性组合和混重等类型,混重是混合类型中的一种。首先,克里巴德的"混重"课程史观包含着螺旋式循环史观的某些成分。螺旋式运动的循环模式与圆圈式运动的循环模式不同,其把循环看作是某种螺旋。克里巴德认为 20 世纪美国课程史由四大利益集团课程主张构成,并且每一利益集团课程主张于不同历史时期都可能会重复成为当时课程改革的主导元素,但是又不是简单重复。另外,前文已经述及,克里巴德的课程理想是融合了四大利益集团课程主张合理成分的共同课程。这种共同课程力图培养学生的理智能力,以满足博雅教育培养民主社会公民的目的。实际上,共同课程就是经过改造的学科课程。与人文主义者所提出的传统学科课程不同,共同课程融合了四大利益集团的合理成分,实现了知识、儿童和社会的统一。纵观《斗争》一书所描写的 20 世纪美国课程史,可以发现历史洪流正朝向克里巴德的课程理想发展。克里巴德也明确表示现代课程正朝向他所期待的理

---

①　Herbert M. Kliebard, *The Struggle for the American Curriculum 1893—1958*, New York: RoutledgeFalmer, 2004, p.25.

想课程发展。他说:"正如大量学科知识在不断变化一样,我们要学习的学科越来越容易接受重新评价和重组了。"①由此可知,克里巴德认为历史发展的方向是由低级向高级运动的,这种运动不是一条直线,而是在循环中上升的螺旋。

其次,克里巴德的"混重"课程史观批判地接受进步史观和冲突史观的某些成分。一方面,克里巴德认为在经历几次大的争论后,四大利益集团由开始的彼此对立逐渐靠拢,走向融合,共同推动着美国课程向前发展。但是,他认为美国课程发展并非全然是直线上升,在特定时期也出现过滑坡。比如,其中涌现了以社会效率论者课程主张为主导的《中等教育基本原理》和"生活适应教育运动"(life adjustment education),这些课程改革强调社会效率和社会控制,其与强调民主的课程相悖。另一方面,克里巴德受到激进主义教育史学的批判性思维的影响,注重课程发展过程中的冲突。在《斗争》一书前言中,克里巴德指出其赞成卡尔·凯斯特(Carl Kaestle)的观点,即可以把学校所发生的事件看作是不同竞争性利益集团之间的冲突。② 虽然克里巴德赞同激进修正主义教育史学家的批判性思维,但是对其极端的"冲突"观点表示反对。他说:"课程史所需要的并不是高度的政治对立,而是科斯图所称为的'优雅'解释,这种解释将探索妥协的各种维度和影响。"③

再次,克里巴德质疑激进修正主义者的另一极端观点,即精英利用学校来加强特权和权力方面的不平等。④ 也就是说,克里巴德注意到单一进步史观或单一冲突史观的局限性。他说:"如果仅仅通过单一'进步'的解释或者单一'批判'的解释,我们就很少能全面理解课程思想史。这两种观点或多或少代表了单方面的解释,它们通过本质倾向来关注课程史的有限部分。无论是其进步的推力或其固有的保守主义,都以牺牲其他可能的重要因素为代价的"。⑤ 韦恩·厄本

---

① Herbert M. Kliebard, Afterword: Schools as Dangerous Outposts of a Humane Civilization, In Barry M. Franklin ed., *Curriculum & Consequence: Herbert M.Kliebard and the Promise of Schooling*, New York: Teachers College Press, 2000, p.199.

② Herbert M. Kliebard, *The Struggle for the American Curriculum 1893—1958*, Boston: Routledge & Kegan Paul,1986, p.Ix.

③ Herbert M. Kliebard and Barry M. Franklin, The Course of the Course of Study: History of Curriculum, In John Hardin Best ed., *Historical Inquiry in Education: A Research Agenda*,Washington, D.C.: American Educational Research Association,1983, pp.138-157.

④ Elizabeth Useem, Book Review: The Struggle for the American Curriculum 1893—1958, *Contemporary Sociology*, Vol.16, No.6,1987, pp.895-896.

⑤ Herbert M. Kliebard and Barry M. Franklin, The Course of the Course of Study: History of Curriculum, In John Hardin Best ed., *Historical Inquiry in Education: A Research Agenda*, Washington, D. C.: American Educational Research Association, 1983, pp.138-157.

(Wayne J. Urban)指出,克里巴德试图抛弃传统教育史学认为学校教育绝对美好,以及激进修正主义教育史学认为学校教育绝对邪恶的二元观点。[1] 克里巴德注重四大利益集团之间冲突的最终结果,即达成"共识"或"一致意见"。笔者以为,克里巴德在阐述美国课程史时,既关注"冲突",也关注"一致"。保罗·彼得森(Paul E. Peterson)在评价《斗争》一书时,指出对美国学校变革进行阐释的三种取向,即进步史学、修正主义史学和浪漫史学的观点都可以在《斗争》一书中找到蛛丝马迹。[2]

四、史观对课程史研究的价值与意义

客观的历史已经一去不复返了,历史学家不可能直接面对已经消逝的历史事实,他们直接面对着的只能是历史文献。19 世纪西方史学的目标是历史学家可以让历史事实自己来说话。他们希冀通过严格考证鉴别原始史料,发现事实,重建历史真相。以利奥波德·冯·兰克(Leopold Von Ranke)为代表的客观主义史学家声称能够通过考证史料而重建历史客观真实,并认为这是历史学家的任务和责任。因此,历史学家应避免对史事进行诠释、概括、综合和评价。他们宁可多研究一些事件和人物,让事实自己说话,以保持历史学的客观性。这种观点把历史学家看作是等待打上印记的"一面镜子"或一张白纸,其忽视了历史学家在历史研究中的主导地位和决定作用。[3] 对于史学家的主观能动性,何兆武在翻译威廉·沃尔什(William H. Walsh)的史学名著时,曾在"序言"中说道:"历史研究当然要搜集材料。然而史料无论多么丰富,它本身却并不构成真正完备的历史知识,最后赋予史料以生命的或者使史料成为史学的,是要靠历史学家的思想。"[4]换言之,历史面貌的塑造、历史画面的描绘,离不开史家主体性的某种发挥与张扬,尽管这种史家主体性的出场也是奠基于并受制于客观历史证据与资料。倘若没有史学家主体性参与,史料本身不足以呈现一幅连续的生动画面,史之为史的某种连续性,往往肇因于史学家对不同史料——史事的编排与解释。正是如此这般的史学家主体性之有节制、有家法的发挥与张扬,赋予历史成形与生命。

----

① Wayne J. Urban, Book Review: The Struggle for the American Curriculum 1893—1958, *Educational Studies*, Vol. 19, No.1, 1988, pp.62–67.

② Paul E. Peterson, Book Review: The Struggle for the American Curriculum 1893—1958, *Academe*, Vol. 73, No.2, 1987, p.86.

③ 张耕华:《历史哲学引论》(增订版),复旦大学出版社 2009 年版,第 32—33 页。

④ [英]沃尔什:《历史哲学导论》,何兆武、张文杰译,广西师范大学出版社 2001 年版,第 4 页。

在课程史研究中同样存在着史学家的主体性参与,课程史学家运用其课程史观来解释课程历史现象。对课程历史的研究、把握和阐述,不可避免地触及课程历史进程的某种宏观探讨、总体把握和趋势判断,用专业的历史哲学的术语来说,这是一个思辨历史哲学的问题。不难发现,单线进步史观、二元循环史观和多元混重史观是课程史学家构筑美国课程史的前提假设,是他们对历史进行判断的一个重要的前提和出发点。因此,史观问题对课程史研究具有不容忽视的价值与意义,特别是以下几个问题与方面,值得细细深究。

(一)课程史的客观真实性依赖于研究主体史观的积极发挥才有可能实现

历史著作绝不是一篇记载历史事件的流水账,它在朴素的史实之外,还要注入史学家的思想。因此,对于同样的、支离破碎的凌乱史实或史料,不同的史家有着不同的理解。[①] 课程史学家对于课程历史发展的方向存在不同观点,这是他们研究史料、组织史料的前提假设。在某种课程史观的指导下,课程学家按照一定的逻辑理解课程史,并对历史发展过程规律的探讨。比如,坦纳夫妇站在国家利益至上的立场,谱写了一曲美国课程发展的颂歌。他采用厚今薄古的方法,总结了美国学校教育脱离欧洲教育的母体,到具有美国特色的教育理论和实践的形成这一段时期的历史经验,追寻了美国课程演变的主要趋势,对美国课程史的发展抱乐观态度,将多元的美国课程发展经验简单化。坦纳夫妇极力讴歌了朝着民主理想方向发展的美国课程,这种撰史模式带有明显颂歌似的辉格传统。我们应该肯定课程史观在课程史研究中的积极能动作用,认识到课程史家的主体能动性不仅表现在对客观历史过程的反映和史料选择上,而且表现在课程史家对课程史的评价、重建和再创造上。历史的客观性不是被给予的,它总是包含着史学家的一种积极活动和复杂的判断过程,必须意识到历史研究中历史的客观性所具有的主体因素和历史的相对性质。[②]

(二)史观关涉课程史认识视野的扩展、课程史学内涵的丰富

课程史学家每个人都在以自己的课程史观探索过去,而这对他们解说历史的方式有着决定性的影响,因此对于相同的史料,就可以得出各不相同的历史构图。每一个时代、每一个历史学家对历史不断地形成新的见解,这不仅由于不断

---

① 周采:《教育史研究的前提建设及其意义》,《河北大学学报(哲学社会科学版)》2008 年第 1 期,第 18—25 页。

② 张耕耘:《要重视对史学家主体因素的研究》,《人文杂志》1988 年第 1 期,第 22—23 页。

地有新的史料的发现,更是由于人们的思想观念不断形成新网络的缘故。① 课程史观左右着课程史学家的历史图像的形成,这是课程史研究的前提,也是对同一课程史实有着不同解释的原因。例如,在单线进步史观的指引下,《学校课程史》则极力为公立教育辩护,甚至不惜竭力为"社会效率"与"社会控制"作正面解释。

在坦纳夫妇看来,爱德华·罗斯(Edward A. Ross)在《社会控制》(*Social Control*),以及杜威在《民主主义与教育》(*Democracy and Education*)中都认为社会控制具有两方面意义:一是强制学生服从现状;二是以普及教育来促进人的社会洞察力与明智的自我指导的能力,这是民主社会所需要的新的社会控制。② 在此基础上,坦纳夫妇认为《中等教育基本原理》体现的是民主一面的社会效率。例如,该报告书提倡综合中学这种学术与职业课程统一而非分轨的学校制度,有助于普及教育机会、培养个人能力,而这正体现了民主精神,恰恰符合社会效率和社会控制的积极意义。③

与坦纳夫妇极力讴歌美国公立教育不同,持有多元混重史观的克里巴德更深刻地体悟到美国社会发展,乃至教育发展的冲突,并拒绝把美国课程史描述成进步教育战胜传统教育而不断走向胜利的单一战斗历程。他倾向认为该报告书主要受到社会效率论者的社会效率观的影响,体现了社会控制的消极意义。可见,不同的课程史著,只是多种可能性中可选择的一种。课程史学家形成不同形而上学的信念。他们总是在以自己的哲学观点在研究过去。课程史学家根据某些原则选择史料或史实,对证据进行判断,并依据这种前提假设理解课程史。课程史著不胜枚举、推陈出新,这可以不断扩大、修正史家的历史认识,促使课程历史认识无限接近客观历史本身。

（三）史观有助于更好地理解及解决当今课程问题

课程史研究的评价、分析、归纳,有助于更好地理解及解决当今课程问题。一方面,课程史观有助于课程史家理解当今课程问题。客观主义史学重视历史事实的确定,却忽视历史规律的探索。他们注重史料考证,而不是对史实的概括、综合和评价等。但是,任何一种历史叙述或解说,不可避免地是根据某种哲

---

① 周采:《教育史研究的前提建设及其意义》,《河北大学学报(哲学社会科学版)》2008年第1期,第18—25页。

② Daniel Tanner & Laurel N. Tanner, *History of the School Curriculum*, New York: Macmillan, 1990, p.360.

③ Daniel Tanner and Laurel N. Tanner, *History of the School Curriculum*, New York: Macmillan, 1990, pp.361-363.

学的前提假设出发的。思辨历史哲学希望通过把握历史发展的整体来揭示关于人类文明演化带有普遍意义的真理。① 现在是由过去发展而来的,每一个领域都有其过去。课程领域也不例外,其表现为课程变迁的持续性和渐进性。为了更好地理解当下美国的课程发展,我们应该了解课程问题的来龙去脉。课程史学家的研究受着其形而上学的信念的影响。他们是以自己预先假设的课程发展观点观看过去的,其通过对过去的质问和论辩,来解释目前课程发展的合理性,并展望未来课程的状况。例如,从克里巴德对美国课程改革发展进程规律的总结和动力的分析,以及对美国课程变革与社会政治、经济、文化发展的复杂关系厘清中,可以启发我们对美国课程发展现状的分析,以助于我们理解美国的课程发展现状。由此,课程史可从历史中发掘规律、意义和启示,以了解当下课程问题的过去渊源,并连接到有价值的未来。

另一方面,课程史观有助于课程史研究为当代课程问题提供经验教训。虽然历史不会重演,但是当今发生的课程热点问题都曾在过去以这样或那样的方式出现过。课程史学家以预设的课程发展观点观看过去,厘清课程变革与社会政治、经济、文化发展的复杂关系,了解美国课程改革成败的原因,分析干扰过去课程改革的影响因素,从中总结课程发展的经验教训。这样,我们可以获得关于过去课程发展更多的信息和方法来理解和处理当今的课程问题。当代的课程工作者可以从中汲取关于该做什么或不该做什么的诸多教训。正如坦纳夫妇所说:"课程史除了是我们的集体记忆(collective memory)外,它还是课程领域里经验的积累。如果我们把课程史看作是历史的结果或产品以及历史的过程,那么它对我们解决当代问题的价值就可能得到提高。"②

总之,课程史观是课程史学家主体性的重要表现。在课程史研究过程,我们要时刻对课程史学家的主体性进行反省,唯其如此,才能更自觉地排除主观性的不当干扰与滥用,并透过"主观性"更好地把握课程史的客观性。课程史家主体性与历史客体性犹如车之两轮、鸟之两翼,独轮或单翼都可能使我们误入歧途。课程史研究既要尊重历史的"客体性",加强对历史事实的考据,又要注重对历史的阐释发挥与价值判断,二者缺一不可,不可偏废。

---

① 周采:《教育史研究的前提建设及其意义》,《河北大学学报(哲学社会科学版)》2008 年第 1 期,第 18—25 页。

② [美]丹尼尔·坦纳、劳雷尔·坦纳:《学校课程史》,崔允漷等译,教育科学出版社 2006 年版,第 16 页。

第三节 克里巴德课程史观的隐喻书写

克里巴德课程史学作为美国课程史学史上不可绕开的关键点,其对美国课程史学发展有承上启下的作用。在《斗争》一书中,克里巴德以河流隐喻来表达1893—1958年的美国课程史。在河流隐喻的新视角下,美国课程的历史变迁获得了形象表达,即借助河流系统各组成部分作为一种具体熟悉事物,使得相对抽象的课程历史进程得以具象认知。其中,河流隐喻系统包括支流、干流、河流运动状态等。品读《斗争》一书关于河流的内在意蕴,可以窥见寓指不同意识形态的四大支流的流动变化,以及汇聚了四大利益集团课程主张的河流干流的辩证发展趋势。

一、干流与支流:美国课程思想变迁的隐喻表征

同一水系中的河流有干、支流之分。一般而言,直接流入海洋或内陆湖泊的河流称为干流。流入干流的河流称为支流,其有一级、二级、三级……之分。其中,直接汇入干流的河流称为一级支流,汇入一级支流的称为二级支流,依次类推。[①] 换而言之,支流在水文学上是指汇入另一条河流或其他水体而不直接入海的河流。

（一）河流构成:美国课程思想的势力结构

在《斗争》一书中,克里巴德直接以"河流"(stream)一词表示河流干流。克里巴德认为20世纪美国课程发展是"汇聚不同支流的河流"(a stream with several currents)。正如克里巴德所说:"一直以来,人们常说课程时尚受到钟摆现象的影响。尽管钟摆这个隐喻传达的是教育世界里不断发生的某种立场变动。但是,课程不断变化的现象最好被看作是'汇聚不同支流的河流',其中一条支流比其他支流力量要大。没有任何一条支流完全干涸(dries up)。当气候及其他条件适宜时,其中力量弱的支流就会凸显出来,其力量就会变大。唯有当特别适宜这条支流发展的条件不再盛行时,它才会式微。"[②]不同的支流汇入干流,其不同的支流特性在干流中都混合起来,这样的干流还保留不同支流原本的性

---

① 熊治平:《河流概论》,中国水利水电出版社2011年版,第11页。
② Herbert M. Kliebard, *The Struggle for the American Curriculum 1893—1958*, New York: RoutledgeFalmer, 2004, p.174.

质。简言之,河流干流就形成了包含不同支流的一种混合物。另外,在《斗争》一书中,克里巴德主要用"主流"(mainstream)、"暗流"(undercurrent)和"地下河"(subterranean stream)来表示河流的不同支流。四大利益集团课程思想好比河流的四条支流。需要指出的是,克里巴德认为,虽然杜威的课程思想对美国学界影响很大,但是由于学者多误用了杜威思想,并且杜威的课程思想对实践没有产生太大的影响。因此,美国课程发展变迁的河流干流主要由代表四大利益集团课程思想的四条支流汇聚而成。

自然社会中,河流的力度往往受天气等环境因素影响。四大支流受到"天气和其他环境"的影响,时强时弱,并且强弱不一。首先,克里巴德以"主流"表示力量较强的支流。主流与暗流相对,常用于比喻事物发展的主要趋向。比如,在《史密斯-休斯法案》(Smith-Hughes Act)通过前3年,有一个围绕职业教育发展方向的争论。其中,杜威在《新共和国周刊》(*New Republic*)第一卷中,对职业教育国家援助委员会(Commission on National Aid to Vocational Education)的法案提议进行了批判。显然,法案支持者主要来自社会效率论者。此时,社会效率论者提倡《史密斯-休斯法案》,以发展职业教育。3年后,《史密斯-休斯法案》的通过,表明社会效率论者掌握着美国课程控制权。克里巴德指出:"虽然这次争论对悬而未决的法案争端没有产生很大影响,但是这次争论说明了在社会效率意识形态的主流之下,存在着一股细小的、代表反对力量的暗流。"[①]由此可知,克里巴德认为当时美国课程思想主流是社会效率论者的课程思想。又如,1926年,美国教育研究协会第26界年鉴中的两卷是《课程编制:过去和现在》(*Curriculum-Making: Past and Present*)和《课程编制的基础》(*The Foundations of Curriculum-Making*)。乔治·康茨(George S. Counts)和哈罗德·拉格(Harold O. Rugg)被邀请去编写这两卷年鉴。克里巴德说:"随着拉格和康茨出现在课程舞台上,我们看到了第三个课程运动的出现,这个力量的主要推动力是对美国经济和社会系统不满的暗流。到20世纪30年代,这个力量在社会重建主义的旗帜下建立自身,并把课程看作是社会不公平得以矫正和资本主义的邪恶得以纠正所依赖的工具。"[②]再如,在《斗争》一书的第十一章中,克里巴德宣称:"20世纪的课程体现出:我们对智力主义与反智力主义的合理信仰;人类精

---

① Herbert M. Kliebard, *The Struggle for the American Curriculum 1893—1958*, New York: RoutledgeFalmer, 2004, p.123.

② Herbert M. Kliebard, *The Struggle for the American Curriculum 1893—1958*, New York: RoutledgeFalmer, 2004, p.154.

神的解放和约束;符合儿童和青少年的幸福,以及造成儿童和青少年的不满及对社会生活主流的远离;作为社会和政治改革的工具,以及作为延续现存阶级结构和复制社会不平等的力量。"①在此,克里巴德想要说明,20世纪美国课程发展实际体现了四大利益集团课程思想的冲突与妥协,同时社会效率论者的课程思想,特别是对学生未来成人社会生活的重视,在某些时候也是美国课程发展的主流。

其次,克里巴德以"暗流"和"地下河"表示力量较弱的支流。暗流和地下河指的是地下流水,常用于比喻潜伏的社会动态和思想倾向。克里巴德借用暗流和地下河这两个术语来表示在美国课程控制权竞逐过程中处于劣势或蓄势待发的利益集团课程思想。例如,克里巴德认为,在1928年总统大选前,美国正处于一个表面繁荣的乐观状态,但是,实际上潜伏着对其不满的暗流。② 这股暗流就是20世纪30年代社会改善论者对美国社会不公平的批评。又如,莱斯特·沃德(Lester Frank Ward)提出了一个观点,即他认为20世纪的社会问题不仅源于社会真正财富的分配不当,而且源于文化资本通过学校进行的不平等分配。另外,分配不公可以通过学校干预纠正。半个世纪后,康茨和拉格重新复兴了沃德的这个思想。他们把这些思想呈现给知识分子精英阶层,同时拉格把这些思想放进了其编写的教科书中,以呈现给成千上万的学生。面对这种情况,克里巴德说:"这种现象似乎解释了这么一个规律,即美国课程改革地下河的再度复兴源于这些思想及其适宜生存的社会和经济环境相互作用的结果。"③这说明美国课程改革背后的思想兴衰受到社会和经济发展的影响,同时说明社会改善论者的课程思想于20世纪20年代末正蓄势待发。

(二)河流运动:美国课程竞逐的历史驱动

不管干流,抑或支流,均存在河水的流动,这也是河流隐喻的组成部分。在《斗争》一书中,克里巴德使用了大量描写河水流动的词汇以生动表达。比如,克里巴德认为,社会效率论者以工业主义的逆势上涨(a rising tide),促使职业教育崛起。④ 另外,克里巴德把伯纳德·贝尔(Bernard Iddings Bell)的《教育危机》(*Crisis in Education*)和莫蒂默·史密斯(Mortimer Smith)的《疯狂教学》(*And*

---

① Herbert M. Kliebard, *The Struggle for the American Curriculum 1893—1958*, New York: RoutledgeFalmer, 2004, p.270.

② Herbert M. Kliebard, *The Struggle for the American Curriculum 1893—1958*, New York: RoutledgeFalmer, 2004, pp.151-152.

③ Herbert M. Kliebard, *The Struggle for the American Curriculum 1893—1958*, New York: RoutledgeFalmer, 2004, pp.173-174.

④ Herbert M. Kliebard, *The Struggle for the American Curriculum 1893—1958*, New York: RoutledgeFalmer, 2004, p.129.

Madly Teach)这两本书,作为对 20 世纪中叶美国公立学校智力发展进行批判的涨潮(floodtide)。[①] 无论是"逆势上涨",还是"涨潮",都表现了一种蓄势待发的状态。

又如,上文讲到美国教育研究协会第 26 届年鉴中的两卷是《课程编制:过去和现在》和《课程编制的基础》。这两卷年鉴致力于对"课程包含什么内容"这个问题达成共识。克里巴德认为,从年鉴来看,课程学界对这个问题虽继续保持分歧,但还是达成了一定的共识。克里巴德如是说:"变化是明显的,开始于 1924 年的年鉴委员会在拉格的领导下齐心协力,以促使这么多年流动(flow)而来的改革混乱达成一致性。"[②]在此,克里巴德主要想以"流动"来呈现河流干流的流动状态,反映出不同利益集团课程思想逐渐走向妥协。

再如,1938 年,促进美国教育的要素主义委员会(Essentialist Committee for the Advancement of American Education)重点推介了两本书,即博伊德·波德(Boyd H. Bode)的《进步主义教育在十字路口》(*Progressive Education at the Crossroads*)和杜威的《经验和教育》(*Experience and Education*)。这两本书提及了不同课程改革思想之间的妥协。克里巴德使用了"漂移"(drift)一词来表达代表不同课程改革思想的支流逐渐汇合形成河流干流,而达成妥协的发展过程。[③]

河流隐喻并非只在《斗争》一书的某一处提及,而是在全书各处均有提及。河流隐喻涉及河流的各个组成部分,其在《斗争》中形成了系统结构。在分析完克里巴德的河流隐喻的具体运用之后,要思考两个层级问题:其一,克里巴德对河流隐喻的运用是否受到认知隐喻理论的影响,而不只是语言手法的运用。关于此问题,克里巴德关于隐喻的文章中有其受到认知隐喻学者影响的话语。其二,克里巴德的河流隐喻是否已经是一个比较系统的隐喻理论。河流隐喻在实现作品表达形式的生动形象之外,蕴藏着克里巴德的书写奥秘。正是借助隐喻,克里巴德实现了其课程研究历史转向的一种新路径。河流隐喻包含的支流与干流,需要梳理一二,以窥得水下的别样风情。

综上所述,克里巴德以"汇聚不同支流的河流"表征 20 世纪美国课程发展历

---

① Herbert M. Kliebard, *The Struggle for the American Curriculum 1893—1958*, New York: RoutledgeFalmer, 2004, p.261.

② Herbert M. Kliebard, *The Struggle for the American Curriculum 1893—1958*, New York: RoutledgeFalmer, 2004, p.152.

③ Herbert M. Kliebard, *The Struggle for the American Curriculum 1893—1958*, New York: RoutledgeFalmer, 2004, p.195.

程。其中,四大利益集团竞逐美国课程控制权,因势利导,其力量时强时弱,有主有次。代表四大利益集团的四大支流虽因环境因素,强弱不一,却源源不断,永不干涸。"汇聚不同支流的河流",支流终将汇合成干流,混合前行。

二、持续与消长:河流隐喻的美国课程势力象征

克里巴德使用河流隐喻,以河流的四条支流来形象表达持有不同意识形态的四大利益集团。它们争夺美国课程控制权的过程中,各有独领风骚之时,亦有韬光养晦之日,共同构造了 20 世纪美国课程史。

(一)河流不枯:利益集团势力的历史持续

克里巴德指出,课程涉及知识的选择。[①] 课程的知识选择都是由有着社会信念、政治信条、专业期望、阶级忠诚,以及经济动机的真实之人所作决定。[②] 四大利益集团在 19 世纪末 20 世纪初相继形成,他们有着不同的价值信仰和意识形态,并提出不同的课程改革主张。其中,人文主义者注重传统学科,并视学校为传递西方传统价值和文化遗产的机构。发展论者重视儿童自然发展顺序,并认为课程应该激发儿童的兴趣。社会效率论者强调教育应为成人生活做准备,而课程应该根据儿童将要扮演的成人角色进行分化。社会改善论者主张以学校作为社会改造的工具,来实现社会的公平与正义。在 19 世纪末至 20 世纪中叶这段时间,四大利益集团课程主张成为美国课程变迁的基本组成要素。依据克里巴德的河流隐喻,四大利益集团是课程改革的四条不同支流,每一次的课程改革都是由不同支流汇聚而成的河流干流。不同支流力量大小不一,却未有干涸之时。

艾伦·格拉特霍恩(Allan A. Glatthorn)在《课程领导》(*Curriculum Leadership*)一书中,也赞同使用河流隐喻来描绘过去百年的课程史。诚如格拉特霍恩所说:"以持续流动之个别河流来谈论它时而丰沛、时而微弱、时而分流、时而合流,或许更为适切且更有见地。"[③]但是,河流是由不同支流汇聚而成的。格拉特霍恩和杰瑞·杰拉尔(Jerry Jailall)在《新世纪的课程》(*Curriculum for the New Millennium*)一文中指出:"数股支流的隐喻很贴切地描绘了课程是如

①　Herbert M. Kliebard, Constructing a History of the American Curriculum, In Philip W. Jackson ed., *Handbook of Research on Curriculum*, New York: Macmillan, 1992, pp.157 - 184.

②　钟鸿铭:《H. M. Kliebard 的课程史研究及其启示》,《教育研究集刊》2004 年第 1 期,第 98 页。

③　Allan A.Glatthorn, *Curriculum Leadership*, Glenview, Illinois: Scott, Foresman and Company, 1987, p.89.

何运动的,它流穿过系统,时而涨潮,然后积聚力量且在动态的汇流处合流在一起。这一隐喻似乎比钟摆的陈腔滥调更有帮助,后者意指一种简单的来回运动。但是,河流隐喻意指在我们课程史中的任何特定时间,数股支流在流动着。在我们过去的一个时间点,某股支流的影响力是微弱的,尔后,它集聚了力量且变得强而有力。有时,这些支流广泛地分离,在其他时候,它们合流在一起。而且,某股特定支流的力量显然受到众多因素的影响,特别是复杂的社会和文化力量。"[1]

(二)河流消长:利益集团势力的历史变迁

自19世纪末以迄20世纪50年代,四大利益集团课程主张同时并存,只是彼此强弱有别而已。任何一股支流在历史长河的不同点上,其力量强弱不一,随着时间推移而变化,具有流动性。

其一,支流流动性与其他支流的竞争相关。克里巴德认为,某一主流课程思潮的浮现,与利益集团之间的竞争相关。[2]四大利益集团在相互竞争的过程中,特定历史环境下失利的利益集团,待掌握课程主导权的利益集团逐渐式微时,便伺机夺取课程主导权。但是,任一利益集团每一次重回主流,除了保留其基本课程主张之外,往往汲取了其他利益集团的积极因素。如此,不同利益集团的课程主张也是随着历史变迁而不断发展的。因此,以河流支流喻之,则表现为支流的流动发展。

其二,支流流动性与时代环境密切相关。克里巴德指出:"无需多说的是,改革的命运深受当时社会和政治氛围的影响。诸如我们刚才所列举的改革运动,它们的优点和缺点取决于它们是否与时代进程相容。这样说也许是公平的,就是这些运动没有任何一个是完全失败的。相反,当时代环境适应时,它们会获得相当大的动力和支持,但当社会和政治背景改变时,它们又失去动力并复归沉寂。"[3]不同的时代,社会有不同需求。为迎合时势需求,任何利益集团都会重新诠释其课程理论和主张。以人文主义者为例,当19世纪末古典科目遭到现代科目威胁时,查尔斯·艾略特(Charles W. Eliot)为了维系心智训练说(mental

---

① Allan A. Glatthorn and Jerry Jailall, Curriculum for the New Millennium, In Ronald S. Brandt ed., *Education in a New Era*, Alexandria, Virgina: Association for Supervision and Curriculum Development, 2000, p.98.

② 杨智颖:《课程史研究观点与分析取径探析:以 Kliebard 和 Goodson 为例》,台湾高雄复文图书出版社 2008 年版,第 82 页。

③ Herbert M. Kliebard, *Changing Course: American Curriculum Reform in the 20th Century*, New York: Teachers College Press, 2002, p.5.

discipline)的存在,随之承认现代学科与古典学科地位相同,均具有形式训练的功能。20世纪初,现代课程改革的一个主要原则是实用性标准。此时,为回应时代重视实用性的需求,人文主义课程也成为人们职业教育中不可或缺的一环。于是,1918年《中等教育基本原理》把发展人的理性作为人们生活的七大功能性目标之一。[①]

其三,随着时代环境发生变化,社会也会支持某一利益集团的课程主张成为主流。自19世纪末开始,美国正经历从传统农业社会向现代工业社会的剧烈转型,工业化和城市化迅速发展。另外,美国科学管理运动大行其道。此时,人文主义者课程主张的声势逐渐式微,而博比特和华莱士·查特斯(Werrett Wallace Charters)等社会效率论者的课程主张成为20世纪初课程改革的主流。1929年,美国遭遇经济大萧条。20世纪30年代的经济低迷、民不聊生,促使拉格和康茨等社会改善论者的课程主张成为显学。随后,美国加入第二次世界大战,爱国主义兴起,人们热切希望社会复归稳定。由此,社会改造的思想开始黯然失色,社会改善论者失势,而社会效率论者倡导的生活适应教育开始盛行。到了20世纪50年代,受到美苏冷战的气氛影响,而提倡学术性课程的人文主义者重新成为主流课程思潮。里巴·佩奇(Reba N. Page)认为这种叙述描述了在意识形态演变的过程中被强加的不断变换的社会历史语境。这样,每种意识形态进行前后比较,用以记录经常被忽略的课程复杂性。[②] 可见,无论是利益集团主动发展以迎合社会需求,还是时代发展环境适合利益集团发展,不同利益集团的势力是随着社会发展而变化。以河流喻之,则体现为河流支流的流动性。

总而言之,四大利益集团之间的相互竞逐,以及时代背景共同促进了不同利益集团向前发展,犹如河流支流一样,不断向前流动,时而丰沛,时而微弱。

三、批判与重构:河流隐喻的美国课程史观蕴意

在克里巴德看来,四大利益集团在20世纪前半叶各有引领潮流之时,但是任何利益集团都不会绝对地胜利,或绝对地失败,而是形成一种松散的、不连贯的妥协,如同河流干流一般。

---

①　Herbert M. Kliebard, The liberal arts curriculum and its enemies: The effort to redefine general education, In Herbert M. Kliebard ed., *Forging the American Curriculum: Essays in Curriculum History and Theory*, New York: Routledge, 1992, pp.27 - 50.

②　Reba N. Page, Struggle: A History of "Mere" Ideas, Curriculum Inquiry, Vol.40, No.2, 2010, pp.205 - 220.

（一）批评钟摆：美国课程循环史观的解构

前文已述，大多数学者使用"钟摆现象"隐喻来表示课程发展态势，这一隐喻重在体现的是课程改革主张来回摆动的现象。"钟摆现象"隐喻弥漫着悲观色彩，其认为课程改革除了反复做些调整之外，其实什么都没做，每件事都在原地踏步，即停滞在钟摆的中点上。持钟摆观的学者无法保有对进步的憧憬。实际上，"钟摆现象"反映的是课程发展的二元循环史观。

克里巴德批评课程改革如钟摆般不断循环的隐喻。诚如克里巴德所言："就像一般人所相信的，教育改革注定要失败，另外，循环往复和钟摆现象在某种意义上或有道理，但却言过其实。我从来就不是这个格言的信奉者。"[1]钟摆现象隐喻过于简略，其无法描绘美国课程历史发展的真实面貌。爱丽丝·梅尔（Alice Miel）认为钟摆现象依赖的是"非此即彼"（either-or）的二元思考模式。[2] 同时，某些熟悉的课程问题或许时常发生，但是这些问题是在不同的社会和经济背景且以不同方式发生。易言之，时间之流里任何两点的情境是截然不同的，所以，我们不能认为这些问题只是简单重复，而必须对它们重新加以解释。正如克里巴德所说："有些同样的问题可能一再发生，但是总在不同的情况与不同的人身上，所以不管我们能从过去学到什么，一定要能分辨这些不同。"[3]

克里巴德以美国 20 世纪上半叶的课程变迁为例进行说明。20 世纪初，美国社会的工业化和城市化迅猛发展，而且弗雷德里克·泰勒（Frederick Winslow Taylor）主张的科学管理运动弥漫着学术界。此时，为了改变传统人文主义课程的浪费现象，以使学校教育的运作更有效率，于是社会效率论者所提倡的课程主张成为主流。1929 年的经济大萧条使得社会改善论者的课程主张开始兴起。二战爆发后，美国整个社会力图返回正常生活，于是，强调为成人生活做准备而达成社会秩序稳定的社会效率论者重掌改革主导权，以倡导生活适应教育。然后，随着美苏冷战时期的到来，特别是 1957 年苏联人造卫星发射之后，整个国家气氛转向强调美国与苏联的竞争。这时，强调学术科目的学科结构运动成为主流。如果以"钟摆现象"来解释此这一段课程变迁现象，将会认为反学术、甚至反知识的生活适应教育位于钟摆的一端，而重视学术能力的学科结构运

---

① Herbert M. Kliebard, Success and Failure in Educational Reform: Are There Historical "Lessons", In Herbert M. Kliebard ed., *Forging the American Curriculum*: *Essays in Curriculum History and Theory*, New York: Routledge, 1992, pp.104 - 105.

② 钟鸿铭：《H. M. Kliebard 的课程史研究及其启示》，《教育研究集刊》2004 年第 1 期，第 113 页。

③ ［美］赫伯特·M. 克里巴德：《课程的变革：20 世纪美国课程的改革》，国立编译馆主译，杜振亚译，台湾巨流图书股份有限公司 2008 年版，第 193 页。

动则位于钟摆的另一端。同时,"钟摆现象"认为生活适应教育中社会效率论意识形态,是 20 世纪初所流行的社会效率论思想的循环反复。同样的,学科结构运动是对《十人委员会报告书》课程主张的重复。针对上述"钟摆现象"的观点,克里巴德表示反对。他认为,虽然生活适应教育所包含的教条有 20 世纪早期社会效率论者思想的成分,但其反学术的和反知识的信念是前所未有的。同样,学科结构运动的课程主张已和艾略特及十人委员会建议不完全一样。[①] 这是因为学科结构运动虽然强调学术性课程,但是该学术性课程的提出是基于美国能赢得美苏争霸战争的考量,这实际上蕴含了功利性的目标在内。

(二)支流汇聚:美国课程混重史观的重构

在克里巴德看来,四大利益集团课程主张成为 20 世纪美国课程改革的立论基础。同时,每一次课程改革皆非单一利益集团取得绝对支配权,而是四大利益集团相互争斗和妥协的结果。美国每一时期的课程改革好比汇聚多股支流的河流。不同支流流水汇聚于河流干流之中,时而翻涌而上,时而潜伏于下,或成为主流,或成为暗流。在河流干流中,不同支流不断地相互掺杂渗透,往前奔行。在美国课程发展的历史长河中,课程改革恰如湍流不息的河水,一波接着一波往前推进。也就是说,某一历史时期的课程流行现象,好比汇聚数股支流的河流。正如克里巴德所说:"改革不是一件单纯的事情,它是一个结合了广泛努力的、若干高尚而有价值的,以及一些误导的,甚至应受谴责特性的混合词(portmanteau words)。"[②]

持有不同意识形态的利益集团课程主张,为何会汇聚到河流干流当中呢?原因在于,四大利益集团在竞逐美国课程控制权的过程中,彼此之间相互竞争与妥协。四大利益集团在竞争过程中,任一失势的利益集团,必然待掌握课程主导权的利益集团之偏颇效应逐渐显现时,便伺机夺取课程控制权。但是,任一利益集团的每一次重回主流,除了保留其基本课程主张之外,往往汲取了其他利益集团的积极因素。另外,面对其他利益集团的激烈斗争,任一利益集团为了能牢牢抓住课程控制权,也不得不与其他利益集团达成妥协。因此,在四大利益集团课程主张反复发展之后,课程理论的"混重"现象越发明显。诚如克里巴德所言:"在历经半

①　Herbert M. Kliebard, Success and Failure in Educational Reform: Are There Historical "Lessons", In Herbert M. Kliebard ed., *Forging the American Curriculum: Essay in Curriculum History and Theory*, New York: Routledge, 1992, pp.97 - 112.

②　Herbert M. Kliebard, *Changing Course: American Curriculum Reform in the 20th Century*, New York: Teachers College Press, 2002, p.2.

个世纪的改革之后,今天的美国课程是一种'混合物'(patchwork)。"①换言之,美国课程发展史上任何一次改革都有其独特性,我们不能只透过某一时期主流课程意识形态来分析课程改革现象,而应从改革现象中寻找其他课程意识形态的影子。克里巴德指出:"教育意识形态的钟摆现象模糊了这样一个事实,即某一历史时期并非由单一意识形态完全主宰。"②

由上可见,"汇聚不同支流的河流"隐喻实际上是克里巴德"混重"课程史观的形象表达。克里巴德认为,20世纪上半叶的美国课程史是一种螺旋式上升的历史运动,即四大利益集团课程理论相互补充整理并混合发展。在考察美国课程发展变迁史时,我们应该打破"非此即彼"的二元对立思考模式。实际上,每一利益集团课程主张的再现,并非简单重复利益集团原先的课程观点。再现的课程主张可能已从先前两个相互对立或相互斗争的利益集团课程主张中汲取知识经验,而使其立基于盘旋而上的新历史点之上。③ 因此,我们应以"混重"史观来从事课程问题的解释,把握课程问题的本质。

坦纳夫妇与克里巴德一样皆不同意"钟摆现象"隐喻,而赞同河流隐喻。但是,坦纳夫妇和克里巴德的河流隐喻差别甚远。克里巴德使用"汇聚不同支流的河流"隐喻来描述美国课程发展,其中四条支流强弱不一,并交汇于河流干流之中,最后呈"混重"发展之势。坦纳夫妇以河流的"主流"与"逆流"来表示课程进步与退步的现象。④ 坦纳夫妇以二分法来简单把河流分为主流和逆流,即以进步教育与传统教育相对立的概念来解释课程史。具体而言,坦纳夫妇认为,美国课程史学中的进步的主流有经验主义、改造主义和浪漫主义三种流派。⑤ 但是在课程发展的历史河流中,常常会出现"非进步"事件,坦纳夫妇将之称为退步的逆流。就美国课程的具体发展情况而言,坦纳夫妇认为进步教育主要体现为教育普及、课程综合、公共教育扩张和教育机会均等,等等。相反,退步的逆流就是

① Herbert M. Kliebard, What Happened to American Schooling in the First Part of the Twentieth Century, in Elliot Eisner ed., *Learning and Teaching the Ways of Knowing*, Chicago: University of Chicago Press, 1985, p.21.

② Herbert M. Kliebard and Greg Wegner, Harold Rugg and the Reconstruction of the Social Studies curriculum: The Treatment of the "Great War" in His Textbook Series, In Thomas S.Popkewitz ed., *The Struggle for Creating an American Institution*, New York: The Falmer Press, 1987, p.285.

③ 钟鸿铭:《H.M.Kliebard的课程史研究及其启示》,《教育研究集刊》2004年第1期,第113页。

④ [美]丹尼尔·坦纳、劳雷尔·坦纳:《学校课程史》,崔允漷等译,教育科学出版社2006年版,第1—27页。

⑤ [美]丹尼尔·坦纳、劳雷尔·坦纳:《学校课程史》,崔允漷等译,教育科学出版社2006年版,第367—383页。

传统教育,主要表现为课程过于强调单一要素、课程缩减和回归基础等浪潮。[①] 虽然坦纳夫妇承认有别于"进步"的反向拉力存在,但是仍乐观地认为退步的逆流无法阻挡进步的主流。如此,坦纳夫妇认为美国课程是不断向前发展的。这体现了他们所持的是一种单线进步史观。坦纳夫妇如是说:"我们的课程史观是发展性的:尽管存在周期性的倒退,但学校课程已经并正从最初的开端迈向一个更高的发展水平,且为我们社会中越来越多的人所了解。"[②]

　　总之,克里巴德的"汇聚不同支流的河流"隐喻,是其"混重"课程史观的书写表达。与"钟摆现象"隐喻所表达的二元循环史观,以及河流的"主流"和"逆流"隐喻所表达的单线进步史观不同,"混重"课程史观避免使用单一课程意识形态来分析课程历史现象,这是因为课程改革常是混合了各种相互冲突和矛盾的价值观或意识形态。

---

　　① 宋明娟:《D. Tanner、L. Tanner 与 H. Kliebard 的课程史研究观点解析》,《教育研究集刊》2007年第 4 期,第 1—32 页。

　　② [美]丹尼尔·坦纳、劳雷尔·坦纳:《学校课程史》,崔允漷等译,教育科学出版社 2006 年版,第5 页。

第十章　史学理论与教育史学研究

　　研究当代史学趋势时首先应了解与其相关联的历史哲学、史学理论和历史理论的基本概念。历史哲学是对史学的批判性反思,其发展经历了思辨历史哲学、分析历史哲学和叙事主义历史哲学几个阶段。史学理论是指对历史学本身和与其有关的各种问题的研究,而历史理论则是对客观历史进程的研究,包括各种相关的理论和方法。西方史学的发展经历了数次重大转折,19世纪,兰克学派在历史学专业化史学中占据主导地位,20世纪50年代以后,社会科学化的新史学成为主流。20世纪70年代末,新叙事史复兴趋势较为明显。20世纪末,特别是进入21世纪以来,在反思文化研究的同时出现了全球史研究的热潮。在史学研究理论和方法上,史学家们力图弥合现代与后现代史学理论,强调客观性与主观性、科学性与哲学性相结合,认为史学的未来出路在于将社会学研究方法与文化研究方法结合起来进行跨学科研究。当代史学发展的主要趋势对于教育史研究有诸多启发。教育史研究者应关注世界史学发展前沿,并在此基础上,思考诸如教育史学观念的更新、教育史研究领域的拓展以及教育史编纂方法的多元化等重要理论问题和实践问题。新的史学方法和新的史学理论密切相关,一方面,新的理论需要通过新的方法来支持和体现;另一方面,新的历史学分支学科的出现也是在新的社会条件下史学理论自身分支的逻辑结果。

第一节　当代史学趋势与教育史研究

　　第二次世界大战后,借助于跨学科方法的发展,历史学分支学科的出现弥补了传统史学的不足,新经济学、新政治史学、心理学史学、文化史学、城市史学、口述史学、心智史学、家庭史学和计量史学的出现推动了当代史学的发展。20世纪以来,形成了诸多史学流派和热点领域,新社会史、新文化史和全球史等,还有更加令人眼花缭乱的次级流派和领域,令历史研究者目不暇接,不断产生各种困惑。因此,我们必须关注和研究当代史学的发展趋势,并在此基础上思考教育史研究,如此,方能有效地更新教育史学观念,拓展教育史研究领域,并尝试用新的史学方法进行教育史研究。

一、西方史学典范的嬗变

1962 年,托马斯·库恩(Thomas Kuhn)在《科学革命的结构》(*The Structure of Scientific Revolution*)一书中将"典范"(paradigms,一般译作"范式")观念运用于科学史研究之中。库恩对哥白尼革命概念做出了大胆的延伸,建立了特定的现象解释方式,并认为既有的科学或哲学社群必须遵守。相对于理论来说,"典范"更为宽泛。库恩详细列出了成功理论必须满足的各项判断。以往的科学史认为,通过科学方法的运用,真理可以逐步积累,但库恩的上述观点颠覆的传统的科学史观念。库恩一再强调关于"典范"的观念只适合于自然科学,但该概念对社会人文学科的广泛影响远远超出了他的意料。

首先,需要厘清的是本书将涉及的"历史哲学""史学理论"和"历史理论"等重要概念。先是"历史哲学"。有学者认为:"历史哲学指向的对象即'历史'一名二指,兼有客观实在与主体思维两义:历史既可以是'人类的过去'(the past),又指人类对此的记载与探究即史学(the study of it)。准此,'历史哲学'在语义上逻辑地包含着两者,即关于历史和史学两者的形上言说及理论反思,而事实上,大致自黑格尔一代之后,今日历史哲学往往是指对我们关于历史本身所思所言即史学的批判性反思,至少主流如此。"①现在学界一般认为历史哲学经历了三个历史阶段:第一个阶段是思辨的历史哲学,主要关注历史本体论问题,研究者多半是非历史学家。第二个阶段是分析的历史哲学,是关于历史认识的哲学反思。第三个阶段是叙事主义历史哲学阶段,叙述主义在本质上属于语言性的学术取向,因而在广义上被归类于"语言性转向"(linguistic turn)。而贯穿历史哲学思辨、分析和叙事三大典范的基本线索是科学主义与人文主义之争。前者注重"解释",或认为史学的学术价值与前途在于科学化,或试图将科学解释模式移用于分析史学认识。后者强调"理解",站在自律论的立场反对模仿科学,更加突出文学和艺术维度的重要性。"大致说来,分析的历史哲学的理论基调是科学主义的,而思辨与叙述的历史哲学则倾向于人文主义。"②其次,是关于"史学理

---

① 周建漳:《历史哲学》,北京大学出版社 2015 年版,第1—2页。
② 周建漳:《历史哲学》,北京大学出版社 2015 年版,第 22 页。

论"和"历史理论"的概念。目前在史学界已大致达成共识。"即从狭义上说,史学理论是指对历史学本身和与其有关的各种问题的研究,包括同历史学有关的理论问题,历史认识论、史学方法论、史学新领域和新流派、跨学科和跨文化史研究、历史写作理论,等等。而历史理论则是对客观历史进程的研究,包括各种相关的理论和方法。"①在西方,历史诞生于公元前5世纪中叶的古希腊。最早以historia(探究)一词来指涉历史的人是希罗多德(Herodotus)。在荷马史诗中,histor 是指以调查的事实为根据来下判断的人,希罗多德为其《历史》搜集信息的方法主要是询问,并将自己写的《历史》与诗人的作品区别开来。修昔底德(Thucydides)则重视人证,他不只是目击者,还亲身参与自己描述的战争,此外,还采用了耳闻的方法进行调查,并主要以叙事的方式向人们呈现历史真相。由此可知,历史与探究之间的联结相当古老。所谓历史即是以调查研究为根据,针对公共事件而做的一种详尽的、世俗的和散文的叙事。但在亚里士多德看来:"诗比历史更富有哲理、更富有严肃性,因为诗意在描述普遍性的事件,而历史则意在记录个别事实。"②这个观点代表了自古希腊以来西方人关于史学的某种根深蒂固的典型观念。

在中世纪,基督教开创了线性史观,在"发展"的观念下,历史被视为一维的、分阶段的和不断向天国靠拢的历程。文艺复兴时期复兴了世俗史。在历史研究中,从古代希腊的重视人证转向重视文献资料,开创了近代考证史料的传统。当时修辞学声望的提升引导学者对公认的古典作者的原始版本进行密集研究、模仿并尝试恢复。"从16世纪以降,文艺复兴时代人文主义文本方法的使用,所揭露与理解的不只是上古哲学家与诗人的作品,还包括欧洲的过去,而这段过去从17世纪晚期开始被称为中古时代。这种技术是档案的历史研究。……凭借这种技术,'探究'可以上溯到史家或目击者记忆以外的时代,并且摆脱对早期史家与编年史的依赖。这是一个大转变。"③但长期以来,史学在西方缺乏独立的学术地位。笛卡尔的知识体系将史学排斥在外,这种状况一直持续到近代启蒙哲学的产生。1725年,意大利人文学者维柯在其发表的《新科学》一书中为史学提出了明确的方法论意识,提出了人类历史发展的三阶段的分期理论,为史学在学

---

① 陈启能:《不忘初心,不忘读者——纪念〈史学理论研究〉杂志创刊三十周年》,《史学理论研究》2017年第2期,第3页。
② 苗力田:《亚里士多德全集》(第九卷),中国人民大学出版社1994年版,第654页。
③ 〔英〕约翰·布罗:《历史的历史:从远古到20世纪的历史书写》,黄煜文译,广西师范大学出版社2012年版,第291页。

术之林中争得一席之地。

自从 19 世纪中叶作为一门学科诞生以来,历史学的研究范式经历了许多方向性的转变。1951 年,英国历史哲学家沃尔什(W. H. Walsh)在《历史哲学导论》中提出了"思辨的历史哲学"与"分析(批判)的历史哲学"两大划界范畴。黑格尔被认为是思辨历史哲学的代表人物,而在汤因比之后,思辨哲学成为绝响。以 1942 年亨普尔(Carl Gustaw Hempel)的《普遍规律在历史学中的作用》发表为标志,历史哲学进入分析历史哲学的阶段,并在 20 世纪中后期成为英美历史哲学的主流形态,但因其在研究主题和学术倾向上带有科学哲学的痕迹,对其独立发展和学术影响力不利。1973,海登·怀特(Hayden White,1928—)发表《元史学——十九世纪欧洲的历史想象》,历史哲学进入叙事主义历史哲学阶段。在"语言学转向"的历程中,后现代史学理论注意到了语言在历史书写中的重要作用,与此同时,也走向另一个极端,即将语言书写极端化为一种"语言唯心论",割断了与指涉物(reference)和真实(truth)的必要联系。

有学者认为西方史学的发展经历了五次重大转折:第一次转折发生于公元前 5 世纪的古希腊时代,在希罗多德和修昔底德的努力下,历史学在西方取得了文化地位和尊严。第二次转折发生于公元 5 世纪前后,西方史学从古典史学的人本主义转向基督教的神学观。第三次转折发生在文艺复兴时期,史学思想再次把人置于历史发展的中心地位。第四次转折发生在 19 世纪与 20 世纪之交,历史进步观念盛行,兰克及其学派在历史学专业化进程中留下了深深的痕迹。"第五次转折发端于 20 世纪 50 年代前后,从此开始了当代西方史学的发展进程。"①此后,西方史学进入一个从以兰克为代表的传统史学向新史学的转变历程。社会科学化的新史学关注在长时段中某地区结构和功能的变迁,走向不见人的历史,大量运用计量史学方法,也导致了很多弊端。20 世纪 70 年代末,新叙事史复兴趋势已经较为明显。新兴的文化理论一反传统的史学写作范式,进而质疑此前的社会科学化史观。但因"文化研究"也存在诸多局限,到 20 世纪末,特别是进入 21 世纪以来,西方史学理论开始出现一种逃离"语言学转向"的倾向,一种新的理论范式日渐成型,这便是后现代史学理论。

第二次世界大战后大约每隔 30 年,西方史学理论都会发生一次研究典范的转换。不同时代有不同的"典范危机"(paradigm crisis),需要新的典范与之相适应。与典范的转换相一致,史学家先是追求客观性与科学性的新社会史,继而关

---

① 张广智、张广勇:《史学:文化中的文化》,上海社会科学院出版社 2013 年版,第 339 页。

注主观性与哲学性的新文化史，当今又进入强调客观性与主观性、科学性与哲学性相结合的全球史阶段。有学者以林·亨特(Lynn Avery Hunt,1946—)为例具体说明了战后西方史学理论典范的转换："可以说，她的史学写作范式与史学思想的转型是当代西方史学发展趋势的风向标与晴雨表。"①继 1989 年出版的《新文化史》和 1999 年出版的《超越文化转向》之后，林·亨特于 2014 年又推出《全球时代的史学写作》一书，呼吁历史写作的"全球转向"。

二、当代史学趋势及反思

在 19 世纪时，人们曾经将历史学视为一个统一的事业。盛行于专业历史学中的信念是：各种特殊的历史终将汇集到某种对于人类历史总体的描述之中。这个信念在 20 世纪时消退了。20 世纪初，历史专业共识在本质上虽未动摇，但历史是持续成长的自由故事这样的自由主义概念逐渐受到批判。史学家愈来愈普遍以"辉格派历史"来表示将历史视为本质上属于历史过程的目的论观点。大约在 20 世纪最后 30 年里，史学界曾出现百花齐放的盛况，但其中一些很快就凋谢了。自 20 世纪 50 年代以来，把握历史的难度越来越大，以至于没人敢声称某种单一关怀是历史学的"主干"。历史学科呈现出多中心和碎片化的特点，令人注目的是，当代一些关于历史学科综览的作品，多半采取将多位作者的论文编纂成册的形式问世，如林·亨特主编的《新文化史》、理查德·比尔纳(Victoria E. Bonnell)和林·亨特主编的《超越文化转向》，以及埃娃·多曼斯卡(Ewa Domanska)主编的《邂逅：后现代主义之后的历史哲学》等，每位作者关注的是与整体相对分离的某个特定问题或次一级的领域。到 20 世纪末，对于某种单一的权威的历史学方法的信念也处于消退之中。每年都有数量庞大的历史学著作和论文被生产出来，这种状况使得单个的历史学家很难脱颖而出。有鉴于此，历史学家们采取的策略：一是研究此前无人问津的日常生活领域，二是从新的途径如人类学和文化批判理论等去接近过去，三是两者兼备。总之，历史学家已不再运用单一的方法去讲述单一的故事。有学者认为："当前史学有两大平行发展的潮流，一个是越做越大，一个是越做越小。其中一个重要原因即是有一个对立面，越做越大的当然是做全球史，越做越小的就是做新文化史，这两个潮流是历史学的新潮流。"②

---

① 赵辉兵、姜启舟：《林·亨特与当代西方史学转向》，《史林》2017 年第 1 期，第 210 页。
② 林漫、邓京力：《跨文化视角、马克思主义与当代史学主要趋势——对话王晴佳教授》，《史学理论研究》2016 年第 2 期，第 121 页。

为了摆脱方法论与认识论的困窘，人们开始尝试寻求各种新的突破口的路径。一些在 20 世纪 80 年代初期转向文化研究的史学家和历史社会学家则对"文化研究"进行了反思。他们认为，"文化研究"是一个覆盖一系列分析方法，如女性主义、后殖民主义、多元文化主义和同性恋研究等的术语。由于文化在其概念化中扮演了一种无处不在的角色，在上述种种学科中没有必然的学科中心，不存在出类拔萃。史学的这种"文化转向"强调的是其人文性质而非科学性质。通过质疑社会范畴的核心概念，文化转向导致了社会范畴的解释的崩溃，社会科学的信心经受了严峻的考验。这些学者思考的问题是如何重塑社会范畴，亦即社会范畴的重新概念化问题。他们认为，未来的出路在于学科重组，即将社会学研究方法与文化研究方法结合起来，强调客观性与主观性、科学性与哲学性相结合。"尽管我们十分欣赏文化研究在使用文本和语言模型方面所取得的不寻常进展，但是我们依然相信，无论是文化分析方式还是社会学的分析方式，都不能彼此孤立地继续进行下去。我们的任务是找到富于想象的新方法将它们结合起来。"[1]

德国史学理论家约恩·吕森(Jorn Rusen)试图寻求弥合现代与后现代史学理论的可能途径。在有关现代主义和后现代主义史学研究存在深刻理论分野问题上，他主张走一条中间路线。"他提出，一方面我们需要现代主义基础上的科学诉求和确定性为我们提供导向；另一方面，我们必须认识到后现代主义理论(叙事主义)为伊历史思考所作的拓展和深化。"[2]在理解吕森的研究思路之前，我们可能先要关注一下德国与美国对于"科学"的概念的理解有何不同。在德裔美国历史学家格奥尔格·伊格尔斯(Georg G. Iggers)，在美国占优势的兰克形象和在德国流行的兰克形象根本不同。由于美国历史学家不能理解兰克的历史思想的哲学意义，就把兰克对文献的分析批判与其唯心主义哲学割裂开来。然后又把这种批判方法和讨论班的组织移植到 19 世纪的美国，并把兰克尊为"科学派"历史学之父。伊格尔斯指出："德国不像美国，从来没有把科学一词和自然科学联系得那样密切，它只是意味着用系统的方法来进行任何研究。"[3]吕森所说的"科学诉求"正是这种德国意义上的。在他看来，史学理论包含广阔，理性主导的方法论的意义不只是使研究者能够找寻到兰克所谓的"事情发生的真相"，

---

① [美] 理查德·比尔纳:《超越文化转向》,方杰译,南京大学出版社 2008 年版,第 1 页。
② [美] 理查德·比尔纳:《超越文化转向》,方杰译,南京大学出版社 2008 年版,第 105 页。
③ [美] 格奥尔格·伊格尔斯:《二十世纪的历史学——从科学的客观性到后现代的挑战》,何兆武译,山东大学出版社 2006 年版,第 157 页。

而是应成为历史学性质与学科研究价值探讨与反思的重要领域。吕森批评说:"即使在今天,还有很多历史学家认为历史研究最基本、最重要的方法依然是史料的批评,可见他们并没有从历史主义的方法论中吸取任何营养。"①在吕森看来,后现代主义的特征是对理性的激烈批判,在方法上强调叙事的诗性和修辞,而非以理性讨论和实证研究规则为主。因此,在后现代语境下,哲学家的活动有其局限性。虽然叙事主义在史学理论上是一个重要的推进,对于人文学科中历史学科的特性带来了新见解,但是,他批评叙事主义忽视了方法上的合理性和真理标准,批评对于历史的科学主义研究路径忽视了作为历史意识基本程式之一的叙事。"我的立场,是试图将当前历史学家和哲学家的讨论中相互对立的史学理论和史学方法论里面的两种路数总和起来。一方面是叙事主义,一方面是科学合理性,我企图弥合这两者之间的鸿沟。"②

　　近来,中国史学界讨论了马克思主义史学理论的建设问题,强调在坚守唯物史观的主导地位的同时,也应重视对多样的史学理论和方法的探讨。马克思主义历史理论产生于19世纪40年代,它不仅是科学共产主义的重要组成部分,也是马克思主义史学的理论基础。马克思主义史学理论是吸收人类思想和文化中有价值的东西而形成的,并在二战后西方史学的发展中产生了重大影响。但在二战后,跨学科的史学方法和一系列新的历史学分支学科不断出现,不仅使传统史学的界限越来越模糊,也对马克思主义史学理论提出了新的挑战。这种状况一方面促使马克思主义史学理论不断丰富和完善,另一方面也要求我们要以正确的态度对待西方史学。"对西方史学要做到辩证取舍择善从之,一概排斥,或者全盘吸收,都是错误的。马克思主义史学理论是一个开放的理论体系,在其形成和发展的过程中,需要广泛汲取人类文明的一切优秀成果,来不断地丰富自己。"③还有学者认为,应认识到历史唯物主义对马克思主义史学发展的总的指导意义,但需要区分历史唯物主义和史学理论,前者是后者的指导思想。"人们长期以来把历史唯物主义看成史学理论本身,经过一段时间的讨论,多数人都同意,这两者是不同的。历史唯物主义是指导思想,不仅是历史学研究的指导思想,同时也是诸如社会学、人类学、文学、哲学等人文社会科学的指导思想。因

---

① 尉佩云:《弥合现代与后现代史学理论的可能路径》,《史学理论研究》2014年第4期,第106页。
② [波兰]埃娃·多曼斯卡:《邂逅:后现代主义之后的历史哲学》,彭刚译,北京大学出版社2007年版,第169页。
③ 于沛:《〈史学理论研究〉三十年:构建马克思主义史学理论新形态的三十年》,《史学理论研究》2017年第2期,第20页。

此,历史学的指导思想是不能同自身的理论相混淆的。"①

　　史学家们对于"超越后现代"话题和"全球转向"等表现出极大的关注。首先,是对后现代主义和语言学转向是否已经完成历史使命的讨论。有学者认为,很难讲什么"超越现代化",所谓"超越后现代"还是在用一种现代性的思维在考虑问题,因为后现代主要不是一个新的历史阶段。"有一些条件孕育了后现代的历史思维,那是因为现代社会的发展到了一定的阶段,产生了一些问题让别人去反省、反思。从理论上说后现代主义是对现代社会或现代性的一种批判和反省。"②与此相关的是对小写历史,即对历史认识论的讨论。后现代主义认为虚构与事实没有太大差别,人们对此观点的态度和接受程度存在差异,但现在的历史学家已经意识到历史研究难以做到完全客观,语言本身是不透明的,"历史书写"本身是存在很大问题的。其次,是全球转向的问题。2014 年,林·亨特推出的《全球时代的史学写作》一书,被认为是一部呼吁西方史学的再次转向即"全球转向"的一部力作。20 世纪 90 年代,全球化理论的兴起为处于困顿的西方史学写作注入了新鲜血液。林·亨特认为,作为一种研究范式的全球化关注宏观历史趋势,最好采用长时段的恢宏视野,将其看作一种遍及整个人类历史中时断时续的长期进程,此外,应"采用包括文化理论在内的多元化的研究途径,有助于解决全球化研究中容易受到忽视的方面。"③她在重申文化转向在史学研究中的重要作用和关注史学的全球转向的同时,也强调社会科学模式的史学价值,认为应重视史学写作的两个基本范畴,即"社会"和"自我"正在经历的脱胎换骨的历程。

三、对教育史研究的意义

　　如上所述,当代史学的发展大致经历了两次转向,先是从社会科学化的史学转向"文化研究",后来又开始了"全球转向"的历程。在史学理论和史学方法方面,也经历了从社会科学研究的路数向文化研究的路数的转变,再到主张将社会学研究方法与文化研究方法结合起来,强调客观性与主观性、科学性与哲学性相结合。我们可以从当代史学发展的上述趋势中思考如何推进教育史研究,包括对教育史学观念更新、教育史研究领域的拓展和教育史编纂模式的多样化等问

---

　　① 陈启能:《不忘初心,不忘读者——纪念〈史学理论研究〉杂志创刊三十周年》,《史学理论研究》2017 年第 2 期,第 5 页。

　　② 林漫、邓京力:《跨文化视角、马克思主义与当代史学主要趋势——对话王晴佳教授》,《史学理论研究》2016 年第 2 期,第 121 页。

　　③ 赵辉兵:《20 世纪以来西方史学写作范式的两次转向——评林·亨特的〈全球时代的历史写作〉》,《史学理论研究》2017 年第 1 期,第 137 页。

题的思考。

（一）教育史学观念的更新

教育史家都是在一定的教育史学观念的主导下选择自己的研究领域、研究主体和研究方法的。"史学观念是指对历史知识的性质的根本看法。这里涉及历史学家对历史的态度，对史料的看法，对现在和过去关系的认识，对自身在研究实践过程（也就是历史认识过程）中所其作用的考虑。显而易见，不同的史学观念会产生特点迥异的研究成果。因而正如在任何领域若有根本性的重大变化发生必以观念的变革为前提一样，史学领域也不例外。"[1]

在西方，19世纪的历史研究从德国开始经历了专业化历程，专业史学家对历史学的科学地位充满坚定的信念，信奉真理就在于知识与客观实际相符合，基于线性的时间观念，描绘确实存在过的伟大事件、伟大人物及其思想，探究人的行为的意图，以便重建完整一贯的历史故事。战后，西方史学在完成始于战前的从传统史学向新史学的转化之后又开始了自身的嬗变，从以历史过程描述为主的史学逐渐向以理论阐释为主的史学转化，历史学者对基于经验的与分析的社会科学路数的历史研究充满信心，注重史学与其他社会科学的结合，计量史学蓬勃发展，在社会史方面的研究居于领先地位。20世纪50年代至60年代，历史哲学的特征是有关历史解释的"方法崇拜"。

后来，在历史哲学中出现的"叙事的转向"在一定程度上是对上述将历史非人化的反动。后现代主义对传统史学和社会科学化史学都提出了质疑，力图取消历史学的真实性，尝试将历史研究与语言学和文学结合起来。到20世纪末，史学理论在朝着文学批评移动，而历史学则聚焦于社会史。"所有这一切都表现在历史编纂学的方法上，它从精英们的身上转移到居民中的其他部分，从巨大的非个人的结构转移到日常生活的各种现实的方面，从宏观历史转移到微观历史，从社会史转移到文化史。"[2]进入21世纪以来，史学发展进入了"后现代"时期，后现代主义对近现代文化传统的批判已被接受和内化，而其激进做法则被摒弃。在从事教育史研究的时候，我们了解世界范围内历史观念发展的来龙去脉，关注其前沿和动态，在此基础上，我们可以思考究竟应从什么样的教育史观出发来进行研究。

---

[1] 徐浩、侯建新：《当代西方史学流派》（第二版），中国人民大学出版社2009年版，第5页。

[2] ［美］格奥尔格·伊格尔斯：《二十世纪的历史学——从科学的客观性到后现代的挑战》，何兆武译，山东大学出版社2006年版，第2页。

（二）教育史研究领域的拓展

当代历史学的研究领域愈来愈广泛，并对教育史研究产生了明显的影响，教育史家在实践中不断尝试开辟新的研究领域，如教育活动史以及身体史与教育史研究等。鉴于当代史学流派纷呈、碎片化和多元化的趋势容易使人迷失大的方向，在选择研究方向时，我们就有必要了解当代史学研究领域的一些专门知识。

19 世纪初，德国的兰克学派的特征是以民族国家的政治、军事和外交为主要研究对象，注重叙事和对史料的严格批判考据。20 世纪以后西方史学发展，从法国年鉴派的治学道路大致可以看出其发展脉络。年鉴派的第一代或费弗尔和布洛克阶段（1929—1946），由民族国家的政治军事史转向地区的社会生活史。第二代或布罗代尔阶段（1946—1969），提出长时段理论，重视"结构"和"局势"，而贬低"事件"，进行物质文化史研究。第三代革新或新史学阶段（1969—约1985），由总体历史变为"碎片化"的历史，转向系列史（计量史学）和人口生态史。第四代或社会文化史阶段（1985 至今），结构主义思潮促使历史学家像人类学家一样研究文化，成为主流的历史人类学和心态史都以长时段的集体无意识现象为研究对象，借助表象符号系统进行迂回研究，从差异性中认识文化的独特性，并表现出跨学科的研究特色。从美国的情况来看，20 世纪 60 年代涌现出一批新社会科学史学家（new social science historians），其研究的范围非常广泛，包括新经济史、新政治史和新社会史等几个大的流派。美国的新社会史在 20 世纪80 年代达到了高潮，进一步拓展了史学视野，开创了一系列新史学领域，如新妇女史、人口流动史、人口史、种族史、抗议运动史、医学社会史、新城市史、家庭史和两性关系史等。

社会史是西方学者几乎一致公认社会史是一个很难界定的学科领域。西方学者并未就什么是"新社会史"达成较为一致的看法。"所谓西方现代社会史，就是以普通民众的日常生活（包括物质生产活动，也包括精神文化活动）的历史作为主要研究对象，并以此作为探讨社会经济、政治和意识形态结构演变的基础和依据，从而更准确第解释和把握社会历史发展的轨迹。"①当代社会史研究的新趋向是：（1）注重结构分析的整体历史观；（2）注重普通人集团的历史包括新城市史和新劳工史；（3）开辟了许多新的研究领域，如黑人史、妇女史、两性关系史、儿童史、青年史、老年史、移民群体史、人口史和医学社会史等。民众日常生活史是西方社会史中最稳定和最基本的组成部分；（4）注重学科间的交叉，即社

---

① 徐浩、侯建新：《当代西方史学流派》（第二版），中国人民大学出版社 2009 年版，第 133 页。

会史学与社会科学的一些邻近学科的相互交叉、渗透和重合,闲暇、婚姻、家庭、犯罪、民众心态、社会流动等社会学的课题逐渐成为社会史的组成部分。(5) 社会史与文化史的关系越来越密切。许多新增加的社会史课题都涉及文化和心态,诸如人们对爱情、死亡、体育和疾病的态度正是文化史关注的对象。社会史研究的范围也和思想史越来越接近。对心态和观念的关注,不仅使社会史家与文化史发生关系,还与心理史发生联系,把注意力转向了情感史。

新叙事史是后现代主义史学中的一个重要流派,主要包括新叙事史、新文化史与社会文化史。新叙事史中最具有代表性的是意大利的微观史、德国的日常生活史、法国的心态史和事件史。法国史学家拉杜里的《蒙塔尤》被公认是微观史的经典著作。微观史基本上是一种历史编纂学的实践。在人类学方法的影响下,基本上以社会下层作为研究对象,立足于小规模的考察、细致的分析和详细档案的研究,以各种各样的线索、符号和象征手段研究过去,并且必须选择叙述的方式,与小说和传记相近。战后,德国历史学经历了从批判史学、批判的社会史到日常生活史几个发展阶段。日常生活史(the history of everyday life)是人类学式的微观研究在德国的具体运用,形成于 20 世纪 70 年代,作为一场反对社会科学历史学的运动,被认为是晚近的妇女史和性别史以外德国史学最重要的发展趋势。其研究对象聚焦于普通人民的行为和苦难,运用人类学方法对其劳动和闲暇日常生活进行详细描述。金斯伯格的《奶酪和蛆虫》成为促进联邦德国日常生活史形成的开拓性研究之一。德国日常生活史的重要代表人物阿道夫·吕特克(Alf Ludtke,1943—)认为,日常生活史是一种以行动为导向的视角。"'日常生活史'这一概念指的是一种观点,而不是一种独特的研究对象。相反,所谓'小人物的历史'的说法虽然提出了重要视角,却局限于社会的一部分群体。"①当今,历史学著作的特征就在于其全球性,对"世界史"和"全球史"的理解已成为各国史学家的共识。在这种情况下,"民族—国家"的宏大叙事观念是否已经过时?"民族—国家"范式的历史书写的未来学术前景如何?在德国历史学家斯特凡·贝格尔(Stefan Berger)看来,世界已进入"后民族国家的时代"的论断是言之过早的,民族认同在今天的史学理论和历史记忆研究中是一个非常热点的研究主体。如果我们把民族国家的概念放在全球化的语境和视角来看就会发现,民族国家的历史书写和历史思考范式在今天全世界的许多地方依然是最

①　[德]斯特凡·约尔丹:《历史科学基本概念辞典》,孟钟捷译,北京大学出版社 2012 年版,第 1 页。

强有力的。当然,这不排除在民族国家历史的书写中依然存在以往的民族主义和种族主义的危险倾向,我们所需要的是更加具有自我反思意识的民族国家史的书写。另一方面,"历史的宏大叙事在对待过去特定的时间过程中的'民族—国家'历史叙事方式上并不具有唯一性。但是,民族国家的宏大叙事却是由不同种类和方式的历史书写模式构成,其中包括事例、传记和重要的民族人物,也包括民族历史的各类编辑模式,以及对特定的民族国家的历史意识具有影响力的历史书写形式等。"①另一方面,我们应如何看待全球史或世界史的历史书写与民族国家历史书写之间的关系呢? 有学者认为:"不同的国家和民族对全球历史的认识,既不会得出全球同一的答案,也不会因'全球史'而代替各个民族和国家自己的历史。任何一个民族的生存和发展,都离不开自己的历史记忆,因为它是民族文化血脉传承的载体之一。一个民族丧失了自己的历史记忆,也就丧失了自立于世界民族之林的基础。"②

（三）教育史编纂模式的多样化

在教育史编纂的方式上,我们也面临多种选择,如继续按照传统的宏大叙事书写教育史,我们也可以选择社会科学化的历史学方法进行教育史写作,我们还可以仿照"文化研究"的模式来书写教育史。因此,在规划一篇文章或书籍的写作方案时,我们需要具有关于历史编纂方面的基础知识,并对于当代历史编纂的各种模式及其特点和优劣有足够的了解。

什么是"历史编纂"（Historiography）? 在德国史学家丹尼尔·富尔达（Daniel Fulda）看来:"'历史编纂学'是用于书面文本的类型概念,即带着事实性要求来描绘过去。为了把过去呈现为'历史',它使用了极具特征的语言方式。在今天,'历史编纂学'指的是历史科学的专业代表们以及其他具有相应资格者所发表的论文与专题论著,尤其是历时性或共时性方面完全铺展的历史呈现。"③有学者认为,"历史编纂是通往过去的路径,有三种关于历史编纂的定义:第一,指对历史方法的研究;第二,指对某个国家地区、分支学科或历史事件的认识状况与主要争论的问题的回顾和研究;第三,指历史写作的历史。通常包括对伟大历史学家及其文本的研究,有时也扩展到考察非权威性著作及其产生的社

---

① 尉佩云:《德国与欧洲的当代历史书写》,《史学理论研》2017 年 第 2 期,第 128 页。

② 于沛:《〈史学理论研究〉三十年:构建马克思主义史学理论新形态的三十年》,《史学理论研究》2017 年第 2 期,第 21 页。

③ ［德］斯特凡·约尔丹:《历史科学基本概念辞典》,孟钟捷译,北京大学出版社 2012 年版,第 126 页。

会和文化语境。"①

对于历史编纂的模式的问题,研究史学史的学者有不同看法。伊格尔斯将历史学的发展分为三个阶段:早期阶段是历史学作为一种专业规范的诞生;中期阶段是社会科学的挑战;再后是后现代主义的挑战。他认为,在19世纪初期历史学专业化之前,历史学主要有两种传统:一种是学究式和古董式的;另一种则在本质上是文学式的。"在德国一些大学里诞生的新的历史学规范强调的是历史学的学术方面,但同时它也把学术从狭隘的古董主义之下解放出来,而它的那些而最优秀的实践者们则保持着一种文学质量感。"②而在英国史学史家约翰·布罗看来,即使从最广义的角度说,历史是单一的活动,但历史仍有着高度多样的内容。"有些历史实际上是纯粹叙事的;有些几乎是毫无时间内容的纯粹分析,本质上属于结构或文化的调查。"③

英国文化史家彼得·伯克(Peter Burke)认为,目前在英国有三个群体:第一个群体一直在写作叙事,"叙事的转向"对他们而言毫无意义。"第二个群体反对第一个群体,并且决定要写经济史和社会史;他们要写的是各种结构的历史,他们不会为时间烦心。"④第三个群体只想讲述关于个体的故事,放弃了对于历史过程的研究,比如微观史。伯克认为,微观史是一条专业上的捷径,书写者只需要到故纸堆中去找故事,把它端出来进行点评,并且很有卖点。

第二节　关于教育史编纂的若干思考

"历史编纂学"指的是历史科学的专业代表们,以及其他具有相应资格者所发表的论文与专题著作。历史编纂是通往过去的路径。历史编纂学依赖于历史研究者所建构的目标,并支配了历史实践的导向。传统的理解认为,历史编纂学的首要目标是要从维护真实性和适当性的角度出发去报道过去的事件和进程,

---

① 邓京力:《从西方史学史到全球史学史——评〈全球历史的历史〉》,《史学理论研究》2014年第3期,第142页。

② [美]格奥尔格·伊格尔斯:《二十世纪的历史学——从科学的客观性到后现代的挑战》,何兆武译,山东大学出版社2006年版,第25页。

③ [英]约翰·布罗:《历史的历史:从远古到20世纪的历史书写》,黄煜文译,广西师范大学出版社2012年版,第5页。

④ [波兰]埃娃·多曼斯卡:《邂逅:后现代主义之后的历史哲学》,彭刚译,北京大学出版社2007年版,第264页。

但在当代西方,这种带有客观主义倾向的定义受到后现代主义史学家的质疑。在历史上存在过三种主要的历史编纂模式,即传统的历史编纂模式、社会科学的历史编纂模式和叙事主义的历史编纂模式。在上述语境下。我们可以从教育史编纂领域的拓展、教育史编纂视角的多样化和史料及记忆史学等角度对教育史研究的未来进行一些思考。

一、西方历史编纂学的历史演进

"历史编纂"是通往过去的路径,从本质上说,历史编纂学依赖于当代历史研究者所建构的目标,并支配了历史实践的导向。德国学者丹尼尔·富尔达(Daniel Fulda)认为:"'历史编纂'(拉丁文 *historia*,意为'历史撰写')是用于书面文本的类型概念,即带着事实性要求来描绘过去。为了把过去呈现为'历史',它使用了极具特征的语言方式。在今天,'历史编纂学'指的是历史科学的专业代表们以及其他具有相应资格者所发表的论文与专题著作,尤其是历时性或共识性方面完全铺展的历史呈现。"[①]在西方,传统的理解认为历史编纂学的首要目标是要从维护真实性和适当性的角度出发去报道过去的事件和进程。但在当代,这种历史认识论上表现出来的客观主义倾向受到后现代史学家的质疑。有学者鉴于当前史学专业化教育中对"历史编纂"(historiography)概念实际使用的歧义状况,归纳出几种流行的基本含义:第一,指对历史方法的研究;第二,指对某个国家地区、分支学科或历史事件的认识状况与主要争论的问题的回顾和研究;"第三,指历史写作的历史。通常包括对伟大历史学家及其文本的研究,有时也扩展到考察非权威性著作及其产生的社会和文化语境"[②];第四,指同时记录历史和史学发展的两个方面,即包含历史写作和历史思想的范畴,例如,加拿大学者丹尼尔·沃尔夫(Daniel Woolf)的《全球史学史》(*A Global History of History*,2011)一书。

在古希腊的历史编纂中有重视人证的传统。希罗多德(Herodotus)为其《历史》一书搜集信息的方法主要是询问,并将该书与诗人的作品区别开来。修昔底德(Thucydides)不只是历史事实的目击者,还亲身参与自己描述的战争,还采用耳闻的方法进行调查,并主要以叙事的方式向人们呈现历史真相。在英国史学史家约翰·布罗(John Burrow)看来,上古史学的一般特征表现在以下几个方

---

① ［德］斯特凡·约尔丹:《历史科学基本概念辞典》,孟钟捷译,北京大学出版社 2012 年版,第126页。

② 邓京力:《从西方史学史到全球史学史》,《史学理论研究》2014 年第 3 期,第 142 页。

面：一是交代引用的史料来源并非当时的正规做法，而是将题目的前辈或同时代史家视为史料来源；二是编年体成了绝大多数历史作品的基本结构；三是认为"历史的功能在于教导美德与惩罚邪恶，这个观点首先是由罗马人提出来并成为历史写作的标准，而其主要透过激励人心与令人羞耻的例证来呈现。"①

在中世纪，圣经和受圣经启示的历史作品不是利用公余之暇进行的文学活动，也不受古典修辞规则的约束，但基督教开创的线性史观对后代西方的历史编纂产生重大影响。在"发展"的观念下，历史被视为一维的、分阶段的和不断向天国靠拢的历程。在那个时代，年鉴和编年史得到很大发展。编年史作为一种文类处理的通常是年代的推移，对事实的记录取决于对主题、戏剧性与解释的思考。到文艺复兴时期，世俗史得到复兴，人文主义者对由上古史学的重视人证转向重视文献资料，开创了近代考证史料的传统。当时修辞学声望的提升引导学者对公认的古典作者的原始版本进行密集研究、模仿并尝试恢复。16世纪人文主义文本方法的使用是一个大转变，导致了对档案的历史研究，因为其所揭露与理解的除开上古哲学家与诗人的作品以外，还包括欧洲的过去，从而使历史研究延伸至史家或目击者记忆以外的时代，摆脱了对早期史学家与编年史的依赖。

"18世纪，关于史学家对研究对象应采取何种态度以及如何评估使用的材料已经确立了一些基本原则。史学家应不偏不倚，他的研究必须以真实性为准绳。为了求真，史学家描绘的画面必须准确和完整。"②人们认为在行动过程中产生的文献尤其真实，因此，十分珍视政治家的回忆录和亲历者的报告。在美国史学家费利克斯·吉尔伯特(Felix Gilbert)看来，兰克是了解18世纪发展起来的那些公认的史学标准的，并拓展了历史考证法，使确立历史事实成为史学家至高无上的职责。"兰克的《拉丁与日耳曼诸民族史》由两卷构成；第二卷是副卷，其中包括对第一卷叙述部分所用材料的考证和评价。从一开始，学者们的兴趣便主要集中于副卷，它对16世纪史学家的分析一直被看作兰克考据法(critical method)的第一个标志。"③但上述模式受到海登·怀特(Hayden White)的质疑。在他看来，这种现代"历史编纂学"的分析方法把一种结构赋予了过去，因而对历史叙事的方式和模式进行了掌控。实际上，历史编纂学只是一种文类，在具有修辞性这一点上，其真实性的程度与文学并无二致。

对于号称"科学史之父"的兰克来说值得关注的有两点：一是兰克认为史学

①②③ ［美］费利克斯·吉尔伯特：《历史学：政治还是文化——对兰克和布克哈特的反思》，刘耀春译，北京大学出版社2012年版，第18页。

与其他学术活动区别在于它也是一种艺术,并采用了一种能够使读者想象过去的艺术手法呈现事实。"但在知识论上,兰克则认为史学兼具科学与艺术的双重性格,意即:于研究阶段,史学依循科学的方法,而于写作的过程,史学则展现艺术的技巧。所谓'科学的方法',无非是严谨的史料批评,但轮到呈现研究成果之际,则诉诸艺术的手法。"①二是兰克认为史学的目的并非只是搜寻个别事实,而是要在此基础上进一步了解事实之间的关联及其与整体事实的意义。伊格尔斯认为,这种状况由以下两个原因造成:一是在美国占优势的兰克形象和在德国流行的兰克形象根本不同。由于美国历史学家不能理解兰克的历史思想的哲学意义,就把兰克对文献的分析批判与其唯心主义哲学割裂开来,然后,又把这种批判方法和讨论班的组织移植到19世纪的美国,并把兰克尊为"科学派"历史学之父。二是"德国不像美国,从来没有把'科学'一词和自然科学联系得那样密切,它只是意味着用系统的方法来进行任何研究。"②

自19世纪中叶作为一门学科诞生以来,历史编纂范式经历了许多方向性的转变。直到20世纪上半叶,历史学家在方法论和理论假说方面仍然严重地依赖19世纪老一辈历史学家。大多数历史学家将历史学与科学严格地加以限制,强调直觉是历史学家处理历史的最终手段。"历史学家的主要目标有两个,一是发现'新事实',一是'通过历史的批判'来消除谬误。按照当时开始大批出版的历史学工作指导手册的说法,这种不自在的结合由以下方法解决了,即将历史学家的工作分为前后两个阶段,第一是搜集和准备资料阶段,第二是解释资料和表述成果阶段。前一个阶段以实证主义为主;在后一个阶段中,历史学家的直觉本能和个性起主要作用"。③

自20世纪60年代以后,历史学家对科学、进步和现代性的信仰产生了极大的动摇。20世纪70年代至80年代,历史学社会科学化的趋势极大地影响到历史编纂。1978年,巴勒克拉夫(Geoffrey Barraclough)在《当代史学主要趋势》一书中介绍了20世纪50—70年代末社会科学对历史学的影响,认为"推动1955年前后开始出现的'新历史学'的动力主要来自社会科学"。④ 20世纪的历史学家都认为自己已克服了兰克史学的狭隘局限性,对于历史学作为基于经验分析

　　① 黄进兴:《后现代主义与史学研究》,生活·读书·新知三联书店2008年版,第97页。
　　② [美]格奥尔格·伊格尔斯:《二十世纪的历史学——从科学的客观性到后现代的挑战》,何兆武译,山东大学出版社2006年版,第157页。
　　③④ [英]杰弗里·巴勒克拉夫:《当代史学主要趋势》,杨豫译,北京大学出版社2006年版,第5—6页。

的社会科学之上的一门高度技术化的学术可能性有着很大的信心。后来方发生的事证明他们对于科学对历史学的胜利也许过于乐观了。社会科学化的新史学关注在长时段中某地区结构和功能的变迁,走向不见人的历史,大量运用计量史学方法也导致了很多弊端。

1973年,海登·怀特出版《元史学——19世纪欧洲的历史想象》一书,历史哲学进入叙事主义历史哲学阶段。在"语言学转向"的历程中,后现代史学理论注意到语言在历史书写中的重要作用,反对传统史学的写作范式,进而质疑此前的社会科学化史观,其特征是取消历史学的真实性。伊格尔斯(Georg G.Iggers)指出:"所有这一切都表现在历史编纂学的方法上,从精英们的身上转移到居民中的其他部分,从巨大的非个人的结构转移到日常生活的各种现实的方面,从宏观历史转移到微观史历史,从社会史转移到文化史。"①20世纪70年代末,新叙事史的复兴趋势已较为明显,被称作"新新史学"(new new history)。与此同时,后现代史学理论也走向另一个极端,即将语言书写极端化为一种"语言唯心论",割断了与指涉物(reference)和真实(truth)的必要联系。到20世纪末,特别是进入21世纪以来,西方史学理论开始出现一种逃离"语言学转向"的倾向,人们惊呼"后现代史学"时期的到来。

二、西方历史编纂的主要模式

伊格尔斯将历史学的发展分为三个阶段,早期阶段是历史学作为一种专业规范的诞生,中期阶段是社会科学的挑战,再后是后现代主义的挑战。如前所述,19世纪的西方历史编纂思想认为历史学是一门科学,首先关注事实及其因果关系,即它们如何相互作用。史学家运用与其关注的时代同时期的材料开展工作,最好是档案文献,其准确性和可靠性必须经过考证。因此,如同其他所有科学,史学也有自己的方法,即文献考证法(the critical method of philology)。人们认为兰克将这种方法扩展到了一切历史研究,形成了历史学研究典型的古典历史主义以及在此基础上的传统的历史编纂模式。20世纪70—80年代,在社会科学迅猛发展的压力下,历史学家转而寻求社会科学方法的帮助,社会科学化的历史学蓬勃发展。20世纪70年代末出现的新叙事史则不同于传统的历史叙事,出现了叙事主义的历史编纂模式。

---

① [美]格奥尔格·伊格尔斯:《二十世纪的历史学——从科学的客观性到后现代的挑战》,何兆武译,山东大学出版社2006年版,序言,第3页。

（一）传统的历史编纂模式

19世纪初期以前,历史学著作中占主导地位的有两种传统:一是学究式和古董式的传统;另一种则在本质上是文学式的。到19世纪初期,历史学研究的写作和教学被转化为一种专业规范。在德国一些大学里诞生的新的历史学规范强调历史学的学术方面,而那些最优秀的实践者们则保持着一种文学质量感。"重要的是我们必须记住:这种新的历史专业是为明确的公共需要和政治目的服务的,这就是使得把它的研究成果传达给公众成为一件重要的事,它力图塑造公众的历史意识,而公众也向历史学家寻求公众自己的历史认同感。"①从某种意义上说,以兰克为代表的传统的历史编纂模式是与民族国家的宏大叙事密切相关的一种政治史模式。"'政治史'可被理解为对于政治进程与内容的历史分析。直到20世纪,'政治史'在德国一直被视为唯一的历史,换言之,德国历史学家主要撰写国家的行为。它反映了(德国历史学家)对于国家的普遍意义和精神意义的理想主义的信任。"②作为对历史进程进行思考和总结的"大写历史",这种"政治史"一般会讲述一个与现代国家的崛起为主要内容的故事,其集中谈论的是关于国家化的政治概念。

作为"大写历史"的政治史的编纂特征是:"第一,历史是一个有头有尾的过程,这是一个很重要的、根本的概念,或是一种基本的假设;第二,历史总的方向是进步的,是向上、向前发展的;第三,历史是有意义的,或者说,历史事件或历史人物的行为都是有意义的——每一个历史行为都是有意义的,而每一件历史事件的发生都有意义。"③兰克把历史学看作是一种严格的科学概念,是以一种紧张的对立观为其特征的。"我们在兰克身上所看到的那种既要求严格的学术应该避免价值判断、又要求历史学实际上投身于政治社会价值双方之间的紧张对立,也出现在新的专业化历史学之中。"④

（二）社会科学的历史编纂模式

伊格尔斯指出:"我相信我们可以在20世纪的史学思想中区别两种十分不同的取向。第一种是探讨由19世纪的专业历史学所特有的那种叙事的、朝着事

　　①　[美]格奥尔格·伊格尔斯:《二十世纪的历史学——从科学的客观性到后现代的挑战》,何兆武译,山东大学出版社2006年版,第25页。
　　②　[德]斯特凡·约尔丹:《历史科学基本概念辞典》,孟钟捷译,北京大学出版社2012年版,第208页。
　　③　王晴佳:《新史学讲演录》,中国人民大学出版社2010年版,第15页。
　　④　[美]格奥尔格·伊格尔斯:《二十世纪的历史学——从科学的客观性到后现代的挑战》,何兆武译,山东大学出版社2006年版,第29页。

件定向的历史学之转化为 20 世纪朝着社会科学定向的历史研究与写作方式。"①第二种是社会科学定向的历史学被文化取向的历史学所取代。新的历史学转而研究被人理解为是日常生活与日常经验的条件的文化。1945 年以后,有体系的各种社会科学就开始在历史学家的工作中发挥着愈来愈重要的作用。到20 世纪 70 年代至 80 年代,在朝着社会科学定向的历史编纂模式中出现了各式各样的社会科学取向的历史学,主要有定量的社会学和经济学研究方法,还有类似于法国年鉴学派的结构主义的和马克思主义的阶级分析方法。"同社会科学家一样,历史学家也使用概念和假设作为选择和解释的基础,舍此便无法进行工作。其实,历史学和社会科学之间存在两个主要差别。第一,历史学家使用的概念倾向比较含蓄、武断,而且缺乏系统性;而社会科学家的概念则明确和系统化。第二,因为历史学家手中的资料提供了与事实相联系的某种类型的松散叙事模式,所以历史学家尽可能回避理论问题。"②

社会科学定向的历史编纂模式将自然科学当作范本。传统的历史学编纂模式聚焦于个人的作用与意向性,社会科学取向的历史学则强调各种社会结构和社会变迁的历程。新的社会科学研究路线批评老式的研究对象太狭隘了,只关注社会精英尤其是伟人及其思想。在社会科学取向的历史学家看来,研究对象上应更加民主化。一方面,应包罗更加广泛的各色人等;另一方面,应把历史的眼光从政治扩展到社会层面上来。于是,社会史取向的历史学家就逃离政治史,转向一种社会史模式。"二战"后,人们的注意力已经越来越多地给予了社会史,而不是政治史和外交史。

从历史时间的观念上看,社会科学研究路数的历史学与老传统的历史学有一致的地方,那就是都以一种单线的时间观念来进行操作,即都认为历史是有连续性的和有方向的一种发展过程。社会科学派的历史学家相信至少近代史是沿着一个明确的方向发展的,但时间上变得多元化了。法国年鉴学派的领袖布罗代尔的架构基于三种不同的时间性,即事件、周期性情势和长时段,其对短时段的摒弃和对长时段的热衷令人印象深刻。"时段已不再是已知事物,而被视为人为建构的事物。"③再从空间观念上看,在地理历史学的影响下,最明显的特征是"走出民族国家史学",历史学家们把眼光转向了地区史和世界史,而不再以民族

① [美]格奥尔格·伊格尔斯:《二十世纪的历史学——从科学的客观性到后现代的挑战》,何兆武译,山东大学出版社 2006 年版,第 2 页。
② [英]杰弗里·巴勒克拉夫:《当代史学主要趋势》,杨豫译,北京大学出版社 2006 年版,第 62 页。
③ [法]弗朗索瓦·多斯:《碎片化的历史学》,马胜利译,北京大学出版社 2008 年版,第 104 页。

国家作为空间概念。历史研究的主题也发生了相应的转变，"菲利普二世"变成了"地中海"。年鉴学派重视"结构"和"局势"、贬低事件史是长时段理论的重要特色，反对事件史，将巨大的非个人的结构置于历史的中心，提出了总体史观。

（三）叙事主义的历史编纂模式

1979 年，劳伦斯·斯通（Lawrence Stone）发表的《叙事的复兴》一文引起专业史学家的同感。他反思了兰克以降科学史学的弊端和引进社会科学的枯燥乏味的后果，发现了史学恢复了叙述功能，抛弃了往日宏观或结构性的历史解释模式。在 20 世纪 70 年代和 80 年代的德国和法国等西方国家，社会史学大量地把其重点从经济因素转移到文化方面。在德国，史学家从工人阶级运动史转向个人生活经验的劳工社会史上来。在法国，结构主义思潮促使历史学家像人类学家一样研究文化，成为主流的历史人类学和心态史都以长时段的集体无意识现象为研究对象，借助表象符号系统进行迂回研究，从差异性中认识文化的独特性，并表现出跨学科的研究特色。意大利的微观史学和人类学的"厚描述"也引起历史学家们的关注。"自从历史学带有了人种学性质，它便否定了自我，并瓦解了自身的基础，即时段，及其快慢节奏和动荡。要复兴史学论说就必须恢复被年鉴学派从一开始便抛弃的东西——事件。对事件的排斥导致历史学走上了消解自身特性和功能的道路。历史当属能把握系统与事件、长时段与段时段、结构与情势之间辩证关系的实践活动。"[1]

后现代主义对传统史学和社会科学化的史学构成的重大挑战，是对近代历史学所赖以成立的基本前提假设即客观和真实的观念的质疑。在叙事主义历史哲学的影响下，历史学家们产生了一种信念，即认为历史学是更紧密地与文学而不是与科学相联系。历史学没有了客体，历史研究也就不可能有客观性了。但是，一些文化史家单一的历史观是不可取的，他们寄希望于新文学写作技巧，能以叙事手法取代结构分析和量化技巧，不仅能极大地丰富历史写作，甚至能消解"结构"与"事件"之间的二元对立状态。

新叙事史是后现代主义史学中的一个重要流派，其中最具有代表性的是意大利的微观史、德国的日常生活史、法国的心态史和事件史。微观史基本上是一种历史编纂学的实践。在人类学方法的影响下，主要以社会下层作为研究对象，立足于小规模的考察、细致地分析和详细档案的研究，以各种各样的线索、符号和象征手段研究过去，并且必须选择叙述的方式，与小说和传记相近。法国史学

---

[1]　［法］弗朗索瓦·多斯：《碎片化的历史学》，马胜利译，北京大学出版社 2008 年版，第 241 页。

家拉杜里的《蒙塔尤》一书被公认为微观史的经典著作。日常生活史（the history of everyday life）是人类学式的微观研究在德国的具体运用，形成于 20 世纪 70 年代，被认为是晚近的妇女史和性别史以外德国史学最重要的发展趋势。其研究对象聚焦于普通人民的行为和苦难，运用人类学方法对其劳动和闲暇日常生活进行详细描述。

海登·怀特认为，历史的确有两张面孔：一张科学的，一张艺术的。我们总是面对这两种取向，写作的形式和写作的内容是密切相关的，我们无法将科学的一面和艺术的一面轻易分离。但历史学家们并不知道这一点。他认为兰克的以下观点是错误的：在研究阶段，史学依循科学的方法；而在写作的过程，史学则展现艺术的技巧。"任何一个现代语言学家都知道，表现形式乃是内容本身的一部分。"[①]

三、对教育史编纂模式的思考

第二次世界大战后大约每隔 30 年，西方史学理论都会发生一次研究典范的转换，西方人文及社会学科就像流行的时尚变幻莫测，令史家眼花缭乱，应接不暇。知识论的更新消解了社会科学中引以为傲的"方法优先性"。历史思想中是否存在着危机？美国学者汉斯·凯尔纳（Hans Kellner）认为，历史学的确正处在危机之中，但这是它的正常状态，历史学处于常态的永久危机之中，"没有危机，历史学就僵化了。"[②]从另一方面看，人们是需要历史学的，因为"历史文化就是生活。每个人都需要某种记忆，以便在他或她的实际生活中给自己定位，那是面对时间变化的定位。"[③]上述观点同样适合于教育史。以下将从教育史编纂领域的拓展、教育史编纂视角的选择的多样化和史料及记忆史学等角度谈几点思考。

首先，教育史编纂领域的拓展。从西方历史编纂的历史发展来看，经历了传统的政治史、社会科学取向的社会史和新社会文化史的不同阶段。作为历史学母学科的分支学科的教育史学科的发展也在不同的历史阶段受到相应的影响。在开放和多元化发展的当代，教育史学科的发展有着比以往更多的自由和选择，

---

① 〔波兰〕埃娃·多曼斯卡：《邂逅：后现代主义之后的历史哲学》，彭刚译，北京大学出版社 2007 年版，第 25 页。

② 〔波兰〕埃娃·多曼斯卡：《邂逅：后现代主义之后的历史哲学》，彭刚译，北京大学出版社 2007 年版，第 60 页。

③ 〔波兰〕埃娃·多曼斯卡：《邂逅：后现代主义之后的历史哲学》，彭刚译，北京大学出版社 2007 年版，第 173 页。

这意味着每一位教育史学者都可以根据自己的知识背景和专业兴趣,从特定的视野或视角出发,选取相关的研究主题并运用相应的研究方法,但前提条件是我们必须对当代历史编纂模式的总体状况有一个清楚的了解。

比较难的是社会史家和文化史家如何区分的问题。彼得·伯克(Peter Burke)认为,并不存在着一个名为"文化史"的研究领域,只不过它有着不同于别的领域的研究主题。"文化这一宽泛的意义和概念却并非要将实践、表象等东西包容在内。因此,倘若对独立于社会史领域的文化史领域进行界定有用的话,我以为只有从研究取向的角度来这么做。比方说,如果有人在考察社会生活时对于象征物特别有兴趣,那么他就可以将自己称为文化史家。如果有人研究的是同样的史料,然而却是出之以不同的角度——社会变迁,那么他就可以称自己为社会史家。"①

其次,教育史编纂视角的多样化。在彼得·伯克看来,目前在英国有三个群体:第一个群体一直在写作叙事。"在英国还有相当数量的地道的传统史学家,他们一直在写作叙事,而且从来没有想到过别的东西。因此,'叙事的转向'的念头对他们而言是毫无意义的。"②第二个群体决定要写经济史和社会史,写各种结构的历史,不会为时间烦心。第三个群体只想讲述关于个体的故事,放弃了对于历史过程的研究,比如微观史。伯克认为,微观史是一条专业上的捷径,书写者只需要到故纸堆中去找故事,把它端出来进行点评,并且很有卖点。

再次,教育史的史料多样化问题。史料对于历史科学的方法论和理论都具有重要的意义。就历史认识论而言,史料被视为历史认知过程中的重要媒介,是历史认知的出发点。虽然人们在教育史的学术实践中常常区分"史料"与"描述"、"一手史料"与"二手史料"文献,但实际上,无论是描绘还是学术文献,都是在史料的基础上建立起来的,一段史料的重大作用是其对历史研究的认知意义,而较少取决于史料的外在形式。因而,历史学界把可以从中获知关于过去的知识的多文本、研究对象或事实都称作"史料"。

20 世纪 70 年代以来,"自下而上"的历史写作的发展,使历史学家对历史记忆的搜寻和保存变得多样化了。史学家将眼光从精英人物下移到普通民众、移到博物馆时,发现了在档案馆里看不到的史料,发现记忆(memory)与史学之间

---

① 〔波兰〕埃娃·多曼斯卡:《邂逅:后现代主义之后的历史哲学》,彭刚译,北京大学出版社 2007 年版,第 259 页。

② 〔波兰〕埃娃·多曼斯卡:《邂逅:后现代主义之后的历史哲学》,彭刚译,北京大学出版社 2007 年版,第 264 页。

有着千丝万缕的联系，这就是所谓"记忆的转向"（memory turn）。"记忆史学"（history of memory）在 20 世纪 80 年代成为热点。史学与博物馆的关系也属于新文化史的研究。在当代，小说也成为重要的史料来源。伊格尔斯认为："伟大的小说往往会比之历史文本，更加贴近一个社会或者一个文化的现实。我认为在某种程度上，历史文本置身于事实与虚构之间。隐喻在历史叙事中当然无法回避，然而它们满可以作为启发性的手段，来帮助我们理解和解释某一情境。"①

① ［波兰］埃娃·多曼斯卡：《邂逅：后现代主义之后的历史哲学》，彭刚译，北京大学出版社 2007 年版，第 127 页。

参 考 文 献

一、中文文献

（一）著作

1. 蔡禾：《城市社会学讲义》，人民出版社 2011 年版。

2. 杜成宪、邓明言：《教育史学》，人民教育出版社 2004 年版。

3. 黄进兴：《后现代主义与史学研究》，生活·读书·新知三联书店 2008 年版。

4. 何兆武、陈启能主编：《当代西方史学理论》，上海科学学院出版社 2003 年版。

5. 胡森：《国家教育百科全书》，贵州教育出版社 1985 年版。

6. 姜芃主编：《西方史学的理论和流派》，中国社会科学出版社 2005 年版。

7. 李宏图：《西欧近代民族主义思潮研究》，上海社会科学院出版社 1997 年版。

8. 李丽红：《多元文化主义》，浙江大学出版社 2011 年版。

9. 李银河：《女性主义》，山东人民出版社 2005 年版。

10. 罗凤礼：《历史与心灵：西方心理史学的理论与实践》，中央编译出版社 1998 年版。

11. 罗凤礼：《现代西方史学思潮评析》，中央编译出版社 1996 年版。

12. 单中惠：《西方教育思想史》，科学出版社 2007 年版。

13. 史静寰、延建林：《西方教育史学百年史论》，人民教育出版社 2014 年版。

14. 施琳：《美国族裔概论》，中央民族大学出版社 2006 年版。

15. 《史学理论研究》编辑部：《八十年代后的西方史学》，中国社会科学出版社 1990 年版。

16. 王旭：《美国城市化的历史解读》，岳麓书社 2003 年版。

17. 王晴佳、古伟瀛：《后现代与历史学：中西比较》，山东大学出版社 2006 年版。

18. 王晴佳：《新史学讲演录》，中国人民大学出版社 2010 年版。

19. 吴小英：《科学、文化与性别：女性主义的诠释》，中国社会科学出版社 2000 年版。

20. 武翠红：《英国教育史学：创立与变革》，中国社会科学出版社 2015 年版。

21. 邬春芹：《美国城市教育史学发展历程研究》，南京大学出版社 2016 年版。

22. 夏继果、［美］杰里·H.本特利：《全球史读本》，北京大学出版社 2010 年版。

23. 徐迅：《民族主义》，中国社会科学出版社 2005 年版。

24. 徐浩、侯建新：《当代西方史学流派》（第二版），中国人民大学出版社 2009 年版。

25. 严建强、王渊明：《从思辨的到分析与批判的西方历史哲学》，浙江人民出版社 1997 年版。

26. 杨豫、胡成：《历史学的思想和方法》，南京大学出版社 1999 年版。

27. 杨智颖：《课程史研究观点与分析取径探析：以 Kliebard 和 Goodson 为例》，台湾高雄复文图书出版社 2008 年版。

28. 姚蒙：《法国当代史学主流——从年鉴派到新史学》，香港三联书店 1988 年版。

29. 余建华：《民族主义：历史遗产与时代风云的交汇》，学林出版社 1999 年版。

30. 余志森、朱全红、王春来：《美国多元文化研究——主流与非主流文化关系探索》，华东师范大学出版社 2012 年版。

31. 于沛：《20 世纪的西方史学》，武汉大学出版社 2009 年版。

32. 翟学伟、甘会斌、褚建芳：《全球化与民族认同》，南京大学出版社 2009 年版。

33. 张广智：《西方史学史》，复旦大学出版社 2009 年版。

34. 张广智、张广勇：《现代西方史学》，复旦大学出版社 1996 年版。

35. 张广智、张广勇：《史学：文化中的文化》，上海社会科学院出版社 2013 年版。

36. 张芝联：《法国史论集》，生活·读书·新知三联书店 2007 年版。

37. 张国庆：《进步时代》，中国人民大学出版社 2013 年版。

38. 张斌贤、孙益：《探索外国教育史研究的新领域与新方法》，广西师范大学出版社 2009 年版。

39. 赵祥麟主编：《外国教育家评传》（第 4 卷），上海教育出版社 2002 年版。

40. 周采：《美国教育史学：嬗变与超越》，人民教育出版社 2006 年版。

41. 周建漳：《历史哲学》，北京大学出版社 2015 年版。

42. 诸园：《美国女性教育史学史研究》，中国社会科学出版社 2017 年版。

43. ［澳］西蒙·马金森：《现代澳大利亚教育史》，周心红、蒋欣译，浙江大学出版社 2007 年版。

44. ［波兰］埃娃·多曼斯卡编：《邂逅：后现代主义之后的历史哲学》，彭刚译，北京大学出版社 2007 年版。

45. ［德］弗·鲍尔生：《德国教育史》，滕大春、滕大生译，人民教育出版社 1986 年版。

46. ［德］克里斯托弗·福尔：《1945 年以来的德国教育：概览与问题》，肖辉英、陈德兴、戴继强译，人民教育出版社 2002 年版。

47. ［德］黑格尔：《历史哲学》，王造时译，上海书店出版社 1999 年版。

48. ［德］斯特凡·约尔丹：《历史科学基本概念辞典》，孟钟捷译，北京大学出版社 2012 年版。

49. ［俄］卡特林娅·萨里莫娃、［美］欧文·V.约翰宁迈耶主编：《当代教育史研究与教学的主要趋势》，方晓东等译，教育科学出版社，2001 年。

50. ［法］安多旺·莱昂：《当代教育史》，樊惠英、张斌贤译，光明教育出版社 1989 年版。

51. ［法］安德烈·比尔基埃、克里斯蒂亚娜·克拉比什-朱伯尔、玛尔蒂娜·伽兰、弗郎索瓦兹·佐纳邦德：《家庭史》，生活·读书·新知三联书店 1998 年版。

52. ［法］安托万·基扬：《近代德国及其历史学家》，黄艳红译，北京大学出版社 2010 年版。

53. ［法］费夫贺·马尔坦：《印刷书的诞生》，李鸿志译，广西师范大学出版社 2006 年版。

54. ［法］弗朗索瓦·多斯：《碎片化的历史学：从〈年鉴〉到"新史学"》，马胜利译，北京大学出版社 2008 年版。

55. ［法］J.勒高夫：《新史学》，姚蒙编译，上海译文出版社 1989 年版。

56. ［法］西蒙·德·波娃：《第二性》（上、下），陶铁柱译，中国书籍出版社 1998 年版。

57. ［法］雅克·勒高夫：《中世纪的知识分子》，张弘译，商务印书馆 1996 年版。

58. ［美］范道伦：《爱默生文选》，张爱玲译，生活·读书·新知三联书店 1986 年版。

59. ［美］丹尼尔·坦纳、劳雷尔·坦纳：《学校课程史》，崔允漷等译，教育科学出版社 2006 年版。

60. [美] 费利克斯·吉尔伯特：《历史学：政治还是文化——对兰克和布克哈特的反思》，刘耀春译，北京大学出版社 2012 年版。

61. [美] 格奥尔斯·伊格尔斯：《二十世纪的历史学——从科学的客观性到后现代的挑战》，何兆武译，山东大学出版社 2006 年版。

62. [美] 格奥尔格·伊格尔斯：《德国的历史观》，彭刚、顾杭译，译林出版社 2006 年版。

63. [美] 格奥尔格·伊格尔斯、王晴佳、苏普里娅·穆赫吉：《全球史学史》，杨豫译，北京大学出版社 2011 年版。

64. [美] J.D.亨特：《文化战争——定义美国的一场奋斗》，安荻等译校，中国社会科学出版社 2000 年版。

65. [美] 克雷明：《美国教育史：殖民地时期的历程，1607—1783》，周玉军、苑龙、陈少英译，北京师范大学出版社 2003 年版。

66. [美] 克雷明：《美国教育史：建国初期的历程，1783—1876》，洪成文、丁邦平、刘建永、马忠虎译，北京师范大学出版社 2002 年版。

67. [美] 克伯雷：《外国教育史料》，任宝样、任钟印译，华中师范大学出版社 1991 年版。

68. [美] 柯娇燕(Pamela Kyle Crossley)：《什么是全球史》，刘文明译，北京大学出版社 2009 年版。

69. [美] 理查德·比尔纳：《超越文化转向》，方杰译，南京大学出版社 2008 年版。

70. [美] 理查德·D.范斯科德、理查德·J.克拉夫特、约翰·D.哈斯：《美国教育基础——社会展望》，北京师范大学外国教育研究所译，教育科学出版社 1984 年版。

71. [美] 林·亨特：《新文化史》，姜进译，华东师范大学出版社 2011 年版。

72. [美] 乔伊斯·阿普尔比、林恩·亨特、玛格丽特·雅各布：《历史的真相》，刘北成、薛绚译，上海人民出版社 2011 年版。

73. [美] 乔尔·斯普林：《美国学校：教育传统与变革》，史静寰等译，人民教育出版社 2010 年版。

74. [美] 威廉·W.布里克曼：《教育史学：传统、理论和方法》，许建美译，山东教育出版社 2013 年版。

75. [美] 沃纳·赫希：《城市经济学》，刘世庆等译，中国社会科学出版社 1990 年版。

76. ［美］亚瑟·K.埃利斯：《课程理论及其实践范例》，张文军译，教育科学出版社 2005 年版。

77. ［美］伊格尔斯：《欧洲史学新方向》，赵世玲、赵世瑜译，华夏出版社 1989 年版。

78. ［美］伊格尔斯：《20 世纪的历史学》，何兆武译，山东大学出版社 2006 年版。

79. ［意］艾格勒·贝奇、［法］多米尼克·茱利亚主编：《西方儿童史》（上卷：从古代到 7 世纪），申华明译，商务印书馆 2016 年版。

80. ［意］艾格勒·贝奇、［法］多米尼克·茱利亚：《西方儿童史》（下卷：自 18 世纪迄今），卞晓平、申华明译，商务印书馆 2016 年版。

81. ［意］贝奈戴托·克罗齐：《历史学的理论和实际》，傅任敢译，商务印书馆 1982 年版。

82. ［英］埃里克·霍布斯鲍姆：《民族与民族主义》，李金梅译，上海人民出版社 2000 年版。

83. ［英］安迪·格林：《教育、全球化与民族国家》，朱旭东等译，教育科学出版社 2004 年版。

84. ［英］安迪·格林：《教育与国家形成：英、法、美教育体系起源之比较》，王春华等译，教育科学出版社 2004 年版。

85. ［英］彼得·伯克：《法国史学革命：年鉴派，1929—1989》，刘永华译，北京大学出版社 2006 年版。

86. ［英］彼得·伯克：《什么是文化史》，蔡玉辉译，北京大学出版社 2009 年版。

87. ［英］戴维·米勒：《论民族性》，刘曙辉译，译林出版社 2010 年版。

88. ［英］E.P.汤普森：《英国工人阶级的形成》，钱乘旦等译，译林出版社 2001 年版。

89. ［英］赫伯特·巴特菲尔德：《历史的辉格解释》，张岳明、刘北成译，商务印书馆 2012 年版。

90. ［英］科林武德：《历史的观念》，何兆武、张文杰译，商务印书馆 1997 年版。

91. ［英］米兰达·弗里克、詹妮弗·霍恩斯比：《女性主义哲学指南》，肖巍、宋建丽、马晓燕译，北京大学出版社 2010 年版。

92. ［英］乔治·皮博迪·古奇：《十九世纪历史学与历史学家》（下册），耿淡如译，商务印书馆 2014 年版。

93. ［英］约翰·布罗：《历史的历史：从远古到 20 世纪的历史书写》，黄煜文译，广西师范大学出版社 2012 年版。

94. [英] 约翰·斯图尔特·穆勒：《妇女的屈从地位》，汪溪译，商务印书馆 1975 年版。

95. [英] 杰弗里·巴勒克拉夫：《当代史学主要趋势》，杨豫译，北京大学出版社 2006 年版。

96. [英] 杰弗里·巴勒克拉夫：《当代史导论》，张广勇、张宇宏译，上海社会科学院出版社 2011 年版。

97. [英] 西蒙·冈恩：《历史学与文化理论》，韩炯译，北京大学出版社 2012 年版。

98. [英] 沃尔什：《历史哲学导论》，何兆武、张文杰译，广西师范大学出版社 2001 年版。

（二）期刊

1. 彼得·洛温伯格：《民族主义及其需要制造对立面的心理根源》，《史学理论研究》2006 年第 1 期。

2. 蔡声宁：《马克思主义在澳大利亚》，《马克思主义研究》1985 年第 4 期。

3. 陈启能：《不忘初心，不忘读者——纪念〈史学理论研究〉杂志创刊三十周年》，《史学理论研究》2017 年第 2 期。

4. 陈启能、刘德斌、吴英：《中国史学理论研究 30 年》，《史学理论研究》2008 年第 2 期。

5. 陈新：《对历史与历史研究的思考——约恩·吕森教授访谈录》，《史学理论研究》2004 年第 3 期。

6. 陈新：《西方历史编纂的形而上学——海登·怀特教授在复旦大学的讲演》，《文汇报》2004 年 4 月 18 日，第 6 版。

7. 于尔根·科卡：《国际历史科学大会：回望与期待》，《史学理论研究》2015 年第 3 期。

8. 邓京力：《从西方史学史到全球史学史》，《史学理论研究》2014 年第 3 期。

9. 董欣洁：《变动中的全球史及其多样性》，《史学理论研究》2012 年第 2 期。

10. 董欣洁：《世界历史进程中的马克思主义世界历史理论》，《史学理论研究》2008 年第 3 期。

11. 杜芳琴：《妇女/社会性别史对史学的挑战与贡献》，《史学理论研究》2004 年第 3 期。

12. 杜芳琴：《历研究的性别维度与视角——兼谈妇女史、社会性别史与经济—社会史的关系》，《山西师大学报》（社会科学版）2003 年第 10 期。

13. 皮尔·卡斯巴：《谈欧洲教育史研究方法》，《华东师范大学学报》（教育科学版）2006 年第 3 期。

14. 甘永涛：《传统、现代、后现代：当代女性主义教育的三重视野》，《教育科学》2007 年第 2 期。

15. 贺五一：《冷战后世界历史写作的新趋势——格奥尔格·伊格尔斯在南京大学讲学》，《史学理论研究》2008 年第 1 期。

16. 黄正柏：《近年来国内德国史研究》，《史学理论研究》2006 年第 2 期。

17. 蒋大椿：《当代中国史学思潮与马克思主义历史观的发展》，《历史研究》2001 年第 4 期。

18. 景德祥：《联邦德国社会史学派与文化史学派的争议》，《史学理论研究》2005 年第 3 期。

19. 李秉忠、贺慧霞：《汉斯-维尔纳·格茨教授在津讲学》，《史学理论研究》2005 年第 1 期。

20. 李倩雯：《克里巴德"混重"课程变迁观述评》，《外国教育研究》2017 年第 2 期。

21. 梁民愫：《中国史学界关于西方马克思主义史学研究的回顾与前瞻》，《史学理论研究》2001 年第 4 期。

22. 林漫、邓京力：《跨文化视角、马克思主义与当代史学主要趋势——对话王晴佳教授《史学理论研究》2016 年第 2 期。

23. 刘兵：《关于科学史中的集体传记方法》，《自然辩证法通讯》1996 年第 3 期。

24. 刘黎明、吕旭峰：《重唤马克思主义教育思想研究》，《华东师范大学学报》（教育科学版）2010 年第 3 期。

25. 刘新成：《在互动中建构世界历史》，《光明日报》2009 年 2 月 17 日。

26. 沈坚：《法国史学新发展》，《史学理论研究》2000 年第 3 期。

27. 申国昌、史降云：《前苏联及俄罗斯教育史学发展历程追溯》，《山西大同大学学报（社会科学版）》2008 年第 3 期。

28. 申国昌：《法国教育史学发展历程的回顾与梳理》，《教育研究与实验》2008 年第 2 期。

29. 史静寰、延建林：《20 世纪英美教育史学研究取向变化的回顾与启示》，《河北大学学报》（哲学社会科学版）2008 年第 3 期。

30. 施诚：《全球史研究主题评介》，《史学理论研究》2012 年第 2 期。

31. 王晴佳：《论民族主义史学的兴起与缺失》（上），《河北学刊》2004 年第 4 期。

32. 王希：《多元文化主义的起源、实践与局限性》,《美国研究》2000 年第 2 期。

33. 王希：《近 30 年美国史学的新变化》,《史学理论研究》2000 年第 2 期。

34. 王加丰：《20 世纪美国马克思主义史学的几个问题》,《史学理论研究》2007 年第 2 期。

35. 王利红：《试论赫尔德浪漫主义历史哲学思想》,《史学理论研究》2008 年第 4 期。

36. 王晓辉：《法国公民教育的理论与当前改革》,《教育科学》2009 年第 3 期。

37. 尉佩云：《弥合现代与后现代史学理论的可能路径》,《史学理论研究》2014 年第 4 期。

38. 尉佩云：《德国与欧洲的当代历史书写——斯特凡·贝格尔教授访谈》,《史学理论研究》2017 年第 2 期。

39. 吴英：《"他者"的经验和价值》,《妇女研究》2003 年第 1 期。

40. 武翠红：《战后英国女性主义教育史学的价值诉求及借鉴意义》,《大学教育科学》2010 年第 1 期。

41. 武翠红：《教育史研究的社会性别分析范畴》,《南通大学学报》(社会科学版)2010 年第 4 期。

42. 武翠红：《战后英国教育史学的发展与趋势》,《大学教育科学》2011 年第 1 期。

43. 夏禄祥、耿润：《略论世界课程改革的钟摆现象》,《江西教育科研》2007 年第 2 期。

44. 辛旭：《由误解发现"童年"："阿利埃斯典范"与儿童史研究的兴起》,《四川大学学报》(哲学社会科学版)2014 年第 3 期。

45. 邢科：《世界历史上的中国和中心—边缘视角中的世界史——世界史学会第 20 届年会综述》,《史学理论研究》2012 年第 2 期。

46. 邢来顺：《论德国政治现代化初期的"防御性"特征》,《史学理论研究》2006 年第 1 期。

47. 杨晓慧：《面向新世纪的史学理论研究》,《史学理论研究》2006 年第 1 期。

48. 杨令侠：《加拿大新社会史学的崛起和成长》,《史学理论研究》2002 年第 2 期。

49. 于沛：《〈史学理论研究〉三十年：构建马克思主义史学理论新形态的三十年》,《史学理论研究》2017 年第 2 期。

50. 于沛、李杰等：《唯物史观与历史研究》,《史学理论研究》2006 年第 3 期。

51. 于洪波：《论教育史学者的经世致用情怀》，《教育学报》2010 年第 2 期。

52. 于文：《西方书籍史研究中的社会史转向》，《国外社会科学》2008 年第 4 期。

53. 俞金尧：《西方儿童史研究四十年》，《中国学术》2001 年第 4 期。

54. 张文涛：《E. P. 汤普森视野下的马克思主义》，《史学理论研究》2006 年第 2 期。

55. 张文涛：《"二战后德国与日本历史反思比较学术研讨会"报道》，《史学理论研究》2010 年第 2 期。

56. 张永健：《家庭与社会变迁：西方家庭史的新动向》，《社会学研究》1993 年第 2 期。

57. 赵辉兵：《20 世纪以来西方史学写作范式的两次转向——评林·亨特的〈全球时代的历史写作〉》，《史学理论研究》2017 年第 1 期。

58. 赵辉兵、姜启舟：《林·亨特与当代西方史学转向》，《史林》2017 年第 1 期。

59. 周愚文：《英国教育史学发展初探，1868—1993》，《台湾师大学报》1994 年第 39 期。

60. 周采：《关于外国教育史学史研究的思考》，《教育研究与实验》2002 年第 2 期。

61. 周采：《20 世纪美国教育史学的思考》，《南京师大学报》2003 年第 6 期。

62. 周采：《多元化发展的战后西方教育史学》，《教育研究与实验》2009 年第 5 期。

63. 周采：《历史研究视角的转移与战后西方教育史学》，《清华大学教育研究》2010 年第 1 期。

64. 邬春芹、周采：《20 世纪中期以来法国教育史学发展初探》，《河北师范大学学报》2011 年第 1 期。

65. 周采：《从卡伯莱到克雷明——美国教育史学的创立与嬗变》，博士学位论文，北京师范大学，2003 年。

66. 延建林：《布莱恩·西蒙与二战后的英国教育史学》，博士学位论文，北京师范大学，2006 年。

67. 武翠红：《传统与变革：英国教育史学历史演变研究》，博士学位论文，南京师范大学，2012 年。

68. 邬春芹：《美国城市教育史学发展历程研究》，博士学位论文，南京师范大学，2013 年。

69. 诸园：《美国女性教育史学史研究》，博士学位论文，南京师范大学，2015 年。

70. 冯强:《美国教育史的多元文化研究》,博士学位论文,南京师范大学,2016 年。

71. 李倩雯:《克里巴德课程史学研究》,博士学位论文,南京师范大学,2017 年。

72. 王燕红:《美国早期教育史学的历史演进研究》,博士学位论文,南京师范大学,2018 年。

二、英文文献

（一）著作

1. A. Barcan, *Sociological Theory and Educational Reality: Education and Society in Australia since 1949*, New South Wales University Press, 1993.

2. A. Barcan, *A History of Australian Education*, Oxford University Press, 1980.

3. A. F. Leach, *The Schools of Medieval England*, Routledge Taylor & Francis Group London and New York, 1915.

4. A. G. Austin, *Australian education 1788—1900: Church, state and public education in colonial Australia*, Isaac Pitman, 1961.

5. A. Kuhn and A. Wolpe, *Feminism and Materialsm: Women and Modes of Production*, R.K.P., 1978.

6. A. Lewy, ed., *International Encyclopedia of Curriculum*, Pergamon, 1991.

7. A. Mackinnon, *The New, Women: Adelaide's Early Women Graduates*, Wakefield Press, 1986.

8. A. Mackinnon, *Love and Freedom: Professional Women and the Reshaping of Personal Life*, Cambridge University Press, 1997.

9. A. Prentice, *The Scholl Promoters: Education and Social Class in Mid-nineteenth-Century Upper Canada*, University of Toronto Press, 2004.

10. A. R. Crane, W. G. Walker, P. Board, *His Contribution to the Development of Education in New South Wales*, ACER, 1957.

11. B. A. Wood, *Idealism Transformed: The Making of a Progressive Educator*, Kingston, 1985.

12. B. Bailyn, *Education in the Forming of American Society*, The University of North Carolina Press, 1960.

13. B. Beatty, *Preschool Education in America: The Culture of Young Children from the Colonial Era to the Present*, Yale University Press, 1995.

14. B. Bernstein, *Class, Codes and Control: Volume III*, R.K.P., 1977.

15. B. Bessant, Schooling in the Colony and State of Victoria, La Trobe University, 1983; Mother State and Her Little Ones: Children and Youth in Australia 1860s—1930s, Centre for Youth & Community Studies, 1987.

16. B. Curtis, Building the Educational State: Canada West, 1836—1871, the Althouse Press, 1988; True Government by Choice Men? Inspection, Education, and State Formation in Canada West, University of Toronto Press, 1992.

17. B. Curtis, *Building the educational state: Canada West*, Falmer Press, 1988.

18. B. Curtis, *True government by choice men? Inspection, Education, and State Formation Ill Canada West*, University of Toronto Press, 1992.

19. B. Curtis, *The Politics of Population: State Formation, Statistics, and the Census of Canada, 1840—1875*, University of Toronto Press, 2001.

20. B. Graham, Gordon, Cohn & Miller, Peter (eds), *The Foucault Effect: Studies in Governmentality*, Harvester Wheatsha'af, 1991.

21. B. H. Allen, *A History of Negro Education in the South: From 1619 to the Present*, Praeger Publisher, 1967.

22. B. James, *The advancement of Spencer Button*, Angus and Robertson, 1967.

23. B. Mckillop, *A Disciplined Intelligence*, Montreal, McGill-Queen's University Press, 1979.

24. B. Simon, *Two Nations and the Educational Structure, 1780—1870*, Lawrence & Wishart, 1974.

25. B. Simon, *Education and the Social Order, 1940—1990*, Lawrence and Wishart, 1991.

26. C. Bandelot and R. Establet, *L'Ecole primaire divise un dossier*, F. Maspero, 1975.

27. C. Baudlot, et R. Establet. *L'école capitaliste en France*, Maspero, 1971.

28. C. B. Sissons, *Church and State in Canadian Education*, the Ryerson Press, 1959.

29. C. Berger, et al, eds., *Contemporary approaches to Canadian History*, Copp Cark Pitman Ltd, 1987.

30. C. Dyhouse, *Girls Growing Up in Late Victorian and Edwardian England*, R.K.P., 1981.

31. C. F. Kaestle, *Pillars of the republic: Common schools and American Society, 1780—1860*, Hill and Wang, 1983.

32. C. Geertz, *the Interpretation of Culture*. Basic Books, 1973.

33. C. Ginzburg, *The Cheese and the Worms: The Cosmos of a Sixteenth-Century Miller*, The Johns Hopkins University Press, 1992.

34. C. Greer, *The Great School Legend: A Revisionist of American Interpretation of American Public Education*, Basic Books, 1972.

35. C. Haig-Brown, *Resistance and Renewal: Surviving the Indian Residential School*, Vancouver, 1988.

36. C. Turney, (Ed.), *Pioneers of Australian education*, Sydney University, 1983.

37. D. Cusack, *The Windows in the Dark*, Melbourne, Australia, 1991.

38. D. Kirk, *Schooling bodies: School practice and public discourse, 1880—1950*, Leicester University Press, 1998.

39. D. I. Macleod, *The Age of the Child: Children in American, 1890—1920*, Twayne Publishers, 1998.

40. D. L. Pedersen, *Changing Women, Changing History: A Bibliography of the History of Women in Canada*, Carleton University Press, 1996.

41. D. Spender, *Learning to Lose: Sexism and Education*, The Women's Press, 1980.

42. D. T. Tyack, James & A. Benavot, *Law and the Shaping of Public Education, 1785—1954*, The University of Wisconsin Press, 1987.

43. D. Wilson, R. M. Stamp, Louis-Philippe Audet, Canadian Education: A History, Scarborough, 1970.

44. E. Flexnei, *Century of Struggle: The Women's Rights Movement in the United Stated*, Harvard University Press, 1975.

45. E. P. Cubberley, *Public Education in the United States: A Study and Interpretation of American Educational History*, Houghton Mifflin Company, 1919.

46. E. P. Cubberley, *Syllabus of Lecture on the History of Education with Selected Bibliographies*, The Macmillan Company, 1902.

47. E. G. West, *Education and the State: a Study in Political Economy*, Institute of Economic Affairs, 1965.

48. E. Shorter, *The Making of the Modern Family*, Basic Books, 1975.

49. F. Clarke, *Education and Social Change: an English interpretation*, The Shedon Press, 1940.

50. F. Charlotte, *The Journal of Charlotte Forten*, Ray Allen Billington, 1953.

51. F. Hirsch, *Social Limits to Growth*, Cambridge, Harvard University Press, 1976.

52. F. M. Binder, *The Age of the Common school*, *1830—1865*, John Wiley & Sons, 1974.

53. F. Mayeur, L'education des filles en France au XIXE siecle. Paris, 1979.

54. F. Mayeur, L'enseignement secondaire des jeunes filles sous la Troisieme Republique, Fondation Nationale des Sciences Politiques, 1977.

55. F. P. Graves, *A History of Education: During the Middle Ages and the Transition to Modern Times*, Macmillan, 1915.

56. G. Cavallo and R. Chartier, *A History of Reading in the West*, 1995; English trans., Cambridge, 1999.

57. G. L. Gutek, *Education in the United States: An Historical Perspective*, Upper Saddle River, 1986.

58. G. McCulloch & W. Richardson, *Historical research in educational settings*, Open University Press, 2000.

59. G. R. Walford, *Private Schools: Tradition, Change and Diversity*, Chapman, 1991.

60. G. S. Murray, *American Children's Literature and the Construction of Childhood*, Twayne Publishers, 1998.

61. G. Weisz, *The Emergence of Modern Universities in France*, 1863—1914,

Princeton, 1983.

62. H. White, *Metahistory: The History Imagination in Nineteenth-Century*, The Johns Hopkins University Press, 1973.

63. H. Barnard, *National Education in Europe*, Charles B. Norton, 1854.

64. H. J. Perkinson, *Two Hundred Years of American Educational Thought*, Longman, 1976.

65. H. M. Kliebard, *Changing Course: American Curriculum Reform in the 20th Century*, Teachers College Press, 2002.

66. H. M. Kliebard, *The Struggle for the American Curriculum 1893—1958*, Routledge Falmer, 2004.

67. H. Ozmon, ed., *Contemporary Critics of Education*, The Interstate Pristers & Publishers, 1970.

68. H. Ritter, *Dictionary of Concepts in History*, Greenwood Press, 1986.

69. H. Silver, *Education as history: interpreting nineteenth-and twentieth-century education*, Methuen, 1983.

70. I. Hunter, *Rethinking the school: Subjectivity, bureaucracy, criticism*, Allen and Unwin, 1994.

71. I. L. Kandel, *Comparative Education*, Houghton Mifflin Company, 1933.

72. I. Shor, *Cultural Wars: School and Society in the Conservative Restoration 1969—1984*. Routledge & Kegan Paul, 1986.

73. I. Shor, *Cultural Wars: School and Society in the Conservative Restoration, 1969—1984*, Routledge & Kegan Paul, 1986.

74. J. Bennett, *History Matters: Patriarchal and Challenge of Feminism*, University of Philadelphia Press, 2011.

75. J. Blackmore, *Making Educational History: A Feminist Perspective*, Deakin University Press, 1992.

76. J. Boli, *New Citizens for a New Society: The Institutional Origins of Mass Schooling in Sweden*, Pergamon Press, 1989.

77. J. Burstyn, *Victorian Education and the Ideal of Womanhood*, Croom Helm, 1980.

78. J. de Viguerie, *Une oeuvre d'ésous l'ancien régime: les Péres de la Doctrine Chrétienne en France et en Italie 1592—1679*, Paris, 1976.

79. J. D. Wilson, R. M. Stamp and Louis-Philippe Audet, eds., *Canadian Education: A History*, Toronto, 1970.

80. J. H. M. Andrews and W. T. Rogers, (eds.), *Canadian Research in Education: A State of the Art Review*, University of British Columbia, 1981.

81. J. H. Weiss, *The Making of Technological Man: The Social Origins of French Engineering*, Education, Cambridge, Mass, 1982.

82. J. I. Machleod, *Children Between the Wars: American Childhood*, 1920—1940. Twayne Publishers, 1997.

83. J. L. Noble, Jeanne L., *The Negro Woman's College Education*, Teachers Colleges Bureau of Publications, 1956.

84. J. Martin, *Making Socialists: Mary Bridges Adams and the Fight for Knowledge and Power, 1855—1939*, Manchester University Press, 2010.

85. J. O. Anchen, *Frank Tate and his Work for Education*, Melbourne, 1956.

86. J. Parr, *Studiers in Childhood History: A Canadian Perspective*, Calgary, 1982.

87. J. Purvis, A History of Women's Education in England, Open University Press, 1991.

88. J. Purvis, *Hard Lessons, The Lives and Education of Working-Class Women in Nineteenth-Century England*, Polity Press, 1989.

89. J. Simon, *The Social Origins of English Education*, Rouledge and Kegan Paul, 1970.

90. J. Spring, *American School: 1642—2000*, Fifth Edition, McGraw-Hill, 2000.

91. J. Spring, *American Education*, Tenth Edition, McGraw-Hill, 2002.

92. J. Spring, *American School: 1642—1990*, Second Edition, Longman, 1990.

93. J. Spring, *Conflict of Interests: The Politics of American Education*, Longman, 1988.

94. J. Spring, *Deculturalization and the Struggle for Equality: A Brief History of the Education of Dominated Cultures in the United States*, McGraw-Hill, 2001.

95. J. S. Reinier, *From Virtue to Character: American Childhood*, 1775—1850, Twayne Publishers, 1996.

96. L. Stone, *Prosopography*, Daedalus Winter, 1917.

97. J. W. Adamson, *Pioneers of Modern Education*, 1600—1700, Cambridge University Press, 1905.

98. J. W. Adamson, *A Short History of Education*, Cambridge at the University Press, 1919.

99. J. W. Adamson, *A Guide to the History of Education*, London Society for Promoting Christian Knowledge, 1920.

100. K. G. Ronald & E. M. William, *The City and Education in Four Nations*, Cambridge University Press, 1992.

101. K-H. Gunther, et. al. eds., *Geschichte der Erziehung*, 12th edition, Berlin, 1976.

102. L. A. Cremin, *Public Education*, Basic Books, 1990.

103. L. A. Cremin, *American Education: The National Experience*, 1783—1876, Harper and Row, 1980.

104. L. Brockett, *History and Progress of Education from the Earliest Times to the Present*, *Intended as a Manual for Teachers and Students*, A. S. Barnes & Burr, 1860.

105. L. Fletcher, *Pioneers of Education in Western Australia*, University of Western Australia Press, 1983.

106. L. L. Clark, *Schooling the Daughter of Marianne Textbooks and the Socialization of Girls in Modern French Primary School*, State University of New York Press, 1984.

107. L. J. Stewart, *It's Up to You: Women at UBC in the Early Years*, University of British Columbia Press, 1990.

108. L. R. Ashby, *Endangered Children: Dependency, Neglect, and Abuse in American History*, Twayne Publishers, 1997.

109. L. Stone, *The Family, Sex and Marriage in England 1500—1800*, Harper Perennial, 1979.

110. L. Struminger, *What Were Little Girls and Boys Made of? Primary Education in Rural France*, 1830—1880, State University of New York

Press，1983.

111. M. A. Vinovskis, *History and Educational Policymaking*, Yale University Press，1999.

112. M. Archer, *Social Origins of Educational Systems*, Sage，1984.

113. M. Bryant, *The Unexpected Revolution: A Study in the History of Education of Women and Girls in the Nineteenth Century*, University of London Institute of Education Press，1979.

114. M. B. Katz, *The People of Hamilton, Canada West: Family and Class in a Mid-Nineteenth-Century City*, Harvard University Press，1975.

115. M. B. Katz, *Class, Bureaucracy, and Schools: The Illusion of Educational Change in American*, Praeger Publisher，1971.

116. M. Boli & R. J. W. Selleck, *Family, School and State in Australian History*, Allen and Unwin，1990.

117. M. David, *The State, the Family and Education*, R.K.P.，1980.

118. M. Kaze, and P. Mattingly, *Education and Social Change*, New York，1975.

119. M. L. Adams, *The Trouble with Normal: Postwar Youth and the Making of Heterosexuality*, University of Toronto Press，1997.

120. M. Mackinnon, *One Foot on the Ladder: Origins and Outcomes of Girls' Secondary Schooling in South Australia*, University of Queensland Press，1984.

121. M. J. Maynes, *Schooling for the People Comparative Local Studies of School History in France and Germany*, Holmes and Meier，1985.

122. M. J. Maynes, *Schooling in Western Europe: A social History*, State University of New York Press，1985.

123. M. J. Piva, *The Conditions of the Working Class in Toronto, 1900—1921*, University of Ottaa Press，1979.

124. M. Sarup, *Marxism and Education*, Routledge & Kegan Paul，1978.

125. M. Theobald, *Knowing women: Origins of women's education in nineteenth-century Australia*, Cambridge University Press.1996.

126. M. W. Apple, *Ideology and Curriculum*, Boston，1979.

127. N. Sutherland, *Children in English-Canada Society Framing the*

Twentieth-Century Consensus, University of Toronto Press, 1977.

128. O. Browning, *An Introduction to the History of Educational Theories*, Dryder House, 1905.

129. P. Ariès, *Centuries of childhood: a social history of family life translated from the French by Robert Baldick*, Vintage Books, 1962.

130. P. Ariès, *L'Enfant et la Vie Familiale sous l'Ancien Règime*, Plon, 1960.

131. P. Axelrod, *The Promise of Schooling Education in Canadia, 1800—1914*, University of Toronto Press, 1997.

132. P. Bourdieu and J. C. Passeron, *La Reproduction, elements pour une theorie du systeme d'enseignement*, Minuit, 1970.

133. P. F. Clement, *Growing Pains: Children in the Industrial Age, 1850—1890*, Twayne Publishers, 1997.

134. P. Goodman, *Growing up Absurd*, Random House, 1960.

135. P. H. Mattingly and M. B. Katz, *Education and Social Change: Themes from Ontario's Past*, New York University Press, 1975.

136. P. Miller, *Long division: State Schooling in South Australian Society*, Wakefield Press, 1986.

137. P. Monroe, *A Text-book in the History of Education*, Macmillan & Co., LTD, 1909.

138. P. Monroe and I. E. Miller, *The American Spirit, A Basis for World-Democracy*, World Book Co., 1918.

139. P. Monroe, *Founding of the American Public School System*, Macmillan, 1940.

140. P. Monroe, *Source Book in the History of Education for the Greek and Roman Period*, Macmillan Company, 1915.

141. P. Willis, *Learning to Labour*, Saxon House, 1977.

142. R. Alt, *Bilderatlas zur Schul und Erziehungs Geschichte*, VolsI and II, Berlin, 1966 and 1971.

143. R. Connel, *Gender and Power*, Polity Press, 1987.

144. R. D. Goodenow and R. Diane, *Schools in Cities: Consensus and Conflict in American Educational History*, Holmes and Meier, 1983.

145. R. D. Williams, *Some Themes in the History of Education in France*, Copyright C 2002 EBSCO Publishing.

146. R. E. Thursfield, Richard E., *Henry Barnard's American Journal of Education*, Johns Hopkins Press, 1945.

147. R. Fox and G. Weisz, eds, *The Organization of Science and Technology in France, 1808—1914*, Cambridge and Paris, 1980.

148. R. Gibson, *A Social History of French Catholicism 1789—1914*, Routledge, 1989.

149. R. Gildea, *Education in Provincial France 1800—1914: A Study of Three Department*, Oxford University Press, 1983.

150. R. H. Quick, *Eassays on Educational Reformers*, D. Appleton and Company, 1903.

151. R. J. W. Selleck, *Frank Tate: A Biography*, Melbourne University Press, 1982.

152. R. K. Goodenow, & W. E. Marsden, *The City and Education in Four Nations*, Cambridge University Press, 1992.

153. R. Lowe, *Education in the Post-war Years: A Social History*, Routledge, 1988.

154. R. Mandrou, *De la culture populaire aux XVIIIe et XVIIIe siecles*, Stock, 1965.

155. R. Price, *A Social History of Nineteenth-Century France*, Hutchinson, 1987.

156. R. W. Connell, *Ruling Class, Ruling Culture*, Cambridge University Press, 1977.

157. R. W. Connell, et al. *Making the Difference: Schools, Families and Social Division*, Georage, Allen& Unwin, 1982.

158. R. Welter, *Popular Education and Democratic Thought in America*, Columbia University Press, 1962.

159. S. Burstall, *English High Schools for Girls*, Longman's Green & Co., 1907.

160. S. C. Berrol, *Growing Up American: Immigrant Children in American Then and Now*, Twayne Publishers, 1995.

161. S. Cohen, *Challenging Orthodoxies: Toward a New Cultural History of Education*, Peter Lang, 1999.

162. S. Delamont & L. Duffin, *The Nineteenth Century Woman: Her Cultural and Physical World*, Croom Helm, 1978.

163. S. D. Clark, *Canadian Society in Historical Perspective*, McGraw-Hill Ryerson, 1976.

164. S. R. Steinberg, *Urban Question: Teaching in the City*, Peter Lang Publishing, Inc., 2010.

165. T. Copp, *The Anatomy of Poverty*. Mcclelland and Stewart, 1974.

166. W. B. Stephens, *Education, Literacy and Society, 1830—1870: the geography of diversity of provincial England*, Manchester UP. 1987.

167. W. E. Marsden, *An Anglo-Welsh Teaching Dyasty: The Adams Family from the 1840s to the 1930s*, Woburn Press, 1997.

168. W. E. Marsden, *An Anglo-Welsh Teaching Dyasty: The Adams Family from the 1840s to the 1930s*, Woburn Press, 1997.

169. W.H.G. Armytage, *Four hundred years of English education*, Cambridge University Press, 1964.

170. W. Jaeger, *Paideia: The Ideals of Greek Culture*, Oxford University Press, 1945.

（二）期刊

1. A. A. Bellack, History of Curriculum Thought and Practice, *Review of Educational Research*, Vol.39, No.3, 1969.

2. A. Broccoli, Conoscenza teorica e conoscenza, *studi di storia dell'educazione*, Vol.4, 1983.

3. A. Child, The History of Canadian Education: A Bibliographical Note, *Histoire Sociale/Social History*, Nov, 1971.

4. A. Choppin, L'histore des manuels scolaires: une approche. *Histoire de l'education*, No.9, Decembre, 1980.

5. A. Davin, The Jigsaw Strategy: Sources in the History of Childhood in Nineteenth-Century London, *History of Education Review*, Vol.2, 1986.

6. A. Drummond, Gender, Profession, and Principals: the Teachers of Auebec Protestant Academies, 1875—1900, *Historical Studies in Education*,

Spring, 1990.

7. A. D. Spaull, The Biographical Tradition in the History of Australian Education, *ANZHES Journal* 10, No. 2, 1981.

8. A. Governmengt, Arid Expertise in Advanced Liberalism, *Economy and Society*, Vol.22, 1993.

9. A. Mackinnon, Women's Education Linking History and Theory, *History of Education Review*, Vol.2, 1984.

10. A. May, The Falloux Law, the Catholic Press, and the Bishops: Crisis of Authority in the French Church, *French Historical Studies 8* Spring, 1973.

11. A. Prentice, Marta Danylewycz, Teachers, Gender, and Bureaucratizing School Systems in Nineteenth — Century Montréal and Tornoto, *History of Education Quarterly*, Spring, 1984.

12. A. Prentice, The Feminization of Teaching in British North America and Canada: 1845—1875, *Histoire Sociale/Social History* 15, May 1975.

13. A.T. Allen, Spiritual Motherhood: German Feminists and Kindergarten Movement, 1848—1911, *History of Education Quarterly*, Vol.3, 1982.

14. B. Bailyn, Review on Cubberley of Stanford: and His Contribution to American Education, *Harvard Educational Review*, Vol. xxvii, No. 3 Summer, 1958.

15. B. Beatty, Children in Different and Difficult Times: The History of American Childhood, Part One, *History of Education Quarterly*, Vol.1, 2000.

16. B. Finkelstein, A Crucible of Contradictions: Historical Roots of Violence against Children in the United States, *History of Education Quarterly*, Spring, 2000.

17. B. M. Franklin, Curriculum History: Its Nature and Boundaries, *Curriculum Inquiry*, Vol.7, No.1, 1977.

18. C. Adelman, Over Two Years, What did Froebel say to Pestalozzi? *History of Education*, Vol.29, 2000.

19. C. Campbell, Sherington, Geoffrey, the History of Education: the Possibility of Survival, *Change: Transformations in Education*, Vol. 5,

No.2, 2002.

20. C. Dyhouse, Social Darwinistic Ideas and the Development of Women's Education in England, 1880—1920, *History of Education*, Vol5, No.1, 1976.

21. C. Dyhouse, Good Wives and Little Mothers: Social Anxieties and the School-Girls Curriculum, 1890—1920, *Oxford Review of Educaiton*, Vol.3, No.1, 1977.

22. C. F. Kaestle, Ideology and American Educational History, *History of Education Quarterly*, Summer, 1982.

23. C. F. Kaestle, Conflict and Consensus Revisited: Notes toward a Reinterpretation Education History, *Harvard Educational Review*, Vol. 46, No.3, 1976.

24. C. Gaffield, Gèrard Bouchard, Literacy, Schooling, and Family Reproduction in Rural Ontario and Quebec, *Historical Studies in Education1*, Fall, 1989.

25. C. Trimingham, A Moulding Haven? Competing educational discourses h. i an Australian preparatory school of the Society of the Sacred Heart, 1944—1965, *Historical Studies in Education*, 10(1 & 2), 1998.

26. D. Hogan, Education and Making of the Chicago Working Class, 1880—1930, *History of Education Quarterly*, Fall, 1978.

27. D. Soucy, More than a Polite Pursuit: Art College Education for Women in Nova Scotia, 1887—1930s, *Art Education 42*, Mar.1989.

28. E. G. West, The Political Economy of American Public School Legislation, *Journal of Law and Economics*, October, 1967; An Economic Analysis of the Law and Politics of Non-public School, in Aid, E. G. West ed, 1976.

29. E. H. Tamura, Asian Americans in the History of Education: An Historiographical Essay, *History of Education Quarterly*, Vol. 41, No.1, Spring, 2001.

30. F. Furet, Beyond the Annals, *Journal of Modern History* Vol.55, 1983.

31. F. Gemie, What is a School? Defining and Controlling Primary Schooling in Early Nineteenth-Century France, *History of Education*, Vol.21, No.2, 1992.

32. F. M. Hammack, Rethinking Revisionism, *History of Education Quarterly*, Spring, 1976.

33. G. Partington, Partington's review of Miller's Long Division. (1987) Book review, *Journal of the Historical Society of South Australia*, Vol.15, 1987.

34. G. Partington, Two Marxisms and History of Education, *History of Education*, Vol.13, No.4, 1984.

35. H. Cunningham, Histories of Childhood, *The American Historical Review*, Vol. 103, No. 4, 1998.

36. H. Sykes, Understanding and Overstanding: Feminist-Poststructural Life Histories of Physical Education Teachers, *International Journal of Qualitative Studies in Education*, Vol.1, 2001.

37. I. Davey, Book Review, *History of Education Quarterly*, Vol.21, No.3, Fall, 1981.

38. I. M. Young, Socialist Feminism and the Limits of Dual System Theory, *Socialist Review*, Vol.3, 1980.

39. I. R. Robertson, Reform, Literacy, and the Lease: The Prince Edward Island Free Education Act of 1852, *Acadiecsis 20*, Autumn, 1990.

40. I. R. Robertson, The Bible Question in Prince Edward Island from 1856—1860, *Acadiensis 5*, Spring, 1976.

41. J. C. Albisetti, German Students from Left to Right, *The Review of Education*, Spring, 1983.

42. J. Collin, La Dynamique des rapports de sexs á l'universitè, 1940—1980, une etude de cas, *Social History 19*, Nov.1986.

43. J. D. Wilson, From Social Control to Family Strategies: Some observations on Recent Trends in Canadian Educational History, *History of Education Review 13*, Spring, 1984.

44. J. D. Wilson, Canadian Historiography, *History of Education Quarterly*, Spring, 1969.

45. J. D. Wilson, D. C. Jones, The "New" History of Canadian Education, *History of Education Quarterly*, Fall, 1976.

46. J. E. Talbott, The French Left and Ideology of Education Reform 1919—

1939, *French Historical Studies*, Vol.5, No.4, Fall, 1968.

47. J. F. C. Harrison, Education in Victorian England, *Higher Education Quarterly*, Vol.10, 1979.

48. J. Fingard, Attitudes toward the Education of the Poor in Colonial Halifax, *Acadiensis 2*, Spring, 1973.

49. J. Gaskell & S. Taylor, The Women's Movement and Canadian and Australian Education: from Liberation and Sexism to Boys and Social Justice, *Gender and Education*, Vol.2, 2003.

50. J. Goodman & L. Martin, Breaking Boundaries: Gender, Politics, and Experience of Education, *History of Education*, Vol.5, 2000.

51. J. Herbst, The New History of Education in Europe, *History of Education Quarterly*, Spring, 1987.

52. J. L. Rury, Transformation in Perspective: Lawrence Cremin's Transformation of the School, *History of Education Quarterly*, Spring, 1991.

53. J. Rury, Education in the New Women's History, *Educational Studies*, Vol.1, 1986.

54. J. L. Rury, Vocationalism for Home and Work: Women's Education in the United States, 1880—1930, *History of Education Quarterly*, Spring, 1984.

55. J. Markoff, Some effects of literacy in eighteenth-century France, *Journal of Interdisciplinary History*, Vol.17, 1986.

56. J. S. Allen, Toward a History of Reading in Modern France, 1800—1940, *French Historical Studies*, Vol.15, No.2, 1987.

57. J. N. Bursyn, Narrative Versus Theoretical Approaches: A Dilemma for Historians of Women, *History of Education Review*, Vol.2, 1990.

58. J. K. Smith, Metabiographics: A Future for Educational Life Writing, *Vitae Scholasticae*, 6, Spring, 1987.

59. J. N. Moody, The French Catholic Press in the Education Conflict of the 1840s. *French Historical Studies 7*, Spring, 1972.

60. J. Purvis, Towards a History of Women's Education in Nineteenth Century Britain: a sociological analysis, *International Journal of Research &*

Method in Education, Vol.1, 1981.

61. J. Purvis, The Politics of History Writing: a reply to Keith Flett, *History of Education*, Vol.2, 1995.

62. J. Purvis, The Role of Education in the Development of Black Feminist Thought, 1860—1993, *History of Education*, Vol.3,1993.

63. J. S. Hazlett, The New History and French Schooling, *History of Education Quarterly*, Fall, 1978.

64. J. W. Bush, Education and Social Status: The Jesuet College in the Early Third Republic, *French Historical Studies*, Vol.9, No.1,Spring,1975.

65. K. Flett, Sex or class: the education of working-class women and men in mid-nineteenth-century England, *History of Eduation*, Vol.2, 1995.

66. K. H. Jarausch, The Old "New History of Education", *History of Education Quarterly*, Summer, 1986.

67. L. L. Clark, The Molding of the Citoyenne: the Image of the Female in French Educational literature,1880—1914, Third Republic 3—4, Spring-Fall, 1977.

68. L. L. Clark, The socialization of girls in the primary schools of the Third Republic, *Journal of Social History 15*, Summer,1982.

69. L. L. Clark, Approaching the History of Modern French Education: Recent Survey and Research Guides, *French Historical Studies*. Vol.15, No.1, Spring, 1987.

70. L. Moore, Young ladies' institution: the development of secondary schools for girls in Scotland, 1833—1870, *History of Education*, Vol.3, 2003.

71. L. Stone, Literacy and Education in England 1640—1900, *Past and Present*, Vol.42, 1969.

72. L. Stone, The Revival of Narrative: Reflections on a New Old History, *Past and Present*, Vol.85, No.1, 1979.

73. M. B. Katz & I. E. Davey, School Attendance and Early Industrialization in a Canadian City: A Multivariate Analysis, *History of Education Quarterly*, Fall, 1978.

74. M. Cohen, Gender and "method" in eighteenth-century English education, *History of Education*, Vol.5, 2004.

75. M. Gomersal, Discussion Papers. Sex or class: the education of working-class women 1800—1870, Woman'work and education in Lancashire, 1800—1870: A reply to Keith Flett, *History of Education*, Vol.1,1989.

76. M. Hanna, French Women and American Men:"Foreign" Students at the University of Paris, 1915—1925, *French Historical Studies*, Vol. 22, No.1, Winter, 1999.

77. M. Heinemann, The New History of Education in Europe, *History of Education Quarterly*, Spring, 1987.

78. M. J. Heffernan, Literacy and geographical mobility in provincial France: some evidence from the department of Ille-et-Vilaine, *Local Population Studies*, Vol.42, 1989.

79. M. Lazerson, Revisionism and American Educational History, *Harvard Educational Review*, Vol.43, 1973.

80. M. R. Theobald, The Accomplished Woman and the Propriety of Intellect: a New Look at Women's Education in Britain and Australia, 1800—1850, *History of Education*, Vol.17,No.1,1988.

81. M. S. Seller, Boundaries, Bridges, and the History of Education, *History of Education Quarterly*, Vol.31, No.2, Summer, 1991.

82. M. Vick, Individuals and Social Structure: Recent Writings in the History of Education in Australia, *History of Education Quarterly*, Spring, 1987.

83. M. W. Apple, Standing on the Shoulders of Bowles and Gintis: Class Formation and Capitalist Schools, *History of Education Quarterly*, Summer, 1988.

84. N. Beadie, From Student Markets to Credential Marketes: The Creation of the Regents Examination System in New York State,1864—1890, *History of Education Quarterly*, Spring, 1999.

85. N. Eid, Éducation et classes sociales au milieu de 19c siècle, *Recue d'histoire de l'Amèrique francaise* 32,sep,1979.

86. N. R. Hiner, History of Education for the 1990s and Beyond: The Case for Academic Imperialism, *History of Education Quarterly*, Summer, 1990.

87. P. Cook, I. Davey & M. Vick, Capitalism and working class schooling in

late nineteenth century South Australia, *ANZHES journal*, Vol.8, No.2, 1979.

88. P. Cuningham, Educational History and Educational Chang: The Past Decade of English Historiography, *History of Education Quarterly*, Spring, 1989.

89. P. J. Harrigan, A Comparative Perspective on Recent Trends in the History of Education in Canada, *History of Education Quarterly*, Spring, 1986.

90. P. J. Harrigan, Social Mobility and Schooling in History: Recent Methods and Conclusions, *Historical Reflections Rèflexions historiques 10*, spring, 1983.

91. P. J. Harrigan, A Comparative Perspective on Recent Trends in the History of Education in Canada, *History of Education Quarterly*, Spring, 1986.

92. P. J. Harrigan, French Catholics and Classical Education after the Falloux Law, *French Historical Studies 8*, Spring, 1973.

93. P. Harrigan, Women Teachers and the Schooling of Girls in France: Recent Historiographical Trends, *French Historical Studies*, Vol. 21, No.4, Fall, 1998.

94. P. Miller, Efficiency, Stupidity and Class Conflict in South Australian Schools, 1875—1900, *History of Education Quarterly*, Vol. 24, No. 3, Fall, 1984.

95. P. P-k. Chiu, A position of usefulness: gendering history of girls' education in colonial Hong Kong (1850s—1890s), *History of Educaiton*, Vol.6, 2008.

96. R. A. Levin, After the Fall: Can Historical Studies Return to Faculties of Education, *Historical Studies in Education*, Spring, 2002.

97. R. Aldrich, The Real Simon Pure: Brain Simon's Four — Volume History of Education in England, *History of Education Quarterly*, Spring, 1994.

98. R. Church, M. Katz, H. Silver and L. A. Cremin, Forum: The Metropolitan in American Education, *History of Education Quarterly*, Fall, 1989.

99. R. E. Hughes, Biography in the Encyclopaedia Americana, *Grolierincorprated*, Vol.8, 1985.

100. R. Heap, Training Women for a New Women's Profession: Physiotherapy Education at the University of Toronto, 1917—1940, *History of Education Quarterly 35*, Summer, 1995.

101. R. J. Storr, The role of Education in American History: A Memorandum for the Committee Advising the Found for the Advancement to This Subject, *Harvard Educational Review*, Vol.46, No.3, 1976.

102. R. J. Wolff, European Perspectives on the History of Education: A Review of Four Journals, *History of Education Quarterly*, Spring, 1986.

103. R. L. Koepke, Educating Child Laborers in France: The Enqute of 1837, *French Historical Studies*, Vol.15, No.4, Fall, 1988.

104. R. K. Goodenow, The Southern Progressive Educator on Race and Pluralism: the Case of William Heard Kipatrick, *History of Education Quarterly*, Summer, 1981.

105. R. Marks, The Revisionist World View, *History of Education Quarterly*, Fall, 1989.

106. R. Marks, The Revisionist World View, *History of Education Quarterly*, Winter, 1979.

107. R. William, Historians and Educationists: the History of Education as a field of Study in Post-war England, *History of Education*, Vol. 28, No.1, 1999.

108. S. Cohen, New Perspectives in the History of American Education, 1960—1970, *History of Education*, Vol. 2, No. 1, Jan. 1973.

109. S. Cohen, The History of the History of American Education, 1900—1976, The Uses of the Past, *Harvard Educational Review*, August, 1976.

110. S. Cohen, An essay in the aid of writing history: Fictions of Historiography, *Studies in Philosophy and Education*, Vol.23, 2004.

111. S. Fishman, The Berlin Wall in the History of Education, *History of Education Quarterly*, Vol. 22, No. 3, Special Issue: Educational Policy

and Reform in Modern Germany, Autumn, 1982.

112. S. Gemie, Institutional History, Social History, Women's History: A Comment on Patrick Harrigan "Women Teachers and the Schooling of Girls in France", *French Historical Studies*, Vol.22, No.4, Fall, 1999.

113. S. Middleton, Schooling and Radicalisation: life histories of New Zealand feminist teachers, *British Journal of Sociology of Education*, Vol.2, 1987.

114. S. Motherhood, German Feminists and Kindergarten Movement, 1848— 1911, *History of Education Quarterly*, Fall, 1982.

115. S. Spencer, Women's dilemmas in postwar Britain: career stories for adolescent girls in the 1950s, *History of Education*, Vol.4, 2000.

116. V. P. Franklin, Gordon, L., Seller, M. S. & Fass, P.S., Understanding American Education in the Twentieth Century, *History of Education Quarterly*, Vol.1,1991.

117. W. B. Stephens, Recent Trends in the History of Education in England to 1900, *Education Research and Perspectives*, Vol.8, No.1.

118. W.H.G. Arricale, Varieties of Church-State relations in Canadian Education, *Comparative Education Review*, Vol.1,1963.

119. W. Smith, The New Historian of American Education, *Harvard Educational Review*, Vol.31, No.2, Spring, 1961.

（三）文集

1. A. Briggs, The Study of the History of Education, *History of Education*, 1972(1), in History of Education: Major Themes 1.

2. B. Simon, History of Education (1965), in Education theory and its foundation disciplines, Paul H. Hirst (edited) Routledge & Kegan Paul, London, Boston, Melbourne and Henley,1983.

3. B. Simon, The History of Education, in Gordon, P. and Szreter, P. (eds), History of Education: The Making of a Discipline, 1989.

4. B. Simon, The History of Education, in The Study of Education, J, W. Tibble (ed),(Reoutledge, 1966), in History of Education: the Making of a Discipline.

5. C. Gaffield, Labouring and Learning in Nineteenth Century Canada:

Children in the Changing Process of Family Reproduction, in Dimensions of Childhond, ed. Smandych, Dodds, and Esau, Legal Research Institute, 1991.

6. C. Heward, Public School Masculinities: an Essay in Gender and Power, in G. R. Walford (ed.), *Private Schools: Tradition*, *Change and Diversity*, Chapman, 1991.

7. D. A. Reeder, History, Education and the City: A Review of Trends in Britain, in R. K. Goodenow and W. E. Marsden (eds.) The City and Education in Four Nations, CUP, Cambridge University Press, 1992.

8. D. K. Müller, The Process of Systematization, in The Rise of the Modern Educational System: Structural Change and Social Reproduction, 1820—1920, ed Detlef K. Müller, Fritz K. Ringer, and BrainSimon, Cambridge, Eng., 1986.

9. F. Ringer, On Segmentation in Modern European Educational Systems: the Case of French Secondary Education, 1865—1920, in D. Muller, F. Ringer and B. Simon (eds.) The Rise of the Modern Educational System, Cambridge University Press, 1987.

10. G. Rodwell, Temperance, eugenics and education in Australia, 1900—1930, in C. Majore, E. Johanningmeier, F. Simon and W. Bruneau (eds.) Schooling in Changing Societies: Historical and Comparative, Paedagogica Historica, Gent, 1999.

11. H. M. Kliebard, Curriculum History, in Marvin C. Alkin ed., *Encyclopedia of Educational Research*, Macmillan, 1992.

12. H. Silver, Nothing But the Present, or Nothing But the Past?, in R. Lowe, *History of Education Major themes Volume I*, Debates *in the History of Education*, Routledge Fakmer, 2000.

13. J. Barman, Schooled for Inequality: The Education of British Columbia Aboriginal Children, in *Children*, *Teachers*, *and Schools in the History of British Columbia*, ed. Jean Barman, Neil Sutherland, and J. Donald Wilson, Calgary, 1995.

14. J. Dahlie, No Fixed Boundaries: Scandinavian Responses to Schooling in Western Canada, in Danielle Juteau Lee (ed.), *Emerging Ethnic*

Boundaries, University of Ottawa Press for Canadian Ethnic Studies Association, 1979.

15. J. D. Wilson, From Social Control to Family Strategies: Some Obervations on Recent Trends in Canadian Educational, in Roy Lowe (ed) History of Education: Major Themes *Volume I*, Routledge Fakmer, 2000.

16. J. D. Wilson, *The Picture of Social Randomeness*; *Making Sense of Ethnic History and Educational History*, in Ibid.

17. J. Gardiner, Women in the Labour Process and Class Structure, in A. Hunt (ed) Class and Class Structure, Lawrence and Wishart, 1977.

18. J. Purvis, The Historiography of British Education: A Feminist Critique, in Ali Rattansi & David Reeder (eds), Rethinking Radical Education: Essays in Honour of Brian Simon, Lawrence and Wishart, 1992.

19. J. Purvis, The Historiography of British Education: A Feminist Critique, In Rethinking Radical Education, by Rattansi & D. Reeder (eds), Lawrence and Wishart, 1992.

20. J. W. Adamson, A Plea for History Study of English Education, in The Illiterate Anglo-Saxon and Other Essays (1946), in History of Education: The Making of a Discipline.

21. N. S. Jackson and Gaskell, Jane S, White Collar Vocationalism: The Rise of Commercial Education in Ontario and British Columbia, 1870—1920, *Gender and Education in Ontario*, ed Prentice and Heap, 1987.

22. P. A. Titley, Historical writing and Canadian Education from the 1970s to the 1990s, in Roy Lowe (ed.) *History of Education: Major Themes Volume I*. London and New York: Routledge Fakmer, 1996.

23. P. Axelrod, Historical Writing and Canadian Education from the 1970s to the 1990s, in Roy Lowe (ed.) *History of Education: Major Themes Volume I*, Routledge Fakmer, 2002.

24. P. Bourdieu, Cultural Reproduction and Social Reproduction, In R. K. Brown, *Knowledge*, *Education and Cultural Change*, Tavistock, London, 1973.

25. P. Burke, The History, It's Past and Its Future, in Peter Burke, Ed, New Perspectives on Historical writing, Cambridge University Press, 1991.

26. P. Marks, Femininity in the Classroom, in J. Mitchell, and A. Oakley. The Rights and Wrongs of Women, Penguin, 1976.

27. R. Aldrich, Elementary Education Literacy and Child Employment in Mid Nineteenth Century Bedfordshire: a Statistic Study, in Genovesi, G.et al., (eds), *History of Elementary School: Teaching and Curriculum.*, Lax., 1990.

28. R. Biernacki, Method and Metaphor after the New Cultural History, in Victoria E. Bonnell & Lynn Hunt (eds.), *Beyond the Cultural Turn: New Directions in the Study of Society and Culture*, University of California Press, 1999.

29. R. Chartier, Education. In: Le Goff, J., ed. La nouvelle histoire, Retz. 1978.

30. R. Deem, Feminist interventions in Schooling 1975—1990. A Rattansi and D. Reeder (eds.), *Rethinking Radical Education*, Lawrence and Wishart, 1992.

31. R. D. Gidney and D. A. Lawr, Egerton Ryerson and the Origins of the Ontario Secondary School, *Canadian Historical Review*, Vol. LX, No. 4, Dec.1979. and The Development of an Administrative System for the Public Shools: The First Statge, 1841—1850, in McDonald and Chaiton (eds.), Egerton Ryerson and His Times.

32. R. Lowe, Postmodernity and Historians of Education, Paedagogica Historica, XXXI1/2, in History of education: Major Themes I, 1996.

33. S. E. Houston, Victorian Origins of Juvenile Delinquency: A Canadian Experience, in Education and Social Change: Themes From Ontario's Past, ed, Michael Kaze and Paul Mattingly, New York, 1975.

索　引

后　记

本书得到 2013 年度教育部人文社会科学规划基金一般项目"当代西方教育史学流派研究"(项目批准号 13YJA880112)的资助，是该项目的最终成果。

本书的总框架及详细写作提纲由周采拟定，并负责全书的统稿和定稿。

本书的具体分工如下：

导论由周采执笔。

第一章第一节和第三节由周采执笔，第二节由王燕红执笔。

第二章第一节和第三节由周采执笔，第二节由党宁执笔。

第三章第一节由周采执笔，第二节和第三节由武翠红执笔。

第四章第一节由周采执笔，第二节由冯强执笔。

第五章第一节由周采执笔，第二节由郭航执笔，第三节由谢雯执笔。

第六章由周采执笔。

第七章由邬春芹执笔。

第八章由诸园执笔。

第九章由李倩雯执笔。

第十章由周采执笔。

在本书的写作过程中，作者参考了国内外公开出版和发表过的许多论文和著作。没有这些研究成果作为基础，本书是难以完成的。由于我们学术水平有限，加之时间仓促，捉襟见肘之处，乃至错误在所难免，诚恳期望学界同人和各界读者不吝赐教。在本书付梓之际，感谢中国的教育史学界各位学术长辈和各位同仁多年来的关心、支持和帮助。向上海交通大学出版社责任编辑汪娜老师的辛勤付出表示诚挚的谢意。

周　采

2018 年早春于上海寓所